Gerhard Igl · Monika Jachmann
Eberhard Eichenhofer

Ehrenamt und bürgerschaftliches Engagement im Recht – ein Ratgeber

Vorwort

Wer sich bürgerschaftlich oder – was nur eine andere Bezeichnung ist – „ehrenamtlich“ engagiert, weiß meist nicht, welche Rechte oder Pflichten damit verbunden sind. Wer sich bürgerschaftlich engagiert, möchte freiwillig für das Gemeinwohl oder den Nächsten aktiv werden. An sich selbst denkt der so Aktive zuletzt. Tatsächlich steht das bürgerschaftliche Engagement jedoch nicht in einem rechtsfreien Raum. Deutschland hat eine umfassende und alle Lebensbereiche um- und erfassende Rechtsordnung. Deshalb bestehen auch Grundregeln für das bürgerschaftliche Engagement. Die Engagierten empfinden das Recht häufig als störend, ja als bürokratische Fessel, die ihre private Initiative hemmt. Diese Kritik ist zwar berechtigt. Allerdings muss die andere Seite der Medaille gesehen werden: Wer das Recht kennt und es zu nutzen weiß, kann durch dieses Hilfe erhalten – ja mehr: nur wer sich auch der rechtlichen Stellung seines Handelns bewusst ist, vermag die Möglichkeiten bürgerschaftlichen Engagements voll auszuschöpfen.

Die Rechtsordnung hat das bürgerschaftliche Engagement nicht als eigenes Handlungsfeld erfasst. Es gibt namentlich kein Gesetzbuch, das ähnlich dem Bürgerlichen Gesetzbuch umfassend Vorschriften enthielte, die das bürgerschaftliche Engagement regeln. Vielmehr sind die für das bürgerschaftliche Engagement maßgeblichen Vorschriften in zahlreichen und dem Laien kaum durchschaubaren Rechtsgebieten wie dem Steuer- oder Sozialrecht, dem Arbeits- und Haftungsrecht zu finden. Außerdem kann das bürgerschaftliche Engagement rechtlich umfassend nur verstanden werden, wenn Üblichkeiten und Gebräuche, die sich der öffentlichen Wahrnehmung weitgehend entziehen, in die Betrachtung einbezogen werden. Deshalb ist bisher das Recht des bürgerschaftlichen Engagements noch kaum wahrgenommen worden. Weder hat das

Recht dem Engagement ein hinreichendes Augenmerk geschenkt, noch sind sich die bürgerschaftlich Engagierten bisher in großem Umfang der rechtlichen Bedingungen ihres Handelns bewusst geworden. Der vorliegende Ratgeber soll eine Abhilfe bieten. Er beansprucht zwar nicht, alle rechtlichen Fragen bündig zu lösen. Aber er bemüht sich doch darum, die Grundlagen für das Recht des bürgerschaftlichen Engagements aufzuzeigen. Er wendet sich an Laien und soll diese über die Möglichkeiten, aber auch Chancen und Leistungen bürgerschaftlichen Engagements informieren. Es geht also um die Durchschaubarkeit des Rechts für die typischen Situationen bürgerschaftlichen Engagements.

Um für die bürgerschaftlich und ehrenamtlich Engagierten das Recht durchschaubarer zu machen, werden in diesem Ratgeber einige typische Situationen (Standardsituationen des bürgerschaftlichen Engagements) gebildet, die mit typischen rechtlichen Problemen verbunden sind. Mit diesem Wegweiser in Standardsituationen soll der schnelle und praktische Zugriff auf die rechtlichen Probleme erleichtert werden. Die ausführlichen rechtlichen Hinweise finden Sie dann im fachlichen Teil, in dem für die einzelnen Rechtsgebiete die einschlägigen Vorschriften erläutert sind.

Die Autoren dieses Ratgebers haben sich in einem umfangreichen Rechtsgutachten für die Enquete-Kommission des Deutschen Bundestages „Zukunft des bürgerschaftlichen Engagements" bemüht, dazu beizutragen, dass das Recht für die bürgerschaftlich Engagierten besser, klarer und interessengerechter wird. Aus der fast zweijährigen Arbeit für diese Enquete-Kommission ist auch dieser Ratgeber hervorgegangen. Der Abschlussbericht der Enquete-Kommission ist als Drucksache des Deutschen Bundestages (14/8900) verfügbar und ist außerdem als Abschlussbericht der Enquete-Kommission ebenso wie das Rechtsgutachten und wie dieser Ratgeber im Verlag Leske + Budrich, Opladen, erschienen. Das Rechtgutachten trägt den Titel: Gerhard Igl unter Mitarbeit von Monika Jachmann und Eberhard Eichenhofer, Rechtliche Rahmenbedingungen bürgerschaftlichen Engagements. Zustand und Entwicklungsmöglichkeiten, 2002 (594 S.).

Die Autorin und die beiden Autoren danken dem Vorsitzenden dieser Enquete-Kommission, Herrn Dr. Michael Bürsch, MdB, für die Ermunterung, nicht nur ein wissenschaftlichen Gutachten, sondern auch einen praxistauglichen Ratgeber anzufertigen. Viele Mitglieder der Enquete-Kommission haben mit ihren kritischen

Nachfragen und zahlreichen Anregungen im Zusammenhang der Gutachtenerstellung auch indirekt an diesem Ratgeber mitgewirkt. Der vorliegende Ratgeber beruht in wesentlichen Teilen auf dem Rechtsgutachten für die Enquete-Kommission.

Ein Ratgeber lebt auch vom Rat derjenigen, die ihn benutzen. Kritik und Anregungen sind deshalb sehr erwünscht. Der beste Weg, auf dem dieses mitgeteilt werden kann, ist die Email an den Herausgeber dieses Ratgebers: gerhard.igl@t-online.de.

Kiel/Hamburg/Jena, im Sommer 2002

Gerhard Igl *Monika Jachmann* *Eberhard Eichenhofer*

Inhaltsverzeichnis

Gebrauchsanweisung für diesen Ratgeber

Wer als juristischer Laie rechtlichen Rat sucht, wird mit den Arbeits- und Informationsmitteln, die Juristen benützen, meist wenig anfangen können. Dies liegt an der Fachsprache und an der Systematik, die Juristen verwenden. Rechtliche Ratgeber für rechtliche Laien versuchen deshalb, in einer verständlichen Sprache und praxisorientiert rechtlichen Rat zu geben.

Ein Ratgeber, der sich mit den Rechtsfragen des Ehrenamtes und des bürgerschaftlichen Engagements befasst, steht aber darüber hinaus noch vor einem besonderen Problem: Es gibt kein Gesetzbuch des Ehrenamtes oder des bürgerschaftlichen Engagements, das man einfach in eine auch für Nichtjuristen verständliche Sprache übersetzen könnte. Die rechtlichen Vorschriften, die direkt und indirekt mit dem Ehrenamt und mit dem bürgerschaftlichen Engagement zu tun haben, sind verstreut über zahlreiche verschiedenen Gesetze und Rechtsgebiete. Schon der Jurist kann seine Schwierigkeiten haben, diese Vorschriften zu finden. Da diese Vorschriften aber nicht losgelöst werden können von dem Zusammenhang, in dem sie stehen, muss man sie auch in diesem Zusammenhang beschreiben.

Damit dem ratsuchenden Laien die Suche erleichtert wird, haben die Autoren dieses Ratgebers *Standardsituationen* im Ehrenamt und im bürgerschaftlichen Engagement zusammengestellt. Diese Zusammenstellung hat Wegweiserfunktion in die einzelnen Rechtsgebiete hinein. Die Standardsituationen sind entwickelt worden anhand der in der Praxis regelmäßig auftauchenden rechtlichen Fragen und Probleme.

Wegweiser: Standardsituationen im Ehrenamt und im bürgerschaftlichen Engagement

In diesem Teil sollen einige wichtige Standardsituationen angesprochen werden, die im Zusammenhang des bürgerschaftlichen Engagements häufig gegeben sind. Diese Standardsituationen haben Wegweiserfunktion. Deshalb wird auf die gängigen mit diesen Standardsituationen zusammenhängenden rechtlichen Fragen und Probleme verwiesen, die im Teil I und II dieses Ratgebers behandelt werden. Die Angaben beziehen sich auf die entsprechenden Gliederungsabschnitte und Seiten.

A. Standardsituationen: Die Chancen

Ist Partei- oder Gewerkschaftsarbeit, kirchliche Arbeit oder Arbeit in einer Wohlfahrtsorganisation bürgerschaftliches Engagement?
⇒ Teil I:B.I.2.d), S. 36

Ist Selbsthilfe bürgerschaftliches Engagement?
⇒ Teil I:B.I.2.c), S. 35

Wir wollen einen Verein gründen, der sich bürgerschaftlich engagieren soll – was ist für die Gemeinnützigkeit zu beachten?
⇒ Teil II:A.I.2., S. 61ff.
⇒ Teil II:D.IV., S. 268ff.

Ich will in einem gemeinnützigen Verein bürgerschaftlich engagiert tätig werden – was ist steuerrechtlich für mich von Interesse?
⇒ Teil II:A.II.1., S. 95ff.
⇒ Teil II:A.II.2., S. 130ff.

Mein Arbeitgeber soll mich für ein Ehrenamt oder für bürgerschaftliches Engagement freistellen
⇒ Teil II:C.II., S. 227ff.
Wer qualifiziert mich für bürgerschaftliches Engagement?
⇒ Teil II:C.II.4., S. 234

Ich will mit einer Jugendgruppe verreisen und die Reise organisieren? Wer darf die Gruppe befördern?
⇒ Teil II:E.III., S. 281f.

Wie kann ich in meiner Kommune die Politik für bürgerschaftliches Engagement interessieren?
⇒ Teil II:I., S. 311ff.

B. Standardsituationen: Die Risiken

Ich habe bei einem Unfall bei bürgerschaftlich engagierter oder ehrenamtlicher Tätigkeit einen Gesundheits-/Sachschaden erlitten – tritt die Sozialversicherung hierfür ein?

Gesundheitsschaden:
Bei Versicherung in der gesetzlichen Krankenversicherung tritt zunächst diese mit ihren Leistungen ein. Wenn für den Gesundheitsschaden jedoch Unfallversicherungsschutz besteht (⇒ Teil II:B.V.2., S. 174ff.), ist die gesetzliche Unfallversicherung vorrangig zuständig (⇒ Teil II:B.V.1., S. 173). Die Haftung Dritter bleibt aber bestehen.

Sachschaden:
Für einen Sachschaden treten die Kranken- und die Unfallversicherung nicht ein. Ausnahme: Lebensretter in der Unfallversicherung (⇒ Teil II:B.V.1., S. 174)

Rente aus der Unfallversicherung:
Wenn die gesetzliche Unfallversicherung eintritt, kann ggf. auch ein Anspruch auf Verletztenrente gegeben sein (⇒ Teil II:B.V.3., S. 186).

Ich habe bei bürgerschaftlich engagierter Tätigkeit jemanden bei einer solchen Tätigkeit geschädigt (Sach-/Personenschaden)
⇒ Teil II:D.III., S. 242ff.

Hafte ich als Vorstand eines gemeinnützigen Vereins? (für die Mitglieder, für die Einhaltung der Satzungszwecke, für Schulden, für Steuern u.a.)?

⇒ Teil II:A.I.4., S. 92ff.
⇒ Teil II:D.IV., S. 266f.

Wenn ich mich bei einer bürgerschaftlich engagierten Tätigkeit strafbar mache, gibt es dann wegen dieser Tätigkeit Strafmilderung?

⇒ Teil II:F., S. 283ff.

C. Standardsituationen: Das Geld

Ich will Geld für bürgerschaftliches Engagement spenden

⇒ Teil II:A.II.2., S. 130ff.

Ich will Geld für bürgerschaftliches Engagement einwerben (fund raising)

⇒ Teil II:A.I.2.d)(b), S. 86.
⇒ Teil II:A.II.3.a), S. 140ff.

Ich bekomme Geld für mein bürgerschaftliches Engagement (Bin ich Angestellter? Bin ich steuerpflichtig?)

⇒ Teil II:A.II.1.a)(a), S. 95ff.
⇒ Teil II:A.II.1.a)(b), S. 100ff.
⇒ Teil II:A.II.1.b), S. 126ff.

Was kann ich von der Steuer absetzen?

⇒ Teil II:A.II.1.a)(c), S. 116ff.
⇒ Teil II:A.II.2., S. 130ff.

Wer bezahlt meine Aufwendungen (Fahrtkosten, Material)?

⇒ Teil II:D.II., S. 239ff.

Wirkt sich meine ehrenamtliche oder bürgerschaftlich engagierte Tätigkeit in der gesetzlichen Rentenversicherung aus?

Grundsätzlich wirkt eine solche Tätigkeit nicht begünstigend in der Rentenversicherung. Ausnahmen:

- ehrenamtliche pflegerische Tätigkeit (⇒ Teil II:B.VI.2., S. 190ff.), ggf. auch mit Übernahme von Beiträgen durch die Sozialhilfe (⇒ Teil II:B.VI.4., S. 196)
- ehrenamtlich tätige Arbeitnehmer (⇒ Teil II:B.VI.3., S. 194f.).

Kann ich als arbeitsloser Leistungsbezieher ehrenamtlich oder bürgerschaftlich engagiert tätig sein?
Seit dem 1. Januar 2002 gilt hier eine begünstigende gesetzliche Neuregelung bei Bezug von Arbeitslosengeld oder Arbeitslosenhilfe (⇒ Teil II:B.VIII.3., S. 202ff.). Für Sozialhilfeempfänger gilt diese Regelung nicht (⇒ Teil II:B.VIII.4., S. 205).

Teil I:
Allgemeines – Begriffe – Zahlen – Funktionen

A. Ehrenamt – neues Ehrenamt – freiwilliges Engagement – bürgerschaftliches Engagement – „Freiwillige“

I. Ausgangspunkt: Bürgerschaftliches Engagement in Form des Ehrenamtes

Die Rechtsordnung kennt den Begriff des *bürgerschaftlichen Engagements* bislang nicht. Vielmehr werden die rechtlichen Probleme auf diesem Gebiet vornehmlich mit dem Bezug auf das *Ehrenamt* erörtert. Der Begriff des Ehrenamtes lässt sich leicht erschließen: Es handelt sich um ein Amt, d.h. auch um einen fest umrissenen Tätigkeitsbereich, und dieses Amt wird der Ehre halber ausgeübt. Ehre hat dabei einen Doppelsinn: Das Amt selbst ist ehrenhaft, und statt einer üblichen Entgeltung für die Amtsausübung steht die Ehre. Sogar das Beamtenrecht sieht das Ehrenamt vor, wenn es von Ehrenbeamten spricht. Viele dieser Ehrenämter sind rechtlich gestaltet und ausgeformt worden. Manche dieser Ehrenämter sind für die Bürger auch verpflichtend, so z.B. das Ehrenamt des Schöffen. Manchmal sehen die Rechtsvorschriften für die Ausübung des Ehrenamtes Aufwandsentschädigungen vor, die in der Praxis häufig nichts mehr mit dem Ersatz von notwendigen Aufwendungen zu tun haben, sondern wie ein Gehaltsersatz wirken. Zahlreiche rechtliche Streitigkeiten um die Bewertung dieser Aufwandsentschädigung als Einkommen belegen die Problematik der Aufwandsentschädigungen.

Dieses klassische Ehrenamt ist rechtlich – bis auf die Behandlung der sog. Aufwandsentschädigungen – meist unproblematisch, da die wichtigsten Punkte meist geregelt sind.

II. „Neues“ Ehrenamt

Rechtlich problematischer hingegen sind die Formen des bürgerschaftlichen Engagements, die sich für einige Zeit hinter dem Begriff des „neuen“ Ehrenamts verborgen haben. Unter dieser Bezeichnung wurden all die Erscheinungen verstanden, die nicht mehr in die Schablone des klassischen Ehrenamtes mit seinen klaren rechtlichen Regelungen und Beschreibungen passten. Die zwei wichtigsten Unterscheidungskriterien zum klassischen Ehrenamt waren: Ein Amt im strengen Sinn lag nicht vor, und eine „ehrenvolle“ Tätigkeit im Sinne distinguierter gesellschaftlich breiter Anerkennung war eher nicht gegeben. Mit diesem neuen Begriff des Ehrenamtes sollten die Tätigkeiten beschrieben werden, die sich vor allem im informellen sozialen Bereich abspielen. Der zentrale Unterschied zum klassischen Ehrenamt war aber darin zu sehen, dass die im „neuen“ Ehrenamt tätigen Personen sich weniger vom „Amt“, sondern vielmehr von ihrer eigenen Motivation und ihren eigenen Befindlichkeiten anregen ließen. Mit der Verwendung des Begriffs des „neuen“ Ehrenamtes wurde auch sehr schön deutlich, dass solche Tätigkeiten nicht nur auf reiner Nächstenliebe und auf Altruismus beruhen müssen, sondern dass individuelle und egoistische Motive durchaus möglich sind.

III. Freiwilliges Engagement – bürgerschaftliches Engagement – „Freiwillige“

Mit dem Begriff des „neuen“ Ehrenamtes versuchte man, zwei Verlegenheiten Herr zu werden. Das „Amt“ passte nicht mehr, und die Ehre bestand nicht mehr in der Anerkennung der Tätigkeit als gesellschaftlicher Ehrenhaftigkeit. Die neu auftauchenden Bezeichnungen mit Engagement oder Freiwilligkeit. setzten deswegen konsequent an der Person an. Die Tätigkeit und ihr äußerer Rahmen trat in den Hintergrund. In rechtlicher Hinsicht wurde damit alles sehr diffus. Die gegebenen rechtlichen Regelungen, die die Ehrenamtlichkeit zum Gegenstand hatten, waren nur an speziellen Ämtern ausgerichtet. Eine Übertragbarkeit auf Tätigkeiten im „neuen“ Ehrenamt schied damit von vornherein aus.

Im Internationalen Jahr der Freiwilligen (2001) wurde schließlich ein Eigenschaftswort zum Hauptwort für das Phänomen, das früher mit „neuem“ Ehrenamt mehr schlecht als recht umschrieben wurde. Dass der Begriff der „Freiwilligen“ rechtlich kaum oder nur schwer fassbar ist, muss nicht näher dargelegt werden. In der

Bundesrepublik hat man das Spektrum konzentriert auf das bürgerschaftliche Engagement. Dazu wurde eine Enquete-Kommission des Deutschen Bundestages mit dem Titel „Zukunft des Bürgerschaftlichen Engagements“ eingerichtet. Vergewissert sich man der Definition des „Bürgerschaftlichen“, so wird auch hier deutlich, dass die Fassbarkeit des Begriffes eingeschränkt ist: So heißt es im Bericht der Enquete-Kommission:[1]

> „Die Wahl des Begriffs „bürgerschaftliches Engagement“ macht den Zusammenhang von Engagement und Bürgerschaft deutlich; er ermöglicht es, Bürgerschaftlichkeit als eine eigenständige Dimension für Engagement der verschiedensten Art – politisches, soziales und geselliges – zu verstehen. Alle Formen des Engagements haben im Alltag Bedeutung für den Zusammenhalt im Gemeinwesen. Auf der anderen Seite lässt sich mit der Betonung von Bürgerschaftlichkeit auch Kritik gegenüber solchen Formen des Engagements formulieren, die, beschränkt auf Anliegen der eigenen Gemeinschaft, ihre bürgerschaftliche Verantwortung aus dem Blick verlieren.“

IV. Konsequenzen für die rechtliche Behandlung

Für die rechtliche Behandlung der Tätigkeiten vom Ehrenamt bis zur Freiwilligkeit ergibt sich, dass das formelle Ehrenamt in der Regel über einen rechtlich gefestigten Status verfügt, während die informelle Freiwilligkeit sich mit den allgemeinen, für alle in allgemeiner Weise geltenden Rechtsvorschriften abfinden muss. Genau darin besteht aber die grundlegende Schwierigkeit bei der Beschreibung der rechtlichen Situation des bürgerschaftlichen Engagements. Wo spezielle, an die Gegebenheiten des bürgerschaftlichen Engagements angepasste Regelungen fehlen, sind die allgemeinen Regelungen heranzuziehen. An sich wäre dies unproblematisch, denn eine allgemeine Vorschrift müsste allgemein, d.h. für alle erfassten Fälle, gelten. Problematisch ist nur, dass bei Abfassung dieser allgemeinen Vorschriften das bürgerschaftliche Engagement mit seinen besonderen Rechtsproblemen überhaupt nicht als Vorbild gedient hat.

---

1 Deutscher Bundestag, Drucksache14/8900, S. 24 = Enquete-Kommission „Zukunft des Bürgerschaftlichen Engagements“ des Deutschen Bundestags, Bericht Bürgerschaftliches Engagement: auf dem Weg in eine zukunftsfähige Bürgergesellschaft, 2002, S. 57.

B. Begriffe und Funktionen

I. Drei Elemente: Freiwilligkeit Gemeinwohlorientierung, Unentgeltlichkeit

Drei Merkmale können herangezogen werden, um bürgerschaftliches Engagement näher zu bestimmen: die Freiwilligkeit des Handelns, die prinzipielle Unentgeltlichkeit des Handelns, und die diesem Handeln innewohnende objektive Tendenz der Gemeinwohlorientierung. Nicht erheblich für die Begriffsbestimmung ist, ob dieses Handeln von einer natürlichen Person oder von einer juristischen Person oder von einer auf sonstige Weise bestimmten Einheit oder Personenmehrheit stammt.

1. Zur Freiwilligkeit

Die Freiwilligkeit des Handelns hat schon in der internationalen Terminologie Anerkennung gefunden. In der Bezeichnung des Internationalen Jahres der Freiwilligen hat man sich in Anlehnung an den international weithin verwendeten Begriff des „volunteering" darauf verständigt, ein Adjektiv zum Substantiv zu machen, das nur die Motivation des Handelnden zum Gegenstand zu haben scheint.

Freiwilligkeit erscheint im Zusammenhang des Ehrenamtes zunächst nicht im Gegensatzpaar von Freiwilligkeit und Zwang, sondern steht im Gegensatz zur Beruflichkeit einer Tätigkeit. So wird die Freiwillige Feuerwehr von der Berufsfeuerwehr unterschieden, das Freiwillige soziale oder ökologische Jahr von einer auf Dauer angelegten Erwerbstätigkeit in den genannten Sektoren. Freiwilligkeit erscheint hier als Unterscheidungskriterium zum Beruf. Freiwilliges Handeln dient anders als die Ausübung des Berufes nicht der Schaffung einer Lebensgrundlage. Der Zwang zur Schaffung einer Lebensgrundlage entfällt bei der freiwilligen Tätigkeit.

Damit wird vorausgesetzt, dass sich die freiwillig handelnde Person ihre Lebensgrundlage anderweitig beschafft.

Werden juristische Personen oder Einheiten von Personen freiwillig tätig, stellt sich allerdings die Frage nach der Abgrenzung zu einer beruflichen Tätigkeit nicht. Denn juristische Personen oder Einheiten von Personen bedürfen nicht der ökonomischen Existenzsicherung. Freiwilligkeit wird hier zum Errichtungs- und Satzungszweck. Freiwilligkeit erlangt somit eine andere Bedeutung, weil sie ihres Gegenpols – der Beruflichkeit einer Tätigkeit – entbehrt. Auch der ursprüngliche Wortsinn von Freiwilligkeit, der des frei betätigten Willens, verliert sich bei der juristischen Person oder einer Personeneinheit. Deshalb wird man auch kaum Satzungszwecke finden, die sich der freiwilligen Tätigkeit verschreiben. Statt dessen beschreiben Satzungszwecke das Ziel der Tätigkeit. Freiwilligkeit passt also nicht für die Erfassung von juristischen Personen. Anders allerdings liegt dies, wenn eine auf Gewinnerzielung gerichtete juristische Person auch freiwillig und gemeinwohlorientiert tätig wird. Dann ist sie insofern mit der natürlichen Person in vergleichbarer Position.

Ehrenämter, die als verpflichtende Tätigkeiten ausgestaltet sind, enthalten das Moment der Freiwilligkeit nicht. Dies gilt insbesondere für die Tätigkeit als Schöffe, das gesetzlich als Ehrenamt deklariert ist (§ 31 Gerichtsverfassungsgesetz – GVG). Zwar kennt das Gesetz Gründe für die Ablehnung des Amtes (vgl. § 35 GVG). Dies spricht aber nicht gegen die Annahme einer grundsätzlichen Verpflichtung, diese Tätigkeit übernehmen zu müssen. Da das Amt des Schöffen aber eine grundsätzliche Verpflichtung zur Übernahme enthält, ist es streng genommen kein Ehrenamt im Sinne der hier verwendeten Definition, sondern fällt in die Kategorie staatsbürgerlicher Pflichten, die aus dem allgemeinen Gewaltverhältnis rühren, in dem der Bürger dem Staat und dem Gemeinwesen gegenüber bestimmte Verpflichtungen wahrzunehmen hat.[2]

Die Tatsache, dass zur Annahme und Ausübung bestimmter Ehrenämter gesetzlich verpflichtet werden kann, spricht trotzdem nicht dagegen, das Merkmal der Freiwilligkeit als taugliches Bestimmungsmerkmal für den Begriff des bürgerschaftlichen Enga-

2 Diese ehrenamtliche Tätigkeit gilt auch nicht als Arbeit i.S. von Art. 12 Abs. 2 GG (Verbot des Arbeitszwangs), BayVGHE n.F. 7 I, 77 (80).

gements allgemein zu verwenden. Nur bei einigen wenigen Ehrenämtern scheidet dieses Merkmal aus.

2. Zur Gemeinwohlorientierung

a) Allgemeines

Zunächst sei gesagt, dass der Begriff des Gemeinwohls im Folgenden nicht deckungsgleich mit dem steuerrechtlichen Begriff der Gemeinnützigkeit verwendet wird.

Dem Kriterium der Gemeinwohlorientierung fällt als wichtigste Aufgabe die Abgrenzung zu selbstbezogenen Tätigkeiten anheim. Von Gemeinwohlorientierung eines Handelns soll ferner nur gesprochen werden, wenn dem Handeln eine objektive gemeinnützig orientierte Tendenz innewohnt. Bei diesem Merkmal kann es aber nicht darum gehen, die Freude an der Tätigkeit („Spaß") gegen gemeinwohlorientiertes Engagement aufzurechnen. Vielmehr kommt es auf die objektive Außensicht an. Wohnt der Tätigkeit nach dieser objektiven Außensicht zumindest auch die Gemeinwohlorientierung, ja selbst nur die Tendenz hierzu inne, so muss dieses ausreichen.

Was aber ist das Gemeinwohl? Auch hier wird man sich definitorisch zunächst mit Pragmatischem behelfen müssen. Ein Leichtes wäre es, als Gemeinwohl alles zu bezeichnen, was nicht (nur) Eigennutz oder „selbstisch" ist. Gemeinwohl kann aber nicht als Restgröße im Verhältnis zu nicht vorhandenem Eigennutz verstanden werden. Dazu ist der Begriff zu sehr mit Wertigkeiten und mit speziellem Inhalt versehen. Gemeinwohl meint deshalb nicht nur Altruismus, oder – in christlicher Terminologie – Nächstenliebe. Das „Allgemeine" des Wohls bedarf immer einer Verständigung darüber, welches Wohl der Allgemeinheit zukommen soll.

Gemeinwohl hat als begrifflichen Gegenpol das Partikularwohl. Beide Begriffe befinden sich auf einer anderen Ebene als der Begriff Eigennutz, der als Gegenpol den Begriff Selbstlosigkeit hat. Gemeinwohl und Partikularwohl bezeichnen das Ziel, die Sache, das Programm. Selbstlosigkeit und Eigennutz stehen hingegen für den Weg, das Verfahren, die Ausführung. Gerade beim Handeln Privater zeigt sich, wie sich dieses Verhältnis darstellt: Der Steuerstaat baut auf dem ökonomischen Eigennutz der Bürger auf, um aus dessen wertschöpfender Tätigkeit Mittel zur Finanzierung gemeinwohlrelevanter Aufgaben zu erschließen.[3]

Im Steuerrecht wird der Unterschied zwischen Ziel und Weg der Gemeinwohlhervorbringung bei den Gemeinnützigkeitsregelungen deutlich: Die Gemeinnützigkeit wird konstituiert durch den gesetzlich vorgegebenen Zweck, die Allgemeinheit in einem wichtigen Bereich zu fördern (§ 52 AO), und durch die Selbstlosigkeit in der Zweckverwirklichung (§ 55 AO).

b) Familiale Tätigkeiten als gemeinwohlorientierte Tätigkeiten?

Das auf die Familienbande gestützte Hilfe- und Austauschsystem ist primär intrafamilial ausgerichtet. Zwar besteht eine Wertigkeit solcher Hilfe für die größere Gemeinschaft – die Gesellschaft. Aber noch wird Kindererziehung nicht primär als Engagement für die Gesellschaft gedeutet. Kinder zu haben und Kinder zu erziehen wirkt zwar objektiv fördernd auch für das gemeine Wohl; der primäre Zweck dieser Tätigkeit liegt aber nicht in der Gemeinwohlorientierung. Ähnliches gilt für pflegerische Tätigkeiten. Die soziale Pflegeversicherung baut in der Konzeption der häuslichen Pflege auf der familiären, nachbarschaftlichen und ehrenamtlichen Pflege und Betreuung auf (vgl. § 4 Abs. 2 SGB XI). Damit wird die Institution der sozialen Pflegeversicherung abhängig von solcher informellen Pflege. Informelle Pflege hat also ebenso gemeinwohlfördernde Effekte wie die Kindererziehung. Erst wenn der Bereich der informellen Pflege in der Familie und für Angehörige verlassen wird und Dritte betreut werden, kann auch nicht mehr – wie bei der Kindererziehung – der primär familiäre Zweck für den Ausschluss der Gemeinwohlorientierung herhalten.

c) Selbsthilfe als gemeinwohlorientierte Tätigkeit?

Ob Selbsthilfe den gemeinwohlorientierten Tätigkeiten zuzuordnen ist, wird unterschiedlich gesehen. Zunächst zeichnet sich Selbsthilfe als Tätigkeit aus, mit der aus der Selbstbetroffenheit

3 Isensee, Josef, Gemeinwohl und Staatsaufgaben im Verfassungsstaat, in: Isensee, Josef/Kirchhof, Paul, Handbuch des Staatsrechts, Band III, 1988, § 57 Rdnr. 28ff.

heraus im Zusammenwirken mit gleich Betroffenen eigene Möglichkeiten der Problembewältigung geschaffen werden. Damit ist das kennzeichnende Merkmal die Introversion, nicht die Extraversion, wenn auch nicht auszuschließen ist, dass Selbsthilfegruppen auch in die Gesellschaft hineinwirken können und dies auch willentlich unternehmen. Trotzdem wird das Selbstbezügliche in solcher Tätigkeit das überwiegend bestimmende Element sein, so dass auch dort – ähnlich wie bei der Familienarbeit – ein möglicher Gemeinwohlaspekt in den Hintergrund tritt.

Besonderheiten können sich jedoch ergeben, wenn sich die Tätigkeit von Selbsthilfegruppen im Rahmen der Aufgabenerfüllung der öffentlichen Verwaltung vollzieht. Dies ist im Gesundheitssektor der Fall, wenn sich Selbsthilfegruppen die Prävention und Rehabilitation von Krankenversicherten bei bestimmten Krankheiten zum Ziel gesetzt haben. Die Tätigkeit der Selbsthilfegruppen, -organisationen und -kontaktstellen findet hier im Rahmen der Aufgabe „Primärprävention" der Krankenkassen statt (vgl. § 20 Abs. 1 Satz 1 SGB V). Die Einschaltung der Selbsthilfegruppen führt auch zu einer finanziellen Förderung ihrer Tätigkeit (§ 20 Abs. 4 SGB V). Damit hat der Gesetzgeber deutlich zum Ausdruck gebracht, dass bestimmte Tätigkeiten von Selbsthilfegruppen nicht nur gesellschaftliche Relevanz haben, sondern im Rahmen öffentlicher Aufgabenwahrnehmung stattfinden. Hier liegt es also nahe, auch eine gemeinwohlorientierte Tendenz der Aktivität solcher Gruppen anzunehmen.

d) Tätigkeit in Parteien, Berufsverbänden, Religionsgemeinschaften?

Der Tätigkeit in den traditionellen gesellschaftstragenden Verbänden und Einrichtungen – in den politischen Parteien, in den Berufsverbänden und in den Kirchen – eignet allgemein zumindest auch eine gemeinwohlorientierte Zielrichtung. Für die Kirchen gilt dies außerhalb des engeren Bereiches der Glaubensbetätigung und des Lebens nach religiösen Regeln vor allem für die kirchliche Liebestätigkeit im sozialen Bereich. Parteien sind per se in der parlamentarischen Demokratie Voraussetzung und wesentliche Garanten für das Funktionieren dieser Demokratie und damit ebenfalls per se gemeinwohlorientiert. Auch den Vereinigungen der Wirtschafts- und Arbeitswelt kann trotz ihrer berufsverbandsspezifischen Interessenausrichtung zumindest partielle Gemeinwohlorientierung nicht abgesprochen werden.

Einer Tätigkeit in solchen Vereinigungen kann daher häufig ein Gemeinwohlorientierung zukommen. Auf der Ebene einer allgemeinen und umfassenden Klärung des Begriffes des bürgerschaftlichen Engagements entstehen beim Einbezug solcher Tätigkeiten keine Probleme. Diese Vereinigungen haben teilweise in ihren Organisationsregelungen auch Vorschriften zum Statut der dort ehrenamtlich tätigen Personen niedergelegt und damit bereits Sonderrecht geschaffen.

3. Zur prinzipiellen Unentgeltlichkeit

Das Kriterium der Unentgeltlichkeit freiwilligen gemeinwohlorientierten Handelns rührt vor allem aus einer früheren Bezeichnung, dem „Ehrenamt", her. Die Honorierung, die die freiwillig gemeinwohlorientiert tätige Person erlangen konnte, war die Achtung in der Gesellschaft, die „Ehre". Damit stand die „Ehre" als Ersatz für den sonst üblichen Austausch von Tätigkeit gegen Geld.

Das Kriterium Unentgeltlichkeit bietet freilich Anlass für zahlreiche Missverständnisse. Oft ist nicht die völlige Unentgeltlichkeit des bürgerschaftlich engagierten Handelns gemeint, sondern der im Vergleich zur Entgeltlichkeit solcher Tätigkeit bei beruflicher Tätigkeit erzielbare Verdienst. Wenn der im Rahmen eines Drogenprojektes referierende Pharmakologieprofessor für seinen Vortrag 50 Euro erhält, der gleiche Vortrag ihm im Rahmen von Consultingmaßnahmen der für Drogenprojekte zuständigen Sozialbehörde 500 Euro einbrächte, so erhält er Geld, aber nicht in der Höhe, die das (markt-)typische Äquivalent für seine Leistung bedeutete.

Mehrdeutig ist auch der Begriff der Aufwandsentschädigung. Grundsätzlich geht es darum, ob der Einsatz von Arbeitskraft entgolten wird, oder ob der durch die freiwillige Tätigkeit bedingte Zusatzaufwand ohne Ansehung des Einsatzes von Arbeitskraft ersetzt – nicht: entgolten – wird. Die Irreführung, die mit dem Begriff der Aufwands*entschädigung* und nicht des Begriffes des Aufwendungs*ersatzes* (manchmal bewusst?) verbunden wird, würden mit der Vermeidung dieses Begriffs ihr Ende finden.

4. Zusammenfassung zur Definition des bürgerschaftlichen Engagements

Zusammenfassend kann der Begriff des bürgerschaftlichen Engagements als ein objektiv gemeinwohlorientiertes Handeln verstanden werden, das von der handelnden Person freiwillig übernommen worden ist und das überwiegend unentgeltlich bleibt.

Diese allgemeine rechtliche Definition findet aber nicht maßstäblich in den verschiedenen Rechtsgebieten Anwendung. In den einzelnen Rechtsgebieten werden jeweils spezielle Definitionen zum Ehrenamt oder zur ehrenamtlichen Tätigkeit herangezogen. Für das bürgerschaftliche Engagement oder die bürgerschaftlich engagierte Tätigkeit existieren solche Definitionen jedoch noch nicht.

II. Funktionen der rechtlichen Regelungen zum bürgerschaftlichen Engagement

Das vorhandene für bürgerschaftliches Engagement direkt und indirekt wirkende Recht erfüllt für dieses bestimmte Funktionen.[4] Solche Funktionen können sein:

- *Schutz* angesichts der besonderen Risiken, die bürgerschaftliches Engagement birgt. Hier steht der Schutz des Engagierten beim Unfall im Zusammenhang einer bürgerschaftlich engagierten Tätigkeit im Vordergrund. Weiter sind die besonderen haftungsrechtlichen Risiken zu bedenken.
- *Nachteilsausgleich* in den Fällen, in denen bürgerschaftliches Engagement besondere Aufwendungen verursacht. Hierher rechnet der gesamte Bereich des Aufwendungsersatzes.
- *Inhaltliche Förderung* des bürgerschaftlichen Engagements, z.B. durch entsprechende Qualifikationsmöglichkeiten oder durch begleitende Bereitstellung von Fachlichkeit und Beratung.
- *Setzung von individuellen Anreizen* für bürgerschaftlich engagierte Personen. Solche Anreize werden insbesondere in der

4 Solche Funktionen wurden zum ersten Mal entwickelt bei Igl, Gerhard, Rechtsfragen des freiwilligen sozialen Engagements, 1994, S. 97f.

rentenversicherungsrechtlichen Anerkennung von Zeiten bürgerschaftlichen Engagements gesehen. Hierzu können auch steuerliche Vergünstigungen rechnen. Freistellungen können ebenfalls individuelle Anreize bieten.

- *Ermöglichung* des bürgerschaftlichen Engagements als zentrale Voraussetzung dafür, dass bürgerschaftliches Engagement überhaupt zustande kommt. In dieser Funktion können Rechtsvorschriften auf ganz unterschiedlichen Ebenen und in sehr verschiedenen Bereichen wirken. Die Palette reicht vom Kommunalrecht (hier wieder von Befassungs- und Beteiligungsrechten bis zur Mit- und Eigenverwaltung) über das Zuwendungsrecht bis zur Einrichtung von Auskunfts- und Beratungsinstanzen und von Lotsen- und Steuerungsfunktionen. Häufig wird auch die „Entbürokratisierung" als wichtiger Bestandteil der Ermöglichung thematisiert.

C. Zahlen zum bürgerschaftlichen Engagement

I. Zahl der Engagierten

Rund 21 Mio. Menschen in Deutschland sind in der einen oder anderen Weise freiwillig engagiert.[5] Eine andere Untersuchung weist 34% der Bundesbürger als freiwillig oder ehrenamtlich tätig aus.[6] Die Zahl der freiwillig oder ehrenamtlich ausgeübten Tätigkeiten beträgt dieser Untersuchung zufolge hochgerechnet 35 Mio. Tätigkeiten.[7]

II. Handlungsfelder

Die Handlungsfelder des bürgerschaftlichen Engagements sind vielfältig. In der Untersuchung des BMFSFJ[8] wurde die Befragung zu fünfzehn Bereichen durchgeführt:[9]

1. Sport und Bewegung
2. Kultur und Musik

---

5 Von Rosenbladt, Bernhard, Ergebnisse der Repräsentativerhebung zu Ehrenamt, Freiwilligenarbeit und bürgerschaftlichem Engagement, Freiwilligensurvey 1999, Bd. 1 Freiwilliges Engagement in Deutschland. Gesamtbericht, 2000, S. 44.

6 Das Bild, das von unterschiedlichen Untersuchungen gezeichnet wird, ist uneinheitlich, was insbesondere auf methodische Schwierigkeiten bei der Erfassung des Untersuchungsgegenstandes zurückgeführt wird. Hier soll aber der Freiwilligensurvey als nun neu vorliegende umfassende und aktuelle Untersuchung zugrunde gelegt werden.

7 Von Rosenbladt, S. 44.

8 Freiwilliges Engagement in Deutschland – Freiwilligensurvey 1999 – Sibylle Picot: Frauen und Männer, Jugend, Senioren und Sport (Band 3).

9 Vergleiche Picot, Auflistung auf S. 33 und die Abbildung 2 auf S. 34.

3. Freizeit und Geselligkeit
4. Gesundheit
5. Soziales
6. Schule/Kindergarten
7. Bildungsarbeit für Jugendliche und Erwachsene
8. Umwelt-/ Natur- und Tierschutz
9. Politik/Politische Interessenvertretung
10. Berufliche Interessenvertretung außerhalb des Betriebes
11. kirchlicher/religiöser Bereich
12. Justiz/Kriminalitätsprobleme
13. Unfall- und Rettungsdienst/freiwillige Feuerwehr
14. sonstige bürgerschaftliche Aktivitäten am Wohnort
15. Wirtschaftliche Selbsthilfe.

Freiwilliges Engagement findet sich demnach insbesondere beim Sport. Elf Prozent der Bundesbürger sind im Bereich Sport und Bewegung freiwillig engagiert. Die zahlenmäßig kleinsten Bereiche sind Gesundheit, Justiz und sonstige bürgerschaftliche Aktivität am Wohnort.[10]

III. Organisatorischer Rahmen

Der Verein ist der wichtigste organisatorische Rahmen, in dem freiwillige, ehrenamtliche Tätigkeit ausgeübt wird.[11] 43% aller Tätigkeiten, die im Freiwilligensurvey erfasst wurden, finden innerhalb eines Vereines statt.[12] Damit liegt diese Organisationsform weit vor den anderen. Es folgen Kirchen und religiöse Vereinigungen mit 14% und Selbsthilfegruppen, Projekte und Initiativen mit 13%. Parteien sind mit 4%, Gewerkschaften mit 2% beteiligt.[13] Allerdings muss eine solche Auflistung zusammen mit den unterschiedlichen Handlungsfeldern gelesen werden: Der Verein ist die dominante Organisationsform im Bereich Sport und Bewegung und in den übrigen freizeitorientierten Bereichen. Die Kirche bietet den organisatorischen Rahmen auch für soziales Engagement, während Parteien nur im Handlungsfeld Politik eine Rolle spie-

10 Von Rosenbladt, S. 44.
11 Von Rosenbladt, S. 71.
12 Von Rosenbladt, S. 71.
13 Von Rosenbladt, Übersicht 11, S. 72.

len.[14] Es bildet sich also zum Teil ein Handlungsfeld in einer Organisationsform ab; ein anderer Teil der Organisationsformen bündelt Engagement aus verschiedenen Handlungsfeldern.

Auffallend ist die hohe Prozentzahl beim Engagement im Bereich von Selbsthilfegruppen, Projekten und Initiativen. Diese Vereinigungen werden oft nicht berücksichtigt, wenn rechtliche Regelungen am Ehrenamt im klassischen Sinn anknüpfen. Bei einer Entwicklung von Handlungsoptionen wird daher zu fragen sein, ob auch der Freiwilligenarbeit in diesen Bereichen Rechnung getragen wird.

IV. Umfang

Laut Freiwilligensurvey sind mehr als zwei Drittel der Engagierten auch regelmäßig aktiv. Hierbei findet sich jedoch ein weites Spektrum, das von täglich bis zu weniger als einmal im Monat reicht. Tägliches Engagement ist dabei selten; nur 3% geben an, sich täglich freiwillig zu engagieren. 28% der Befragten gaben hingegen an, sich einmal im Monat oder seltener zu engagieren. Jeweils etwas mehr als ein Fünftel der Befragten engagiert sich mehrmals wöchentlich, einmal wöchentlich oder mehrmals monatlich. Dies korreliert mit den Angaben zum Zeitaufwand in Stunden. Hier werden 2-5, 5-10 und 10-20 Stunden monatlich ebenfalls jeweils von etwa 20% angegeben.[15]

Interessant ist auch, wie diese Daten wieder auf die unterschiedlichen Handlungsfelder zurückbezogen werden: von denjenigen, die im Bereich Gesundheit, Soziales, Rettungsdienst, Umweltschutz, Jugendarbeit und Sport tätig sind, nennen über 30% einen Zeitaufwand von mehr als 20 Stunden im Monat; im Gesundheitswesen sind es sogar 38%. Auch bürgerschaftliche Aktivitäten am Wohnort werden oft mit mehr als 20 Stunden im Monat ausgeübt. Bei der beruflichen Interessenvertretung, im Bereich Justiz und bei Schule und Kindergarten ergibt sich ein anderes Bild; hier sind diejenigen mit einem Zeitaufwand von weniger als fünf Stunden im Monat überdurchschnittlich vertreten (jeweils etwa 40%).[16]

---

14 Von Rosenbladt, S. 71ff., vgl. insbesondere Übersicht 11, S. 72.

15 Von Rosenbladt, Übersicht 14.

16 Von Rosenbladt, Übersicht 15, S. 94.

Teil II: Die einzelnen Rechtsgebiete

A. Steuerrecht

Bürgerschaftliches Engagement und ehrenamtliche Tätigkeit vollzieht sich i.d.R. auf zweierlei Weise: durch individuelle Arbeitsleistung oder durch Einsatz von Vermögen im Rahmen einer gemeinnützigen Körperschaft (insbesondere eines Vereins), die die individuellen Arbeitsleistungen ihrer Mitglieder organisiert und sich durch Mitgliedsbeiträge und Spenden finanziert. Derartiges gemeinwohldienliches Handeln wird durch Steuervergünstigungen sowohl für die Körperschaften als auch für die bürgerlich engagierte Person gefördert.

I. Die Besteuerung der gemeinnützigen Körperschaft

Die Besteuerung gemeinwohlorientierten Handelns steht in engem Zusammenhang mit der Gemeinnützigkeit einer Körperschaft. Die Gemeinnützigkeit einer Körperschaft bedingt diverse Steuervergünstigungen gegenüber der Regelbesteuerung einer Körperschaft.

1. Die Steuerpflicht der Körperschaft

a) Ertragsteuern

Gemeinnützige Körperschaften werden vorzugsweise als Vereine organisiert. Sowohl *rechtsfähige* als auch *nichtrechtsfähige Vereine* unterliegen als Körperschaften grundsätzlich der *Körperschaftsteuer* (§ 1 Abs. 1 Nr. 4 und 5 KStG). Daneben sind Vereine, soweit sie einen wirtschaftlichen Geschäftsbetrieb unterhalten, *gewerbesteuer*pflichtig (§ 2 Abs. 3 GewStG). Hat ein Verein funktionale Untergliederungen, gelten diese nicht als selbständige Steuersubjekte (§ 51 Satz 3 AO). Regionale Untergliederungen (Landes-, Bezirks-, Ortsverbände) sind dagegen neben dem Hauptverband selbständige Steuersubjekte, wenn sie über eigene satzungsmäßige Organe (Vorstand, Mitgliederversammlung) verfügen und über diese auf Dauer nach außen im eigenen Namen auftreten und eine eigene Kassenführung haben. Nicht erforderlich ist eine eigene Satzung neben der Satzung des Hauptvereins.

Von den Kapitalgesellschaften ist die *gemeinnützige GmbH* als gemeinnützige Körperschaft von Bedeutung. Sie ist körperschaft- und gewerbesteuerpflichtig (§ 1 Abs. 1 Nr. 1 KStG, § 2 Abs. 2 GewStG).

Beispiele:
Vereine sind in vielen Bereichen tätig. Besonders verbreitet sind Sport- und Musikvereine. Die gemeinnützige GmbH hat vor allem im Bereich des öffentlichen Wohnungsbaus, der Kunst- und Sportförderung und der Kranken- und Altenpflege Bedeutung.

Die Körperschaftsteuerpflicht umfasst Einkünfte i.S.d. § 2 Abs. 1 EStG, nicht aber Mitgliedsbeiträge und Spenden, Erbschaften oder öffentliche Zuschüsse (§ 8 Abs. 1 KStG).

Von den sieben Einkunftsarten des § 2 Abs. 1 EStG sind für gemeinnützige Körperschaften nur die Einkünfte aus Land- und Forstwirtschaft (§ 2 Abs. 1 Nr. 1 EStG), Einkünfte aus Gewerbebetrieb (§ 2 Abs. 1 Nr. 2 EStG), Einkünfte aus Kapitalvermögen (§ 2 Abs. 1 Nr. 5 EStG), Einkünfte aus Vermietung und Verpachtung (§ 2 Abs. 1 Nr. 6 EStG) sowie die sonstigen Einkünfte relevant (§ 2 Abs. 1 Nr. 7 EStG). Bei den sonstigen Einkünften sind insbesondere die Einkünfte i.S.d. § 22 Nr. 3 EStG von Bedeutung, wenn die Körperschaft außerhalb ihrer gewerblichen Betätigung selbständig und nachhaltig mit Überschusserzielungsabsicht tätig wird (etwa Veräußerung von Gegenständen an die Mitglieder).

Um nicht steuerpflichtige *Mitgliedsbeiträge* handelt es sich grundsätzlich bei allen Leistungen, die ein Mitglied in Erfüllung seiner mitgliedschaftlichen Pflichten zur Förderung des Vereinszwecks erbringt. Solche Beiträge, die auf Grund der Satzung von den Mitgliedern lediglich in ihrer Eigenschaft als Mitglieder erhoben werden, bleiben für die Ermittlung des Einkommens außer Ansatz (§ 8 Abs. 5 KStG). Dazu reicht es aus, wenn die Satzung die Art und Höhe der Mitgliederbeiträge bestimmt, einen bestimmten Berechnungsmaß vorsieht oder ein Organ bezeichnet, das die Beiträge der Höhe nach erkennbar festsetzt.[17] Handelt es sich um freiwillige Leistungen eines Vereinsmitglieds oder werden Beiträge auf Grund einer anderweitigen Verpflichtung geleistet, sind diese nicht steuerfrei.

Mitgliedsbeiträge i.S.v. § 8 Abs. 5 KStG sind – regelmäßige oder einmalige – Geld- oder Sachleistungen der Mitglieder für eine Tätigkeit, die der Verein im Interesse aller Mitglieder bewirkt – sog. *echte Mitgliedsbeiträge* (z.B. Eintrittsgelder oder Vereinsstrafen). Die Beiträge können nach Alter, Einkommen, Vermögen oder anderen Kriterien gestaffelt sein, sofern nur sämtliche Mitglieder ohne Rücksicht auf die Höhe ihrer Beiträge die gleichen Rechte bzw. Vorteile im Verein genießen. Werden Zahlungen von Vereinsmitgliedern an den Verein dagegen im Rahmen eines Leistungsaustauschs (einer Leistung steht eine Gegenleistung gegenüber) erbracht, liegen keine echten Mitgliedsbeiträge vor. Um solche sog. *unechten Mitgliedsbeiträge* handelt es sich, wenn der Verein Leistungen im Sonderinteresse einzelner Mitglieder ausführt.[18] Ein Leistungsaustausch kann aber auch dann vorliegen, wenn die Mitgliedsbeiträge pauschalierte Gegenleistungen für Leistungen des Vereins darstellen oder wenn das Entgelt dafür bezahlt wird, dass die Personenvereinigung den Mitgliedern ihre Einrichtungen zur Verfügung stellt. Dient eine Personenvereinigung neben anderen Zwecken auch der wirtschaftlichen Förderung der einzelnen Mitglieder, so sind deren Beiträge im Wege der Schätzung in einen steuerfreien Teil (echte Mitgliedsbeiträge) und einen steuerpflichtigen Teil (pauschalierte Gegenleistung) aufzuteilen, sofern der Anteil der echten Mitgliedsbeiträge an der Mitgliederleistung nicht nur von untergeordneter Bedeutung ist.[19]

Beispiele
Ein Leistungsaustausch und damit kein steuerfreier Mitgliedsbeitrag liegt vor, wenn den Vereinsmitgliedern Versicherungsschutz zu günstigen Konditionen gewährt wird, sie auf Grund der Mitgliedschaft Rechtsanspruch auf außergerichtliche Interessenwahrnehmung haben oder der Verein preisgünstige Reisen und zinsgünstige Darlehen vermittelt. Ebenso handelt es

17 Abschn. 38 Abs. 2 Satz 2 KStR.
18 BFH BStBl. II 1995, S. 753 (754).
19 BFH BStBl. II 1990, S. 550 (551).

sich um einen unechten Mitgliedsbeitrag, wenn Bootsliegeplätze gegen Sonderentgelt überlassen werden.

Spenden[20] sind nichtsteuerbar, weil sie unter keine Einkunftsart fallen (§ 8 Abs. 1 KStG i.V.m. § 2 Abs. 1 EStG).

Eine Körperschaft unterliegt nach allgemeinen Grundsätzen nicht der Körperschaftsteuer, sofern sie nicht darauf ausgerichtet ist, bezogen auf die Dauer ihres Bestands einen sog. Totalgewinn oder Totalüberschuss zu erzielen. Davon ausgenommen ist jedoch ein wirtschaftlicher Geschäftsbetrieb[21]. Der Bereich einer nichtsteuerbaren Tätigkeit wird jedoch typischerweise von dem einheitlichen Freibetrag von 3.835 Euro jährlich (§ 24 Satz 1 KStG) abgedeckt. Zudem sind Non-Profit-Körperschaften i.d.R. gemeinnützig und steuerbefreit, soweit nicht ein steuerpflichtiger wirtschaftlicher Geschäftsbetrieb unterhalten wird (§ 5 Abs. 1 Nr. 9 KStG, § 3 Nr. 6 GewStG; zum Gemeinnützigkeitsrecht im Einzelnen Teil II:A.I.2.

Steht die selbstlose Förderung der Allgemeinheit im Vordergrund der Tätigkeit der Körperschaft, so werden typischerweise keine Gewinne erwirtschaftet, die der Ertragsbesteuerung unterliegen könnten. Werden aber dennoch Gewinne erzielt, kommt die Steuerbefreiung gem. § 5 Abs. 1 Nr. 9 KStG, § 3 Nr. 6 GewStG in Betracht, da die Erträge der Förderung des gemeinnützigen Zwecks dienen und nicht für andere Interessen des Vereins oder der Mitglieder ausgegeben oder an die Mitglieder ausgeschüttet werden dürfen. Die Steuerbefreiung ist jedoch auf Zweckbetriebe i.S.v. § 65 AO beschränkt.[22] Mit ihren wirtschaftlichen Geschäftsbetrieben, die keine Zweckbetriebe sind, unterliegen gemeinnützige Körperschaften der Körperschaftsteuer.[23] Dadurch soll der Wettbewerbsneutralität des Steuerrechts Rechnung tragen werden. Konkurrierenden steuerpflichtigen Unternehmen soll im Vergleich zu gemeinnützigen Körperschaften kein Nachteil aus der Steuerfreiheit der gemeinnützigen Körperschaft entstehen. Von dieser partiellen Steuerpflicht gemeinnütziger Körperschaften ist die Vermögensverwaltung ausgenommen (§ 14 Satz 1 und 3 AO).

---

20 S. Teil II:A.II.1.a)(c)(iii) und Teil II:A.II.2.a).

21 S. Teil II:A.I.2.b).

22 S. Teil II:A.I.2.b).

23 BFH BStBl. II 1990, S. 246 (248).

Ein steuerpflichtiger wirtschaftlicher Geschäftsbetrieb unterliegt nur dann der Körperschaft- und der Gewerbesteuer, wenn die Einnahmen einschließlich Umsatzsteuer (Bruttoeinnahmen)[24] insgesamt 30.678 Euro im Jahr übersteigen (§ 64 Abs. 3 AO). Wird diese *Besteuerungsgrenze* überschritten, sind die Gewinne des wirtschaftlichen Geschäftsbetriebs voll der Körperschaftsteuer und Gewerbesteuer zu unterwerfen. Die Besteuerungsgrenze von 30.678 Euro soll kleineren gemeinnützigen Vereinen die oft schwierige genaue Ermittlung des Überschusses/Verlustes aus ihrem wirtschaftlichen Geschäftsbetrieb ersparen. Andererseits können rück- und vortragsfähige Verluste i.S.v. § 10d EStG nur in Jahren entstehen, in denen die Besteuerungsgrenze von 30.678 Euro im Jahr überschritten wird. Für Jahre, in denen die Besteuerungsgrenze unterschritten wird, muss kein Verlustabzug vorgenommen werden, ein vorhandener vor- und rücktragfähiger Verlust wird nicht verbraucht.[25]

Für die Ermittlung des zu versteuernden Einkommens wird im Rahmen der *Körperschaftsteuerveranlagung* das Einkommen einer Körperschaft um den *Freibetrag i.H.v. 3.835 Euro* gekürzt (§ 24 Satz 1 KStG). Ist eine grundsätzlich steuerbefreite Körperschaft i.S.v. § 5 Abs. 1 Nr. 9 KStG mit ihrem wirtschaftlichen Geschäftsbetrieb partiell steuerpflichtig, ist der Freibetrag ungeteilt von dem Einkommen des wirtschaftlichen Geschäftsbetriebes abzuziehen. Der Freibetrag kann einer Körperschaft nur einmal gewährt werden, auch wenn mehrere wirtschaftliche Geschäftsbetriebe unterhalten werden, da diese als ein einheitlicher wirtschaftlicher Geschäftsbetrieb behandelt werden (§ 64 Abs. 2 AO).[26] Der wirtschaftliche Geschäftsbetrieb einer gemeinnützigen Körperschaft ist jedoch nicht begünstigt, wenn die gemeinnützige Körperschaft die Rechtsform einer Kapitalgesellschaft hat (§ 24 Satz 2 Nr. 1 KStG). Dies gilt auch dann, wenn langfristig keine Ausschüttungen erfolgen, insbesondere weil die Kapitalgesellschaft satzungsmäßig keine Ausschüttungen tätigen darf.[27]

Verbleibt nach Abzug des Freibetrags von 3.835 Euro (§ 24 Satz 1 KStG) ein zu versteuerndes Einkommen, beträgt die Körperschaftsteuer hierauf 25 v.H. (§ 23 Abs. 1 KStG).

24 BFH BStBl. II 2001, S. 449 (451).
25 AEAO zu § 64 Nr. 17, BStBl. I 1998, S. 630 (674).
26 S. Teil II:A.I.2.b).
27 BFH BStBl. II 1990, S. 470.

Bei der Ermittlung des steuerpflichtigen Gewerbeertrags für die *Gewerbesteuer* ist ein *Freibetrag von 3.900 Euro* zu berücksichtigen (§ 11 Abs. 1 Satz 3 Nr. 2 GewStG).

Beispiele
Insgesamt unterliegen folgende Einnahmen eines gemeinnützigen Vereins nicht der Körperschaft- und Gewerbesteuer: Mitgliedsbeiträge, Spenden, Zuschüsse aus öffentlichen Mitteln, aus Lotto- und Totogeldern, Schenkungen, Erbschaften, Vermächtnisse, Erträge der Vermögensverwaltung (z.B. Mieten aus der Vermietung von Räumen, Pachteinnahmen aus der Verpachtung von wirtschaftlichen Geschäftsbetrieben, Erträge aus der Verpachtung von Rechten, Zinsen, Dividenden), Erträge aus dem Verkauf von Grundstücken und Einrichtungsgegenständen, soweit diese Wirtschaftsgüter nicht zu einem steuerpflichtigen Betrieb gehören, Erträge aus Zweckbetrieben sowie Erträge aus steuerpflichtigen wirtschaftlichen Geschäftsbetrieben, wenn die Einnahmen hieraus insgesamt 30.678 Euro nicht überschreiten oder das Einkommen den Freibetrag von 3.835 Euro nicht überschreitet.

Die Befreiung gemeinnütziger Vereine von der Körperschaftsteuer (§ 5 Abs. 1 Nr. 9 KStG) gilt nicht für Einkünfte, die dem *Steuerabzug* unterliegen (§ 5 Abs. 2 Nr. 1 KStG). Damit kommt für gemeinnützige Körperschaften grundsätzlich eine Belastung mit *Kapitalertragsteuer* in Betracht. Im steuerbefreiten Bereich (insbes. Vermögensverwaltung) wird aber eine Freistellung bewirkt, indem von der Einbehaltung der Kapitalertragsteuer abgesehen (§ 44a Abs. 4 EStG) oder die einbehaltene Kapitalertragsteuer wieder erstattet (§ 44c EStG) wird. Gem. § 44a Abs. 4 Satz 1 EStG wird die Kapitalertragsteuer bei Kapitalerträgen i.S.v. § 43 Abs. 1 Satz 1 Nr. 4, 7 und 8 sowie Satz 2 EStG, d.h. insbesondere i.S.v. § 20 Abs. 1 Nr. 7 EStG (Zinsen aus Guthaben bei Kreditinstituten, aus Bausparguthaben, aus Gelddarlehen, Erträge aus Schuldverschreibungen) von vornherein nicht erhoben, wenn der Verein dem Schuldner oder dem die Kapitalerträge auszahlenden inländischen Kreditinstitut nachweist, dass er eine gemeinnützige Körperschaft ist. Dies geschieht durch die sog. NV-(Nichtveranla.-gungs-)Bescheinigung (§ 44a Abs. 4 Satz 3 EStG). Sie wird für den Verein auf Antrag vom zuständigen Finanzamt ausgestellt und gilt i.d.R. für drei Jahre. Anstatt der NV-Bescheinigung ist auch eine amtlich beglaubigte Kopie des letzten Körperschaftsteuerfreistellungsbescheids ausreichend. Dieser muss jedoch für den fünften oder einen späteren Veranlagungszeitraum vor dem Veranlagungszeitraum erteilt worden sein, in dem die Kapitalerträge zufließen.[28] Bei den anderen Kapitalerträgen, z.B. Dividenden i.S.d. § 20 Abs. 1 Nr. 1 EStG, wird die Steuer zunächst einbehalten und der gemeinnützige Verein kann die Erstattung beim Bundesamt für Finanzen beantragen (§ 44c EStG). Der Antrag ist nach amtlich vorgeschriebenem Muster bis zum 31.12. des Folgejahres unter Vorlage von Bescheinigungen über die Zugehörigkeit zum Kreis der Erstattungsberechtigten und die Zahlung der Kapitalertragsteuer zu stellen. Die bei Kapitalerträgen im letzteren Sinn anfallende anrechenbare Körperschaftsteuer kann im Gegensatz dazu weder angerechnet noch vergütet werden (§ 51 KStG). Unterhält die Körperschaft einen wirtschaftlichen Geschäftsbetrieb, gilt dagegen auf Grund der Körperschaftsteuerpflicht für die Kapitalertragsteuer keine Besonderheit, d.h. die Körperschaft wird mit Kapitalertragsteuer belastet. Das Verfahren der Abstandnahme bzw. Erstattung der Kapitalertragsteuer kommt aber dann zur Anwendung, wenn die Körperschaft mit den Einnahmen aus dem wirtschaftlichen Geschäftsbetrieb unter der Besteuerungsgrenze des § 64 Abs. 3 AO liegt oder wenn sie auf Grund des Freibetrages gem. § 24 KStG nicht zur Körperschaftsteuer herangezogen wird. Der Nachweis erfolgt in diesen Fällen durch eine NV-Bescheinigung besonderer Art (§ 49 Abs. 1 KStG i.V.m. § 44a Abs. 2 Nr. 2, Abs. 1 Nr. 2 EStG).

Gem. § 20 Abs. 1 Nr. 10 Buchst. b Satz 3 EStG findet eine *Nachbelastung von Entnahmen aus einem steuerpflichtigen wirtschaftlichen Geschäftsbetrieb* statt. Danach werden Gewinne steuerpflichtiger wirtschaftlicher Geschäftsbetriebe, die durch Betriebsvermögensvergleich ermittelt werden und nicht den Rücklagen zugeführt werden oder nach Auflösung der Rücklagen zu Zwecken außerhalb des wirtschaftlichen Geschäftsbetriebs – d.h. für den ideellen Bereich, für Zweckbetriebe oder für Zwecke der Vermögensverwaltung – verwendet werden, als Einkünfte aus Kapitalvermögen erfasst. Diese Nachbelastung erfolgt grundsätzlich durch einen Kapitalertragsteuerabzug (§ 43 Abs. 1 Nr. 7c EStG) mit einem Kapitalertragsteuersatz von 10 v.H. (§ 43a Abs. 1 Nr. 6 EStG). Die Körperschaft gilt als Gläubiger, der wirtschaftliche Geschäftsbetrieb als Schuldner der Kapitalerträge. Der Kapitalertrag-

28 BMF vom 26.10.1992, BStBl. I 1992, S. 693; vom 27.11.1992, BStBl. I 1992, S. 772; vom 18.12.1992, BStBl. I 1993, S. 58; vom 7.5.2002, BStBl. I 2002, S. 550.

steuerabzug unterbleibt jedoch bei inländischen gemeinnützigen Körperschaften (§ 44a Abs. 7 EStG). Die Körperschaftsteuer ist damit, auch wenn im Ergebnis keine Kapitalertragsteuer einzubehalten und abzuführen ist, abgegolten (§ 5 Abs. 2 Nr. 1 i.V.m. § 32 Abs. 1 Nr. 1 KStG).

Die dargelegten Steuervergünstigungen für gemeinnützige Körperschaften sind nicht antragsgebunden. Eine Prüfung erfolgt im Rahmen des Veranlagungsverfahrens von Amts wegen. Auch kann auf die Behandlung als steuerbegünstigte Körperschaft in steuerlicher Hinsicht nicht verzichtet werden.[29] Idealkörperschaften, die die Bindungen des Gemeinnützigkeitsrechts vermeiden wollen, können diesen aber ohne Weiteres ausweichen, indem sie die Satzung so gestalten, dass sie den entsprechenden Anforderungen (§§ 59ff. AO) nicht genügt.

b) Umsatzsteuer

Vereine und sonstige Personenvereinigungen sind *Unternehmer* im umsatzsteuerrechtlichen Sinne, soweit sie selbständig und nachhaltig (wiederholt) zur Erzielung von Einnahmen tätig werden (§ 2 Abs. 1 UStG).[30] Die erforderliche wirtschaftliche Tätigkeit setzt einen Leistungsaustausch im Sinne einer inneren Verknüpfung von Leistung und Gegenleistung voraus. Für die Nachhaltigkeit ist es schon ausreichend, wenn ein Verein jährlich ein Fest veranstaltet und dabei Eintrittsgelder erhebt. Die Einnahmeerzielungsabsicht muss nicht Hauptzweck der Tätigkeit sein. Auch eine wohltätige Betätigung kann nachhaltig gegen Entgelt erfolgen. Auf den Zweck und den Erfolg der wirtschaftlichen Tätigkeit kommt es nicht an. Für die Erhebung der Umsatzsteuer muss daher nicht kostendeckend gearbeitet werden, d.h. die Ausgaben können die Einnahmen auch übersteigen.

Ein Auftreten am allgemeinen Markt ist für die Unternehmereigenschaft nicht erforderlich. Ein Verein kann auch dann Unternehmer sein, wenn er nur gegenüber seinen Mitgliedern tätig wird. Maßgeblich ist dabei die Wechselbeziehung und gegenseitige Abhängigkeit von Leistungen an die Mitglieder zu den von diesen er-

---

29 AEAO zu § 59 Nr. 3, BStBl. I 1998, S. 630 (667).

30 Zur Unternehmereigenschaft bei Vereinen, Forschungsbetrieben und ähnlichen Einrichtungen s. Abschn. 22 Abs. 1 UStR.

hobenen Beiträgen. Zu den steuerbaren Umsätzen eines Vereins zählen deshalb – neben Leistungen gegen Entgelt an Nichtmitglieder – auch Leistungen zu Sonderentgelten an Mitglieder (sog. unechte Mitgliedsbeiträge).[31]

Beispiele
Um typische umsatzsteuerbare Leistungen gegen ein Sonderentgelt handelt es sich bei der Abgabe von Anglererlaubnisscheinen durch Angelsportvereine oder bei der Überlassung eines Tennisplatzes gegen eine Benutzungsgebühr, ebenso bei der entgeltlichen Ausgabe von Eintrittskarten für Vereinsfestlichkeiten oder Einrücken von Anzeigen in Vereinszeitschriften. Erbringt aber etwa ein Haus- und Grundbesitzerverein steuerpflichtige Leistungen durch Rechtsberatung und Prozessvertretung seiner Mitglieder gegen ein nicht kostendeckendes Sonderentgelt, so ist der zur Kostendekkung erforderliche Teil der Mitgliedsbeiträge kein weiteres Entgelt.[32]

Machen die an ein einzelnes Mitglied erbrachten Lieferungen und Leistungen nur einen geringfügigen Teil der nichtsteuerbaren Aktivität eines Vereins aus, so ist es i.d.R. gerechtfertigt, die Mitgliedsbeiträge insgesamt unbesteuert zu lassen.

Beispiel
Steuerunschädlich ist die Lieferung von Druckerzeugnissen mit bloßen Informationen und Nachrichten aus dem Vereinsleben.[33]

Zum *nichtunternehmerischen Bereich* eines Vereins gehören echte Mitgliedsbeiträge (von allen Mitgliedern zur Erfüllung des satzungsmäßigen Gemeinschaftszwecks erhobene Beiträge), Aufnahmegebühren, Umlagen, Arbeitsleistungen als eine Form des Mitgliedsbeitrags, echte Zuschüsse (Vereinnahmung ohne eine bestimmte Leistung)[34] sowie Spenden.

Beispiele
Steuerbare Umsätze ergeben sich z.B. aus der Eigenbewirtschaftung einer Vereinsgaststätte oder Vereinskantine, der Bewirtung bei Vereinsfesten, dem Verkauf von Vereinsabzeichen, Sportgeräten, Festschriften, Fachbüchern, gebrauchten Gegenständen aus dem unternehmerischen Bereich sowie von gesammeltem Altpapier und dergleichen, dem Verkauf von Losen für eine Vereinstombola, der Abhaltung von kulturellen und sportlichen

---

31 S. Teil II:A.I.1.a).
32 BFH BStBl. II 1994, S. 957 (958).
33 Abschn. 5 Abs. 6 UStR.
34 Dazu im Einzelnen Abschn. 150 UStR.

Veranstaltungen[35] gegen Erhebung von Eintrittsgeldern oder Teilnehmergebühren, der ggf. stundenweisen Vermietung und Verpachtung von Grundstücken, Räumen, Sportanlagen oder Gegenständen des Vereins (etwa Musikinstrumente), der Überlassung von Flächen zur Anbringung von Reklame gegen Entgelt oder der Erteilung von Musik-, Tanz- oder Sportunterricht gegen Entgelt. Wird einem gemeinnützigem Verein ein Werbemobil überlassen und wirkt der Verein nicht aktiv an der Werbemaßnahme mit, so wird zwar kein wirtschaftlicher Geschäftsbetrieb begründet, der Verein wird aber unternehmerisch tätig, wenn die Werbeflächen über mehrere Jahre (nachhaltig) zur Verfügung gestellt werden.

Führen gemeinnützige Körperschaften steuerbare Umsätze aus, kommen verschiedene *Steuerbefreiungen* i.S.v. § 4 UStG in Betracht, die aber nicht direkt an den Gemeinnützigkeitsstatus anknüpfen. Für gemeinnützige Vereine wesentliche Steuerbefreiungen sind insbesondere:

- § 4 Nr. 12 Buchst. a UStG: *Vermietung/Verpachtung von Grundstücken.* Bei der stundenweise Überlassung von kommerziellen Sportanlagen einschließlich möglichen Zusatznutzungen handelt es sich um eine einheitliche steuerpflichtige Leistung, die nicht durch eine steuerfreie Grundstücksüberlassung geprägt ist, sondern durch die Möglichkeit das Angebot der Sporteinrichtung zu nutzen, so dass die Leistung umsatzsteuerpflichtig ist und so auch zum Vorsteuerabzug berechtigt.[36]
- § 4 Nr. 18 UStG: Leistungen der *Wohlfahrtsverbände* (§ 23 UStDV), sofern sie den hilfsbedürftigen Personen unmittelbar zugute kommen[37] und die Entgelte hinter den durchschnittlich für gleichartige Leistungen von Erwerbsunternehmen verlangten Entgelten zurückbleiben.
- § 4 Nr. 20 UStG: Umsätze *kultureller Einrichtungen*[38]. Steuerbefreit sind die kulturellen Dienstleistungen selbst und die eng damit verbundenen Lieferungen von Gegenständen, die zur Ausführung der Dienstleistung unerlässlich sind.

---

35 Zur Frage, wer bei sportlichen Veranstaltungen, an denen zwei oder mehrere Vereine teilnehmen, Unternehmer ist und die Umsätze zu versteuern hat, s. Abschn. 16 Abs. 4 UStR.

36 BFH BStBl II 2001, S. 658; zur Anwendung des BFH-Urteils s. BMF vom 15.10.2001, DStR 2001, S. 1935.

37 Vgl. Abschn. 103 Abs. 6 UStR.

38 Zu den Begriffen der einzelnen Kultureinrichtungen s. Abschn. 106 bis 109 UStR.

- § 4 Nr. 22 Buchst. a UStG: *Veranstaltungen wissenschaftlicher oder belehrender Art,* wenn die Einnahmen überwiegend (zu mehr als 50 v.H.) zur Deckung der Unkosten verwendet werden. Dies erfordert eine getrennte Gewinn- (Überschuss-)Ermittlung, wobei nicht auf die einzelnen Veranstaltungen, sondern auf die Veranstaltungen eines Veranlagungszeitraums abzustellen ist. Zu den Veranstaltungen belehrender Art gehört etwa entgeltlicher Sportunterricht an Mitglieder wie Nichtmitglieder.
- § 4 Nr. 22 Buchst. b UStG: *andere kulturelle und sportliche Veranstaltungen,* soweit das Entgelt in Teilnehmergebühren besteht.[39] Sportliche Veranstaltungen sind – vgl. § 67a AO – nur diejenigen organisatorischen Maßnahmen eines Sportvereins, die es aktiven Sportlern ermöglichen, Sport zu treiben. Es genügt nicht, wenn lediglich die Nutzung von Sportanlagen gestattet wird und die organisatorischen Maßnahmen sich auf die ordnungsgemäße Benutzung durch den Leistungsempfänger beschränken. Umsatzsteuerpflichtig sind organisatorische Maßnahmen, die nur Sonderleistungen für einzelne Personen betreffen (= z.B. spezielles Training für einzelne Sportler), ebenso Sportreisen, wenn hierbei die Erholung der Teilnehmer im Vordergrund steht. Die Genehmigung von Wettkampfveranstaltungen und die Ausstellung bzw. Verlängerung von Sportausweisen durch einen Sportverband sind keine sportlichen Veranstaltungen. Es handelt sich bei den von dem Sportverband erhobenen Entgelten auch nicht um Teilnehmergebühren. Zu den Teilnehmergebühren zählen nur solche Entgelte, die für die aktive Teilnahme von Sportlern an einer bestimmten Veranstaltung gezahlt werden, etwa Start- und Meldegelder.[40] Befreit sind insbesondere Start- und Teilnehmergebühren anlässlich von Musik- und Sportwettbewerben, Volksläufen oder Trachtenfesten, nicht aber die von den Besuchern (d.h. den passiven Teilnehmern) erhobenen Eintrittsgelder anlässlich dieser Veranstaltungen.
- § 4 Nr. 23 UStG: *Beherbergung und Beköstigung von Jugendlichen.* Der Unternehmer muss die Erziehung, Ausbildung oder Fortbildung der aufgenommenen Jugendlichen selbst überneh-

---

39 Vgl. stv. BFH DStR 2000, S. 1256 (1257).
40 BMF vom 5.10.1990, BStBl. I 1990, S. 649.

men. Er muss die Erziehungs-, Ausbildungs- oder Fortbildungszwecke zwar nicht allein verfolgen; es reicht aber auch nicht aus, dass sie lediglich von einem Dritten erbracht werden.[41]

- § 4 Nr. 25 UStG: *Einrichtungen der Jugendhilfe.* Jugendlichen zugute kommende Leistungen sog. sozialkultureller Zentren sind aber steuerpflichtig, soweit sie damit nicht nur geringfügig in Wettbewerb zur gewerblichen Wirtschaft treten (z.B. Betrieb einer Cafeteria oder Diskothek).[42] Leistungen freiberuflich tätiger Familienhelfer und der sozialpädagogischen Familienhilfe-Vereine sind nicht nach § 4 Nr. 25 UStG steuerfrei. Die Umsätze dieser Vereine können aber gem. § 4 Nr. 18 UStG steuerfrei sein.[43]

Folge einer Umsteuerbefreiung ist der Verlust des Vorsteuerabzugs für die damit in Zusammenhang stehenden Eingangsumsätze (§ 15 Abs. 2 Satz 1 Nr. 1 UStG). Im Fall des § 4 Nr. 12a UStG kann der Unternehmer jedoch auf die Steuerfreiheit verzichten (§ 9 Abs. 1 UStG), womit der Vorsteuerabzug erhalten bleibt.

Führt eine gemeinnützige Körperschaft *Ausfuhrlieferungen zu humanitären, karitativen oder erzieherischen Zwecken* aus, wird auf Antrag die Umsatzsteuer vergütet, die auf der an die Körperschaft bewirkten Lieferung des Gegenstandes lastet (§ 4a UStG). Zu den humanitäre Zwecke zählt neben der Beseitigung und Milderung besonderer Notlagen auch die Verbesserung der wirtschaftlichen und sozialen Verhältnisse sowie der Umweltbedingungen. Karitative Zwecke werden durch die selbstlose Hilfeleistung für andere Menschen verfolgt. Der Antrag auf Steuervergütung ist nach amtlich vorgeschriebenen Vordruck bis zum 31.12. des Folgejahres, in dem der Gegenstand in das Drittlandsgebiet gelangt, zu stellen (§ 24 Abs. 1 UStDV).

Soweit die *Leistungen gemeinnütziger Vereine,* die nicht im Rahmen eines steuerpflichtigen wirtschaftlichen Geschäftsbetriebs erfolgen, umsatzsteuerpflichtig sind, unterliegen sie dem *ermäßigten Steuersatz von 7 v.H.* (§ 12 Abs. 2 Nr. 8 UStG). Hierunter fallen alle Leistungen im Rahmen der Vermögensverwaltung und eines Zweckbetriebes. Für Umsätze innerhalb eines wirtschaftli-

---

41 BFH BStBl. II 2001, S. 691; s. zur Anwendung BMF vom 28.9.2001, BStBl. I 2001, S. 726.

42 Abschn. 119 Abs. 8 UStR.

43 Abschn. 119 Abs. 7 UStR.

chen Geschäftsbetriebes gilt dagegen der allgemeine Steuersatz von 16 v.H. (§ 12 Abs. 1 UStG). Der ermäßigte Steuersatz i.H.v. 7 v.H. (§ 12 Abs. 2 Nr. 8 UStG) ist auch anzuwenden, wenn der ausführende Verein selbst nicht Organisator einer sportlichen oder kulturellen Veranstaltung ist, sondern in deren Rahmen eine sportliche oder kulturelle Darbietung erbringt. Dabei braucht die Veranstaltung, bei der die Darbietung präsentiert wird, keine steuerbegünstigte Veranstaltung zu sein.[44] Unentgeltliche Wertabgaben an den eigenen nichtunternehmerischen Bereich unterfallen dagegen nicht der Steuerermäßigung, da nur Leistungen der begünstigten Körperschaft erfasst werden.[45]

Bemessungsgrundlage für die Umsatzsteuer ist bei entgeltlichen Lieferungen und sonstigen Leistungen das Entgelt, d.h. alles was der Leistungsempfänger aufwendet, um die Leistung zu erhalten, jedoch abzüglich der Umsatzsteuer (§ 10 Abs. 1 Satz 2 UStG). Ist die Umsatzsteuer bei Lieferungen und sonstigen Leistungen im Preis enthalten (z.B. im Preis einer Eintrittskarte), so muss sie aus den Einnahmen herausgerechnet werden (bei einem Steuersatz von 7 v.H. mit 6,54 v.H., bei einem Steuersatz von 16 v.H. mit 13,79 v.H.).

Unterschreitet eine gemeinnützige Körperschaft die Besteuerungsgrenze des § 64 Abs. 3 AO von 30.678 Euro,[46] hat dies für die Umsatzsteuer keine Bedeutung. Ein Verein braucht jedoch keine Umsatzsteuer zu zahlen, wenn die steuerpflichtigen Einnahmen einschließlich der darauf entfallenden Steuer aus seiner gesamten unternehmerischen Betätigung im vorangegangenen Kalenderjahr 16.620 Euro nicht überstiegen haben und im laufenden Kalenderjahr voraussichtlich 50.000 Euro nicht übersteigen werden (§ 19 UStG). In diesem Fall darf der Verein auch keine Umsatzsteuer gesondert in Rechnung stellen und hat keinen Vorsteuerabzug. Auf diese sog. *Kleinunternehmerregelung* kann der Verein jedoch verzichten. An einen solchen Verzicht ist er fünf Jahre gebunden (§ 19 Abs. 2 Satz 2 UStG).

Für die in Eingangsrechnungen gesondert ausgewiesenen Umsatzsteuerbeträge kann der *Vorsteuerabzug* geltend gemacht werden (§ 15 Abs. 1 Satz 1 Nr. 1 UStG). Voraussetzung ist, dass diese Eingangsleistungen den unternehmerischen Bereich eines Vereins

---

44 BFH BStBl. II 1994, S. 886.

45 Abschn. 170 Abs. 1 Satz 6 UStR.

46 S. Teil II:A.I.1.a).

betreffen (z.B. Lebensmitteleinkäufe für eine Vereinsgaststätte). Der Vorsteuerabzug ist dagegen ausgeschlossen bei

- sog. Repräsentationsaufwendungen und bestimmten Reisekosten (seit 1.4.1999),
- Gegenständen oder Leistungen, die für den nichtunternehmerischen Bereich bezogen werden (z.B. Sportgeräte für ideelle Vereinszwecke),
- Gegenständen, die zu weniger als 10 v.H. unternehmerisch genutzt werden und
- Gegenständen oder Leistungen, die zwar den unternehmerischen Bereich betreffen, mit denen aber steuerfreie Umsätze ausgeführt werden (§ 15 Abs. 1 Satz 2, Abs. 1a, Abs. 2 Satz 1 Nr. 1 UStG).

Im Hinblick auf die Voraussetzungen erfordert der Vorsteuerabzug eine konkrete *Zuordnung der Eingangsleistungen zu dem unternehmerischen und nichtunternehmerischen Bereich.* Die auf den unternehmerischen Bereich entfallenden Vorsteuern können abgezogen werden, wenn

- der Leistende ein zum gesonderten Ausweis der Umsatzsteuer berechtigter Unternehmer ist,
- die Umsatzsteuer in einer Rechnung an den Verein gesondert ausgewiesen ist,
- sich der Vorsteuerabzug auf die für die Leistung zutreffend berechnete Umsatzsteuer bezieht und
- die Vorsteuern mit steuerpflichtigen Ausgangsumsätzen des Vereins zusammenhängen (§ 15 Abs. 1 Satz 1 Nr. 1 UStG).

Betreffen die Vorsteuerbeträge sowohl steuerpflichtige als auch steuerfreie Umsätze, für die ein Vorsteuerabzug nicht möglich ist, so muss eine schätzweise Aufteilung in einen abzugsfähigen und einen nicht abzugsfähigen Teil vorgenommen werden. Dabei ist bei vertretbaren Sachen von dem Verbrauch bzw. der Nutzung auszugehen. I.Ü. besteht ein Wahlrecht zwischen einer vollen Zuordnung zum unternehmerischen Bereich und der Aufteilung auf den unternehmerischen und den ideellen Bereich entsprechend dem Nutzungsverhältnis. Im ersten Fall sind die entsprechenden Vorsteuerbeträge nur insoweit vom Vorsteuerabzug ausgeschlossen, als sie mit steuerfreien Ausgangsumsätzen zusammenhängen; die nichtunternehmerische Mitverwendung unterliegt dafür als unentgeltliche Wertabgabe i.S.d. § 3 Abs. 9a UStG der Umsatzsteuer. Im zweiten Fall ist nur der anteilige Vorsteuerabzug möglich; dafür braucht die nichtunternehmerische Mitverwendung nicht nach § 3 Abs. 9a UStG versteuert zu werden. Bei der Anschaffung oder Anmietung eines Fahrzeugs nach dem 31.3.1999, das sowohl unternehmerisch (mindestens 10 v.H.) als auch nichtunternehmerisch genutzt wird, sind Vorsteuerbeträge, die auf die Anschaffungskosten oder Miete sowie auf die Betriebskosten entfallen, nur noch zu 50 v.H. abziehbar (§ 15 Abs. 1b UStG). Die nichtunternehmerische Mitverwendung unterliegt nicht der Umsatzsteuer.

Aus Vereinfachungsgründen kann der Verein beantragen, die Vorsteuerbeträge, die teilweise dem unternehmerischen und teilweise dem nichtunternehmerischen Bereich zuzurechnen sind, nach dem Verhältnis der Einnahmen aus dem unternehmerischen und aus dem nichtunternehmerischen Bereich aufzuteilen.[47] Die auf den nichtunternehmerischen Bereich entfallenden Vorsteuern sind dann vom Vorsteuerabzug ausgeschlossen; der Anteil der ideellen Nutzung ist folglich auch nicht als unentgeltliche Wertabgabe (§ 3 Abs. 9a UStG) zu versteuern. Die dem unternehmerischen Bereich zugerechneten Vorsteuern sind insoweit nicht abzugsfähig, als sie mit steuerfreien Ausgangsumsätzen in Zusammenhang stehen. Dieses vereinfachte Aufteilungsverfahren darf jedoch nicht zu einem offensichtlich unzutreffenden Ergebnis führen. Der Verein muss sich in dem Antrag verpflichten, mindestens fünf Jahre danach zu verfahren.

Gemeinnützige Vereine (§ 5 Abs. 1 Nr. 9 KStG) haben darüber hinaus das Wahlrecht des *pauschalierten Vorsteuerabzugs* i.H.v. 7 v.H. des steuerpflichtigen Umsatzes. Voraussetzung ist, dass keine Buchführungspflicht besteht und dass die steuerpflichtigen Umsätze ohne Einfuhren und innergemeinschaftliche Erwerbe 30.678 Euro im vorangegangenen Kalenderjahr nicht übersteigen (§ 23a UStG). An dieses Verfahren ist der Verein ebenfalls für mindestens 5 Kalenderjahre gebunden. Verfährt eine Körperschaft nach § 23a UStG, so ist sie zugleich von den Aufzeichnungspflichten nach § 22 Abs. 2 Nr. 5 und 6 UStG (Aufzeichnung der Entgelte für Leistungen, die an den Unternehmer für das Unternehmen ausgeführt worden sind, und der Bemessungsgrundlage für die Einfuhr von Gegenständen für das Unternehmen) befreit (§ 66a UStDV).

47 Abschn. 22 Abs. 7, 8, 9 UStR.

c) Sonstige Steuern

Zuwendungen an steuerbegünstigte kirchliche, gemeinnützige oder mildtätige Körperschaften/Vereine unterliegen nicht der *Erbschaft- und Schenkungsteuer*, sofern nicht bei dem Verein innerhalb von zehn Jahren nach der Zuwendung die Voraussetzungen der Gemeinnützigkeit wegfallen und das Vermögen für nicht steuerbegünstigte Zwecke verwendet wird (§ 13 Nr. 16 Buchst. b ErbStG; s. dazu A. II. 2. b)). Die Zuwendungen dürfen nicht einem steuerpflichtigen wirtschaftlichen Geschäftsbetrieb zufließen.

Von der *Grundsteuer* sind gemeinnützige Körperschaften befreit, wenn es sich um Grundbesitz handelt, der für gemeinnützige oder mildtätige Zwecke oder für Zwecke einer Religionsgesellschaft genutzt wird (§ 3 Abs. 1 Nrn. 3b, 4 GrStG). Die Steuerbefreiung setzt eine unmittelbare Nutzung zu den steuerbegünstigten Zwecken voraus (§ 7 GrStG). Hiervon ist nicht auszugehen, wenn Grundstücke einem wirtschaftlichen Geschäftsbetrieb dienen oder zu Wohnzwecken genutzt werden. Wird ein Grundstück sowohl für steuerbegünstigte Zwecke als auch zu anderen Zwecken genutzt und ist eine räumliche Aufteilung nicht möglich, kann die Steuerbefreiung nur dann in Anspruch genommen werden, wenn die Benutzung für die steuerbegünstigten Zwecke überwiegt (§ 8 Abs. 2 GrStG), d.h. mehr als 50 v.H. beträgt. Kommt dagegen eine Aufteilung in Betracht, ist die Steuerbefreiung partiell zu gewähren (§ 8 Abs. 1 GrStG).

Der *Lotteriesteuer* unterliegen im Inland veranstaltete öffentliche Lotterien und Ausspielungen. Davon ausgenommen sind die von der zuständigen Behörde erlaubten Lotterien oder Ausspielungen, die ausschließlich gemeinnützigen, mildtätigen oder kirchlichen Zwecken dienen, wenn der Gesamtpreis der Lose 38.347 Euro nicht übersteigt (§ 18 Nr. 2 Buchst. a RennwLottG). I.Ü. fällt keine Lotteriesteuer an, wenn ausschließlich Sachgewinne gewährt werden und der Gesamtpreis der Lose 614 Euro nicht übersteigt oder Bargeldgewinne ausgeschüttet werden und der Gesamtpreis der Lose 164 Euro nicht übersteigt (§ 18 Nrn. 1, 2 Buchst. b RennwLottG).

Gem. § 3 Nr. 1 KraftStG sind Fahrzeuge von der *Kraftfahrzeugsteuer* befreit, die von den Vorschriften über das Zulassungsverfahren ausgenommen sind. Hierunter fallen insbesondere Spezialanhänger zur Beförderung von Sportgeräten (z.B. Segelflugzeugen) oder Tieren für Sportzwecke, wenn die Anhänger ausschließlich für solche Beförderungen verwendet werden (§ 18 Abs. 2 Nr. 6 Buchst. m StVZO). Relevant für gemeinnützige Einrichtungen ist auch § 3 Nr. 5 KraftStG, wonach Fahrzeuge, die ausschließlich z.B. im Katastrophenschutz, Feuerwehrdienst oder Rettungsdienst eingesetzt werden, steuerfrei sind, wenn sie äußerlich gekennzeichnet und als für diese Zwecke bestimmt erkennbar sind. Gem. § 3 Nr. 5a KraftStG sind schließlich Fahrzeuge von gemeinnützigen oder mildtätigen Organisationen in der Zeit von der Kraftfahrzeugsteuer befreit, in der sie ausschließlich für humanitäre Hilfsgütertransporte in das Ausland oder für zeitlich damit zusammenhängende Vorbereitungsfahrten verwendet werden.

2. Das Gemeinnützigkeitsrecht

a) Grundstruktur

Die vorstehend dargestellten Steuervergünstigungen für gemeinnützige Körperschaften hängen vielfach davon ab, dass eine Körperschaft/ein Verein selbstlos (§ 55 AO), ausschließlich (§ 56 AO) und unmittelbar (57 AO) steuerbegünstigte Zwecke (gemeinnützige, mildtätige oder kirchliche Zwecke, § 51 AO) verfolgt und dabei den Anforderungen der §§ 59ff. AO genügt. Die Steuerbefreiungen nach KStG, GewStG und UStG kommen aber nicht in Betracht, soweit ein wirtschaftlicher Geschäftsbetrieb[48] unterhalten wird.

Zu den direkten Steuerbegünstigungen gemeinnütziger Körperschaften durch Steuerbefreiungen tritt als indirekte Begünstigung die Berechtigung zum Empfang von Zuwendungen (§ 10b EStG)[49] sowie zur Beschäftigung sog. Übungsleiter (§ 3 Nr. 26 EStG).[50]

Die *Voraussetzungen der Steuerbegünstigung* (Gemeinnützigkeit, Selbstlosigkeit, Ausschließlichkeit) müssen sich direkt aus der Satzung des Vereins ergeben (§ 59 AO). Weiterhin ist den Anforderungen der sog. *Vermögensbindung* zu genügen (§§ 55 Abs. 1 Nr. 4, 61 AO). Danach ist sicherzustellen, dass bei Auflösung des Vereins bzw. Wegfall der Steuerbegünstigung das vorhandene

---

48 S. Teil II:A.I.1.a) und b).

49 S. Teil II:A.II.2.a).

50 S. Teil II:A.II.1.a)(b)(ii).

Vermögen entweder an eine juristische Person oder eine andere Person des öffentlichen Rechts oder an eine andere steuerbegünstigte Körperschaft zur unmittelbaren und ausschließlichen Verwendung für gemeinnützige, mildtätige oder kirchliche Zwecke fällt. Satzungszweck darf weder die Unterhaltung wirtschaftlicher Geschäftsbetriebe, die keine Zweckbetriebe sind, noch die Vermögensverwaltung sein. Insbesondere die Durchführung gesellschaftlicher Veranstaltungen ist als Satzungszweck nicht zulässig. Die Vereinssatzung ist so präzise zu fassen, dass aus ihr unmittelbar entnommen werden kann, ob die Voraussetzungen der Steuerbegünstigung vorliegen (§ 60 AO, formelle Satzungsmäßigkeit).[51] Diese Voraussetzungen müssen für die Körperschaftsteuer und für die Gewerbesteuer während des ganzen Veranlagungszeitraums bzw. Bemessungszeitraums, für die anderen Steuern im Zeitpunkt der Entstehung der Steuer vorliegen (§ 9 Abs. 2 GrStG; § 13 Abs. 1 UStG; § 9 ErbStG). Die tatsächliche Geschäftsführung muss der Satzung entsprechen (§ 63 AO).

Eine Körperschaft verfolgt „gemeinnützige Zwecke, wenn ihre Tätigkeit darauf gerichtet ist, die Allgemeinheit auf materiellem, geistigem oder sittlichem Gebiet selbstlos zu fördern“ (§ 52 Abs. 1 Satz 1 AO). Eine *Förderung der Allgemeinheit* setzt voraus, dass der Kreis der Geförderten nicht geschlossen ist (§ 52 Abs. 1 Satz 2 AO). Neben einer ausdrücklichen Beschränkung der Mitglieder auf Grund der Satzung kann eine Begrenzung der Mitgliederzahl auch dadurch erreicht werden, dass der Verein hohe Aufnahmegebühren und Beiträge von seinen Mitgliedern verlangt. Von einer Förderung der Allgemeinheit ist dabei noch auszugehen, wenn die von einem Verein erhobenen Beiträge und Umlagen zusammen im Durchschnitt 1.023 Euro je Mitglied und Jahr und daneben erhobene Aufnahmegebühren im Durchschnitt 1.534 Euro für die im Jahr neu aufgenommenen Mitglieder nicht übersteigen.[52] Gleiches gilt, wenn er neben Aufnahmegebühren und Mitgliedsbeiträgen (einschließlich sonstiger Mitgliedsumlagen) zusätzlich eine Investitionsumlage erhebt (höchstens 5.113 Euro innerhalb von 10 Jahren je Mitglied), wobei die Mitglieder die Möglichkeit haben müs-

---

51 Vgl. dazu etwa die Mustersatzung für Sportvereine, die die formellen Voraussetzungen des § 60 AO erfüllt, der OFD Frankfurt/M. vom 1.3.2001, StEK AO 1977 § 52 Nr. 139.

52 Vgl. BMF vom 20.10.1998, BStBl. I 1998, S. 1424.

sen, die Zahlung der Umlage auf bis zu 10 gleiche Jahresraten zu verteilen. Die Umlage muss der Finanzierung konkreter Investitionsvorhaben dienen. Anstelle von Investitionsumlagen darf der Verein auch Investitionsdarlehen unter den gleichen Voraussetzungen verlangen. Es wird jedoch auch die Förderung eines kleinen oder engeren Kreises, der zugleich das Gemeinwohl fördert, als gemeinnütziger Zweck anerkannt, indem von einem „Ausschnitt aus der Allgemeinheit" ausgegangen wird.[53] Gemeinnützigkeitsschädlich ist eine Satzungsbestimmung, wonach die Aufnahme in den Verein von einem einstimmigen Beschluss der Vereinesmitglieder abhängig ist, nicht aber, wenn das Aufnahmegesuch lediglich von zwei Vereinsmitgliedern befürwortet werden muss.[54]

Die Beurteilung, ob ein Verein der Förderung des Allgemeinwohls dient, bestimmt sich aber vor allem nach objektiven Kriterien. So ist die Gemeinnützigkeit zu versagen, wenn die Körperschaft gegen Recht und Gesetz verstößt.[55] I.Ü. ist der konkrete Vereinszweck entscheidend.

Beispiel

Die Spieler eines Fußballvereins erhalten von Sponsoren inoffizielle Zahlungen, für die der Verein keine Lohnsteuer einbehält und abführt. Mit der damit begangenen Lohnsteuerverkürzung liegt ein Verstoß gegen die Rechtsordnung vor, der die Annahme der Gemeinnützigkeit ausschließt.[56]

§ 52 Abs. 2 AO zählt beispielhaft *gemeinnützige Zwecke* auf. Die Allgemeinheit kann jedoch auch durch Verfolgung von Zwecken, die den in § 52 Abs. 2 Nr. 1 und 2 AO aufgeführten ähnlich sind, gefördert werden,[57] insbesondere der zusätzlich als besonders förderungswürdig i.S.v. § 10b Abs. 1 EStG anerkannten (Anl. 1 zu § 48 Abs. 2 EStDV; s. dazu A. II. 2. a)).

Sport i.S.v. § 52 Abs. 2 Nr. 2 Satz 1 AO wird als eine körperliche, über das ansonsten übliche Maß hinausgehende Aktivität verstanden, die durch äußerlich zu beobachtende Anstrengung oder durch die einem persönlichen Können zurechenbare Kunstbewe-

53 BFH BStBl. II 1997, S. 794 (795f.)
54 BFH BStBl. II 1997, S. 794 (795).
55 BFH BStBl. II 2002, S. 169 (170).
56 BFH BStBl. II 2002, S. 169ff.
57 Vgl. AEAO zu § 52 Nr. 1, BStBl. I 1998, S. 630 (653).

gung gekennzeichnet ist.[58] Der Sportbegriff setzt nicht voraus, dass die körperliche Ertüchtigung durch Leibesübung erfolgt. Erfasst sind auch Sportarten, deren Ausübung sich als nur geringe körperliche Aktivität darstellt, aber eine Körperbeherrschung erfordert, die nur durch Konditionstraining erworben und erhalten werden kann. Die Zuordnung zum Sport ist typischerweise gerechtfertigt, wenn ein Sportverein dem Deutschen Sportbund angeschlossen ist.

Die Förderung von *Freizeitaktivitäten* außerhalb des Bereichs des Sports wird als Förderung der Allgemeinheit anerkannt, wenn die Freizeitaktivitäten hinsichtlich der Merkmale, die ihre steuerrechtliche Förderung rechtfertigen, mit den im Katalog des § 52 Abs. 2 Nr. 4 AO genannten Freizeitgestaltungen identisch sind.[59] Dabei reicht es aber nicht, dass die Freizeitgestaltung sinnvoll und einer der in § 52 Abs. 2 Nr. 4 AO genannten ähnlich ist.[60] Den Anforderungen des § 52 Abs. 1 AO ist zu genügen.[61]

Beispiele

Bei Modellbau und Modellsport ist Identität mit dem Modellflug zu bejahen.[62] Das Skatspiel ist aber nicht als gemeinnützig anzusehen.[63] Einrichtungen, die mit ihrer Tätigkeit auf die Erholung arbeitender Menschen ausgerichtet sind, etwa der Betrieb von Freizeiteinrichtungen wie Campingplätzen oder Bootsverleihen, werden nicht als gemeinnützig anerkannt, es sei denn, dass das Gewähren von Erholung einem besonders schutzwürdigen Personenkreis, etwa Kranken oder der Jugend, zugute kommt oder in einer bestimmten Art und Weise, etwa auf sportlicher Grundlage, vorgenommen wird.[64] Country- und Westernvereine können i.d.R. nicht als gemeinnützig behandelt werden, weil sie überwiegend die Geselligkeit der Mitglieder untereinander fördern. Ihre Tätigkeit ist auch nicht identisch mit der Förderung von Karneval, Fastnacht und Fasching.[65]

Bei der Bestimmung der Kriterien für Inhalt oder Gegenstand der Förderung der Allgemeinheit geht der Bundesfinanzhof von einem sehr weiten Werteverständnis aus.[66] So begreift er Motorsport

---

58 BFH BStBl. II 1998, S. 9 (10).

59 BFH BStBl. II 1995, S. 499 (501); AEAO zu § 52 Nr. 4, BStBl. I 1998, S. 630 (654).

60 BFH BStBl. II 1995, S. 499.

61 BFH BStBl. II 1995, S. 499 (501); BFH/NV 1995, S. 1045 (1046).

62 BFH BStBl. II 1995, S. 499 (501).

63 BFH/NV 2000, S. 1071.

64 BFH BStBl. II 1982, S. 148 (149); 1973, S. 251 (252).

65 OFD Hannover vom 1.4.1998, DB 1998, S. 1062.

66 Vgl. etwa BFH BStBl. II 1985, S. 106 (107); 1984, S. 844 (846); 1979, S. 482 (484).

(Automobilsport) als Sport i.S.v. § 52 Abs. 2 Nr. 2 Satz 1 AO. Das für die steuerrechtliche Förderungswürdigkeit des Motorsports entscheidende Kriterium sei die Eignung des Motorsports zur körperlichen Ertüchtigung. Die Gemeinnützigkeit der Förderung des Sports erfordere nicht, dass die geförderte Sportart weder unfallträchtig noch umweltbelastend ist.[67] Soweit aber mit einer unter § 52 Abs. 2 AO fallenden Aktivität auch Nachteile für die Allgemeinheit verbunden sind, muss dies bei Prüfung des Merkmals der Förderung der Allgemeinheit berücksichtigt werden. Jedenfalls eine überwiegende Gemeinschädlichkeit schließt die Annahme einer Förderung der Allgemeinheit aus.

Politische Zwecke i.S. einer Beeinflussung der politischen Meinungsbildung oder Unterstützung politischer Parteien zählen nicht zu den gemeinnützigen Zwecken.[68] Unabhängige Wählervereinigungen sind aber wie die politischen Parteien von der Körperschaftsteuer befreit (§ 5 Abs. 1 Nr. 7 KStG). Die Gemeinnützigkeit von Bürgerinitiativen hängt vom geförderten Zweck ab. Sie sind nicht gemeinnützig, wenn überwiegend ein politischer Zweck verfolgt wird. Allein aus der uneigennützigen, unentgeltlichen Verfolgung eines ideellen Zwecks im Rahmen einer Bürgerinitiative folgt noch nicht deren Gemeinnützigkeit.

Mildtätige Zwecke (§ 53 AO) setzen voraus, dass die Tätigkeit der Körperschaft darauf gerichtet ist, hilfsbedürftige Personen mit dem Ziel zu unterstützen, deren Notlage zu beseitigen oder zu lindern. Persönliche Hilfsbedürftigkeit liegt vor, wenn Personen infolge körperlichen, geistigen und seelischen Zustandes auf die Hilfe anderer angewiesen sind (§ 53 Nr. 1 AO). Dies ist stets bei Personen anzunehmen, die das 75. Lebensjahr vollendet haben.[69] Wirtschaftliche Hilfsbedürftigkeit ist anzunehmen, wenn die Bezüge der zu unterstützenden Person nicht höher sind als das Vierfache, beim Alleinstehenden oder Haushaltsvorstand das Fünffache des Regelsatzes der Sozialhilfe i.S.d. § 22 Bundessozialhilfegesetz (§ 53 Nr. 2 AO). Beim Alleinstehenden oder Haushaltsvorstand erhöht sich dieser Betrag auf das Fünffache des Regelsatzes. Die jeweilige hilfsbedürftige Person darf nicht über Vermögen verfügen, das zur nachhaltigen Verbesserung des Unterhalts aus-

67 BFH BStBl. II 1998, S. 9.
68 AEAO zu § 52 Nr. 10, BStBl. I 1998, S. 630 (655).
69 AEAO zu § 53 Nr. 3, BStBl. I 1998, S. 630 (856).

reicht. Es ist im Einzelfall zu prüfen, ob eine Verwendung dieses Vermögens zugemutet werden kann. Die Verfolgung mildtätiger Zwecke i.S.v. § 53 AO verlangt nicht völlige Unentgeltlichkeit. Die mildtätige Zuwendung darf nur nicht des Entgelts wegen erfolgen.[70] Eine Art der Mildtätigkeit ist die Wohlfahrtspflege i.S.v. § 66 Abs. 2 AO.

Kirchliche Zwecke verfolgt eine Körperschaft, wenn ihre Tätigkeit darauf gerichtet ist, eine Religionsgemeinschaft, die Körperschaft des öffentlichen Rechts ist, selbstlos zu fördern (§ 54 Abs. 1 AO). Kirchliche Zwecke sind gleichzeitig religiöse und gemeinnützige Zwecke. Sie werden z.B. von Dombauvereinen oder von durch kirchliche Behörden verwalteten Stiftungen oder Priesterseminaren verfolgt.

Nach dem Grundsatz der *Ausschließlichkeit* (§ 56 AO) sind nur die satzungsmäßigen Zwecke begünstigt. Es besteht die Verpflichtung, das Handeln allein an diesen Zwecken auszurichten und ihre Verwirklichung zu fördern. Eine Ausnahme vom Grundsatz der Ausschließlichkeit ist die Betätigung im Rahmen steuerpflichtiger wirtschaftlicher Geschäftsbetriebe, für die die Steuervergünstigungen ausgeschlossen sind (§ 64 Abs. 1 AO). Die Unterhaltung des wirtschaftlichen Geschäftsbetriebes darf aber weder Hauptzweck der Körperschaft noch als Zweck in der Satzung festgelegt sein. Vom Ausschließlichkeitsgebot sind weiterhin die Vermögensverwaltung und die Zweckbetriebe gem. §§ 65-68 AO sowie Betätigungen i.S.v. § 58 AO ausgenommen. Gesellige Veranstaltungen des Vereins gefährden die Gemeinnützigkeit nicht, wenn sie im Vergleich zu den steuerbegünstigten Tätigkeiten von untergeordneter Bedeutung sind (§ 58 Nr. 8 AO). Ein Sportverein darf neben dem unbezahlten auch den bezahlten Sport fördern (§ 58 Nr. 9 AO).

Nach dem Grundsatz der *Unmittelbarkeit* (§ 57 AO) muss der Verein die satzungsmäßigen Zwecke unmittelbar selbst verwirklichen. Er darf sich hierbei Hilfspersonen bedienen, wenn zwischen dem Verein und der Hilfsperson solche rechtlichen und tatsächlichen Beziehungen bestehen, die das Wirken der Hilfsperson wie eigenes Wirken des Vereins erscheinen lassen (§ 57 Abs. 1 Satz 2 AO). Der Verein ist verpflichtet, die Tätigkeit der Hilfsperson zu überwachen. Gemeinnützigkeitsunschädlich ist es jedoch, wenn

---

70 AEAO zu § 53 Nr. 2, BStBl. I 1998, S. 630 (656).

Förder- und Spendensammelvereine Mittel für steuerbegünstigte Zwecke anderer steuerbegünstigter Körperschaften beschaffen (§ 58 Nr. 1 AO).[71] Unschädlich ist auch die teilweise Überlassung von Mitteln an eine andere steuerbegünstigte Körperschaft oder Körperschaft des öffentlichen Rechts zur Verwendung zu steuerbegünstigten Zwecken (§ 58 Nr. 2 AO),[72] die Überlassung von Arbeitskräften und Arbeitsmitteln an andere gemeinnützige Vereine zu deren Vereinszweck (§ 58 Nr. 3 AO), ebenso die Überlassung von Räumen (und Sportstätten) zur Nutzung für steuerbegünstigte Zwecke (§ 58 Nr. 4 AO). Schließen sich mehrere steuerbegünstigte Körperschaften zusammen (Dachverband), und verfolgt diese Körperschaft nicht selbst und unmittelbar steuerbegünstigte Zwekke, sondern beschränkt sich darauf, die Belange ihrer Mitglieder zu vertreten, steht das der Unmittelbarkeit nicht entgegen (§ 57 Abs. 2 AO).

Beispiele
Nachbarschaftsvereine, Tauschringe, Freiwilligenagenturen die Tauschpartner für Dienstleistungen vermitteln und Punktekonten über die Leistungen ihrer Mitglieder führen, sind nicht gemeinnützig, wenn sie keinen steuerbegünstigten Zweck verfolgen. Durch die gegenseitige Unterstützung werden in erster Linie eigenwirtschaftliche Interessen der Mitglieder gefördert, so dass es an der Selbstlosigkeit (§ 55 Abs. 1 AO) fehlt. Verwaltet der Verein lediglich die Zeitkonten seiner Mitglieder und vermittelt Dienstleistungen, erfüllt er auch nicht die Voraussetzung der Unmittelbarkeit (§ 57 Abs. 1 Satz 1 AO).[73] Ist ein Nachbarschaftsverein nicht gemeinnützig, ist er nicht zur Entgegennahme von Zuwendungen i.S.v. §§ 10b EStG, 48 EStDV berechtigt (§ 49 Nr. 2 EStDV). Seine Tätigkeit ist aber nicht als steuerbar zu betrachten, wenn er nicht darauf ausgerichtet ist, während der gesamten Dauer des Bestandes einen sog. Totalüberschuss zu erwirtschaften und er keinen wirtschaftlichen Geschäftsbetrieb unterhält.

Seniorenhilfen (Seniorengenossenschaften) sind gemeinnützig, wenn sich ihre Tätigkeit satzungsgemäß darauf beschränkt, alte und hilfsbedürftige Menschen in Verrichtungen des täglichen Lebens zu unterstützen (Altenhilfe, Wohlfahrtswesen, § 52 Abs. 2 Nr. 2 AO). Sind die unterstützten Personen hilfsbedürftig i.S.v. § 53 AO, liegt auch mildtätiges Handeln vor. Die Selbstlosigkeit (§ 55 Abs. 1 Satz 1 AO) bleibt bei Seniorenhilfen unbeschadet der Gutschrift von Zeitkonten und der Erhebung von Kostenbeiträgen

71 S. auch BMF vom 2.4.2002, BStBl. II 2002, S. 491.

72 Die Finanzverwaltung nimmt eine teilweise Zuwendung von Mitteln i.S.v. § 58 Nr. 2 AO an, wenn die eigenen Mittel nicht überwiegend weitergegeben werden (sog. 50 v.H.-Grenze; vgl. AEAO zu § 58 Nr. 2 Satz 1, BStBl. I 1998, S. 630 (663)).

73 OFD Frankfurt/M. vom 9.10.1998, StEd 1999, S. 91.

erhalten, denn ein völliger Verzicht auf materielle Vorteile ist nicht erforderlich. Es reicht aus, wenn die eigene Opferwilligkeit nicht zu Gunsten eigennütziger Interessen in den Hintergrund gedrängt wird.[74] Um die Voraussetzung der Unmittelbarkeit (§ 57 Abs. 1 AO) zu erfüllen, müssen die aktiven Mitglieder ihre Dienstleistungen als Hilfspersonen des Vereins i.S.d. § 57 Abs. 1 Satz 2 AO ausüben. Dies wird durch Regeln gewährleistet, an die die Mitglieder im Zusammenhang mit der Ausübung des Dienstes gebunden sind (Schweigepflicht, Verbot der Vorteilsannahme u. ä.), durch Haftpflicht- und Unfallversicherung der Mitglieder für die Dauer ihres Dienstes oder durch Fortbildungsveranstaltungen für die aktiven Mitglieder.

b) Die Tätigkeitsbereiche einer gemeinnützigen Körperschaft

Die Tätigkeit eines gemeinnützigen Vereins erstreckt sich auf folgende zu unterscheidende Tätigkeitsbereiche:

<table>
<tr><th colspan="4">Tätigkeit eines gemeinnützigen Vereins</th></tr>
<tr><td>Ideeller Bereich</td><td>Vermögens-verwaltung</td><td>Zweckbetrieb (§ 65 AO)</td><td>Wirtschaftlicher Geschäftsbetrieb (§ 64 AO)</td></tr>
<tr><td colspan="3">Ertragsteuerfreier Bereich</td><td>ertragsteuerpflichtig, aber Freigrenze von 30.678 Euro für Körperschaftsteuer und Gewerbesteuer</td></tr>
<tr><td rowspan="2">Nicht umsatzsteuerbarer Bereich</td><td colspan="2">Umsatzsteuerermäßigung auf 7 v.H.</td><td>Umsatzsteuer mit Regelsteuersatz</td></tr>
<tr><td colspan="3">Umsatzsteuerlicher Unternehmensbereich</td></tr>
</table>

Im ideellen Bereich werden grundsätzlich die Satzungszwecke verwirklicht. Alle Mittelzuflüsse sind von einer Ertragsbesteuerung wie auch einer Umsatzbesteuerung ausgenommen. Einnahmen im ideellen Tätigkeitsbereich sind echte Mitgliedsbeiträge, Spenden, Zuschüsse der öffentlichen Hand (z.B. aus Lotto- und Totomitteln) und ähnliche Zuwendungen sowie Schenkungen, Erbschaften und Vermächtnisse.

Steuerpflichtiger *wirtschaftlicher Geschäftsbetrieb* (§§ 14, 64 AO) ist eine selbständige nachhaltige Tätigkeit, durch die Einnah-

74 BFH BStBl. II 1979, S. 482; hierzu näher OFD Frankfurt/M. vom 29.5.2000, StEK AO 1977, § 52 Nr. 133.

men erzielt werden und die über den Rahmen einer Vermögensverwaltung hinausgeht. Eine Gewinnerzielungsabsicht ist nicht erforderlich. Selbständigkeit meint die sachliche Selbständigkeit der Betätigung im Sinne einer Abgrenzbarkeit von einem steuerbegünstigten Wirkungsbereich.[75] Nachhaltigkeit ist schon zu bejahen, wenn bei einer einmaligen Tätigkeit die Absicht besteht, sie bei sich bietender Gelegenheit zu wiederholen oder wenn eine Tätigkeit eine Reihe von Einzelhandlungen erfordert.[76] Einem Wirtschaftlichen Geschäftsbetrieb fehlt es an der Selbstlosigkeit, da diese verlangt, dass keine eigenwirtschaftlichen Zwecke, also keine gewerblichen Zwecke oder sonstigen Erwerbszwecke verfolgt werden (§§ 52 Abs. 1, 55 Abs. 1 AO).

Alle steuerpflichtigen wirtschaftlichen Betätigungen eines gemeinnützigen Vereins werden zu einem *einheitlichen steuerpflichtigen wirtschaftlichen Geschäftsbetrieb* zusammengefasst (§ 64 Abs. 2 AO). Hierauf ist die umsatzbezogene Besteuerungsfreigrenze von 30.678 Euro (§ 64 Abs. 3 AO) anzuwenden. Eine Aufteilung der Kosten auf einzelne Geschäftsbetriebe unterbleibt. Überschüsse und Verluste können zwischen den einzelnen wirtschaftlichen Geschäftsbetrieben verrechnet werden. Einnahmen aus sportlichen Veranstaltungen sind bei der Prüfung der Besteuerungsfreigrenze nur dann zu berücksichtigen, wenn diese keine steuerbegünstigten Zweckbetriebe sind (§ 67a AO; dazu sogleich). Einnahmen aus kulturellen Veranstaltungen sind nicht einzubeziehen. Funktionale Untergliederungen eines Vereins (z.B. Fußball-, Handball- oder Tennisabteilungen von Sportvereinen), die keine selbständigen Steuersubjekte sind, können die Besteuerungsgrenze von 30.678 Euro (§ 64 Abs. 3 AO)[77] nicht gesondert für sich in Anspruch nehmen. Die Besteuerungsgrundlagen sind beim Hauptverein zu erfassen. Die Aufteilung einer Körperschaft in mehrere selbständige Körperschaften zum Zwecke der mehrfachen Inanspruchnahme der Steuervergünstigung gilt als Missbrauch rechtlicher Gestaltungsmöglichkeiten (§ 64 Abs. 4 AO i.V.m. § 42 AO). Erfolgt die Trennung und Verselbständigung von Abteilungen aber nicht in erster Linie aus steuerlichen, sondern z.B. aus sportlichen/wirtschaftlichen oder „atmosphärischen" Gründen (z.B. Strei-

---

75 BFH BStBl. II 1984, S. 451 (452).

76 BFH BStBl. II 1986, S. 88 (89f.).

77 S. o.

tigkeiten in Großvereinen), ist sie steuerlich anzuerkennen. Erforderlich hierfür ist eine vollständige Trennung, durch die ein neuer, eigenständiger (rechts- oder nichtrechtsfähiger) Verein mit eigenen Organen, eigener Kassenführung und Kassenhoheit entsteht, auf den der ursprüngliche Verein keine Einflussmöglichkeiten haben darf. Regionale Untergliederungen (z.B. Ortstruppen des DRK) können dagegen die Besteuerungsgrenze in Anspruch nehmen.[78] Die Besteuerung der Erträge aus einem wirtschaftlichen Geschäftsbetrieb kann ggf. dadurch vermieden werden, dass der Verein einen wirtschaftlichen Geschäftsbetrieb verpachtet (vgl. dazu die Beispiele sogleich).

Überschüsse aus einem wirtschaftlichen Geschäftsbetrieb müssen grundsätzlich für die steuerbegünstigten Satzungszwecke verwendet werden. Mit für steuerbegünstigte Zwecke gebundenen Mitteln dürfen dagegen Verluste in einem wirtschaftlichen Geschäftsbetrieb nicht ausgeglichen werden. Dies gilt auch bei Unterschreitung der Besteuerungsgrenze von 30.678 Euro (§ 64 Abs. 3 AO), wobei der Frage der Mittelverwendung nicht nachgegangen zu werden braucht, wenn bei überschlägiger Prüfung der Aufzeichnungen erkennbar ist, dass in dem steuerpflichtigen wirtschaftlichen Geschäftsbetrieb keine Dauerverluste entstanden sind.[79]

Die Anforderungen der Selbstlosigkeit gem. § 55 Abs. 1 Nr. 1 Satz 2 und Nr. 3 AO gelten auch für steuerpflichtige wirtschaftliche Geschäftsbetriebe, so dass Verluste und Gewinnminderungen in den einzelnen wirtschaftlichen Geschäftsbetrieben nicht durch Zuwendungen an Mitglieder oder unverhältnismäßig hohe Vergütungen entstanden sein dürfen.[80]

Kein wirtschaftlicher Geschäftsbetrieb liegt vor, soweit es sich um Vermögensverwaltung oder Zweckbetriebe handelt. Diese beiden Bereiche haben mit dem wirtschaftlichen Geschäftsbetrieb die Einnahmeerzielung gemeinsam und unterscheiden sich dadurch zugleich vom ideellen Bereich. Erträge aus der Verwaltung des Vereinsvermögens müssen jedoch nicht versteuert werden. Die *Vermögensverwaltung* wird weder vom Gebot der Selbstlosigkeit (§ 55 Abs. 1 Satz 1 AO) noch dem der Ausschließlichkeit (§ 56

---

78 AEAO zu § 64 Nr. 18, BStBl. I 1998, S. 630 (675).
79 AEAO zu § 64 Nr. 16 Satz 2, BStBl. I 1998, S. 630 (674).
80 AEAO zu § 64 Nr. 6, BStBl. I 1998, S. 630 (672).

AO) berührt. Zur Vermögensverwaltung gehören sämtliche regelmäßigen Einkünfte, die einem Verein aus der Verwaltung seines Vermögens zufließen (§ 14 Satz 3 AO), so wenn z.B. Kapitalvermögen verzinslich angelegt oder unbewegliches Vermögen langfristig vermietet oder verpachtet wird. Erträge aus Vermögensverwaltung sind typischerweise Zinsen aus Bank- und Sparguthaben, Erträge aus Wertpapieren, Mieten aus Grundbesitz und Erlöse aus dem Verkauf von Grundstücken und anderen Vermögensgegenständen, soweit diese nicht in einem steuerpflichtigen wirtschaftlichen Geschäftsbetrieb anfallen, Pachtzinsen aus der Verpachtung wirtschaftlicher Geschäftsbetriebe, wie etwa Gastwirtschaften, Übernachtungsheimen, Werberechten u. ä.

Für die Abgrenzung der Vermögensverwaltung zum wirtschaftlichen Geschäftsbetrieb sind die im Rahmen der Einkommensteuer für die Abgrenzung zwischen Einkünften aus Vermietung und Verpachtung und solchen aus Gewerbebetrieb entwickelten allgemeinen Grundsätze heranzuziehen.[81] Die Tätigkeit im Rahmen eines wirtschaftlichen Geschäftsbetriebes geht über die einer Vermögensverwaltung hinaus. Beim wirtschaftlichen Geschäftsbetrieb steht die Vermögensumschichtung im Vordergrund, während Vermögensverwaltung lediglich Nutzung des Vermögens meint. Eine Vermögensverwaltung wird aber zu einem wirtschaftlichen Geschäftsbetrieb, wenn Umstände hinzutreten, die eine Beteiligung am wirtschaftlichen Verkehr erkennen lassen, so z.B. bei einer ständig wechselnden Vermietung von Standplätzen, Ausstellungsräumen oder Sälen.

Beispiele
Wirtschaftliche Geschäftsbetriebe sind z.B. der Verkauf von Speisen und Getränken, insbesondere in von Vereinen selbst betriebenen Gaststätten oder Kantinen, Übernachtungsheime, der Verkauf des Sammelguts aus Altpapier oder anderem Altmaterial[82], Basare und Flohmärkte, die kurzfristige Vermietung von Sportstätten an Nichtmitglieder des Vereins,[83] die Inseratsgeschäfte in Vereinszeitschriften, bei selbst durchgeführter kommerzieller Werbung (Trikot- und Bandenwerbung)[84] und die Aufnahme einer Firmen-

81 S. R 137 Abs. 2 EStR; H 137 Abs. 2 EStH.
82 BFH BStBl. II 1992, S. 693.
83 AEAO zu § 67a Nr. 11, BStBl. I 1998, S. 630 (679).
84 BFH BStBl. II 1992, S. 101 (102).

oder Markenbezeichnung in den Vereinsnamen gegen Entgelt[85] anzusehen. Gewährt eine gemeinnützige Körperschaft den Mitgliedern ihrer Unterverbände gegen Bezahlung Versicherungsschutz oder schließt sie für die genannten Mitglieder einen Gruppenversicherungsvertrag ab, auf Grund dessen sie das Beitragsinkasso und Informationspflichten übernimmt und eine Überschussbeteiligung erhält,[86] liegt ebenfalls ein wirtschaftlicher Geschäftsbetrieb vor.

Ein Festumzug im Rahmen einer Jubiläumsfeier eines gemeinnützigen Vereins kann sowohl dem ideellen Bereich als auch dem Festzeltbetrieb als wirtschaftlichem Geschäftsbetrieb zugeordnet werden. Steht der Jubiläumsverein und seine Leistungen im Vordergrund, handelt es sich um eine dem ideellen Bereich zuzuordnende Betätigung. Ist jedoch vorrangiger Zweck des Festumzugs, möglichst viele Menschen im Interesse der Umsatzsteigerung dem wirtschaftlichen Geschäftsbetrieb „Festzeltbetrieb" zuzuführen, ist der Festumzug diesem auch zuzuordnen.[87]

Bei der Verpachtung einer Vereinsgaststätte ohne Betriebsaufgabe (endgültige Einstellung der gewerblichen Tätigkeit auf Grund eines einheitlichen Entschlusses und Überführung aller wesentlichen Betriebsgrundlagen innerhalb kurzer Zeit in das Privatvermögen bzw. Zuführung zu betriebsfremden Zwecken, so dass der Betrieb als selbständiger Organismus zu bestehen aufhört) müssen die Pachteinnahmen weiterhin als wirtschaftlicher Geschäftsbetrieb erfasst und in die Besteuerungsgrenze von 30.678 Euro (§ 64 Abs. 3 AO) einbezogen werden. Die Höhe der Pachteinnahmen wird aber i.d.R. geringer sein als die in der Vereinsgaststätte erzielten Umsätze. Bei Verpachtung mit Betriebsaufgabe führt die Übertragung des einem wirtschaftlichen Geschäftsbetrieb dienenden Vermögens aus dem steuerpflichtigen in den ertragsteuerfreien Bereich (ideeller Bereich oder Vermögensverwaltung) nicht zur Aufdeckung von stillen Reserven, sofern Vermögen überführt wird, das eine selbständige Einheit, also einen eigenständigen Betrieb oder Teilbetrieb darstellt. Werden lediglich einzelne Wirtschaftsgüter überführt, so sind die stillen Reserven aufzudecken.

Bei der Verpachtung von Werberechten erzielt der Verein Einnahmen im Bereich der steuerbegünstigten Vermögensverwaltung. Die entgeltliche Übertragung des Rechts zur Nutzung von Werbeflächen auf der Sportbekleidung (sog. Trikotwerbung) und auf Sportgeräten ist jedoch steuerpflichtiger wirtschaftlicher Geschäftsbetrieb.[88] Die steuerliche Anerkennung der Verpachtung der Werberechte als steuerbegünstigte Vermögensverwaltung setzt voraus, dass der Verein an der Durchführung der Werbegeschäfte nicht aktiv mitwirkt, keine Personalunion zwischen Vereinsvorstand und Ge-

85 OFD Hannover vom 4.4.2000, StEK AO 1977, § 64 Nr. 46 – Die Betriebsausgabenpauschale des AEAO zu § 64 Nr. 4 (BStBl. I 1998, S. 630 (671)) von 25 v.H. der Einnahmen ist anzuwenden.

86 BFH BStBl. II 1998, S. 175.

87 FG Nürnberg, EFG 2001, S. 1162.

88 AEAO zu § 67a Nr. 9, BStBl. I 1998, S. 630 (678).

schäftsführung beim Pächter besteht und dem Pächter (Werbeunternehmer) ein angemessener Gewinn verbleibt (mindestens 10 v.H. des Überschusses der Betriebseinnahmen über die Betriebsausgaben (ohne Pachtzahlungen) aus der Werbetätigkeit).[89] Andernfalls handelt es sich um einen wirtschaftlichen Geschäftsbetrieb des überlassenden Vereins.

Aus der Beteiligung an einer gewerblich tätigen Personengesellschaft erzielt die steuerbefreite Körperschaft in Gestalt von Gewinnanteilen grundsätzlich Einkünfte aus einem wirtschaftlichen Geschäftsbetrieb. Dies gilt nicht, wenn es sich um eine vermögensverwaltend tätige Personengesellschaft handelt.[90] Die Beteiligung einer steuerbegünstigten Körperschaft an einer Kapitalgesellschaft zählt grundsätzlich zur Vermögensverwaltung.[91] Ein wirtschaftlicher Geschäftsbetrieb liegt aber vor, wenn die Körperschaft in tatsächlicher Hinsicht entscheidenden Einfluss auf die laufende Geschäftsführung der Kapitalgesellschaft nimmt, es sei denn, die Beteiligungsgesellschaft betreibt nur Vermögensverwaltung.[92]

Zweckbetriebe (§ 65 AO) sind wirtschaftliche Geschäftsbetriebe, die steuerbegünstigt sind. Ein Zweckbetrieb dient in seiner Gesamtrichtung dazu, die steuerbegünstigten satzungsmäßigen Zwecke des Vereins zu verwirklichen (§ 65 Nr. 1 AO). Nicht ausreichend ist, dass die Überschüsse eines wirtschaftlichen Geschäftsbetriebes zur Erfüllung der gemeinnützigen Zwecke erforderlich sind. Ein bloßer Mittelbeschaffungsbetrieb kann danach nicht Zweckbetrieb sein. Der Zweckbetrieb muss das einzige Mittel sein, den steuerbegünstigten Zweck zu erreichen (§ 65 Nr. 2 AO),[93] d.h. die jeweiligen Zwecke dürfen nicht auch von nichtbegünstigten Unternehmen erfüllt werden können. Die von dem Zweckbetrieb ausgehende abstrakte und potentielle Wettbewerbswirkung[94] muss auf das zur Erfüllung des steuerbegünstigten Zwecks unvermeidbare Maß begrenzt werden (§ 65 Nr. 3 AO)[95]. Diese Wettbewerbsklausel erfordert eine Abwägung, ob der Förderung der Allgemeinheit gegenüber der Benachteiligung potentieller Wettbewerber ein größeres Gewicht zukommen soll. Im Rahmen der Abwägung ist nicht von einer Verletzung der Wettbewerbsneutralität auszugehen, wenn die Angebote von gemeinnütziger Körperschaft und

89 AEAO zu § 67a Nr. 9, BStBl. I 1998, S. 630 (678).
90 BFH BStBl. II 2001, S. 449 (450).
91 Abschn. 8 Abs. 5 Satz 3 KStR.
92 Abschn. 8 Abs. 5 KStR; AEAO zu § 64 Nr. 3, BStBl. I 1998, S. 630 (671).
93 BFH BStBl. II 1987, S. 659 (661).
94 BMF vom 27.11.2000, BStBl. I 2000, S. 1548.
95 BFH BStBl. II 1995, S. 767 (769); 1994, S. 573 (575); 1986, S. 831 (832); 1961, S. 109 (110f.).

freiem Unternehmer zwei verschiedenen Marktbereichen zuzuordnen sind. Ebenso unschädlich ist der Wettbewerb zwischen Zweckbetrieben untereinander, wenn sie denselben steuerbegünstigten Zweck auf gleiche oder ähnliche Weise verfolgen.[96] Ein wirtschaftlicher Geschäftsbetrieb ist aber nicht allein deshalb Zweckbetrieb, weil er nur kostendeckend arbeitet.[97] Denn der Wettbewerb wird gerade dann beeinträchtigt, wenn die Körperschaft kostengünstiger anbietet als gewerbliche Unternehmer.[98]

Beispiele
In den §§ 66-68 AO ist die Zweckbetriebseigenschaft von einigen wirtschaftlichen Geschäftsbetrieben ausdrücklich gesetzlich festgelegt. Dazu gehören Einrichtungen der Wohlfahrtspflege, wenn sie in besonderem Maße den in § 53 AO genannten Personen dienen (§ 66 AO), aber gem. § 68 AO auch Altenheime, Pflegeheime, Kinderheime, Jugendheime, Erziehungsheime, Behindertenwerkstätten, Einrichtungen der Beschäftigungstherapie sowie genehmigte Lotterien und Ausspielungen, wenn der Reinertrag unmittelbar und ausschließlich zur Förderung steuerbegünstigter Zwecke verwendet wird (§ 68 Nr. 6 AO). Als Zweckbetriebe werden auch Kantinen von Behindertenwerkstätten[99], Jugendreisen, an denen Jugendliche unter 18 Jahren teilnehmen[100], der Verkauf von Wohlfahrtsmarken durch Wohlfahrtsvereine[101] oder auch die Beschaffung von Theater- und Konzertkarten durch Volksbühnen- und Theatergemeinde-Vereine für Mitglieder gegen Entgelt[102] anerkannt. Beim gemeinnützigen Anglerverein ist der Verkauf von Angelkarten an Mitglieder Zweckbetrieb, nicht aber der Verkauf an Nichtmitglieder.[103] Kulturelle Veranstaltungen eines Kulturvereins (etwa Konzerte eines Musikvereins oder Ausstellungen eines Kunstvereins) sind unabhängig von der Höhe der Einkünfte hieraus Zweckbetrieb, wobei die Darbietungen auch im Rahmen einer nichtsteuerbegünstigten Veranstaltung erbracht werden können. Veranstaltungen, durch die die vereinsinterne Geselligkeit geübt wird, sind demgegenüber grundsätzlich keine Zweckbetriebe. Nach § 68 Nr. 9 AO sind Wissenschafts- und Forschungseinrichtungen, deren Träger sich überwiegend aus Zuwendungen der öffentlichen Hand oder Dritter oder aus der Vermögensverwaltung finanziert, einschließlich ihrer Auftragsforschung als Zweckbetrieb anzusehen.[104] Auch bei der Abgabe von Speisen und Getränken an Schüler von Ganztags-

96 AEAO zu § 65 Nr. 4, BStBl. I 1998, S. 630 (676).
97 Stv. BFH BStBl. II 1994, S. 314 (317).
98 BFH BStBl. II 1994, S. 573 (576).
99 OFD Düsseldorf vom 13.6.1978, StEK AO 1977, § 68 Nr. 4.
100 BMF vom 18.2.1981, StEK AO 1977, § 65 Nr. 6.
101 FinMin. NW vom 6.8.1991, StEK AO 1977, § 64 Nr. 17.
102 OFD Kiel vom 3.8.1989, StEK AO 1977, § 65 Nr. 29.
103 BMF vom 25.9.1991, StEK AO 1977, § 52 Nr. 64.
104 Dazu im Einzelnen BMF vom 22.9.1999, BStBl. I 1999, S. 944f.

schulen durch einen Förderverein ist von einem Zweckbetrieb (§ 65 AO) auszugehen.[105]

Sportliche Veranstaltungen sind, sofern sie unentgeltlich durchgeführt werden, dem Bereich der ideellen Vereinsbetätigung zuzurechnen. Erzielt ein Sportverein mit Veranstaltungen dagegen Einnahmen, handelt es sich um einen wirtschaftlichen Geschäftsbetrieb. Er ist als Zweckbetrieb zu qualifizieren, wenn die Einnahmen einschließlich der Umsatzsteuer insgesamt 30.678 Euro im Jahr nicht übersteigen (§ 67a Abs. 1 AO). Verzichtet ein Sportverein auf die Anwendung der Zweckbetriebsgrenze – daran ist er mindestens 5 Jahre gebunden (§ 67a Abs. 2 AO) –,sind die sportlichen Veranstaltungen steuerbegünstigter Zweckbetrieb, wenn und soweit an den Veranstaltungen keine bezahlten Sportler teilnehmen (§ 67a Abs. 3 AO).[106] Verluste aus dem entgeltlichen Sportbereich können dann durch Mitgliedsbeiträge und Spenden ausgeglichen werden. Zahlungen an einen Sportler des Vereins bis zu insgesamt 358 Euro je Monat im Jahresdurchschnitt werden von der Verwaltung ohne Nachweis als unschädliche Aufwandsentschädigung anerkannt.[107] Werden höhere Aufwendungen erstattet, sind die gesamten Aufwendungen im Einzelnen nachzuweisen. Dabei muss es sich um Aufwendungen persönlicher oder sachlicher Art handeln, die dem Grunde nach Werbungskosten oder Betriebsausgaben sein können. Einem Sportler, der nicht Mitglied des Vereins ist, können nur die tatsächlich angefallenen Aufwendungen als unschädliche Aufwandsentschädigung ersetzt werden. Die Vermietung von Sportstätten und Betriebsvorrichtungen ist selbst keine sportliche Veranstaltung. Werden die Anlagen auf längere Dauer vermietet, handelt es sich grundsätzlich um eine steuerbegünstigte Vermögensverwaltung, auf kurze Dauer dagegen um einen wirtschaftlichen Geschäftsbetrieb. Dieser ist aber dann ein Zweckbetrieb i.S.d. § 65 AO, wenn die Mieter Vereinsmitglieder oder nur in ganz unbedeutendem Umfang (10 v.H.) Nichtmitglieder sind.[108]

Wird ein wirtschaftlicher Geschäftsbetrieb einer gemeinnützigen Körperschaft zu Unrecht als Zweckbetrieb behandelt und insoweit die Körperschaft nicht besteuert, so kann dies im Einzelfall

105 OFD Frankfurt/M. vom 18.10.2000 u.a., StEK, AO 1977, § 52 Nr. 137.
106 AEAO zu § 67a Nr. 1, BStBl. I 1998, S. 630 (679).
107 AEAO zu § 67a Nr. 8, BStBl. I 1998, S. 630 (681).
108 BFH BStBl. II 1992, S. 684.

rechtlich geschützte Interessen eines Wettbewerbers verletzen und den Konkurrenten zur Klage berechtigen.[109]

c) Selbstlosigkeit und Mittelverwendung

Wesensmerkmal der Gemeinnützigkeit ist die *Selbstlosigkeit.* Dabei ist allein die wirtschaftliche, nicht aber die ideelle Selbstlosigkeit entscheidend. Wirtschaftliche Selbstlosigkeit (§ 55 AO) erfordert, dass die Tätigkeit des Vereins nicht auf die Vermehrung des eigenen Vermögens oder die Förderung eigenwirtschaftlicher Zwecke der Mitglieder gerichtet sein darf. Selbstlosigkeit ist immer die freiwillige Abgabe von materiellen Mitteln oder von Arbeitsleistung ohne einen Anspruch auf Gegenleistung, d.h. ohne Streben nach eigenem Nutzen.[110] Bei gemeinnützigen Körperschaften dürfen sämtliche Mittel zudem nur für die satzungsmäßigen Zwecke verwendet werden (§ 55 Abs. 1 Nr. 1 AO). Dies gilt auch für Gewinne aus Zweckbetrieben und steuerpflichtigen wirtschaftlichen Geschäftsbetrieben sowie für Überschüsse aus der Vermögensverwaltung.[111] Schließlich muss bei Auflösung oder Wegfall des bisherigen Zwecks das Vermögen für steuerbegünstigte Zwecke verwendet werden (§ 55 Abs. 1 Nr. 4 AO). Diese Vermögensbindung ist in der Satzung festzulegen.

§ 55 Abs. 1 Satz 1 AO verlangt aber nur, dass nicht in erster Linie eigenwirtschaftliche Zwecke verfolgt werden, d.h. dass der gemeinnützige Zweck der Tätigkeit dominant und prägend für die Körperschaft ist. Sonach darf die Tätigkeit einer Körperschaft nicht in erster Linie auf Mehrung ihres eigenen Vermögens oder des Vermögens ihrer Mitglieder gerichtet, d.h. die eigenwirtschaftliche Betätigung nicht Hauptzweck des Vereins sein. Ein eigenwirtschaftlicher Zweck darf allenfalls eine sekundäre, beiläufige Begleiterscheinung sein.[112] Maßgebend ist, dass der Verein im Ganzen keine Gewinnerzielungsabsicht hat.

Die Bestimmungen der § 55 Abs. 1 Nrn. 1-5 AO sollen Mittelverwendungen unterbinden, die die erworbenen Mittel der Verwendung für den gemeinnützigen Zweck entziehen. Gem. § 55

109 BFH BStBl. II 1998, S. 69ff.

110 BFH BStBl. II 1989, S. 670 (672); 1979, S. 482 (483).

111 AEAO zu § 55 Nr. 2 Sätze 1 und 2, BStBl. I 1998, S. 630 (657).

112 BFH BStBl. II 1992, S. 62 (64).

Abs. 1 Nr. 5 AO wird von einer gemeinnützigen Körperschaft gefordert, dass sie ihre *Mittel zeitnah für gemeinnützige Zwecke verwendet.* Eine Gewinnthesaurierung ist deshalb grundsätzlich gemeinnützigkeitsschädlich (zur zulässigen Rücklagenbildung s. § 58 Nr. 6 und 7 AO). Jedoch ist die Steuerbegünstigung nicht gefährdet, wenn die Körperschaft zur „Sicherung ihres wirtschaftlichen Geschäftsbetriebs – und damit zur langfristigen Erfüllung der von ihr nach der Satzung oder dem Stiftungsgeschäft auferlegten steuerbegünstigten Zwecke – ein erhebliches und mit dem Geschäftsumfang wachsendes Eigenkapital benötigt und das betriebswirtschaftlich notwendige Eigenkapital für den Betrieb nur durch eine Thesaurierung der Gewinne aufbringen kann".[113] In einem solchen Fall ist die Körperschaft nur verpflichtet, den nach der Thesaurierung noch verbleibenden Teil des Gewinns des Geschäftsbetriebs in den ideellen Bereich abzuführen. Der Umfang der durch den Gemeinnützigkeitsstatus gewährten Steuerfreiheit wird zwar eingeschränkt, soweit ein wirtschaftlicher Geschäftsbetrieb betrieben wird. Dieser gefährdet als solcher aber nicht die subjektive Steuerbefreiung. Die subjektive Steuerfreiheit entfällt erst, wenn der wirtschaftliche Geschäftsbetrieb Gewinne thesauriert, die „bei vernünftiger kaufmännischer Beurteilung nicht zur Sicherung des wirtschaftlichen Erfolgs des wirtschaftlichen Geschäftsbetriebs benötigt werden".[114]

Eigenwirtschaftliche Zwecke verfolgt eine Körperschaft aber nicht nur, wenn sie die eigenen wirtschaftlichen Interessen durch eine nicht zeitnahe Verwendung der Mittel für den gemeinnützigen Zweck pflegt, sondern auch dann, wenn sie die wirtschaftlichen Interessen ihrer Mitglieder verfolgt.[115] Eine Körperschaft handelt nicht selbstlos, wenn sie im Erwerbsinteresse ihrer Mitglieder gegründet worden ist oder wenn ihr Zweck die materielle gegenseitige Selbsthilfe ist.[116] Nicht selbstlos ist auch die wirtschaftliche Förderung von Angehörigen der Mitglieder oder von anderen ihnen nahestehenden Personen.

---

113 BFH BStBl. II 2002, S. 162 (163).

114 BFH BStBl. II 2002, S. 162 (163), dazu auch BMF vom 15.2.2002, BStBl. I 2002, S. 267.

115 BFH BStBl. II 1992, S. 62 (64); 1990, S. 550 (551).

116 Für Tauschringe, Nachbarschaftshilfen u.ä. vgl. OFD Frankfurt/M. vom 29.5.2000, StEK AO 1977, § 52 Nr. 133.

Die Mittel der Körperschaft dürfen nicht für satzungsfremde Zwecke verwendet werden. Ebenso schädlich für die Gemeinnützigkeit ist der Zufluss von Mitteln des gemeinnützigen Sektors zu einem wirtschaftlichen Geschäftsbetrieb, nicht aber zu einem Zweckbetrieb.

Eine Körperschaft ist nicht als gemeinnützig zu behandeln, wenn ihre Ausgaben für die allgemeine Verwaltung einschließlich der Werbung um Spenden einen angemessenen Rahmen übersteigen, insbesondere wenn eine Körperschaft, die sich weitgehend durch Geldspenden finanziert, diese – nach einer Aufbauphase – überwiegend zur Bestreitung von Ausgaben für Verwaltung und Spendenwerbung statt für die Verwirklichung der steuerbegünstigten satzungsmäßigen Zwecke verwendet.[117] Für die Prüfung der Angemessenheit sind keine festen Grenzen festgelegt, sondern entscheidend sind die Umstände des jeweiligen Einzelfalls. Allein für die Mitgliederwerbung hat die Finanzverwaltung bestimmt, dass die Mittel für die Werbung neuer Mitglieder im Jahr nicht 10 v.H. der gesamten Mitgliedsbeiträge übersteigen dürfen.[118]

Zuwendungen aus einem wirtschaftlichen Geschäftsbetrieb in den gemeinnützigen Bereich des Vereins stellen keine Spenden dar und können so nicht im Rahmen der Höchstgrenzen des § 9 Abs. 1 Nr. 2 KStG abgezogen werden. Es handelt sich, da der wirtschaftliche Geschäftsbetrieb kein selbständiges Steuersubjekt ist, um Mittel der Gewinnverwendung.[119] Etwas anderes gilt, wenn aus einem steuerpflichtigen wirtschaftlichen Geschäftsbetrieb in einen anderen gemeinnützigen Verein gespendet wird. Abziehbare Spenden liegen auch dann nicht vor, wenn ein Förderverein die gesammelten Mittel an die gemeinnützige Körperschaft abführt, die satzungsgemäß gefördert werden soll, da es an der Freiwilligkeit der Leistung fehlt. Würden zwei Vereine vereinbaren, sich gegenseitig in etwa gleicher Höhe Spenden zu leisten, so stellt dies einen steuerlich unbeachtlichen Missbrauch von rechtlichen Gestaltungsmöglichkeiten dar (§ 42 AO), so dass die Spenden nicht als solche anerkannt werden.

---

117 BFH BStBl. II 2000, S. 320; dazu BMF vom 15.5.2000, BStBl. I 2000, S. 814 (815).

118 BMF vom 15.5.2000, BStBl. I 2000, S. 814 (815).

119 BFH DStR 2001, 1071f.

Verluste des steuerpflichtigen wirtschaftlichen Geschäftsbetriebs dürfen grundsätzlich nicht mit Mitteln des ideellen Bereichs (insbesondere Mitgliedsbeiträge, Spenden, Zuschüsse, Gewinne aus Zweckbetrieben, Rücklagen), Erträgen aus der Vermögensverwaltung und dem entsprechenden Vermögen ausgeglichen werden. Auch die Verwendung von Mitteln des ideellen Bereichs zum Ausgleich von Verlusten aus der Vermögensverwaltung ist grundsätzlich gemeinnützigkeitsschädlich.[120]

Beispiele
Der Ausgleich eines Verlustes eines Nicht-Zweckbetriebes mit Mitteln des ideellen Tätigkeitsbereichs ist dann kein Verstoß gegen das Mittelverwendungsgebot des § 55 Abs. 1 Nr. 1 Satz 1 AO, wenn der Verlust auf einer Fehlkalkulation beruht und die Körperschaft bis zum Ende des dem Verlustentstehungsjahr folgenden Wirtschaftsjahres dem ideellen Tätigkeitsbereich wieder Mittel in entsprechender Höhe zuführt, die nicht aus Beiträgen, anderen Zuwendungen, aus einem Zweckbetrieb oder der steuerbegünstigten Vermögensverwaltung stammen.[121]

Eine für die Gemeinnützigkeit schädliche Verwendung von Mitteln für den Ausgleich von Verlusten des steuerpflichtigen wirtschaftlichen Geschäftsbetriebs liegt nicht vor, wenn dem Betrieb die erforderlichen Mittel durch die Aufnahme eines betrieblichen Darlehens zugeführt werden bzw. bereits in dem Betrieb verwendete ideelle Mittel mittels eines Darlehens, das dem Betrieb zugeordnet wird, innerhalb einer Frist von 12 Monaten nach dem Ende des Verlustentstehungsjahres in den ideellen Bereich der Körperschaft zurückgegeben werden.[122] Tilgung und Zinsen für das Darlehen müssen jedoch ausschließlich aus Mitteln des steuerpflichtigen wirtschaftlichen Geschäftsbetriebs geleistet werden. Gleiches gilt für die dingliche Belastung von Vermögen des ideellen Bereichs mit einer Sicherheit für ein betriebliches Darlehen (z.B. Grundschuld auf eine Sporthalle).

Die Verwendung von Mitteln der Körperschaft fur Gewinnanteile und sonstige *Zuwendungen an Mitglieder* ist ausgeschlossen (§ 55 Abs. 1 Nr. 1 Satz 2 AO). Zuwendungen sind alle wirtschaftlichen Vorteile , die die Körperschaft bei Anwendung der Sorgfalt eines ordentlichen und gewissenhaften Geschäftsführers einem Nichtmitglied nicht gewährt hätte. Davon nicht erfasst ist eine angemessene Vergütung, mit der eine Tätigkeit etwa als Geschäftsführer abgegolten wird. Ist aber in der Satzung vorgesehen, dass der Vorstand eines Vereins ehrenamtlich arbeitet, wird er jedoch für die

---

120 OFD Hannover vom 29.7.1999, StEK AO 1977, § 52 Nr. 124.
121 BFH BStBl. II 1998, S. 711 (713f.); zu anderen Ausnahmen s. BMF vom 19.10.1998, BStBl. I 1998, S. 1423f.
122 OFD Hannover vom 12.7.2000, StEK AO 1977, § 52 Nr. 134.

übernommene Tätigkeit bezahlt, liegt ein Verstoß gegen das Mittelverwendungsgebot vor.[123] Von einer unzulässigen Mittelverwendung ist auch bei einer verdeckten Gewinnausschüttung i.S.v. § 8 Abs. 3 KStG[124] auszugehen. Das Ausschüttungsverbot des § 55 Abs. 1 Nr. 1 Satz 2 AO wird dadurch relativiert, dass Gewinnausschüttungen an Gesellschafter oder Mitglieder, die selbst steuerbegünstigte Körperschaften sind (§ 58 Nr. 2 AO) zulässig sind.[125] Die steuerbegünstigte Körperschaft darf außer Mitgliedern und Gesellschaftern auch keine anderen Personen durch Ausgaben, die dem Zweck der Körperschaft fremd sind, oder durch unverhältnismäßig hohe Vergütungen – v.a. unverhältnismäßig hohe Aufwandsentschädigungen oder Sitzungsgelder – begünstigen (§ 55 Abs. 1 Nr. 3 AO). Dabei ist grundsätzlich angemessen, was für eine vergleichbare Tätigkeit oder Leistung üblicherweise auch von nicht steuerbegünstigten Einrichtungen gezahlt wird.

Beispiele
Unschädlich ist die Gewährung von Annehmlichkeiten, wie sie im Rahmen der Betreuung von Mitgliedern allgemein üblich und nach allgemeiner Verkehrsauffassung als angemessen anzusehen sind. Dazu gehören Sachzuwendungen bis zu 40 Euro im Jahr aus Anlass persönlicher Ereignisse und Zuwendungen im Rahmen besonderer Vereinsanlässe bis 40 Euro pro Mitglied und Jahr.[126] Unbegrenzt gefördert werden können Vereinsausflüge, wenn am Zielort eine mit den eigentlichen steuerbegünstigten satzungsmäßigen Zwecken im Zusammenhang stehende Tätigkeit ausgeübt wird (z.B. Teilnahme eines Gesangvereins an einem Sängerwettstreit im Ausland). Werden unmittelbar satzungsmäßige Zwecke erfüllt, liegt hinsichtlich der von der Körperschaft getragenen Kosten grundsätzlich ohne Begrenzung eine gemeinnützigkeitsunschädliche Mittelverwendung i.S.d. § 55 Abs. 1 Nr. 1 Satz 1 AO vor. Aufwendungen gemeinnütziger Körperschaften für die Qualifizierung ehrenamtlicher Mitglieder sind zulässig, wenn die Zuwendung ihre Ursache in der Mitgliedschaft hat oder wenn die Qualifikationsmaßnahme im ganz überwiegenden Interesse des Vereins liegt.[127] Sind hingegen die Aufwendungen für die Qualifikation für den Verein zumindest teilweise uneigennützig, so fließt dem betreffenden Mitarbeiter ein wirtschaftlicher Vorteil zu. Es liegt dann eine unzulässige Mittelverwendung i.S.d. § 55 Abs. 1 Nr. 1 Satz 2 AO vor.

---

123 BFH/NV 2001, S. 1536.

124 S. Teil II:A.II.2.a).

125 AEAO zu § 58 Nr. 2 Satz 2, BStBl. I 1998, S. 630 (663).

126 In Anlehnung an R 73 Abs. 1 Satz 2 LStR; FinMin. BaWü, Das Finanzamt und die gemeinnützigen Vereine, S. 9.

127 In Anlehnung an R 74 LStR.

Die Mittel des Vereins sind zeitnah, d.h. spätestens in dem auf das Jahr des Zuflusses folgenden Kalender- oder Wirtschaftsjahr, für die steuerbegünstigten satzungsmäßigen Zwecke der steuerbegünstigten Körperschaft zu verwenden (§ 55 Abs. 1 Nr. 5 AO). Diese Frist kann nicht mit der Begründung verlängert werden, die Überlegungen zur Verwendung der Mittel seien noch nicht abgeschlossen.[128] Ausgenommen von dem Gebot der zeitnahen Mittelverwendung ist das *sog. zulässige Vermögen,* d.h. die Mittel, die die steuerbegünstigte Körperschaft zulässigerweise thesauriert hat. Hierzu zählen das sog. Ausstattungskapital,[129] Vermögenswerte, die vor Eintritt der Steuerbegünstigung angesammelt wurden, Zuwendungen, die bereits der Vermögensbildung dienen sowie Rücklagen im gesetzlich vorgesehenen Rahmen. Gibt eine gemeinnützige Körperschaft Mittel an eine andere gemeinnützige Körperschaft weiter (§ 58 Nr. 2 AO), so hat die Empfängerkörperschaft auch diese Mittel zeitnah zu verwenden. Wird eine Stiftung mit Mitteln, die zeitnah für steuerbegünstigten Zwecke zu verwenden sind, ausgestattet, verstößt dies gegen das Gebot der zeitnahen Mittelverwendung.[130]

Die *Bildung von Rücklagen* in einem steuerpflichtigen wirtschaftlichen Geschäftsbetrieb ist möglich, sofern sie nach allgemeinen Grundsätzen bei vernünftiger kaufmännischer Beurteilung wirtschaftlich begründet ist (vgl. § 14 Nr. 4 KStG), insbesondere ein konkreter, sie rechtfertigender Anlass (z.B. geplante Betriebsverlegung oder Kapazitätsausweitung) besteht.[131] Im Bereich der Vermögensverwaltung dürfen – abgesehen von § 58 Nr. 7 AO – Rücklagen nur für die Durchführung konkreter Reparatur- oder Erhaltungsmaßnahmen an Vermögensgegenständen i.S.v. § 21 EStG gebildet werden, die notwendig sind, um den ordnungsgemäßen Zustand des Vermögensgegenstands zu erhalten bzw. wiederherzustellen und in einem angemessenen Zeitraum durchgeführt werden.[132] Im gemeinnützigen Bereich kommen neben zweckgebundenen und freien Rücklagen (§ 58 Nr. 6 und 7 AO) die gemeinnützigkeitsunschädliche Zuführung zum Vermögensstock (§ 58 Nr.

128 BMF vom 15.02.2002, BStBl. I 2000, S. 267.
129 AEAO zu § 55 Nr. 10, BStBl. I 1998, S. 630 (659).
130 AEAO zu § 55 Nr. 8 Satz 5, BStBl. I 1998, S. 630 (659).
131 AEAO zu § 55 Nr. 2 Satz 5, BStBl. I 1998, S. 630 (657).
132 AEAO zu § 55 Nr. 2 Sätze 6 und 7, BStBl. I 1998, S. 630 (657).

11 AO) sowie für Stiftungen die sog. Ansparrücklage (§ 58 Nr. 12 AO) in Betracht.

Gebundene Rücklagen (§ 58 Nr. 6 AO) kann ein Verein als zweckgerichtete Rücklagen bilden (Betriebsmittel- und Investitionsrücklagen). Eine Betriebsmittelrücklage ist für periodisch wiederkehrende Ausgaben (z.B. Löhne, Gehälter, Miete) in Höhe des Mittelbedarfs für eine angemessene Zeitperiode (bis zu einem Jahr) zulässig.[133] Investitionsrücklagen (Zweckerfüllungs- oder Projektrücklagen) setzen voraus, dass ohne sie die steuerbegünstigten satzungsmäßigen Zwecke nachhaltig nicht erfüllt werden könnten.[134] Die Mittel müssen für bestimmte steuerbegünstigte satzungsmäßige Vorhaben (z.B. Bau oder Erweiterung einer Anlage des Vereins oder Durchführung einer großen Veranstaltung) angesammelt werden. Dabei müssen für die Verwirklichung des Projektes bereits konkrete Zeitvorstellungen bestehen. Fehlt es noch an einer konkreten Zeitvorstellung, ist die Rücklagenbildung nur zulässig, wenn die Durchführung des Vorhabens glaubhaft und bei den finanziellen Verhältnissen des steuerbegünstigten Vereins in einem angemessenen Zeitraum möglich ist. Allgemein muss bei der Bildung einer Rücklage nach § 58 Nr. 6 AO der Finanzbedarf für die geplante Maßnahme durch geeignete Unterlagen (etwa Kalkulationen) nachgewiesen werden können. Die Rücklage muss der nachhaltigen Erfüllung des Satzungszwecks dienen. Es genügt nicht, dass mit der Rücklage die allgemeine Leistungsfähigkeit des Vereins erhalten werden soll. Rücklagen im Bereich der Vermögensverwaltung bleiben von der Rücklagenbildung nach § 58 Nr. 6 AO unberührt.[135] Auf die Herkunft der in die Rücklage einzustellenden Mittel kommt es nicht an,[136] so dass Beiträge, Spenden, Zuschüsse und Erträge aus dem wirtschaftlichen Geschäftsbetrieb eingestellt werden können. Die Erträge aus einem steuerpflichtigen wirtschaftlichen Geschäftsbetrieb können der Rücklage aber erst nach der Versteuerung zugeführt werden.

Beispiele

Eine vorsorgliche Ansammlung von Mitteln für die Bezahlung von Steuern und steuerlichen Nebenleistungen ist gem. § 58 Nr. 6 AO zulässig.

---

133 AEAO zu § 58 Nr. 9, BStBl. I 1998, S. 630 (664).
134 AEAO zu § 58 Nr. 9, BStBl. I 1998, S. 630 (664).
135 BMF vom 14.12.1994, BStBl. I 1995, S. 40.
136 AEAO zu § 58 Nr. 8, BStBl. I 1998, S. 630 (663).

Ein Sportverein beabsichtigt, den vorhandenen Sportplatz grundlegend zu erneuern und umzugestalten. Zu diesem Zweck können Mittel in eine gebundene Rücklage (§ 58 Nr. 6 AO) eingestellt werden.

Einer *freien Rücklage* dürfen jährlich bis zu einem Drittel der Überschüsse aus der Vermögensverwaltung – nicht aber andere Mittel (insbesondere Gewinne aus wirtschaftlichen Geschäftsbetrieben oder Zweckbetrieben, Mitgliedsbeiträge, Spenden) – zugeführt werden (§ 58 Nr. 7 Buchst. a AO). Zusätzlich kann eine gemeinnützige Körperschaft höchstens 10 v.H. ihrer sonstigen zeitnah zu verwendenden Mittel einer freien Rücklage zuführen. Bei den sonstigen Mitteln i.S.v. § 58 Abs. 1 Nr. 7 Buchst. a AO handelt es sich um einen Nettobetrag vor Bildung einer Rücklage nach § 58 Nr. 6 AO, d.h. Überschüsse der Einnahmen über die Ausgaben oder der Erträge über die Aufwendungen. Diese Überschüsse müssen aus den übrigen Bereichen der gemeinnützigen Körperschaft mit Ausnahme der Vermögensverwaltung stammen. Erfasst sind Überschüsse der Zweckbetriebe und der wirtschaftlichen Geschäftsbetriebe sowie Spenden und Beiträge aus dem ideellen Bereich. Wird die Höchstgrenze nicht ausgeschöpft, ist eine Nachholung in einem späteren Jahr nicht zulässig. Eine freie Rücklage braucht während der Dauer des Bestehens des steuerbegünstigten Vereins nicht aufgelöst zu werden.[137] Ein bestimmtes Vorhaben muss mit der freien Rücklage nicht beabsichtigt sein. Sie soll vielmehr die Leistungsfähigkeit des Vereins sicherstellen.[138]

Der Verein kann auch Mittel zum Erwerb von Gesellschaftsrechten zur Erhaltung der prozentualen Beteiligung an Kapitalgesellschaften ansammeln oder im Jahr des Zuflusses verwenden. Diese Beträge sind auf die in demselben Jahr oder künftig zulässigen Rücklagen anzurechnen (§ 58 Nr. 7 Buchst. b AO).

Die Rücklagenbildung erfordert einen förmlichen Beschluss des zuständigen Organs der Körperschaft, der nicht nachgeholt werden kann. Die entsprechende Beschlussfassung erfolgt regelmäßig im Rahmen der Feststellung der Vermögensaufstellung für das abgelaufene Wirtschaftsjahr. Damit sind die Mittel in dem Jahr, für das der Beschluss gefasst wird, der Rücklage zugeführt.

Eine Ausnahme von der zeitnahen Mittelverwendung sieht § 58 Nr. 11 AO vor, wonach die Zuführung zum (Dauer-)Vermögen ei-

137 AEAO zu § 58 Nr. 12, BStBl. I 1998, S. 630 (665).
138 BT-Drs. 10/3295, S. 5.

ner steuerbegünstigten Körperschaft gemeinnützigkeitsunschädlich ist. Die sog. Ansparrücklage (§ 58 Nr. 12 AO) kommt nur für Stiftungen, nicht aber für Vereine in Betracht.

Hat die Körperschaft Mittel angesammelt, ohne dass die Voraussetzungen des § 58 Nr. 6, 7 oder 12 AO vorliegen, so kann das Finanzamt ihr eine *Frist für die Verwendung der Mittel* setzen (§ 63 Abs. 4 Satz 1 AO). Die Frist soll zwei bis drei Jahre nicht überschreiten.[139] Die Fristgewährung steht im Ermessen des Finanzamts. Die tatsächliche Geschäftsführung gilt als ordnungsgemäß, wenn die Körperschaft die Mittel innerhalb der Frist für steuerbegünstigte Zwecke verwendet (§ 63 Abs. 4 Satz 2 AO). Verwendet die steuerbegünstigte Körperschaft die Mittel nicht innerhalb der gesetzten Frist für steuerbegünstigte Zwecke – möglich ist auch die Rücklagenbildung nach § 58 Nr. 6 AO –, ist die Steuerbegünstigung rückwirkend für die Veranlagungszeiträume zu versagen, in denen die unzulässige Mittelansammlung festzustellen ist.

d) Verfahrensfragen

(a) Die Feststellung der Gemeinnützigkeit

Die *Anerkennung der Gemeinnützigkeit* (§§ 51ff. AO) erfolgt durch die Finanzverwaltung. Ein besonderes Verfahren zur Feststellung der Gemeinnützigkeit ist in den Steuergesetzen nicht vorgesehen. Eine Entscheidung wird im Veranlagungsverfahren für die jeweilige Steuer und den jeweiligen Veranlagungszeitraum getroffen. Wird im Körperschaftsteuerveranlagungsverfahren die Gemeinnützigkeit versagt, entfaltet dies für die Umsatzsteuer keine Bindungswirkung. Die für die Anerkennung der Gemeinnützigkeit wesentlichen tatsächlichen und rechtlichen Verhältnisse ermittelt das Finanzamt von Amts wegen. Ein Antrag ist für die Inanspruchnahme der Steuerbefreiungen und Steuervergünstigungen nicht erforderlich. Andererseits kann ein Verein, der die Voraussetzungen der Gemeinnützigkeit erfüllt, auf diese nicht verzichten.[140]

Erkennt das Finanzamt eine Körperschaft als gemeinnützig an, so erteilt es entweder einen Körperschaftsteuerfreistellungsbe-

139 Vgl. OFD Frankfurt/M. vom 4.3.1993, DStR 1993, S. 1144 (1145).
140 AEAO zu § 59 Nr. 3, BStBl. I 1998, S. 630 (667).

scheid oder erläutert im Rahmen eines Körperschaftsteuerbescheids, in welchem Umfang die Körperschaft von der Körperschaftsteuer befreit ist. Die Entscheidung über die Gemeinnützigkeit ist für die Folgejahre nicht bindend, so dass das Finanzamt in einem späteren Veranlagungszeitraum die Rechtsauffassung ändern kann.[141] Ein *Freistellungsbescheid* wird erteilt, wenn eine Körperschaft in vollem Umfang von der Körperschaft- und Gewerbesteuer freigestellt ist, weil sie entweder keinen steuerpflichtigen wirtschaftlichen Geschäftsbetrieb unterhält oder dieser unter Berücksichtigung der Gewichtigkeitsgrenze (§ 64 Abs. 3 AO) oder auf Grund der Freibeträge (§ 24 KStG, § 11 Abs. 1 Nr. 2 GewStG) nicht besteuert wird. In allen anderen Fällen werden Körperschaftsteuer- und Gewerbesteuermessbescheide erteilt mit dem Hinweis, dass die Körperschaft i.Ü. ausschließlich und unmittelbar steuerbegünstigten Zwecken dient und gem. § 5 Abs. 1 Nr. 9 KStG steuerbefreit ist. Das für die Entscheidung über den Spendenabzug zuständige Veranlagungsfinanzamt ist an die Freistellung von der Körperschaftsteuer wegen Gemeinnützigkeit gebunden.[142] Die Steuerbefreiung einer Körperschaft wegen der Förderung gemeinnütziger, mildtätiger oder kirchlicher Zwecke wird spätestens alle drei Jahre überprüft.[143] Von der Freistellung zu trennen ist die bestätigende oder ablehnende Mitteilung über die Zuwendungsberechtigung im Anhang zum Freistellungsbescheid. Hierbei handelt es sich nicht um einen Verwaltungsakt.[144]

Eine Körperschaftsteuerveranlagung erfolgt erst nach Ablauf eines Jahres. Einer neu gegründeten Körperschaft stellt das Finanzamt auf Antrag eine vorläufige Gemeinnützigkeitsbescheinigung aus. Die Bescheinigung, die kein Verwaltungsakt ist, wird befristet – regelmäßig auf höchstens 18 Monate – erteilt und ist jederzeit widerruflich.[145] Sie berechtigt die Körperschaft insbesondere zum Empfang steuerbegünstigter Spenden bereits vor Ablauf des ersten Veranlagungszeitraums.[146] Nach Ablauf der Frist überprüft das Fi-

141 BFH BStBl. II 1992, S. 1048 (1050).
142 BFH BStBl. II 1993, 850.
143 AEAO zu § 59 Nr. 6 Satz 2, BStBl. I 1998, S. 630 (667).
144 BFH/NV 1993, 150.
145 AEAO zu § 59 Nr. 4 und 5, BStBl. I 1998, S. 630 (667); BFH BStBl. II 1997, S. 189 (191); 1986, S. 677 (678).
146 AEAO zu § 59 Nr. 4, BStBl. I 1998, S. 630 (667); BMF vom 15.5.2000, BStBl. I 2000, S. 814 .

nanzamt im Rahmen des Veranlagungsverfahrens, ob die tatsächliche Geschäftsführung des Vereins dem Satzungszweck entspricht. Liegen keine Beanstandungen vor, ergeht ein Steuer- und ggf. Freistellungsbescheid, der die vorläufige Bescheinigung ersetzt.[147] Die sich aus der Vorläufigkeit der Bescheinigung über die Gemeinnützigkeit ergebende Rechtsunsicherheit wird durch die Gewährung von Vertrauensschutz für gutgläubige Spender gem. § 10b Abs. 4 EStG gemildert. Die Erteilung einer vorläufigen Bescheinigung über die Gemeinnützigkeit kann auch in Betracht kommen, wenn eine Körperschaft schon längere Zeit existiert und die Gemeinnützigkeit im Veranlagungsverfahren versagt wurde.[148]

(b) Die Entgegennahme von Zuwendungen

Körperschaften, die steuerbegünstigte Zwecke verfolgen, sind zum Empfang steuerbegünstigter Zuwendungen, d.h. Spenden und eingeschränkt auch Mitgliedsbeiträgen (§ 48 Abs. 4 Satz 2 EStDV) berechtigt. Der Abzug von Spenden und ggf. Mitgliedsbeiträgen (§ 10b EStG) ist nur möglich, wenn diese durch eine vom Verein ausgestellte *Zuwendungsbestätigung* nach amtlich vorgeschriebenem Vordruck[149] nachgewiesen werden (§ 50 Abs. 1 EStDV). Solche Zuwendungsbestätigungen können zum einen inländischen juristischen Personen des öffentlichen Rechts zum anderen auch die in § 5 Abs. 1 Nr. 9 des KStG bezeichneten Körperschaften, Personenvereinigungen oder Vermögensmassen ausstellen (§ 50 EStDV). Die Verpflichtung zu dem sog. Durchlaufspendenverfahren – Entgegennahme einer Spende durch eine juristische Person des öffentlichen Rechts oder eine öffentliche Dienststelle und Weiterleitung an eine gemeinnützige Körperschaft – ist entfallen. Es kann aber wahlweise weiterhin praktiziert werden.[150] Die Durchlaufstellen sind zum Empfang von Zuwendungen berechtigt, nicht

---

147 BMF vom 15.12.1994, BStBl. I 1994, S. 884; AEAO zu § 59 Nr. 6 Satz 1, BStBl. I 1998, S. 630 (667).

148 Dazu im Einzelnen BFH BStBl. II 2000, S. 320; BMF vom 15.5.2000, BStBl. I 2000, S. 814.

149 Verbindliche Muster hat das BMF mit Schreiben vom 18.11.1999, BStBl. I 1999, S. 979ff. bekannt gemacht. Mit Schreiben vom 2.6.2000 (BStBl. I 2000, S. 592) hat das BMF zu Zweifelsfragen bei der Verwendung der verbindlichen Muster für Zuwendungsbestätigungen Stellung genommen.

150 BR-Drs. 418/99, S. 10.

aber verpflichtet.[151] Mit der Annahme von Durchlaufspenden sind erhebliche Haftungsrisiken verbunden. Für Dach- oder Spitzenorganisationen ist das Durchlaufspendenverfahren ab dem Veranlagungszeitraum 2000 nicht mehr zugelassen.[152] Wird das Durchlaufspendenverfahren angewandt, ist die sog. Großspendenregelung (§ 10b Abs. 1 Satz 4 EStG; s. dazu A. II. 2. a)) zu beachten. Dies gilt auch dann, wenn eine Spende von wenigstens 25.565 Euro an eine Durchlaufstelle geleistet und von dieser auflagegemäß in mehreren Teilbeträgen an verschiedene steuerbegünstigte Letztempfänger weitergeleitet wird.[153]

Das in der Zuwendungsbestätigung angegebene Datum des Freistellungsbescheids oder Steuerbescheids darf nicht länger als 5 Jahre oder das Datum der vorläufigen Bescheinigung nicht länger als 3 Jahre seit dem Tag der Ausstellung der Zuwendungsbestätigung zurückliegen.[154] Ansonsten wird die Zuwendungsbestätigung nicht mehr als ausreichender Nachweis für den Spendenabzug anerkannt. Die Zuwendungsbestätigung muss von mindestens einer durch Satzung oder Auftrag zur Entgegennahme von Zahlungen berechtigten Person unterschrieben sein. Unter bestimmten Voraussetzungen kann das zuständige Finanzamt genehmigen, dass Bestätigungen maschinell ohne eigenständige Unterschrift erstellt werden.[155]

Ist ein Verein wegen unterschiedlicher steuerbegünstigter Zwecke mit einem Abzugssatz von 5 v.H. und 10 v.H. anerkannt (§ 10b Abs. 1 EStG), so kann er Zuwendungsbestätigungen mit dem jeweiligen Abzugssatz ausstellen. Dies setzt jedoch voraus, dass die unterschiedlichen Zwecke eindeutig abgrenzbar sind und der Nachweis durch besondere Aufzeichnungen der Einnahmen und Ausgaben geführt wird, dass die Spenden tatsächlich für den bestätigten Zweck verwendet werden.[156] Andernfalls darf der Verein nur Bestätigungen über die Verwendung von Spenden mit einem Abzugssatz von 5 v.H. ausstellen. Diese Grundsätze gelten auch, wenn eine als gemeinnützig anerkannte Körperschaft neben

151 Antwort der Bundesregierung auf die Große Anfrage BT-Drs. 14/3680, BT-Drs. 14/5445, S. 21.
152 Vgl. BMF vom 2.6.2000, BStBl. I 2000, S. 592 Rdnr. 16.
153 R 113 Abs. 2 Satz 3 EStR.
154 BMF vom 22.3.1993, BStBl. I 1993, S. 298 (299).
155 Dazu genauer R 111 Abs. 4 EStR.
156 BMF vom 9.1.2001, BStBl. I 2001, S. 81.

einem nicht spendenbegünstigten Hauptzweck verschiedene spendenbegünstigte Einzelzwecke verfolgt, die der Erfüllung des Hauptzwecks dienen.[157]

Vereinfachungen zum Spendennachweis enthält § 50 Abs. 2 EStDV. In den dort aufgeführten Fällen (Linderung der Not in Katastrophenfällen, Zuwendungen bis 100 Euro) ist der Bareinzahlungsbeleg oder die Buchungsbestätigung des Kreditinstituts ausreichend. Bei der Buchungsbestätigung eines Kreditinstituts kann es sich um einen Kontoauszug, einen Lastschrifteinzugsbeleg oder eine gesonderte Bestätigung des Kreditinstituts handeln.

Der Zuwendungsempfänger hat Vereinnahmung wie Verwendung der Zuwendungen aufzuzeichnen, auch wenn keine Zuwendungsbestätigung ausgestellt wurde (§ 50 Abs. 4 EStDV). Wird eine Zuwendungsbestätigung erteilt, ist hiervon eine Ausfertigung (Doppel der Zuwendungsbestätigung) aufzubewahren. Bei Sach- oder Aufwendungsspenden müssen sich den Aufzeichnungen auch die Grundlagen für den vom Empfänger bestätigten Wert der Zuwendung entnehmen lassen.

Missbräuche bei der Ausstellung von Zuwendungsbestätigungen können neben der Haftung (§ 10b Abs. 4 EStG) nach Auffassung der Finanzverwaltung zu einem Verlust des Gemeinnützigkeitsstatus führen.[158] Der Bundesfinanzhof geht jedoch davon aus, dass das missbräuchliche Verwenden von Zuwendungsbescheinigungen den Verlust der Gemeinnützigkeit nicht nach sich ziehen muss, sondern nur kann.[159]

3. Buchführungs-, Aufzeichnungs- und Erklärungspflichten

Gemeinnützige Körperschaften sind nach den allgemeinen Vorschriften buchführungspflichtig. Die handelsrechtlichen *Buchführungsvorschriften* (§§ 238ff. HGB) gelten nur, wenn sich dies aus der Rechtsform der Körperschaft (etwa GmbH) oder aus ihrer wirtschaftlichen Tätigkeit ergibt (§§ 140, 141 AO). Ein Verein kann nach handelsrechtlichen Grundsätzen verpflichtet sein, für einen wirtschaftlichen Geschäftsbetrieb als Kaufmann Bücher zu führen (§ 140 AO). Eine Bilanzierungspflicht besteht aber auch, wenn der

157 OFD Frankfurt/M. vom 11.7.2001, S 2223 A-45-St II 25.

158 AEAO zu § 63 Nr. 2, BStBl. I 1998, S. 630 (670).

159 BFH BStBl. II 1997, S. 474 (475).

Jahresumsatz mehr als 260.000 Euro oder der Gewinn aus dem einheitlichen (§ 64 Abs. 2 AO) wirtschaftlichen Geschäftsbetrieb mehr als 25.000 Euro beträgt und das Finanzamt den Verein deswegen zur Bilanzierung aufgefordert hat (§ 141 Abs. 1 Satz 1 Nrn. 1 und 4, Abs. 2 AO). Wird die Besteuerungsgrenze des § 64 Abs. 3 AO nicht überschritten – d.h. die Einnahmen aus der wirtschaftlichen Betätigung betragen nicht mehr als 30.678 Euro im Jahr – ,wird der Gewinn regelmäßig unter 25.000 Euro liegen (§ 141 Abs. 1 Satz 1 Nr. 4 AO), so dass keine Buchführungspflicht besteht. Zur Ermittlung der Besteuerungsgrenze muss jeder Verein aber seine Einnahmen aufzeichnen (§ 63 Abs. 3 AO). Unterliegt eine Körperschaft der Bilanzierungspflicht, wird der Gewinn durch Betriebsvermögensvergleich (§§ 5 Abs. 1, 4 Abs. 1 EStG) ermittelt. Besteht dagegen keine handelsrechtliche Buchführungspflicht, kann der Verein seine Pflicht zur Rechnungslegung (§§ 27 Abs. 3, 666, 259 BGB) durch die Aufzeichnung von Einnahmen und Ausgaben erfüllen (§ 4 Abs. 3 EStG).

Bei der *Gewinnermittlung* für wirtschaftliche Geschäftsbetriebe können insbesondere fiktive Löhne für die in diesen Betrieben unentgeltlich Tätigen nicht als Betriebsausgaben abgezogen werden.[160] Abzugsfähig sind jedoch die entstandenen Aufwendungen für die in seinen wirtschaftlichen Geschäftsbetrieben arbeitenden Mitglieder. Diese Aufwendungen können grundsätzlich auch pauschaliert werden.[161] Nicht als Betriebsausgaben abzugsfähig ist die Erstattung von Aufwendungen eines Vereinsmitglieds durch die Körperschaft, wenn der Berechtigte vor Zufluss darauf verzichtet hat.[162]

Für bestimmte wirtschaftliche Geschäftsbetriebe ist eine pauschalierte Gewinnermittlung vorgesehen. Die Überschüsse aus der Sammlung von Altmaterial dürfen gem. § 64 Abs. 5 AO durch Schätzung mit dem branchenüblichen Reingewinn angesetzt werden, soweit der Verein für die Sammlungen nicht wie ein Gewerbetreibender eine ständige Annahmestelle unterhält. Der branchenübliche Reingewinn beträgt bei Altpapier 5 v.H., bei sonstigem Altmaterial 20 v.H. der Einnahmen ohne Umsatzsteuer.[163] § 64

160 BFH BStBl. II 1986, S. 88 (91); vgl. zu Orden OFD Nürnberg vom 18.2.2000, StEK AO 1977, § 64 Nr. 47 unter Bezugnahme auf RFH RStBl. 1938, S. 735.

161 Vgl. dazu OFD Nürnberg vom 18.2.2000, StEK AO 1977, § 64 Nr. 47.

162 BFH BStBl. II 1991, S. 308.

163 AEAO zu § 64 Nr. 23, BStBl. I 1998, S. 630 (675).

Abs. 6 AO räumt für Werbung für Unternehmen, die im Zusammenhang mit der steuerbegünstigten Tätigkeit einschließlich Zweckbetrieben stattfindet, für Totalisatorbetriebe und für die Zweite Fraktionierungsstufe der Blutspendedienste das Wahlrecht einer pauschalierten Gewinnermittlung mit 15 v.H. der Einnahmen ein. Dies soll einem typischen anteiligen Anfall gemischt veranlasster Aufwendungen beim wirtschaftlichen Geschäftsbetrieb Rechnung tragen.

Neben der steuerlichen Gewinnermittlung ergeben sich steuerrechtliche Aufzeichnungs- und Buchführungspflichten nach folgenden Bestimmungen:

- §§ 143f. AO (Aufzeichnung des Wareneingangs und Warenausgangs)
- § 4 Abs. 7 EStG (gesonderte Aufzeichnung bestimmter Betriebsausgaben, insbesondere von Geschenken, soweit diese nicht den ideellen Bereich betreffen)
- § 6 Abs. 2 EStG (Aufzeichnung von in wirtschaftlichen Geschäftsbetrieben abgezogenen Ausgaben für geringwertige Wirtschaftsgüter, deren Anschaffungskosten mehr als 410 Euro betragen haben)
- § 7a Abs. 8 EStG (Aufzeichnungen für die Inanspruchnahme erhöhter Absetzungen)
- § 41 EStG, § 4 LStDV (Führung von Lohnkonten)
- § 22 UStG, §§ 63ff. UStDV (Aufzeichnungen zur Feststellung der Umsatzsteuer und der Grundlagen für ihre Berechnung). Gemeinnützige Vereine können jedoch nach § 23a UStG die Vorsteuer pauschalieren.
- § 63 Abs. 3 AO (ordnungsgemäße Aufzeichnungen über Einnahmen und Ausgaben als Nachweis der tatsächlichen Geschäftsführung)
- § 50 Abs. 4 EStDV (Vereinnahmung von Zuwendungen und deren zweckgerechte Verwendung sind ordnungsgemäß aufzuzeichnen und ein Doppel der Zuwendungsbestätigung aufzubewahren. Dies ergibt sich aber auch schon aus § 63 Abs. 3 AO).
- ggf. im Hinblick auf § 53 AO Nachweis, dass eine Einrichtung in besonderem Maße den in § 53 AO bezeichneten Personen dient.

Die Körperschaft hat den Nachweis, dass ihre tatsächliche Geschäftsführung steuerbegünstigten den satzungsmäßigen Zwecken entspricht, durch ordnungsgemäße Aufzeichnungen von Einnahmen und Ausgaben zu führen (§ 63 Abs. 3 AO). Da die Überprüfung der tatsächlichen Geschäftsführung für jeden Tätigkeitsbereich (ideeller Tätigkeitsbereich, Vermögensverwaltung, Zweckbetrieb, wirtschaftlicher Geschäftsbetrieb) getrennt erfolgt, sind die Aufzeichnungen auch entsprechend getrennt zu führen. Diese Aufzeichnungspflicht gilt grundsätzlich auch für Vereine, die unter die Besteuerungsgrenze des § 64 Abs. 3 AO fallen. Allerdings müssen diese nur die Einnahmen getrennt nach Tätigkeitsbereichen auflisten. Eine genaue Zuordnung der Ausgaben ist nicht erforderlich.

Auch gemeinnützige Körperschaften sind grundsätzlich verpflichtet, eine Körperschaftsteuer- und Gewerbesteuererklärung abzugeben. Eingeschränkt wird diese Verpflichtung durch § 25 Abs. 1 GewStDV. Sie besteht nur, soweit eine gemeinnützige Körperschaft neben der von der Gewerbesteuer befreiten Tätigkeit auch eine der Gewerbesteuer unterliegende Tätigkeit ausgeübt und ihr steuerpflichtiger Gewerbeertrag im Erhebungszeitraum 3.835 Euro überstiegen hat (§ 25 Abs. 1 Nr. 5 GewStDV). In der Körperschaftsteuer wird § 24 KStG durch R 74 Abs. 3 KStR ergänzt, wonach Körperschaften, deren Einkommen den Freibetrag von 3.835 Euro nicht übersteigt, nicht zu veranlagen sind und Anspruch auf Erteilung eine NV-Bescheinigung haben. Die genannten Regelungen sind auch anzuwenden, wenn die Besteuerungsgrenze des § 64 Abs. 3 AO überschritten ist.

Der Nachweis der zeitnahen Mittelverwendung ist durch eine sog. *Mittelverwendungsrechnung* zu führen. Besondere Formvorschriften sind hierfür gesetzlich nicht festgelegt. Die Finanzverwaltung verlangt jedoch eine Nebenrechnung zum Jahresabschluß, soweit sich aus diesem die zeitnahe Mittelverwendung nicht ergibt.[164] Bildet ein Verein Rücklagen gem. § 58 Nr. 6 und/oder Nr. 7a AO, so müssen Höhe, Art, Verwendungsabsicht und der Zeitrahmen ggf. in einer Nebenrechnung so ausgewiesen werden, dass jederzeit eine Nachprüfung ohne besonderen Aufwand möglich ist.[165] Ein Bilanzausweis allein wird i.d.R. nicht ausreichen.

---

164 AEAO zu § 55 Nr. 9, BStBl. I 1998, S. 630, 659.
165 BFH BStBl. II 1979, S. 496.

Beschäftigt ein Verein *Arbeitnehmer*, treffen ihn die allgemeinen steuerlichen Pflichten als Arbeitgeber. Er hat dabei folgende Gestaltungen zu unterscheiden:

- Durchführung des Steuerabzugs nach den allgemeinen Vorschriften (§§ 38ff. EStG). Dabei hat der Arbeitgeber aber die *Steuerfreiheit sog. geringfügiger Beschäftigungsverhältnisse* (§ 3 Nr. 39 EStG) zu beachten.[166]
- *Pauschalierung der Lohnsteuer* für Teilzeitkräfte und Aushilfen:
  - Bei sog. kurzfristiger Beschäftigung (Beschäftigung nicht über 18 zusammenhängende Arbeitstage, Arbeitslohn durchschnittlich nicht mehr als 62 Euro pro Arbeitstag, Arbeitslohn durchschnittlich nicht mehr als 12 Euro pro Arbeitsstunde) beträgt der Pauschalsteuersatz 25 v.H. (§ 40a Abs. 1 Satz 2 Nr. 1, Abs. 4 Nr. 1 EStG). Wird eine kurzfristige Beschäftigung zu einem unvorhersehbaren Zeitpunkt sofort erforderlich (z.B. Hochwasser im Vereinsheim), kann ein höherer Tagesarbeitslohn als 62 Euro bezahlt werden (§ 40a Abs. 1 Satz 2 Nr. 2 EStG). Die Stundenlohngrenze von 12 Euro ist jedoch auch in diesem Fall einzuhalten.
  - Bei einer Beschäftigung in geringem Umfang und gegen geringen Arbeitslohn (Arbeitslohn bei monatlicher Lohnzahlung höchstens 325 Euro im Monat, Arbeitslohn im Durchschnitt nicht mehr als 12 Euro pro Arbeitsstunde) gilt ein Pauschalsteuersatz von 20 v.H. (§ 40a Abs. 2 EStG). Diese Pauschalversteuerung kommt aber nur dann in Betracht, wenn die Voraussetzungen für die Steuerfreiheit für geringfügig Beschäftigte nicht erfüllt sind, d.h. wenn der Beschäftigte noch über andere positive Einkünfte verfügt.

4. Haftung

Der *Vorstand* eines eingetragenen Vereins hat als dessen gesetzlicher Vertreter (§ 26 Abs. 2 BGB) die steuerlichen Pflichten des Vereins zu erfüllen, insbesondere Buchführungs-, Erklärungs-, Mitwirkungs- oder Auskunftspflichten sowie die Verpflichtung, Steuern zu zahlen (§ 34 AO). Der Vorstand haftet, soweit Ansprü-

166 S. Teil II:A.II.1.a)(b)(ii).

che aus dem Steuerschuldverhältnis infolge vorsätzlicher oder grob fahrlässiger Verletzung der dem Vorstand auferlegten Pflichten nicht (rechtzeitig) festgesetzt werden (§ 69 AO). Diese Haftung gilt auch für die als Vorstand vertretungsberechtigten Schatzmeister von Vereinen[167]. Ein ehrenamtlich und unentgeltlich tätiger Vorsitzender eines Vereins haftet für die steuerlichen Verbindlichkeiten des Vereins grundsätzlich nach denselben Grundsätzen wie ein Geschäftsführer einer GmbH, d.h. für vorsätzliche oder grob fahrlässige Nichterfüllung der ihm als gesetzlichen Vertreter obliegenden steuerlichen Verpflichtungen des Vereins (§ 69 i.V.m. § 34 Abs. 1 AO, § 26 BGB).[168] Bei Vereinsvorständen, die aus mehreren Personen bestehen, gilt der Grundsatz der Gesamtgeschäftsführung. Jeden der Vereinsvorstandsmitglieder trifft die Pflicht zur Geschäftsführung im Ganzen, d.h. jeder hat sämtliche steuerliche Pflichten der juristischen Person zu erfüllen. Sollen die steuerlichen Pflichten des Vereins einem Vorstandsmitglied übertragen werden, erfordert dies eine vorweg getroffene, eindeutige und deshalb schriftliche Klarstellung, welcher Geschäftsführer für welchen Bereich zuständig ist. Für die übrigen Vorstandsmitglieder verbleibt aber dennoch eine Überwachungspflicht.[169] Die Tatsache, dass ein Vorstand ein Amt ehrenamtlich ausübt, kann lediglich bei der Frage des Verschuldens relevant werden.

Eine spezielle Haftung sehen § 10b Abs. 4 EStG, § 9 Abs. 3 KStG hinsichtlich der *Erteilung einer unrichtigen Zuwendungsbestätigung* (§ 50 EStDV) vor. Der Zuwendende ist auf die Richtigkeit der Angaben in der Zuwendungsbestätigung angewiesen. Er darf auf die Richtigkeit der Bestätigung über Spenden und Mitgliedsbeiträge vertrauen, es sei denn, dass er diese durch unlautere Mittel oder falsche Angaben erwirkt hat oder dass ihm die Unrichtigkeit in Folge grober Fahrlässigkeit nicht bekannt war (§ 10b Abs. 4 Satz 1 EStG, § 9 Abs. 3 Satz 1 KStG). Dem steht die Haftung für durch die Unrichtigkeit einer Zuwendungsbestätigung verursachten Steuerausfälle gegenüber (§ 10b Abs. 4 Satz 2, 3 EStG, § 9 Abs. 3 Satz 2, 3 KStG). Danach haftet, wer vorsätzlich oder grob fahrlässig eine unrichtige Bestätigung ausstellt oder wer veranlasst, dass Zuwendungen nicht zu den in der Bestätigung an-

167 FG Brand EFG 1999, S. 874.
168 BFH BStBl. II 1998, S. 761ff.
169 BFH BStBl. II 1998, S. 761.

gegebenen steuerbegünstigten Zwecken verwendet werden. Die dadurch entgangene Steuer ist pauschal mit 40 v.H. des zugewendeten Betrags anzusetzen. Die Steuerminderung bei der Gewerbesteuer wird mit 10 v.H. berücksichtigt (§ 9 Nr. 5 Satz 10, 11 GewStG).

Zu unterscheiden ist bei der Spendenhaftung zum einen die *Ausstellerhaftung* (Erstellung der Zuwendungsbestätigung) und zum anderen die *Veranlasserhaftung* (Verwendung der Zuwendungen).

Unrichtig ist die Zuwendungsbestätigung, wenn ihr Inhalt nicht der objektiven Sach- und Rechtslage entspricht.[170] Die Unrichtigkeit muss diejenigen Angaben betreffen, die für den Abzug der Zuwendungen als Sonderausgabe relevant sind, d.h. die Höhe und der Zeitpunkt der Zuwendung, der beabsichtigte Verwendungszweck und der Nachweis über den steuerbegünstigten Status der Empfängerkörperschaft. Sie kann sich aber auch auf die rechtliche Qualifizierung einer Zahlung als Spende i.S.v. § 10b EStG beziehen.[171] Unrichtig ist eine Zuwendungsbestätigung, wenn sie Zuwendungen ausweist, die Entgelt für Leistungen sind, wenn der Wert einer Spende in der Bestätigung zu hoch angegeben wird oder wenn eine Bestätigung über nicht gezahlte Spenden oder über Spenden für einen wirtschaftlichen Geschäftsbetrieb ausgestellt wird. Eine Zuwendungsbestätigung wird vom Finanzamt nicht als Nachweis für den Zuwendungsabzug anerkannt, wenn das Datum des Steuer- bzw. Freistellungsbescheides länger als 5 Jahre bzw. das Datum der vorläufigen Bescheinigung länger als 3 Jahre seit Ausstellung der Bestätigung zurückliegt.[172]

Eine Fehlverwendung einer Spende liegt vor, wenn der Spendenbetrag nicht zu dem in der Bestätigung angegebenen steuerbegünstigten Zweck verwendet wurde oder wenn eine Spende von einer Körperschaft verwendet wird, die nicht gemeinnützig ist.[173] Die Veranlasserhaftung ist als Gefährdungshaftung ausgestaltet. Danach liegt auch bei nachträglicher Aberkennung der vorläufigen Gemeinnützigkeit eine Fehlverwendung von Spenden vor.

---

170 Dazu im Einzelnen BFH BStBl. II 2000, S. 65f.; FG SchlH EFG 2001, S. 815 (817) – Rev. (XI R 30/01).

171 BFH BStBl. II 2000, S. 65 (66f.)

172 H 111 EStH – Zuwendungsbestätigung (§ 50 EStDV).

173 Vgl. stv. FG München EFG 2001, S. 838 (839) – Rev. (XI B 86/01).

Haftungsschuldner ist nach Auffassung der Finanzverwaltung[174] und der Rechtsprechung[175] sowohl die handelnde natürliche Person als auch die Institution, für die gehandelt wird. Das Finanzamt wählt sofern mehrere Haftungsschuldner in Betracht kommen den in Anspruch zu nehmenden Schuldner nach pflichtgemäßen Ermessen aus (§ 5 AO).

II. Die Besteuerung von bürgerschaftlich engagierten Personen und Unternehmen

Die Tätigkeit gemeinnütziger Körperschaften stützt sich wesentlich auf den persönlichen Einsatz ihrer Mitglieder sowie auf die materielle Unterstützung von Privaten und Unternehmen.

1. Die Besteuerung gemeinwohlbezogener individueller Arbeitsleistung

Engagieren sich Personen in einem gemeinnützigen Verein oder einer anderen gemeinnützigen Körperschaft, so werden sie vielfach unentgeltlich tätig. Soweit sie aber Aufwandsentschädigungen oder Vergütungen für geleistete Arbeit erhalten, stellt sich die Frage der Steuerpflicht solcher Entgelte i.w.S.

a) Einkommensteuer

(a) Der nichtsteuerbare Bereich

Bürgerschaftliches Engagement ist dem nichtsteuerbaren Bereich zuzuordnen und damit einkommensteuerlich unerheblich, wenn es sich um Liebhaberei handelt oder wenn es zur privaten Lebensgestaltung oder zum rein gesellschaftlichen Bereich der Gefälligkeit gehört.

Steuerbare Einnahmen sind grundsätzlich alle Leistungen in Geld oder Geldeswert, die die bürgerschaftlich engagierte Person für ihre Betätigung am Markt erhält, unabhängig davon, wie sie

---

174 OFD Frankfurt/M. vom 27.5.1994, StEK EStG, § 10b Nr. 266.
175 BFH/NV 1999, S. 1089.

bezeichnet werden (Aufwandsentschädigung, Spesen, Trinkgeld, Aufmerksamkeit, Geschenk u.ä.). Wird für bürgerschaftliches Engagement ein finanzieller Ausgleich geleistet, so führt dies zu einer objektiven Vermögensmehrung, die der Einkommensteuer unterliegt, wenn die bürgerschaftlich engagierte Person mit *Einkünfteerzielungsabsicht* tätig ist (§ 2 Abs. 1 EStG). Das Handeln muss darauf gerichtet sein, auf Dauer einen Totalgewinn oder Totalüberschuss zu erwirtschaften. Ansonsten handelt es sich um nichtsteuerbare Liebhaberei. Die Einkünfteerzielungsabsicht ist anhand von äußeren Merkmalen zu beurteilen.[176] Einkünfteerzielungsabsicht ist dann anzunehmen, wenn i.d.R. Überschüsse aus der Beschäftigung erzielt werden, d.h. die Einnahmen die abziehbaren Ausgaben übersteigen. Dagegen handelt es sich um eine nichtsteuerbare Tätigkeit, wenn die Einnahmen in Geld oder Geldeswert lediglich dazu dienen, die entstandenen abziehbaren Kosten zu decken.[177] Ob es sich um eine nebenberufliche oder ehrenamtliche Tätigkeit handelt, ist unerheblich.[178] Maßgeblich ist der wirtschaftliche Erfolg, nicht aber die Motivation, d.h. ob die Tätigkeit zum eigenen Vergnügen oder aus altruistischen, karitativen Erwägungen ausgeübt wird.[179]

Beispiele
Eine Sportausübung ist steuerbar, wenn sie nicht mehr Selbstzweck, sondern auch Mittel zur Erzielung von Einkünften ist. Erbringt ein Sportamateur besondere sportliche Leistungen und erhält er dafür Gewinnpreise, so erzielt er regelmäßig keine steuerbaren Einkünfte, es sei denn, er beteiligt sich an Sportwettkämpfen in der Absicht, sichere Siegchancen zu nutzen und dies wiederholt zu tun.[180] Ein Vereinsvorsitzender oder Kassierer erzielt keine steuerpflichtigen Einkünfte (insbesondere Arbeitslohn), wenn ihm der Verein lediglich die tatsächlich entstandenen Aufwendungen (z.B. Fahrtkosten, Portokosten oder Telefongebühren) erstattet.[181]

Liebhaberei ist auch dann noch anzunehmen, wenn die Einnahmen (Aufwendungsersatz) ganz geringfügig höher sind als die durch eine ehrenamtliche Tätigkeit veranlassten und als Werbungskosten

---

176 BFH BStBl. II 1984, S. 751 (767).
177 BFH BStBl. II 1984, S. 751 (765).
178 BFH BStBl. II 1994, S. 944 (945).
179 BFH BStBl. II 1994, S. 944 (945).
180 BFH BStBl. II 1993, S. 303 (305) m.w.N.
181 FinMin. BaWü, in: Der aktuelle Tipp zur steuerlichen Behandlung von Reisekostenvergütungen bei ehrenamtlich Tätigen.

abziehbaren Aufwendungen.[182] Der *Aufwendungsersatz* ist nicht den tatsächlich entstandenen Aufwendungen gegenüberzustellen, sondern den steuerlich abzugsfähigen Kosten. Verpflegungsaufwand bei auswärtiger Tätigkeit darf etwa nur entsprechend den geltenden Pauschalen gem. § 9 Abs. 5 EStG i.V.m. § 4 Abs. 5 Satz 1 Nr. 5 Satz 2 EStG berücksichtigt werden. Es kann davon ausgegangen werden, dass Aufwendungsersatz an ehrenamtlich Tätige, der über die steuerlich als Werbungskosten abziehbaren Beträge hinaus geleistet wird, nicht zu steuerpflichtigen Einkünften führt, wenn er im Kalenderjahr unter dem Betrag von unter 256 Euro bleibt (Freigrenze).[183]

Werden ehrenamtlich Tätigen neben Aufwandsentschädigungen auch *Entschädigungen für Verdienstausfall oder Zeitverlust* gezahlt, ist regelmäßig von einer Einkünfteerzielungsabsicht auszugehen. Dies gilt auch bei ganz geringem Stundenlohn, wie er im normalen Arbeitsleben nicht vorkommt (etwa weniger als 3 Euro). Denn Überschusserzielungsabsicht erfordert nicht, dass das Entgelt dem entspricht, was einem nicht ehrenamtlich Tätigen gezahlt werden müsste.[184]

Welche Leistungen eines Vereins im Einzelnen steuerbare Einnahmen (§ 8 EStG) darstellen, bestimmt sich nach allgemeinen Grundsätzen.

Beispiele
Beiträge des Vereins zu einer Unfallversicherung zum Schutz der Freiwilligen bei Ausübung einer Tätigkeit im Verein, insbesondere auch bei Kfz-Unfällen, sind keine Einnahmen, wenn die Freiwilligen die Rechte aus der Versicherung nicht selbst geltend machen können.[185] Bei einer Bewirtung der bürgerschaftlich engagierten Person im Rahmen ihrer Tätigkeit im bürgerschaftlichen Engagement ist nicht von steuerbaren Einnahmen auszugehen, wenn die Mahlzeiten im ganz überwiegenden Vereinsinteresse abgegeben werden; i.Ü. ist auf die im Rahmen von Arbeitsverhältnissen geltenden Bewertungsgrundsätze abzustellen.[186]

Aufwendungen der gemeinnützige Körperschaft für die Qualifizierung von Mitarbeitern im bürgerschaftlichen Engagement sind

182 BFH BStBl. II 1994, S. 944 (945); 1993, S. 303 (305); vgl. etwa auch FinMin. MV vom 4.11.1996, DB 1997, S. 404.

183 FinMin. BaWü, in: Der aktuelle Tipp zur steuerlichen Behandlung von Reisekostenvergütungen bei ehrenamtlich Tätigen.

184 BFH BStBl. II 1994, S. 944 (945).

185 Vgl. zum Arbeitsverhältnis BFH BStBl. II 2000, S. 406 (408).

186 Vgl. R 31 Abs. 8 LStR.

keine steuerbaren Einnahmen, wenn die Qualifikation im überwiegenden Interesse des Vereins erfolgt.[187] Von steuerbaren Einnahmen der bürgerschaftlich engagierten Person ist dagegen auszugehen, wenn die Qualifikation nicht primär dem bürgerschaftlichen Engagement zugute kommt, sondern eine persönliche Bereicherung darstellt.

Der Einkommensteuer unterliegen nur Erwerbseinnahmen, nicht aber Zuwendungen, die ihre Veranlassung in der privaten Lebensführung oder im lediglich gesellschaftlichen Verkehr haben. Einnahmen im Rahmen einer familiären Lebensgemeinschaft sind nichtsteuerbar, auch wenn es sich dabei um leistungsabhängige Zahlungen handelt.[188] Die *rein gesellschaftliche Sphäre* ist angesprochen, wenn es sich um Sachleistungen handelt, die im gesellschaftlichen Verkehr üblicherweise ausgetauscht werden und zu keiner ins Gewicht fallenden Bereicherung führen. So sind bloße Aufmerksamkeiten keine Einnahmen. Kennzeichnend für ein nichtsteuerbares Gefälligkeitsverhältnis ist der fehlende rechtsgeschäftliche Hintergrund. Auch wenn eine solche Gefälligkeit Zuwendungen (Anerkennung, Belohnung u.ä.) auslöst, handelt es sich nicht um Gegenleistungen im Rahmen eines Leistungsaustausches am Markt. Gefälligkeiten erfolgen typischerweise im Rahmen eines bestehenden sozialen Näheverhältnisses, etwa eines sog. Nachbarschaftsverhältnisses.

Beispiele

Hat ein Steuerpflichtiger einen pflegebedürftigen Angehörigen in seinen Haushalt aufgenommen, um ihn dort zu pflegen und zu versorgen, und erhält er dafür aus dem Vermögen des Pflegebedürftigen Geldbeträge, so vollziehen sich diese Leistungen und die empfangenen Zahlungen im Regelfall im Rahmen der familiären Lebensgemeinschaft und sind nichtsteuerbar.[189] Der Bundesfinanzhof knüpft hier an die ständige Rechtsprechung an, wonach fremdübliche Dienstleistungsverträge bei gelegentlichen geringfügigen Hilfeleistungen im häuslichen Bereich, die üblicherweise auf familienrechtlicher Grundlage erbracht werden, nicht anerkannt werden.[190] Wird jedoch Pflegegeld weitergeleitet, ist von Einkünfteerzielungsabsicht auszugehen. Es handelt sich – je nach den Umständen des Einzelfalls – um Einkünfte aus nichtselbständiger Arbeit (§ 19 EStG), eher aber um sonstige

---

187 In Anlehnung an R 74 LStR.

188 BFH BStBl. II 1999, S. 776 (778); ebenso FG RhPf EFG 1999, S. 1123 (1124).

189 BFH BStBl. II 1999, S. 776ff.

190 Stv. BFH BStBl. II 1997, S. 187; 1994, S. 298; 1988, S. 632 (633).

Einkünfte i.S.v. § 22 Nr. 3 EStG. Diese Einnahmen sind jedoch gem. § 3 Nr. 36 EStG bis zur Höhe des Pflegegeldes steuerfrei.

Zu den nichtsteuerbaren Aufmerksamkeiten gehören insbesondere Sachgeschenke aus persönlichem Anlass mit einem Wert bis 40 Euro,[191] wie Blumen, Bücher, Pralinen.

Fließen in einen sog. Tauschring der Nachbarschaftshilfe Leistungen ein, die auch im Rahmen einer im Hauptberuf verwirklichten Einkunftsart i.S.v. § 2 Abs. 1 Satz 1 Nr. 1-3 EStG angeboten werden, so sind sie zu den Einkünften aus dieser (Gesamt-)Tätigkeit zu zählen. Werden sonst nicht beruflich ausgeübte Tätigkeiten der sog. Nachbarschaftshilfe erbracht, um – bei Bedarf – eine vergleichbare Leistung zu erhalten, so kommt grundsätzlich Steuerbarkeit der Leistungen des einzelnen Teilnehmers an einem solchen Ringtausch gem. § 15 Abs. 1 Nr. 1, Abs. 2 EStG (Gewerbebetrieb) sowie v.a. gem. § 22 Nr. 3 EStG (sonstige Einkünfte) in Betracht. Unabhängig von der Einkunftsart ist ein auf Einkommens- bzw. Vermögensmehrung durch Leistungstausch gerichtetes wirtschaftliches Verhalten erforderlich. Im Zeitpunkt der Leistungserbringung im Rahmen eines nachbarschaftlichen Tauschrings steht zwar i.d.R. nicht fest, welche Gegenleistung in Anspruch genommen wird, wohl aber besteht die Erwartung, in Höhe der für die eigene Leistung erhaltenen Verrechnungseinheiten eine Leistung abrufen zu können. Diese gesicherte Position hinsichtlich des Abrufs einer entsprechenden Leistung stellt eine objektive Vermögensmehrung dar. Sie fließt mit der Gutschrift von effektiv werthaltigen Verrechnungseinheiten zu (§ 11 Abs. 1 Satz 1 EStG). Ein solcher Leistungsaustausch muss jedoch im Bereich wirtschaftlicher Ertragserzielung am Markt erfolgen. Beim Freiwilligen-Ringtausch spricht der fehlende Geldfluss für die Zuordnung zum nichtsteuerbaren Bereich der Gefälligkeit. Auch nehmen die Teilnehmer von zeitorientierten Tauschringen i.d.R. nicht mehr Verrechnungseinheiten ein als sie einsetzen. Erlangen die Mitglieder eines Tauschrings dagegen eine Gutschrift von Verrechnungseinheiten, die in ihrem Wert über den Kosten der eigenen Leistung liegt, so ist von Einkünfteerzielungsabsicht auszugehen. Ob es sich um steuerbare wirtschaftliche Ertragserzielung handelt, hängt also maßgeblich von Ausmaß und Häufigkeit der Erbringung bzw. Inanspruchnahme von Leistungen ab.

Bei Arbeitnehmern ist unabhängig von der Steuerbarkeit der Tätigkeit im bürgerschaftlichen Engagement dann, wenn das sonstige Einkommen eines bürgerschaftlich Engagierten ganz oder z.T. aus Einkünften aus nichtselbständiger Arbeit besteht, von denen ein Steuerabzug vorgenommen worden ist, § 46 Abs. 3 EStG zu beachten. Danach werden die sonstigen steuerpflichtigen Einkünfte nur versteuert, wenn sie insgesamt 410 Euro übersteigen. Bis 820 Euro besteht ein Härteausgleich nach § 70 EStDV.

191 R 73 Abs. 1 LStR.

(b) Der steuerbare Bereich

(i) Einkünftequalifikation

Steuerbare Einnahmen bürgerschaftlich engagierter Personen können den Gewinneinkünften – Einkünfte aus Land- und Forstwirtschaft, Gewerbebetrieb und aus selbständiger Arbeit (§§ 13, 15, 18 EStG) – zuzuordnen sein oder zu Einkünften aus nichtselbständiger Arbeit (§ 19 EStG) oder sonstige Einkünften (§ 22 Nr. 3 EStG) führen. Die Einkünftequalifikation hat insbesondere Auswirkung auf die Einkünfteermittlung. So ist bei den Einkünften aus nichtselbständiger Arbeit ein Werbungskostenpauschbetrag i.H.v. 1.044 Euro zu berücksichtigen, soweit keine höheren Werbungskosten (s. dazu A. II. 1. a) (c) (ii)) geltend gemacht werden (§ 9a S. 1 Nr. 1 EStG). Bei den Gewinneinkünften kommt dagegen kein Freibetrag zum Ansatz; die Betriebsausgaben (s. dazu A. II. 1. a) (c) (ii)) mindern den Gewinn. Weiterhin unterliegen Einkünfte aus Gewerbebetrieb der Gewerbesteuer (§ 2 Abs. 1 GewStG). Für die Zuordnung zu einer Gewinneinkunftsart ist die Selbständigkeit zentrales Merkmal. Es verlangt eine Würdigung nach dem Gesamtbild der Verhältnisse, wobei dem Unternehmerrisiko besonderes Gewicht zukommt.[192] Nicht ausschlaggebend ist die sozial- und arbeitsrechtliche Einordnung einer Tätigkeit als selbständig oder unselbständig.[193] Entgelte für ehrenamtliche Tätigkeit sind als Betriebseinnahmen einer selbständigen Tätigkeit anzusehen, wenn die ehrenamtliche Tätigkeit Ausfluss der hauptamtlichen ist und mit ihr in engem Zusammenhang steht.[194] Die Abgrenzung gewerblicher Einkünfte (§ 15 Abs. 2 EStG) zu sonstigen Einkünften (§ 22 Nr. 3 EStG) bestimmt sich ausgehend vom Merkmal der Nachhaltigkeit danach, ob die Tätigkeit nach Umfang und Organisation den typischen Betrieb eines Gewerbes erkennen lässt.

Beispiele
Ein Betreuer i.S.v. § 1896 BGB erzielt gewerbliche Einkünfte (§ 15 Abs. 1 Nr. 1 EStG)[195], ein Vormund oder Pfleger solche aus sonstiger selbständiger Arbeit (§ 18 Abs. 1 Nr. 3 EStG). Auch Organisten und Chorleiter von Kirchenchören sind selbständig tätig (§ 18 Abs. 1 Nr. 1 Satz 2 EStG). Für Vorstandsmitglieder von Vereinen kommen grundsätzlich Einkünfte aus selb-

---

192 Ständige Rechtsprechung, etwa BFH BStBl. II 1999, S. 534 (536).

193 BFH BStBl. II 1999, S. 534 (537) m.w.N.

194 BFH BStBl. II 1988, S. 615ff.

195 BFH DStR 2000, S. 1432.; FG MV EFG 1999, S. 1080.

ständiger Tätigkeit (§ 18 Abs. 1 Nr. 3 EStG) wie auch Einkünfte aus nichtselbständiger Arbeit (§ 19 Abs. 1 EStG) in Betracht. Sog. Entschädigungen für Versichertenälteste (Berater zu allen Fragen zur Rentenversicherung, ohne dass die Versicherten hierfür ein Entgelt zu entrichten haben) sind Einkünfte aus sonstiger selbständiger Tätigkeit gem. § 18 Abs. 1 Nr. 3 EStG. Ehrenamtliche kommunale Mandatsträger sind selbständig tätig (§ 18 Abs. 1 Nr. 3 EStG).[196] Ehrenamtliche Bürgermeister sind – je nach Gemeindeordnung – Arbeitnehmer oder selbständig tätig. Bürgermeister in Bayern sind – anders als etwa in Nordrhein-Westfalen[197] – Arbeitnehmer i.S.v. § 19 Abs. 1 Satz 1 Nr. 1 EStG,[198] da sie in hohem Maße an die Vorgaben des Gemeinderates gebunden sind und neben ihrer Mitgliedschaft im Gemeinderat eigene Verwaltungsbefugnisse ausüben (Art. 36, 37 BayGO). Übungsleiter bei einem Sportverein sind selbständig tätig, denn ihnen werden i.d.R. nur die tatsächlich geleisteten Stunden vergütet, sie haben keinen Anspruch auf Lohnfortzahlung im Krankheitsfall und der Verein macht ihnen hinsichtlich der Gestaltung des Trainings weitgehend keine Vorgaben. Dies gilt aber nur, wenn der Übungsleiter nicht mehr als 6 Stunden in der Woche für den Verein tätig ist.[199] Amateurfußballspieler erzielen Einkünfte aus nichtselbständiger Arbeit, wenn die für den Trainings- und Spieleinsatz gezahlten Vergütungen die mit der Tätigkeit zusammenhängenden Aufwendungen nicht nur unwesentlich übersteigen.[200] Bei Mitgliedern der Organe (Vertreterversammlung und Vorstand) sind Beträge, die als Ersatz für entgangenen Bruttoverdienst oder als Pauschbetrag für Zeitaufwand gewährt werden, gem. § 18 Abs. 1 Nr. 3 EStG steuerpflichtig.[201] Ist der Umfang der Tätigkeit als Vereinsvorstand nicht nur von untergeordneter Bedeutung, nimmt diese viel Zeit in Anspruch und wird nicht nur geringfügig bezahlt, wird das Vorstandsmitglied als Arbeitnehmer angesehen.[202] Vorstandsmitglieder einer Berufsgenossenschaft werden in dieser Eigenschaft nicht als Arbeitnehmer angesehen.[203] Nichtselbständig ist aber regelmäßig ein Vorstandsmitglied einer Stiftung.[204] Arbeitnehmer sind die vom Deutschen Roten Kreuz im vorbeugenden Schutz von Teilnehmern an Großveranstaltungen eingesetzten Sanitätshelfer[205] sowie ehrenamtliche Helfer von Wohlfahrtsverbänden, die Kinder und Jugendliche auf Ferienreisen betreu-

196 BFH BStBl. II 1996, S. 431; 1988, S. 266 (268); FG Münster EFG 1993, S. 710.
197 Vgl. BFH BStBl. II 1988, S. 266 (267); BStBl. III 1966, S. 130.
198 BFH BStBl. II 1971, S. 353.
199 FG Hess EFG 1994, S. 396.
200 BFH BStBl. II 1993, S. 303 (305); FG Bremen EFG 1999, S. 1125.
201 OFD Frankfurt/M. vom 13.12.1996, DB 1997, S. 301f. auch zur Anwendbarkeit von § 3 Nr. 12 Satz 2 EStG.
202 BFH BStBl. II 1975, S. 358 (359).
203 BFH BStBl. III 1966, S. 153.
204 BFH BStBl. II 1975, S. 358; 400.
205 Vgl. BFH BStBl. II 1994, S. 944 (945).

en[206]. Ehrenamtliche Richter werden mangels Eingliederung in die Gerichtsorganisation nicht als Arbeitnehmer angesehen.

Sonstige Einkünfte erzielen etwa die im vorbeugenden Wasserrettungsdienst tätigen Rettungsschwimmer[207] oder Schiedsrichter.

Besteht ein *Arbeitsverhältnis,* so bestimmt sich die Zuordnung von Leistungen des Arbeitgebers zum Arbeitslohn nach den allgemeinen Grundsätzen. Nicht von steuerbarem Arbeitslohn ist auszugehen, wenn eine Leistungserbringung im überwiegenden betrieblichen Interesse erfolgt, so dass die etwaige Bereicherung des Arbeitnehmers eindeutig gegenüber dem vom Arbeitgeber angestrebten Arbeitserfolg zurücktritt.[208] Ob das Interesse des Arbeitgebers überwiegt, ist nach dem Gesamtbild der Verhältnisse zu beurteilen.

Beispiele

Reisekosten eines Arbeitnehmers sind nur dann überwiegend betrieblich veranlasst, wenn die Reise fast ausschließlich Zwecken des Arbeitgebers dient. Ist sie dagegen touristisch geprägt, liegt Arbeitslohn vor. Bei der Fortbildung eines Arbeitsnehmers überwiegt das Interesse des Arbeitgebers, wenn diese der beruflichen Tätigkeit unmittelbar dient.

(ii) Wesentliche objektive Steuerbefreiungen

Für Einnahmen aus einer steuerbaren ehrenamtlichen Tätigkeit sieht § 3 EStG diverse Steuerbefreiungen vor:

- *§ 3 Nr. 12 Satz 2 EStG*[209]: Werden aus *öffentlichen Kassen Bezüge an hoheitlich handelnde Bedienstete* einer juristischen Person des öffentlichen Rechts[210] als Aufwandsentschädigung gezahlt, sind diese steuerfrei, soweit sie nicht für Verdienstausfall oder Zeitverlust geleistet werden und den tatsächlichen Aufwand des Steuerpflichtigen offenbar übersteigen. Öffentlich Kassen sind Kassen der inländischen juristischen Personen des öffentlichen Rechts, die der Dienstaufsicht unterstehen und deren Finanzgeba-

---

206 BFH BStBl. II 1976, S. 134ff.

207 Vgl. FG SchlH EFG 1981, S. 96; OFD Frankfurt/M. vom 18.4.2000, ZKF 2000, S. 258; OFD Magdeburg vom 17.5.2000, FR 2000, S. 790.

208 BFH BStBl. II 1976, S. 134 (135).

209 Zur Verfassungsmäßigkeit des § 3 Nr. 12 S. 2 EStG: BVerfG HFR 1983, S. 227; BFH BStBl. II 1995, S. 142 (147f.); 1976, S. 418 (420).

210 R 13 Abs. 1 Satz 1 LStR.

ren der Prüfung durch die öffentliche Hand unterliegen.[211] Dazu zählen Kassen des Bundes, der Länder und Gemeinden, der Rundfunkanstalten des öffentlichen Rechts und der Berufskammern, nicht aber privatrechtlich organisierte Wohltätigkeitsvereine.[212] Hoheitlich handelnden Bedienstete einer juristischen Person des öffentlichen Rechts sind insbesondere kommunale Wahlbeamte, ehrenamtlich Tätige bei Berufs- und Standesorganisationen und Angehörige der freiwilligen Feuerwehren, nicht dagegen Personen in der fiskalischen Verwaltung (z.B. in einem Betrieb gewerblicher Art einer juristischen Person des öffentlichen Rechts).[213] Voraussetzung der Steuerfreiheit ist, dass die Zahlung besoldungsrechtlich als Aufwandsentschädigung festgesetzt ist, wobei es nicht auf die Bezeichnung ankommt. Die gezahlten Beträge müssen dazu bestimmt sein, Aufwendungen abzugelten, die steuerlich als Werbungskosten oder Betriebsausgaben abziehbar wären.[214] Repräsentationsaufwendungen (z.B. Kleidergeld) sind deshalb nicht erfasst.[215] Ebenso ist eine steuerfreie Aufwandsentschädigung zu verneinen, wenn die Entschädigung für Verdienstausfall oder Zeitverlust oder zur Abgeltung eines Haftungsrisikos gezahlt wird oder dem Empfänger ein Aufwand nicht oder offenbar nicht in Höhe der gewährten Entschädigung erwächst. Die Finanzverwaltung hat grundsätzlich zu prüfen, ob die als Aufwandsentschädigung gezahlten Beträge tatsächlich zur Bestreitung eines abziehbaren Aufwands erforderlich sind. Dazu muss der Steuerpflichtige im Zweifel lediglich nachweisen, dass die gezahlte Aufwandsentschädigung den Aufwand offenbar nicht überstiegen hat. Die Prüfung hat sich darauf zu erstrecken, ob Personen in gleicher dienstlicher Stellung im Durchschnitt der Jahre Aufwendungen etwa in Höhe der Aufwandsentschädigung entstehen.[216] Die Finanzverwaltung prüft jedoch nur, wenn dazu ein Anlass von einigem Gewicht besteht.[217] Übersteigt die Aufwandsentschädigung den Aufwand zwar

211 BFH BStBl. II 1986, S. 848 (849).

212 Zu weiteren Beispielen s. H 14a EStH – Öffentliche Kassen.

213 BFH BStBl. II 1975, S. 563 (565).

214 BVerfG BB 1993, S. 2068 (2070); auch BFH BStBl. II 1995, S. 17 (21); 1993, S. 403 (404); 1993, S. 50 (51); 1983, S. 75 (77) m.w.N.

215 BFH BStBl. II 1993, S. 50 (51).

216 BFH BStBl. II 1990, S. 121 (123); 1968, S. 437.

217 R 13 Abs. 2 Satz 6 LStR; von der Rechtsprechung übernommen BFH BStBl. II 1992, S. 140.

tatsächlich, jedoch nicht offenbar, bleibt der den Aufwand übersteigende Betrag steuerfrei. Diese Grundsätze gelten auch für den kommunalen Bereich.[218]

Bei der Prüfung, ob Entschädigungen zum Ausgleich von Zeitverlust vorliegen oder ob die gezahlten Beträge den typischen Aufwand übersteigen, geht die Verwaltung aus Vereinfachungsgründen pauschalierend vor.[219] Für die Höhe der jeweils steuerfreien Aufwandsentschädigung gelten *Pauschbeträge.*[220]

Ist der Anspruchsberechtigte und der Betrag oder auch ein Höchstbetrag für die gewährte Aufwandsentschädigung durch Gesetz oder Rechtsverordnung bestimmt, so wird die Aufwandsentschädigung für hauptamtlich tätige Personen in voller Höhe als steuerfrei behandelt.[221] Für ehrenamtlich tätige Personen ist $^1/_3$ der gewährten Aufwandsentschädigung, mindestens aber 154 Euro monatlich steuerfrei.[222] Sind die Anspruchsberechtigten und der Betrag nicht durch Gesetz oder Verordnung bestimmt, so wird bei hauptamtlich und ehrenamtlich tätigen Personen i.d.R. ohne weiteren Nachweis ein steuerlich anzuerkennender Aufwand von 154 Euro monatlich angenommen.[223] Aufwandsentschädigungen, die weniger als 154 Euro im Monat betragen, sind nur in Höhe des tatsächlich geleisteten Betrags steuerfrei.[224] Ist ein Steuerpflichtiger für mehrere Körperschaften des öffentlichen Rechts tätig und erhält er für diese Tätigkeiten mehrere Aufwandsentschädigungen i.S.d. § 3 Nr. 12 Satz 2 EStG, so sind die Pauschbeträge auf jede einzelne Entschädigung anzuwenden. Von Pauschalentschädigungen, die Gemeinden oder andere juristische Personen des öffentlichen Rechts für eine gelegentliche ehrenamtliche Tätigkeit zahlen, darf ein Betrag bis zu 6 Euro täglich ohne nähere Prüfung als steuerfrei anerkannt werden. Bei höheren Pauschalentschädigungen hat das Finanzamt zu prüfen, ob auch ein Aufwand an Zeit und Ar-

---

218 R 13 Abs. 2 Satz 7 LStR.

219 Durch die Rechtsprechung gebilligt BFH BStBl. II 1993, S. 50 (51); 1990, S. 123 (125); 1990, S. 121 (123); 1968, S. 437 (439).

220 R 13 Abs. 3 LStR; BFH BStBl. II 1993, S. 50 (51); FinMin. Sachsen vom 21.3.1995, FR 1995, S. 388.

221 R 13 Abs. 3 Satz 2 Nr. 1 LStR.

222 R 13 Abs. 3 Satz 2 Nr. 2 LStR; so auch FinMin. Sachsen vom 22.3.1994, FR 1994, S. 584; FinMin. Thür vom 30.4.1999, DStR 1999, S. 1317; OFD Magdeburg vom 10.5.1999, FR 1999, S. 771 jeweils mit Verweis auf die LStR.

223 R 13 Abs. 3 Satz 3 LStR.

224 R 13 Abs. 3 Satz 4 LStR.

beitsleistung sowie ein entgangener Verdienst abgegolten worden ist.[225]

Beispiel
Erfrischungsgelder für ehrenamtlich Mitwirkende bei politischen Wahlen sind bis zu 6 Euro täglich steuerfrei; bei höheren Pauschalentschädigungen kann jedoch auch nach der o.g. Drittelregelung gem. R 13 Abs. 3 LStR verfahren werden.[226] Erhält eine Person Aufwandsentschädigungen für mehrere Wahlen an einem Tag oder in einem Monat, so sind diese nach R 13 Abs. 3 Satz 6 LStR für die Anwendung der Mindest- und Höchstbeträge zusammenzurechnen.[227]

Den Finanzverwaltungsbehörden (Finanzministerien, Finanzsenate oder Oberfinanzdirektionen) der Länder steht es zudem frei, zur Verwaltungsvereinfachung und Gleichbehandlung der Betroffenen *Schätzungsrichtlinien* aufzustellen.[228] Dabei haben sie mit den obersten Aufsichtsbehörden der in Betracht kommenden Kassen zusammenzuarbeiten.[229] Mit solchen Schätzungsrichtlinien werden Aufwandsentschädigungen für bestimmte Gruppen bis zu einer bestimmten Höhe ohne Einzelprüfung als steuerfrei anerkannt.

Beispiel
Für pauschale Entschädigungen an ehrenamtliche Mitglieder kommunaler Volksvertretungen hat die Finanzverwaltung eine nach der Einwohnerzahl der Gemeinden oder Landkreise gestaffelte Steuerfreiheit zugelassen:[230]

---

225 R 13 Abs. 5 LStR.

226 FinMin. Thür vom 30.4.1999, DStR 1999, S. 1317f., FinMin SachsAnh vom 15.3.2002, DStZ 2002, S. 342f.

227 FinMin. Thür vom 30.4.1999, DStR 1999, S. 1317f., FinMin SachsAnh vom 15.3.2002, DStZ 2002, S. 342f.

228 BFH FR 1990, S. 611 (612f.); BStBl. II 1986, S. 200 (204f.); 1982, S. 779 (782); 1982, S. 500f.; 1982, S. 24 (25f.); 1980, S. 455 (456f.); 1979, S. 54f.

229 BFH BStBl. II 1993, S. 50 (51).

230 BFH BStBl. II 1993, S. 50. Wegen der Unterschiede im Gemeindeverfassungsrecht sind die jeweiligen Landesregelungen anzuwenden. Vgl. im Folgenden beispielhaft FinMin. Sachsen vom 21.3.1995, FR 1995, S. 388 sowie FinMin. SachsAnh vom 18.12.2000, StEK EStG, § 3 Nr. 751. – Für Ratsvorsitzende und bei Repräsentationspflichten erhöhen sich die genannten steuerfreien Beträge.

in einer Gemeinde oder Stadt mit	monatlich	jährlich
höchstens 20.000 Einwohner	89 Euro	1.074 Euro
20.001 bis 50.000 Einwohner	143 Euro	1.718 Euro
50.001 bis 150.000 Einwohner	176 Euro	2.117 Euro
150.001 bis 450.000 Einwohner	222 Euro	2.669 Euro
mehr als 450.000 Einwohner	266 Euro	3.190 Euro

in einem Landkreis mit	monatlich	jährlich
höchstens 250.000 Einwohner	176 Euro	2.117 Euro
mehr als 250.000 Einwohner	222 Euro	2.669 Euro

Mit den steuerfreien Pauschbeträgen sind grundsätzlich alle Aufwendungen, die mit einer ehrenamtlichen Tätigkeit zusammenhängen, nicht aber Kosten für Dienstreisen und Fahrten zwischen Wohnung und Sitzungsort, abgegolten. Es können aber auch höhere Aufwendungen nachgewiesen werden.[231]

– *§ 3 Nr. 13 und 16 EStG: Reisekosten* sind bei Zahlung aus öffentlichen (§ 3 Nr. 13 EStG) wie privaten Kassen (§ 3 Nr. 16 EStG) steuerfrei. Zu Reisekosten gehören Aufwendungen für eine beruflich veranlasste Tätigkeit außerhalb der Wohnung und der regelmäßigen Arbeitsstätte in Gestalt von Fahrtkosten, Verpflegungsmehraufwendungen, Übernachtungskosten und Reisenebenkosten. Für ehrenamtlich Tätige ist als Mittelpunkt der Tätigkeit der Ort anzusehen, von dem aus die auswärtigen Einsätze koordiniert werden oder sich die Helfer in Bereitschaft halten. Die Grenze der Steuerfreiheit ist die Höhe der abziehbaren Werbungskosten.[232]

Fahrtkosten können zum Zweck des Werbungskostenabzugs in der tatsächlichen Höhe angesetzt werden; bei öffentlichen Verkehrsmitteln ist dies der entrichtete Fahrpreis. Nutzt der Steuerpflichtige das eigene Fahrzeug, kann er die anteiligen Kosten für das Fahrzeug geltend machen. Dazu ist anhand der Gesamtkosten für ein Jahr und der in diesem Jahr gefahrenen Kilometer ein Kilometersatz zu ermitteln. Für die Gesamtkosten ist ein Einzelnachweis zu erbringen. Soweit auf den Einzelnachweis verzichtet wird,

231 BFH BStBl. II 1990, S. 121 (hauptamtlicher Bürgermeister in Hessen); S. 123 (Staatsdirektor in Niedersachsen).

232 BFH BStBl. II 1995, S. 17 (20f.); BFH/NV 1997, S. 286.

können folgende pauschalen Kilometersätze geltend gemacht werden:[233]

Kraftwagen	0,30 Euro je Fahrtkilometer
Motorrad / Motorroller	0,13 Euro je Fahrtkilometer
Moped / Mofa	0,08 Euro je Fahrtkilometer
Fahrrad	0,05 Euro je Fahrtkilometer

Für *Verpflegungsmehraufwendungen* können als Betriebsausgaben oder Werbungskosten nur die nachfolgenden Pauschbeträge, nicht jedoch die tatsächlichen Kosten geltend gemacht werden (§ 4 Abs. 5 Satz 1 Nr. 5 Satz 2 EStG):

Abwesenheit	Pauschbetrag pro Kalendertag
24 Stunden	24 Euro
mindestens 14 Stunden, aber weniger als 24 Stunden	12 Euro
mindestens 8 Stunden, aber weniger als 14 Stunden	6 Euro

Ist der ehrenamtlich Tätige bei seiner Tätigkeit für den Verein weniger als 8 Stunden am jeweiligen Kalendertag von seiner Wohnung abwesend, ist ein Abzug von Verpflegungsmehraufwand ausgeschlossen, wohl aber dürfen die tatsächlich entstandenen Fahrtkosten ersetzt werden.

Übernachtungskosten sowie *Reisenebenkosten* sind nur i.H.d. tatsächlichen Aufwendungen als Werbungskosten zu berücksichtigen.[234] Der Arbeitgeber kann Übernachtungskosten aber auch ohne Beleg i.H.v. 20 Euro steuerfrei zahlen.[235]

Zu Reisekostenvergütungen[236], Umzugskostenvergütungen und Trennungsgeldern (§ 3 Nr. 13 EStG) s. folgende Übersicht:

---

233 H 38 LStH – Pauschale Kilometersätze, geändert durch BMF vom 20.8.2001, BStBl. I 2001, S. 541.

234 R 40 Abs. 1 Satz 1, R 40a Abs. 1 LStR.

235 R 40 Abs. 3 Satz 1 LStR.

236 S. auch R 14 Abs. 2 und 3 LStR.

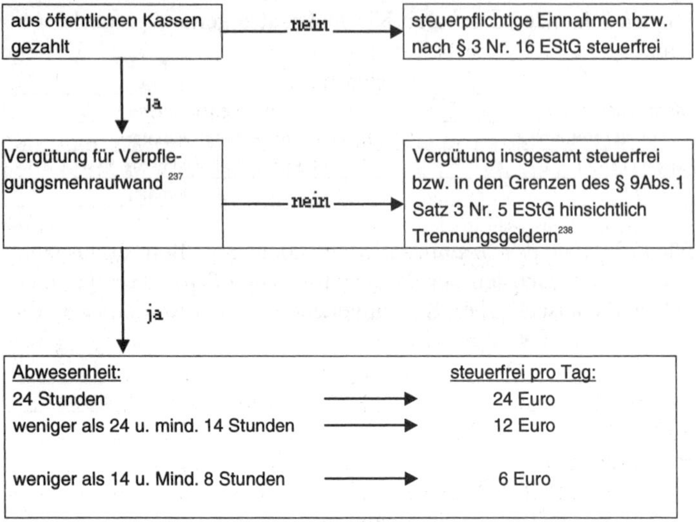

– *§ 3 Nr. 20 EStG:* Steuerfrei sind Zuwendungen, die aus öffentlichen Mitteln des Bundespräsidenten aus sittlichen oder sozialen Gründen an besonders verdiente Personen oder ihre Hinterbliebene gezahlt werden.

– *§ 3 Nr. 22 EStG:* Zahlungen an Träger von im Ordensgesetz[239] aufgeführten Kriegsauszeichnungen sind steuerfrei (Ehrensold). Zahlungen an Träger anderer Auszeichnungen sind nicht steuerbefreit.

– *§ 3 Nr. 26 EStG* (sog. *Übungsleiterfreibetrag*): Einnahmen aus bestimmten *gemeinnützigen Tätigkeiten* sind bis zu einem Höchstbetrag von 1.848 Euro im Jahr steuerfrei. Da es sich um einen Jahresbetrag handelt, ist keine zeitanteilige Kürzung vorzunehmen, wenn die begünstigte Tätigkeit lediglich wenige Monate ausgeübt wird. Der Höchstbetrag wird auch dann nur einmal gewährt, wenn andere begünstigte Tätigkeiten i.S.d. § 3 Nr. 26 EStG ausgeübt

---

237 S. R 14 Abs. 4 Satz 2 LStR.

238 Vgl. R 14 Abs. 1 Satz 2 sowie Abs. 4 Satz 3 LStR.

239 Gesetzes über Titel, Orden und Ehrenabzeichen vom 26.7.1957, BGBl. I 1957, S. 844; zuletzt geändert durch Gesetz vom 2.3.1974, BGBl. I 1974, S. 469.

werden oder wenn Einnahmen aus einer im vorangegangenen Kalenderjahr ausgeübten Nebentätigkeit erst im aktuellen Kalenderjahr zufließen.[240] Handelt es sich bei der nebenberuflichen Tätigkeit um nichtselbständige Arbeit, ist der Freibetrag bereits beim Lohnsteuerabzug zu berücksichtigen. Dies gilt ebenso, wenn die Lohnsteuer pauschal erhoben wird (§ 40a EStG), d.h. in den Fällen in denen keine Lohnsteuerkarte vorgelegt wird.

Die Tätigkeit des Empfängers muss nebenberuflich, zur Förderung steuerbegünstigter Zwecke i.S.v. §§ 52-54 AO und in einer bestimmten Funktion erfolgen. Welcher Einkunftsart die Einnahmen zuzuordnen sind, ist unerheblich.[241] Eine *nebenberufliche Tätigkeit* muss neben einer Vollzeitbeschäftigung ausgeübt werden können, ohne dass jedoch im Einzelfall ein Hauptberuf tatsächlich ausgeübt werden muss (wie z.B. bei Rentnern, Hausfrauen oder Studenten).[242] Nebenberuflich ist eine Tätigkeit, die die zeitliche Inanspruchnahme durch einen entsprechenden Hauptberuf erheblich unterschreitet (maximal 1/3 der üblichen Arbeitszeit einer Vollzeitkraft[243]) und nicht einem ausgeübten Hauptberuf zuzuordnen ist.[244] Nicht um eine nebenberufliche Tätigkeit handelt es sich dagegen, wenn die Tätigkeit in einem unmittelbaren Zusammenhang mit dem Hauptberuf steht.[245] Ein solcher Zusammenhang liegt vor, wenn der Steuerpflichtige auf Grund der Haupttätigkeit zur Übernahme der Nebentätigkeit rechtlich oder faktisch verpflichtet ist oder wenn die Haupt- und Nebentätigkeit unter ähnlichen organisatorischen Bedingungen ausgeübt werden. Das Tätigwerden für den gleichen Arbeit- oder Auftraggeber ist nicht ausreichend. Für die Beurteilung der Nebenberuflichkeit sind mehrere verschiedenartige Tätigkeiten gesondert zu beurteilen. Mehrere gleichartige Tätigkeiten sind jedoch zusammenzufassen, wenn sie nach der Verkehrsauffassung einen einheitlichen Hauptberuf darstellen. Soweit eine Aufwandsentschädigung teils für eine begünstigte Tätigkeit gezahlt wird, teils für eine nichtbegünstigte (z.B.

240 BFH BStBl. II 1990, S. 686 (687); H 17 – Begrenzung der Steuerbefreiung LStH.
241 BFH BStBl. II 1986, S. 401 (402).
242 R 17 Abs. 2 Sätze 1 und 2 LStR.
243 BFH BStBl. II 1990, S. 854 (856); BFH/NV 1991, S. 296; S. 811.
244 FG München EFG 1997, S. 1095 (1096).
245 BFH BStBl. II 1997, S. 254.

Vorstandsamt), ist nur der auf die begünstigte Tätigkeit entfallende Anteil steuerbegünstigt.[246]

Beispiele

Ist ein Arbeitnehmer hauptberuflich in der Unterrichtung von Auszubildenden tätig, so kann seine zusätzliche Mitwirkung an Meistervorbereitungslehrgängen auch dann nebenberuflich erfolgen, wenn beide Tätigkeiten für denselben Arbeitgeber ausgeübt werden.[247] Ein Hochschullehrer, der zur Übernahme der Prüfungstätigkeit als Mitglied des Juristischen Prüfungsamtes im Nebenamt verpflichtet ist, übt diese Tätigkeit nicht als Bestandteil seiner beruflichen Haupttätigkeit aus.[248]

Die nebenberufliche Tätigkeit muss einen die Gemeinnützigkeit begründenden Inhalt haben. Hierfür sind drei Fallgruppen vorgesehen, zum einen die Katalogtätigkeiten (Übungsleiter, Ausbilder, Erzieher, Betreuer) oder vergleichbare Tätigkeiten, weiter künstlerische Tätigkeiten sowie drittens die Pflege alter, kranker oder behinderter Menschen. Nicht begünstigt sind neutrale Tätigkeiten, ebenso wenig reine Leitungstätigkeiten.[249]

Gemeinsames Merkmal der Katalogtätigkeiten ist ihre pädagogische Ausrichtung. Durch persönlichem Kontakt wird auf andere Personen Einfluss genommen, um deren geistige oder physische Fähigkeiten zu entwickeln bzw. zu fördern. *Übungsleiter* ist unabhängig von einer speziellen Lizenz, wer die (Mit-)Leitung von Veranstaltungen übernimmt, in denen Menschen ihre Fähigkeiten selbst erproben oder entwickeln.[250] Die Tätigkeit des *Ausbilders* ist auf die Entwicklung geistiger und leiblicher Fähigkeiten anderer Menschen durch Ausbildung vorhandener Anlagen gerichtet.[251] Erfasst sind Berufsausbildung wie Fort- und Weiterbildung, nicht aber die beratende Tätigkeit etwa von Versichertenältesten. Ein *Erzieher* wirkt auf Menschen ein, um sie geistig und körperlich in Richtung auf ein bestimmtes Erziehungsziel zu formen. Betreuer ist derjenige, der durch direkten, pädagogisch ausgerichteten persönlichen Kontakt auf die von ihm betreute Person einwirkt.[252] Beim *Betreuer* tritt gegenüber den anderen Katalogtätigkeiten der

---

246 R 17 Abs. 7 Satz 1 LStR.
247 FG Köln EFG 1995, S. 416 (418).
248 BFH BStBl. II 1987, 783.
249 FG Nds EFG 1989, S. 619.
250 BFH BStBl. II 1986, S. 398.
251 Vgl. BFH BStBl. II 1992, S. 176; 1986, S. 398.
252 BT-Drs. 14/2070, S. 9.

Aspekt der Wissensvermittlung zurück. Eine leitende Komponente ist nicht erforderlich. Voraussetzung ist aber der direkte persönliche Kontakt zwischen mindestens zwei Personen. Mit dem Betreuer ist aber nicht der Betreuer i.S.d. Betreuungsrechts (§ 1835a BGB, staatlicher Beistand in Form von Rechtsfürsorge) gemeint.[253] Eine *vergleichbare Tätigkeit* muss einer Katalogtätigkeit entsprechen, d.h. sie muss pädagogisch ausgerichtet sein. Maßgebend ist die Art der Tätigkeit, nicht das soziale Ergebnis.[254]

Beispiele

Übungsleiter ist ein Sporttrainer, ein Chorleiter[255] oder ein Dirigent eines Orchesters[256].

Als Ausbilder ist tätig, wer an Schulen, Hochschulen oder vergleichbaren Einrichtungen unterrichtet; dazu zählt auch der Unterricht an einer Volkshochschule. Die Mitwirkung eines Assistenten bei der Korrektur von Zwischenprüfungsarbeiten ist keine Tätigkeit i.S.d. § 3 Nr.26 EStG.[257]

Zu den begünstigt Tätigkeiten i.S.d. § 3 Nr. 26 EStG gehört insbesondere die Beaufsichtigung und Betreuung von Kindern und Jugendlichen, nicht aber die Betreuung per Internet, Fernsehen oder Hörfunk, schriftstellerische Tätigkeit wie auch die Betreuung von Tieren. Nicht dem Befreiungstatbestand des § 3 Nr.26 EStG unterfallen auch die neutralen Dienste von Kassieren, Putzfrauen oder Hausmeistern eines Vereins oder auch die Vorstandstätigkeit.[258] Ebenso sind Aufwandsentschädigungen für Tätigkeit als Diskussionsleiter[259] oder eines Schiedsrichters nicht steuerfrei.

Der Begriff der *künstlerischen Tätigkeit* entspricht dem des § 18 Abs. 1 Nr. 1 Satz 2 EStG.[260] Es muss eine eigenschöpferische Leistung vollbracht werden, in der individuelle Anschauungsweise und Gestaltungskraft zum Ausdruck kommt und die über hinreichende Beherrschung der Technik hinaus eine gewisse Gestaltungshöhe erreicht.[261]

---

253 BT-Drs. 14/2070, S. 37.

254 BFH BStBl. II 1992, S. 176 (177); Die pauschale Aufwandsentschädigung nach § 1835a BGB für ehrenamtlich tätige Betreuer ist nicht begünstigt (OFD Hannover vom 25.9.2000, StEK EStG, § 3 Nr. 750).

255 FG RhPf EFG 1986, S. 9.

256 BMF vom 19.6.1981, BStBl. I 1981, S. 502.

257 FG München EFG 1997, S. 1095; a.A. FG Münster EFG 1995, S. 415.

258 Vgl. BFH BStBl. II 1992, S. 176f. – Zu Einzelheiten R 17 LStR sowie OFD Hannover vom 25.9.2000, FR 2001, S. 49.

259 FG Nds EFG 1997, S. 1517.

260 OFD Berl vom 6.7.2000, DB 2000, S. 2096.

261 BFH BStBl. II 1992, S. 413f.

Beispiele

Nebenberufliche Kirchenmusiker (Organisten) üben eine künstlerische Tätigkeit i.S.v. § 18 EStG aus.[262] Ebenso wird ein Pianist bei Konzerten in Altenheimen oder Krankenhäusern künstlerisch tätig.

Eine *Pflegetätigkeit* ist die Hilfestellung bei den Verrichtungen des täglichen Lebens, d.h. Grund- und Behandlungspflege, Unterstützung bei häuslichen Verrichtungen sowie menschliche Zuwendung insbesondere durch Unterhaltung. Begünstigt sind neben der nebenberuflichen Dauerpflege, auch nebenberufliche Hilfsdienste.[263]

Beispiele

Erfasst werden Sofortmaßnahmen gegenüber Schwerkranken und Verunglückten, allerdings nicht der präventive Einsatz von Helfern im Sanitäts- und Rettungsdienst. So ist die Tätigkeit eines Rettungsschwimmers im vorbeugenden Wasserrettungsdienst[264] oder die ehrenamtliche Tätigkeit in den Bereitschaftsdiensten der Wohlfahrtsverbände[265] nicht begünstigt.

Die Tätigkeit muss zur Förderung gemeinnütziger, mildtätiger und kirchlicher Zwecke (§§ 52 bis 54 AO) erfolgen.[266] Unschädlich ist, wenn eine Tätigkeit nicht der Allgemeinheit, sondern lediglich einem abgeschlossenen Personenkreis zugute kommt (wie z.B. die Ausbildung und Fortbildung innerhalb eines Unternehmens oder einer Dienststelle), sofern sie ihrem Inhalt nach im Interesse der Allgemeinheit liegt.[267]

§ 3 Nr. 26 EStG begünstigt auch *Zahlungen für Verdienstausfall und Zeitaufwand.* Die im Zusammenhang mit den steuerfreien Einnahmen stehenden *Aufwendungen* sind nur insoweit als Betriebsausgaben/Werbungskosten abzugsfähig, als sie die steuerfreien Einnahmen übersteigen (§ 3 Nr. 26 Satz 2 EStG). Die Einkünfte des Steuerpflichtigen können auch nicht durch den Arbeitnehmerpauschbetrag (§ 9a Satz 1 Nr. 1 EStG) gemindert werden.[268] Erzielt der Steuerpflichtige aus einer unter § 3 Nr. 26 EStG

---

262 OFD Berl vom 6.7.2000, DB 2000, S. 2096.

263 R 17 Abs. 1 Satz 4 LStR.

264 OFD Magdeburg vom 17.5.2000, FR 2000, S. 790.

265 OFD Hannover vom 25.9.2000, StEK EStG, § 3 Nr. 750.

266 R 17 Abs. 3 bis 5 LStR und H 17 "Mittelbare Förderung" LStH.

267 OFD Hannover vom 25.9.2000, StEK EStG, § 3 Nr. 750, unter Bezugnahme auf BFH-Urteil IV R 34/91 vom 26.3.1992 (BStBl. II 1993, S. 20) und IV R 71/91 vom 26.3.1992 (BFH/NV 1993, S. 290).

268 BFH/NV 1988, S. 150.

fallenden Tätigkeit Einnahmen über 1.848 Euro, dann kann er die dadurch veranlassten Aufwendungen nur insoweit abziehen, als sie 1.848 Euro übersteigen. Erzielt er Einnahmen unterhalb des Freibetrags, so ist § 3 Nr. 26 Satz 2 EStG dem Wortlaut nach nicht anwendbar, so dass sich der Abzug von Werbungskosten/Betriebsausgaben nach den allgemeinen Regeln bestimmt. Ein Abzug der Aufwendungen ist aber auch in den Fällen ausgeschlossen, in denen die Ausgaben die tatsächlich erzielten steuerfreien Einnahmen übersteigen (§ 3c EStG), so dass kein Verlust entstehen kann.

Trifft die Steuerbefreiung nach § 3 Nr. 26 EStG mit anderen Steuerbefreiungen zusammen, mindert sich dadurch nicht der Betrag der steuerfreien Einnahmen nach § 3 Nr. 26 EStG. Die Befreiungsvorschriften sind in der für den Steuerpflichtigen günstigsten Reihenfolge anzuwenden.

Beispiele

Erhält ein nichtselbständig tätiger Übungsleiter ein Gehalt von 3.000 Euro und eine Reisekostenerstattung von 1.000 Euro, so sind die Reisekosten gem. § 3 Nr. 16 EStG und von dem Gehalt 1.848 Euro gem. § 3 Nr. 26 EStG steuerfrei. Der Übungsleiter hat 1.152 Euro zu versteuern (§ 19 EStG).

Ein an der Volkshochschule tätiger Lehrer erhält ein Honorar von 2.800 Euro. Die damit im Zusammenhang stehenden Aufwendungen betragen 2.000 Euro. Von den Einnahmen sind 1.848 Euro steuerfrei (§ 3 Nr. 26 EStG), so dass 952 Euro verbleiben, von denen noch 152 Euro als Betriebsausgaben abgezogen werden können. Die steuerpflichtigen Einkünfte belaufen sich damit auf 800 Euro.

Ein Chorleiter erzielt Einnahmen i.H.v. 1.500 Euro und tätigt Ausgaben i.H.v. 1.800 Euro. Die Einnahmen sind in voller Höhe steuerfrei (§ 3 Nr. 26 EStG). Ein Abzug der Ausgaben ist gem. § 3c EStG ausgeschlossen. Der Chorleiter hat zwar keine zu versteuernden Einkünfte. Er kann aber auch keinen Verlust geltend machen.

Zu § 3 Nr. 26 EStG im Überblick vgl. folgende Skizze:

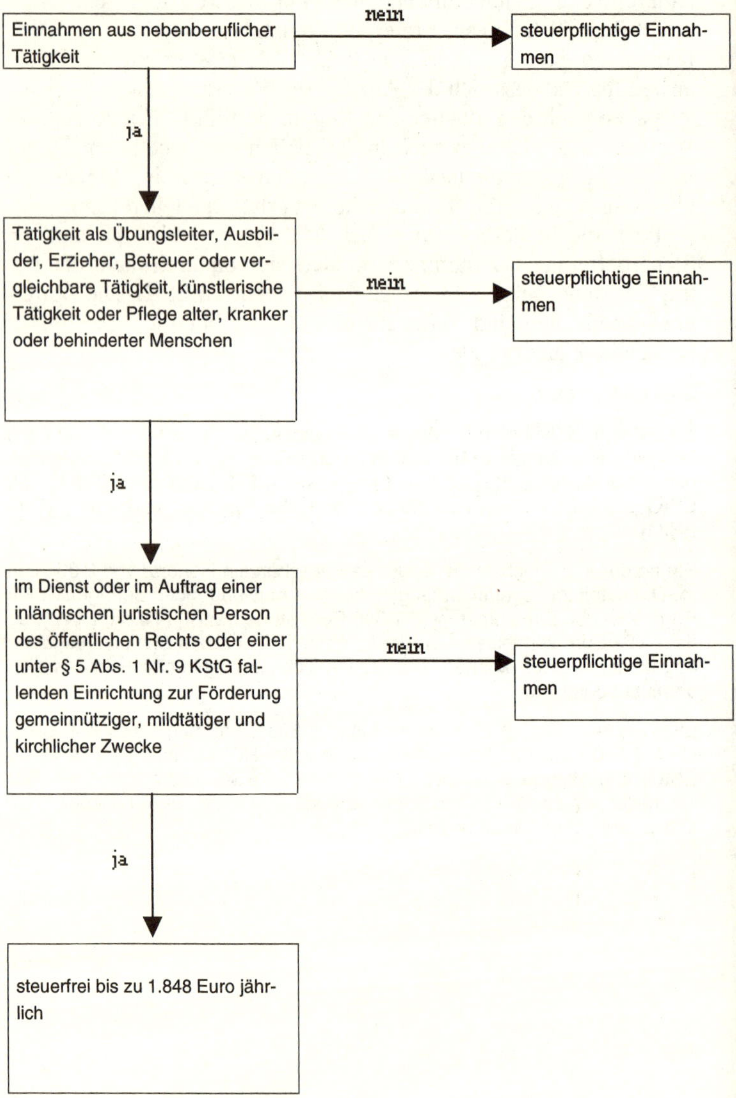

– *§ 3 Nr. 33 EStG:* Leistungen des Arbeitgebers zur Unterbringung von Kindern sind steuerfrei.[269]

– *§ 3 Nr. 36 EStG:* Einnahmen für Leistungen zur Grundpflege oder hauswirtschaftlichen Versorgung sind bis zur Höhe des Pflegegeldes steuerfrei, wenn sie von Angehörigen des Pflegebedürftigen oder von anderen Personen in Erfüllung einer sittlichen Pflicht gegenüber dem Pflegebedürftigen erfüllt werden. Steuerfrei ist nicht nur das auf Grund der Pflegeversicherung gezahlte Pflegegeld, sondern auch sonstige Vergütungen für die Pflege. Die sog. häusliche Pflege[270] erfolgt i.d.R. aber schon nicht im steuerbaren Bereich.[271]

– *§ 3 Nr. 39 EStG:* Das Arbeitsentgelt aus einer *geringfügigen Beschäftigung* ist steuerfrei, wenn vom Arbeitgeber der pauschale Rentenversicherungsbeitrag von 12 v.H. zu entrichten ist (§ 168 Abs. 1 Nr. 1b SGB VI, § 172 Abs. 3 SGB VI) und der geringfügig Beschäftigte keine anderen Einkünfte erzielt, die in der Summe positiv sind. Die Einkünfte des Ehegatten sind dabei ohne Bedeutung. Eine geringfügige Beschäftigung liegt vor, wenn es sich sozialrechtlich um eine geringfügig entlohnte Beschäftigung handelt, d.h. die Arbeitszeit regelmäßig weniger als 15 Stunden in der Woche beträgt und das Arbeitsentgelt im Monat 325 Euro nicht übersteigt (dauerhafte kurzfristige Beschäftigung), oder wenn es sich um eine kurzfristige Beschäftigung (2 Monate oder 50 Arbeitstage innerhalb eines Jahres) handelt (§ 8 Abs. 1 SGB IV)[272]. Unerheblich ist ebenfalls, ob die anderen Einkünfte zeitliche vor, während oder nach dem Bezug der Einkünfte aus der geringfügigen Beschäftigung erzielt werden, so dass die Steuerbefreiung rückwirkend entfallen kann, wenn zu einer Teil- oder Vollzeitstelle übergegangen wird.[273] Der Arbeitgeber darf den Arbeitslohn nur dann steuerfrei auszahlen, wenn ihm der Arbeitnehmer eine Freistellungsbescheinigung vorlegt. Diese hat der Arbeitnehmers beim Wohnsitzfinanzamt zu beantragen (§ 39a Abs. 6 EStG). Die Freistellung löst die Pflicht zur Einkommensteuerveranlagung und

---

269 S. Teil II:A.II.3.e).
270 S. Teil II:A.II.1.a)(a).
271 BFH BStBl. II 1999, S. 776 (778).
272 Vgl. dazu OFD Frankfurt/M. vom 21.5.1999, DStR 1999, S. 1767.
273 BFH DStR 2002, S. 758.

damit zur Abgabe einer Einkommensteuererklärung bis zum 31. Mai des Folgejahres aus (§ 46 Abs. 2a EStG).

– *§ 3 Nr. 50 EStG:* Steuerfrei ist die Erstattung von *Auslagen für den Arbeitgeber*, die nicht unbedingt in Namen des Arbeitgebers, aber in dessen Interesse und für dessen Rechnung getätigt werden. Die Steuerfreiheit erfordert grundsätzlich, dass über die Aufwendungen einzeln abgerechnet wird.[274] Pauschaler Aufwendungsersatz kann aber dann steuerfrei sein, wenn es sich um regelmäßig wiederkehrende Aufwendungen handelt und der Steuerpflichtige die Aufwendungen über einen repräsentativen Zeitraum von 3 Monaten einzeln nachweist.[275]

Beispiele
Als Auslagenersatz i.S.v. § 3 Nr. 50 werden insbesondere Vergütungen an Vorstandsmitglieder zur Abgeltung von Kosten in Gestalt von Fahrtkostenersatz, Reisekostenersatz, Ersatz der Portokosten, Ersatz der Telefongebühren und Vergütung der Aufwendungen für Heizung und Beleuchtung, ggf. auch die anteilige Miete angesehen.

– *§ 3 Nr. 51 EStG:* Trinkgelder, die dem Arbeitnehmer von Dritten gezahlt werden, ohne dass ein Rechtsanspruch darauf besteht, sind steuerfrei.[276]

(c) Die Abzugsfähigkeit von Aufwendungen für bürgerschaftliches Engagement

(i) Allgemeines

Durch bürgerschaftliches Engagement entstehen der bürgerschaftlich engagierten Person vielfach Kosten. Zu denken ist neben unmittelbar durch das bürgerschaftliche Engagement verursachten Aufwendungen (etwa für Telefon, besondere Kleidung u.ä.) auch an eigene Aufwendungen der bürgerschaftlich engagierten Person für Maßnahmen der Qualifizierung für das bürgerschaftliche Engagement (etwa Fahrt-, Schulungs- oder Materialkosten). Die Abzugsfähigkeit dieser Aufwendungen ist davon abhängig, ob die Tätigkeit im bürgerschaftlichen Engagement steuerbar ist, d.h. die

---

274 BFH/NV 1994, S. 371 (372).

275 R 22 Abs. 2 Satz 2 LStR.

276 Rückwirkende Abschaffung des Trinkgeldfreibetrags (1.224 Euro) zum 1.1.2002 (Gesetz zur Steuerfreistellung von Arbeitnehmertrinkgeldern vom 8.8.2002, BGBl. I 2002, S. 3111).

Einnahmen der Einkommensteuer unterliegen, oder in den Bereich der privaten Lebensführung fällt.

Übt ein ehrenamtlich Tätiger sein Ehrenamt voll unentgeltlich aus, d.h. erhält er weder einen Kostenersatz noch einen Ersatz für die aufgewendete Zeit, so handelt es sich um einen nichtsteuerbaren Vorgang. Dementsprechend sind auch mit dieser Tätigkeit im Zusammenhang stehenden Aufwendungen nicht durch eine Einkunftserzielung veranlasst, so dass sie den Kosten der privaten Lebensführung i.S.d. § 12 EStG zuzurechnen sind. Ein Abzug der Aufwendungen als Betriebsausgaben oder Werbungskosen scheidet daher aus. Ihre Berücksichtigung kommt nur im Rahmen des Sonderausgabenabzugs (§§ 10, 10b EStG) bzw. in Form der außergewöhnlichen Belastungen (§§ 33–33b EStG) in Betracht.

Beispiel
Kosten der Lebensführung sind etwa Aufwendungen eines leitenden Angestellten für den Verband Wirtschaftsunion Deutschland.[277]

(ii) Betriebsausgaben/Werbungskosten

Ist bürgerschaftliches Engagement steuerbar, so können die dafür getätigten Aufwendungen als Betriebsausgaben (§ 4 Abs. 4 EStG) oder Werbungskosten (§ 9 Abs. 1 EStG) abzugsfähig sein. Der Abzug bestimmt sich nach allgemeinen Grundsätzen. Fällt eine ehrenamtliche Tätigkeit in den Rahmen der sonstigen beruflichen Tätigkeit des Engagierten, so sind die hierfür entstehenden Aufwendungen, die nicht durch Aufwandsentschädigungen abgedeckt sind, als Betriebsausgaben oder Werbungskosten bei der Haupttätigkeit abziehbar. Hierfür ist ein Bezug zur Haupttätigkeit ausreichend, ein *unmittelbarer Zusammenhang* zwischen der Berufsausübung und den entstandenen Kosten aber nicht erforderlich. Nicht abziehbar ist nach allgemeinen Grundsätzen jedoch der Zeitaufwand, der zu keiner Vermögensminderung führt.

Beispiele
Ausreichend für den Betriebsausgaben- oder Werbungskostenabzug bei der Haupttätigkeit ist eine ehrenamtliche Gewerkschaftstätigkeit[278] oder die Mitarbeit in einer Berufskammer[279]. Wahlkampfkosten eines Bewerbers um ein sog. ehrenamtliches Stadtratsmandat können als Betriebsausgaben ab-

---

277 BFH BStBl. II 1993, S. 53 (54).
278 BFH BStBl. II 1981, S. 368.
279 BFH BStBl. II 1988, S. 615.

zugsfähig sein.[280] Reisekosten eines Sportdozenten an der Universität, die im Zusammenhang mit seiner ehrenamtlichen Trainertätigkeit beim Hochschulsportverband, dem sein Arbeitgeber angehört, entstehen, sind als Werbungskosten abzugsfähig.[281]

Als Betriebsausgaben oder Werbungskosten können Schadensersatzleistungen angesetzt werden, wenn die Ersatzpflicht durch die ehrenamtliche Tätigkeit veranlasst ist. Unfallkosten, die einem bürgerlich Engagierten durch einen Unfall auf einer Fahrt, die durch seine ehrenamtliche Tätigkeit veranlasst ist, entstehen (Eigen- oder Fremdschaden), sind nach allgemeinen Grundsätzen Betriebsausgaben oder Werbungskosten. Versicherungsbeiträge eines ehrenamtlich Tätigen sind insoweit als Werbungskosten abziehbar, als die Versicherung ein tätigkeitsbedingtes Risiko absichert, nicht aber Risiken des privaten Lebensbereichs.[282]

Aufwendungen für die berufliche Fortbildung des Steuerpflichtigen stellen Werbungskosten oder Betriebsausgaben dar. Aufwendungen für die Teilnahme an Seminaren oder Kursen, die der Persönlichkeitsentfaltung oder Gruppendynamik dienen, sind – nach allgemeinen Grundsätzen des geltenden Einkommensteuerrechts nicht abziehbare – Kosten der Lebensführung (§ 12 Nr. 1 EStG), weil sie nicht dem Erwerb von Fähigkeiten zur Ausübung eines Berufs dienen.

(iii) Ausgaben zur Förderung steuerbegünstigter Zwecke (Zuwendungen, insbesondere Spenden)

Aufwendungen, die durch eine nichtsteuerbare ehrenamtliche Tätigkeit veranlasst sind, können als Ausgaben zur Förderung steuerbegünstigter Zwecke, insbesondere als Spenden an eine gemeinnützige Körperschaft berücksichtigt werden (§ 10b Abs. 1, 2, 3 EStG).

Der Spendenabzug setzt voraus, dass das Ehrenamt für eine zum Empfang steuerlich abzugsfähiger Zuwendungen berechtigte Körperschaft ausgeübt wird (§ 49 EStDV). Auch Spenden an Selbsthilfegruppen können nach allgemeinen Grundsätzen nur abgezogen werden, wenn Spendenempfänger eine gemeinnützige Körperschaft ist. Bei einer Spende muss es sich um eine Aufwen-

---

280 BFH BStBl. II 1996, S. 431 (432).

281 FG BaWü EFG 1993, S. 712 (713).

282 Im Einzelnen für einen Arbeitnehmer BMF vom 17.7.2000, DStR 2000, S. 1262f.

dung zur Förderung der vom Gesetz begünstigten Zwecke handeln. Spenden müssen für die ideellen Aufgaben des Vereins bzw. der Körperschaft oder für einen Zweckbetrieb bestimmt sein. Sie dürfen nicht einem steuerpflichtigen wirtschaftlichen Geschäftsbetrieb der steuerbegünstigten Körperschaft zufließen.

Spenden sind Ausgaben, die freiwillig[283] und ohne Gegenleistung für mildtätige, kirchliche, religiöse, wissenschaftliche oder für als besonders förderungswürdig anerkannte gemeinnützige Zwecke geleistet werden (§ 10b Abs. 1 EStG). Ausgaben sind alle Güter, die in Geld oder Geldeswert bestehen und beim Steuerpflichtigen abfließen, d.h. Wertabgaben, die den Spender tatsächlich endgültig wirtschaftlich belasten.[284] Gegenstand einer Zuwendung können daher – abgesehen von Nutzungen und Leistungen (§ 10b Abs. 3 Satz 1 EStG) – nur Wertabgaben sein, die zu einem Vermögensopfers führen. Deshalb kann die Abgabe von Wirtschaftsgütern, die keinen Marktwert mehr haben, nicht steuerlich berücksichtigt werden. Der Steuerpflichtige erfährt durch die Abgabe dieser Wirtschaftsgüter keine Vermögenseinbuße.[285]

Hauptmotiv für die Leistung muss die Förderung der gemeinnützigen Körperschaft sein. Die Rechtsprechung schließt dabei von den äußeren Umständen auf die innere Motivation des Zuwendenden.[286] Die Spendenmotivation muss deutlich überwiegen und im Vordergrund stehen. Ist dies der Fall, so handelt es sich auch dann um eine Spende, wenn für die Zuwendung ein betrieblicher oder beruflicher Nebenanlass besteht.[287] Überwiegt hingegen die betriebliche oder berufliche Veranlassung, entfällt ein Abzug als Sonderausgabe gem. § 10b Abs. 1 EStG. Es kann sich aber um Betriebsausgaben (§ 4 Abs. 4 EStG) handeln (s. dazu A. II. 3.). Die Zuwendung muss ohne Gegenleistung, d.h. unentgeltlich erfolgen. Jeder Vorteil, den der Steuerpflichtige von dritter Seite erlangt, kann für die Spendenqualität der Zuwendung schädlich sein. Dabei muss es sich nicht notwendigerweise um einen wirtschaftli-

---

283 Zur grundsätzlichen Nichtabziehbarkeit von Pflicht- und Eintrittsspenden BMF vom 20.10.1998, BStBl. I 1998, S. 1424 (1025); FG Münster EFG 2001, S. 1273 (1274) – NZB (XI B 132/01); a.A. FG Düsseldorf EFG 1999, S. 115 (116).

284 Stv. BFH BStBl. II 1992, S. 748.

285 BFH BStBl. II 1989, S. 879 (880) zu Gebrauchtkleidungs-Spende.

286 BFH BStBl. II 1990, S. 237.

287 BFH BStBl. II 1991, S. 258; 1990, S. 237; 1988, S. 220.

chen Vorteil handeln. An der Unentgeltlichkeit fehlt es auch, wenn eine Zuwendung den Wert der Gegenleistung übersteigt. Eine Aufteilung der Zuwendung in Gegenleistung und Spende erfolgt nicht.[288] Das Aufteilungsverbot greift nicht ein, wenn ein kostendeckendes Entgelt für eine Wohltätigkeitsveranstaltung erhoben und zusätzlich eine Spende erbeten wird.

Beispiele
Setzt ein Schulträger das Schulgeld so niedrig an, dass der normale Betrieb der Schule nur durch die Zuwendungen der Eltern an einen Förderverein aufrechterhalten werden kann, die dieser satzungsgemäß an den Schulträger abzuführen hat, so handelt es sich bei diesen Zuwendungen um ein Leistungsentgelt, nicht um Spenden.[289]

Wird ein Straf- oder Bußgeldverfahren gegen Zahlung an eine gemeinnützige Einrichtung eingestellt, ist damit ein (straf-) verfahrensrechtlicher Vorteil verbunden, der die Unentgeltlichkeit ausschließt.[290]

Als Spenden kommen Geld- und Sachzuwendungen in Betracht. Geldspende ist auch die *Aufwandsspende*[291]. Eine sog. Aufwandsspende liegt vor, wenn ein Anspruch darauf besteht, entstandenen Aufwand erstattet zu erhalten, und der Berechtigte auf die Erstattung des Aufwands in Geld verzichtet. Ehrenamtliche Arbeits- und Dienstleistungen wie unentgeltliche Nutzungen stellen jedoch keinen Vermögensaufwand dar. Der ehrenamtliche Aufwand an Zeit und Arbeitskraft sowie die unentgeltliche Überlassung von Räumen, Pkw oder anderen Wirtschaftsgütern einschließlich einer Darlehensgewährung bedeutet einen Verzicht auf Einnahmen, der keine Ausgaben begründet und damit keine Spende darstellt.

Beispiel
Will ein ehrenamtlich Tätiger Fahrtkosten für einen gemeinnützigen Verein als Spende geltend machen, so ist der Spendenabzug hinsichtlich der Pkw – AfA ausgeschlossen, da es sich insoweit um eine Vermögensminderung handelt, die lediglich anlässlich der Nutzung des Pkw entsteht.[292]

Um eine Wertabgabe – als Voraussetzung einer Spende – handelt es sich, wenn der Steuerpflichtige auf einen Ersatzanspruch ver-

---

288 Stv. BFH BStBl. II 1987, S. 850 (851).
289 BFH BStBl. II 2000, S. 65ff.
290 BFH BStBl. II 1991, 234.
291 Zur steuerlichen Anerkennung sog. Aufwandsspenden an gemeinnützige Vereine (§ 10b Abs. 3 Sätze 4 und 5 EStG/ § 670 BGB) s. BMF vom 7.6.1999, BStBl. I 1999, S. 591.
292 BFH BStBl. II 1990, S. 570 (571, 572); BFH/NV 1994, S. 154 (155).

zichtet und damit eine Rechtsposition zuwendet. Aufwendungsersatzansprüche i.S.v. § 670 BGB können Gegenstand einer sog. Aufwandsspende sein. Der Aufwendungsersatzanspruch soll Aufwendungen wie Material- und Verpflegungsaufwand, Reisekosten, Porto, Übernachtungs- und Telefonkosten ersetzen. Die Zuwendung von Nutzungen und Leistungen (etwa Miete, Pacht, Dienst- und Arbeitsleistungen) ist vom Spendenabzug grundsätzlich ausgeschlossen (§ 10b Abs. 3 Satz 1 EStG), es sei denn, der Steuerpflichtige verzichtet auf seinen durch Vertrag oder Satzung begründeten Erstattungsanspruch. Der *Verzicht auf den Erstattungsanspruch* stellt in diesen Fällen eine Ausgabe dar, während der Steuerpflichtige, der unentgeltlich Dienste leistet oder Wirtschaftsgüter zur Nutzung überlässt, keine Ausgaben hat, sondern lediglich auf Einnahmen verzichtet. Bei ehrenamtlich Tätigen wird aber vermutet, dass Zuwendungen unentgeltlich und ohne Aufwendungsersatzanspruch erbracht werden.[293] Die Widerlegung dieser Vermutung kann durch eine schriftliche Vereinbarung geführt werden. Voraussetzung für den Spendenabzug ist, dass der Aufwendungsersatzanspruch durch Vertrag oder Satzung eingeräumt und darauf verzichtet worden ist (§ 10b Abs. 3 Satz 4 EStG). Der Verzicht muss zeitnah nach Entstehung des Erstattungsanspruchs erfolgen. Ausreichend ist auch ein rechtsgültiger Vorstandsbeschluss, der den Mitgliedern in geeigneter Weise bekannt gemacht worden sein muss.[294] Aufwendungsersatzansprüche von Vorstandsmitgliedern eines Vereins (§§ 27 Abs. 3 i.V.m. 670 BGB) sind keine durch Satzung eingeräumten Ansprüche i.S.d. § 10b Abs. 3 Satz 4 EStG. Ergeben sich die Aufwendungsersatzansprüche dagegen aus einer auf einer entsprechenden Satzungsermächtigung beruhenden Reisekostenordnung, handelt es sich um Ansprüche i.S.d. § 10 b Abs. 3 Satz 4 EStG. Die Einräumung eines Aufwendungsersatzanspruchs darf nicht unter der Bedingung des späteren Verzichts stehen. Besteht von vornherein ein einseitiger Verzichtsvorbehalt des Spenders, so ist dies unschädlich, wenn er als Gläubiger die begünstigte Körperschaft auf Zahlung in Anspruch nehmen könnte. Der Verein muss auch tatsächlich wirtschaftlich in der Lage sein, die jeweiligen Aufwendungsersatzansprüche auszu-

293 BMF vom 7.6.1999, BStBl. I 1999, S. 591.
294 BMF vom 7.6.1999, BStBl. I 1999, S. 591.

zahlen.[295] Der Höhe nach bestimmt sich die Aufwandsspende nach dem vereinbarten Erstattungs-, Vergütungs- oder Entgeltanspruch. Ein unangemessener Aufwendungsersatz kann jedoch nicht zum Gegenstand des Verzichts gemacht werden. Vielmehr kann ein unangemessen hoher Ersatzanspruch zum Verlust der Gemeinnützigkeit des Vereins führen. Erledigt die bürgerschaftlich engagierte Person im Auftrag des Vereins Fahrten mit dem eigenen Pkw, so ist ein in einem Vertrag oder in der Satzung vereinbarter Aufwendungsersatzanspruch bis zur Höhe der allgemein abziehbaren Fahrtkosten[296] nicht als unangemessen anzusehen. Ein höherer Erstattungsbetrag ist nur gegen Nachweis der tatsächlichen Aufwendungen möglich.[297]

Beispiel
Ein Vereinsvorstand beschließt, dass der Verein für das Waschen von Vereinstrikots je 0,25 Euro erstattet, worauf der ehrenamtlich Tätige verzichtet.

Da es sich bei dem Verzicht auf einen Aufwendungsersatzanspruch um eine Geldspende handelt, muss in der Zuwendungsbestätigung nicht angegeben werden, welcher Aufwand dem Erstattungsanspruch zugrunde gelegen hat. In die Zuwendungsbestätigung muss aber aufgenommen werden, dass es sich um den Verzicht auf die Erstattung von Aufwendungen handelt. Für die Höhe der Spende ist der vereinbarte Erstattungsanspruch maßgeblich. Ein tatsächlicher Geldfluss ist nicht notwendig. Wird eine Aufwandsspende aber im Durchlaufverfahren getätigt, ist allein die Vorlage einer Verzichtserklärung bei der Durchlaufstelle nicht ausreichend. Der Erstattungsbetrag muss vielmehr tatsächlich in die Verfügungsmacht der juristischen Person des öffentlichen Rechts oder der öffentlichen Dienststelle gelangen.[298]

Gegenstand einer *Sachspende* können Wirtschaftsgüter jeder Art sein (§ 10b Abs. 3 Satz 1 EStG). Gebrauchte Wirtschaftsgüter müssen einen über den Gebrauchswert (Nutzungswert) hinausgehenden gemeinen Wert (Marktwert) haben.[299] Die Sachspende ist mit dem gemeinen Wert (§ 10b Abs. 3 Satz 3 EStG, § 9 Abs. 2 BewG) anzusetzen. Der gemeine Wert eines Wirtschaftsguts ist

---

295 BMF vom 7.6.1999, BStBl. I 1999, S. 591.
296 S. Teil II:A.II.1.a)(b)(ii).
297 OFD München vom 8.4.1999, DStR 1999, S. 1441 (1442).
298 OFD Frankfurt vom 21.2.2002, DB 2002, S. 818.
299 BFH BStBl. II 1989, S. 879 (880).

der Verkehrswert einschließlich Umsatzsteuer, also der Einzelveräußerungspreis (§ 9 Abs. 2 BewG). Bei der Entnahme von Betriebsvermögen darf maximal der Entnahmewert angesetzt werden (§ 10b Abs. 3 Satz 2 EStG). Aufgrund des sog. Buchwertprivilegs kann Entnahmewert wahlweise der Teilwert (§ 6 Abs. 1 Nr. 4 Satz 1 EStG) oder der Buchwert (§ 6 Abs. 1 Nr. 4 Satz 4, 5 EStG) sein. Teilwert ist der Betrag, den der Erwerber des ganzen Betriebes im Rahmen des Gesamtkaufpreises für das einzelne Wirtschaftsgut ansetzen würde (§ 6 Abs. 1 Nr. 1 Satz 3 EStG). Buchwert ist dagegen der Wert, mit welchem das Wirtschaftsgut in einer im Zeitpunkt seiner Veräußerung aufgestellten Bilanz auszuweisen wäre.

(iv) Außergewöhnliche Belastungen

Der Abzug von Aufwendungen als außergewöhnliche Belastungen setzt die Zwangsläufigkeit ihrer Entstehung voraus. Der Steuerpflichtige darf sich ihnen aus rechtlichen, tatsächlichen oder sittlichen Gründen nicht entziehen können (§ 33 Abs. 2 EStG). Wesensmerkmal bürgerschaftlichen Engagements ist jedoch die Freiwilligkeit, so dass nur in Ausnahmefällen angenommen werden kann, dass eine Verpflichtung aus den genannten Gründen besteht.

Beispiele

Ein ehrenamtlicher Richter hat nur in den besonderen gesetzlich geregelten Fällen die Möglichkeit hat, sich einer solchen Berufung zu entziehen (§ 35 GVG). Aufwendungen als Vormund, Beistand oder Pfleger, die nicht von dritter Seite ersetzt werden, können außergewöhnliche Belastungen sein, wenn eine Pflicht zur Übernahme des Amtes bestand.

Pflegt ein Steuerpflichtiger eine hilflose Person, so kann er den *Pflegepauschbetrag* (§ 33b Abs. 6 EStG) geltend machen. Schädlich für die Gewährung des Pflegepauschbetrages ist jedoch die Entgeltlichkeit der Pflege (§ 33b Abs. 6 Satz 1 EStG).[300] Zu den schädliche Einnahmen i.S.v. § 33b Abs. 6 Satz 1 EStG gehören Zuflüsse jeglicher Art.[301] Auf eine Einkünfteerzielungsabsicht (s. dazu A. I. 1. a) (a)) oder Steuerfreiheit kommt es nicht an. Damit sind auch Vergütungen oder Aufwendungsersatz, die nicht durch eine erwerbswirtschaftliche Tätigkeit veranlasst sind,[302] umfasst. Die Weiterleitung des Pflegegeldes an eine Pflegeperson ist nur

300 BT-Drs. 13/1558, S. 157.

301 OFD Bremen vom 28.5.1998, BB 1998, S. 1459.

302 OFD Bremen vom 28.5.1998, BB 1998, S. 1459.

dann unschädlich, wenn die Pflegeperson die Mittel lediglich treuhänderisch verwaltet und deren tatsächliche Verwendung für den Pflegebedürftigen nachweist.[303] Das an die Pflegeperson weitergeleitete Pflegegeld ist steuerfrei (§ 3 Nr. 36 EStG; s. dazu A. II. 1. a) (b) (ii)).

d) Kindergeld und Kinderfreibetrag für ein bürgerschaftlich engagiertes Kind

Leistet ein Kind, das das 18. aber noch nicht das 27. Lebensjahr vollendet hat, ein freiwilliges Jahr ab, so ist es einkommensteuerlich berücksichtigungsfähig (§ 32 Abs. 4 Satz 1 Nr. 2 Buchst. d) EStG), d.h. die Eltern haben Anspruch auf die Zahlung von Kindergeld (§ 63 Abs. 1 Satz 2 EStG) oder auf Abzug eines Kinderfreibetrages (§ 32 Abs. 6 EStG). Bei dem freiwilligen Jahr kann es sich um ein freiwilliges soziales oder ökologisches Jahr oder um einen sog. Freiwilligendienst handeln.[304]

Ein freiwilliges soziales Jahr i.S.d. Gesetzes zur Förderung eines freiwilligen sozialen Jahres[305] wird i.d.R. bis zur Vollendung des 27. Lebensjahres für die Dauer von 12 Monaten abgeleistet. Als Träger kommen unter anderen die in der Bundesarbeitsgemeinschaft der freien Wohlfahrtspflege zusammengeschlossenen Verbände und ihre Untergliederungen in Betracht. Die Träger für das freiwillige ökologische Jahr i.S.d. Gesetzes zur Förderung eines freiwilligen ökologischen Jahres[306] werden von der zuständigen Landesbehörde zugelassen. Das mehrmalige Ableisten eines freiwilligen sozialen oder freiwilligen ökologischen Jahres sowie das Ableisten eines freiwilligen sozialen und ökologischen Jahres sind nicht zulässig.

Ein Freiwilligendienst kann auch im Rahmen des gemeinschaftlichen Aktionsprogramms „Jugend“[307] abgeleistet werden. Teil-

---

303 BFH Urt. v. 21.3.2002, Az.: III R 42/00.

304 DA-FamEStG 63.3.5., BStBl. I 2002, S. 365 (396f.).

305 BStBl. I 1964, S. 534; geändert durch BGBl. I 1968, S. 805 und BStBl. I 1976, S. 67.

306 BStBl. I 1994, S. 19; geändert durch BGBl. I 1997, S. 594.

307 Einfügung durch das Zweiten FamFördG (BGBl. I 2001, S. 2074 = BStBl. I 2001, S. 533). Bislang konnte ein Freiwilligendienst im Rahmen des Aktionsprogrammes „Europäischer Freiwilligendienst für junge Menschen“ abgelei-

nehmen können daran Personen im Alter von 18 bis 25 Jahren mit rechtmäßigem Wohnsitz in einem Mitgliedstaat der EU. Der Einsatz erfolgt in einem Mitgliedstaat der EU oder einem Drittstaat für die Dauer von 12 Monaten.

e) Der Steuerabzug bei beschränkt steuerpflichtigen ausländischen Künstlern

Im Rahmen der Veranstaltung von Konzerten oder Festivals, die vielfach von ehrenamtlich arbeitenden Kulturvereinen organisiert werden, werden häufig ausländische Künstler engagiert. Sind die Künstler beschränkt einkommensteuerpflichtig (§ 1 Abs. 4 EStG), unterliegen sie mit ihren Tätigkeiten (§ 49 Abs. 1 Nrn. 2, 3, 4, 9 EStG) dem Steuerabzug soweit sie im Inland ausgeübt oder verwertet werden (§ 50a Abs. 4 Satz 1 Nrn. 1, 2 EStG). Der maßgebliche Steuersatz ist auf die Bruttoeinnahmen ohne Abzug von Betriebsausgaben/Werbungskosten, Sonderausgaben und Steuern[308] bezogen (§ 50a Abs. 4 Satz 3 EStG). Zur Bemessungsgrundlage zählt auch der Ersatz von Reisekosten und Verpflegungsmehraufwendungen i.S.v. § 3 Nrn. 13 und 16 EStG (§ 50a Abs. 4 Satz 2 EStG), selbst wenn hierin die einzige Gegenleistung für die erbrachten Darbietungen besteht. Der Steuersatz beträgt grundsätzlich 25 v.H. (§ 50a Abs. 4 Satz 4 EStG). Für Darbietungen im Inland gilt ab dem Veranlagungszeitraum 2001 allerdings ein Staffelsteuersatz (bis 250 Euro 0 v.H., über 250 Euro bis 500 Euro 10 v.H., über 500 bis 1.000 Euro 15 v.H. und über 1.000 Euro 25 v.H. der Einnahmen) (§ 50a Abs. 4 Satz 5 EStG). Unter dem Begriff der Darbietung ist der einzelne Auftritt pro Tag und Veranstalter zu verstehen.[309]

Der Steuerabzug hat *Abgeltungswirkung* (§ 50a Abs. 5 Satz 1 EStG), d.h. es findet keine Steuerveranlagung statt. Etwas anderes gilt, wenn der beschränkt Steuerpflichtige die völlige oder teilweise Erstattung der einbehaltenen und abgeführten Steuer beantragt

---

stet werden; dieses endete mit dem 31.12.1999. Das gemeinschaftliche Aktionsprogramm „Jugend" folgt diesem nach (BT-Drs. 14/6160, S. 12).

308 Da auch die Abzugssteuer zu den Einnahmen zählt, ist dann, wenn der Vergütungsschuldner die Abzugssteuer übernimmt, die Steuer in Höhe von 33,33 v.H. der ausgezahlten Vergütung zu erheben (R 227c Abs. 2 EStR).

309 OFD Karlsruhe vom 29.4.2002, DStR 2002, S. 807.

(§ 50 Abs. 5 Satz 2 Nr. 3 EStG). Die Erstattung setzt voraus, dass die Betriebsausgaben/Werbungskosten höher als die Hälfte der Einnahmen sind. Die Steuer wird erstattet, soweit sie 50 v.H. des Unterschiedsbetrags zwischen Einnahmen und Betriebsausgaben/Werbungskosten übersteigt.

Gem. § 50 Abs. 7 EStG können die obersten Finanzbehörden der Länder oder die von ihnen beauftragten Finanzbehörden mit Zustimmung des BMF die Einkommensteuer bei beschränkt Steuerpflichtigen ganz oder zum Teil erlassen oder mit einem Pauschbetrag festsetzen, wenn es aus volkswirtschaftlichen Gründen zweckmäßig ist oder eine gesonderte Berechnung der Einkünfte besonders schwierig ist. Die obersten Finanzbehörden der Länder und das BMF haben von dieser Möglichkeit der Freistellung Gebrauch gemacht.[310] Danach sind ausländische Kulturvereinigungen, soweit eine Freistellung im Inland nicht schon nach den Vorschriften eines DBA zu erfolgen hat, von der inländischen Einkommensteuer nach § 50 Abs. 7 EStG freizustellen, wenn ihr Auftritt im Inland wesentlich aus inländischen oder ausländischen öffentlichen Mitteln gefördert wird. Ausländische Solisten einschließlich solistisch besetzter Ensembles sind davon ausgeschlossen.[311]

Werden Amateuren (Amateurmannschaften, Amateurmusikern, Laienschauspielern) ausschließlich Kosten erstattet bzw. übernimmt der Veranstalter die Kosten, so verlangt die Finanzverwaltung aus Billigkeitsgründen keinen Steuerabzug.[312]

f) Umsatzsteuer

Unternehmer i.S.v. § 2 Abs. 1 UStG ist, wer eine gewerbliche oder berufliche Tätigkeit selbständig ausübt. Dies setzt voraus, dass die Tätigkeit zur Erzielung von Einnahmen nachhaltig erfolgt. Ist eine bürgerschaftlich engagierte Person im Hauptberuf Unternehmer, so umfasst dieses Unternehmen (§ 2 Abs. 1 Satz 2 UStG) auch die eh-

310 Das BMF-Schreiben vom 20.7.1983 (BStBl. I 1983, S. 382) nimmt zur steuerlichen Behandlung ausländischer Kulturvereinigungen Stellung. In späteren BMF-Schreiben wird auf diese Freistellung Bezug genommen (vgl. zuletzt BMF-Schreiben vom 23.1.1996, BStBl. I 1996, S. 89 unter Tz. 1. 4)).

311 Dazu OFD Kiel vom 11.5.1998, DB 1998, S. 1692; OFD Berl vom 21.7.1998, DStR 1999, S. 26.

312 BMF vom 30.5.1995, BStBl. I 1996, S. 89 (93).

renamtliche Tätigkeit, sofern sie mit der Haupttätigkeit zusammenhängt. Für andere ehrenamtlich Tätige ist die Frage, ob eine selbständige oder nichtselbständige Tätigkeit ausgeübt wird, nach der Art der Tätigkeit im bürgerschaftlichem Engagement zu beurteilen. Über die Nachhaltigkeit einer Tätigkeit ist nach dem Gesamtbild der Verhältnisse zu entscheiden, wobei eine Abwägung der für und gegen die Nachhaltigkeit sprechenden Merkmale vorzunehmen ist.[313] Kriterien, die für die Entscheidung der Nachhaltigkeit heranzuziehen sind, sind planmäßiges Handeln, auf Wiederholung angelegte Tätigkeit, Vornahme mehrerer gleichartiger Handlungen unter Ausnutzung derselben Gelegenheit oder desselben dauernden Verhältnisses, Intensität des Tätigwerdens, Beteiligung am Markt sowie Auftreten wie ein Händler.[314]

Beispiel
Zur unternehmerischen Tätigkeit eines Rechtsanwalts gehört auch dessen Mitarbeit in der Rechtsanwaltskammer.

Ist Nachhaltigkeit gegeben, so kann die Unternehmereigenschaft auch durch eine – auf Grund von Dauerverlusten – ertragsteuerlich als Liebhaberei eingestufte Tätigkeit begründet werden.[315] Die Tätigkeit muss nur einnahmeorientiert sein. Die Unternehmereigenschaft setzt keine Gewinnerzielungsabsicht voraus. Auch wer auf Selbstkostenbasis oder sogar mit Kostenunterdeckung arbeitet, kann Unternehmer sein, wenn er einen Verbrauch entgeltlich ermöglicht. Die erforderliche Entgeltlichkeit kann schon daraus erwachsen, dass ein Aufwendungsersatz (§ 670 BGB) angestrebt wird.[316]

Bloße Gefälligkeitshandlungen im privaten Bereich stellen keine unternehmerische Tätigkeit dar. Ist eine Tätigkeit als Gefälligkeit nicht nachhaltig, so begründet sie auch dann nicht die Unternehmereigenschaft, wenn die durch sie verursachten Aufwendungen ersetzt werden.[317]

Beispiel
Gefälligkeiten gegen Aufwendungsersatz wie etwa das Besorgen von Lebensmitteln für einen Nachbarn oder die Mitnahme eines Arbeitskollegen

---

313 Stv. BFH BStBl. II 1996, S. 109 (110).
314 BFH BStBl. II 1993, S. 379 (380); 1991, S. 776 (777).
315 BMF vom 14.7.2000, DStR 2000, S. 1264.
316 RFH RStBl. I 1930, S. 123.
317 BFH BStBl. II 1992, S. 269 (271).

gegen Kostenbeteiligung sind nicht umsatzsteuerbar[318]. Andererseits kann die Nachhaltigkeit des An- und Verkaufs mehrerer neuer Kfz nicht allein unter Berufung darauf verneint werden, es habe sich um „private Gefälligkeiten" gehandelt.[319]

Ist individuelles bürgerschaftliches Engagement umsatzsteuerbar, so ergeben sich wesentliche *Steuerbefreiungen* aus folgenden Bestimmungen:

– *§ 4 Nr. 26 UStG:* Eine *ehrenamtliche Tätigkeit* ist steuerfrei, wenn sie *für eine juristische Person des öffentlichen Rechts* ausgeübt wird (§ 4 Nr. 26 Buchst. a UStG) oder wenn das Entgelt für diese Tätigkeit nur in Auslagenersatz und einer angemessenen Entschädigung für Zeitversäumnis besteht (§ 4 Nr. 26 Buchst. b UStG). Als ehrenamtlich werden Tätigkeiten eingestuft, die in einem Gesetz ausdrücklich als solche genannt sind oder die man im allgemeinen Sprachgebrauch herkömmlicher Weise als ehrenamtlich bezeichnet.[320] Wesentlich für ein Ehrenamt ist insbesondere die Unentgeltlichkeit und die Ausübung außerhalb eines haupt- oder nebenamtlichen Dienstverhältnisses. Unentgeltlichkeit bedeutet, dass keine echte Leistungsvergütung sondern lediglich ein Auslagenersatz bzw. eine Entschädigung gezahlt wird. Die Vergütung bei einer ehrenamtlichen Tätigkeit für eine juristische Person des öffentlichen Rechts (Gebietskörperschaften, Industrie- und Handelskammer, Berufskammer) ist steuerfrei, weil davon ausgegangen wird, dass die Entschädigung für Zeitversäumnis und der Auslagenersatz angemessen sind. Wird eine ehrenamtliche Tätigkeit jedoch für den unternehmerischen Bereich einer juristischen Person des öffentlichen Rechts ausgeübt, kommt die Steuerfreiheit ausschließlich nach § 4 Nr. 26 Buchst. b UStG in Betracht.[321]

Auslagenersatz i.S.d. § 4 Nr. 26 Buchst. b UStG ist der Ersatz der Aufwendungen für Reise, Übernachtung und Verpflegung in tatsächlicher Höhe oder in Höhe der einkommensteuerrechtlichen Pauschbeträge. Ob eine Entschädigung der Zeitversäumnis angemessen ist, ist nach den Umständen des Einzelfalls, wie berufliche Stellung, zeitliche Dauer und Inanspruchnahme durch die ehrenamtliche Tätigkeit sowie Verdienstausfall, zu beurteilen.

---

318 FG Saarl UR 1991, S. 196 (197).
319 BFH BStBl. II 1996, S. 109f.
320 BFH BStBl. II 1972, S. 844; s. im Einzelnen Abschn. 120 Abs. 1 UStR.
321 BFH BStBl. II 1974, S. 528 (529).

Beispiele
Ehrenamtlich tätig i.S.d. § 4 Nr. 26 Buchst. a UStG sind die Vorstandsmitglieder einer Rechtsanwaltskammer, Handwerksinnung oder Architektenkammer.

Unter § 4 Nr. 26 Buchst. b UStG fallen Einzelbetreuer, die Betreuungen nicht berufsmäßig durchführen und lediglich Ersatz für die tatsächlich entstandenen Aufwendungen erhalten, auch wenn sie zur Abgeltung des Anspruchs auf Aufwendungsersatz auf Verlangen als Aufwandsentschädigung für jede betreute Person einen Betrag erhalten, der für ein Jahr dem 24-fachen dessen entspricht, was einem Zeugen als Höchstbetrag der Entschädigung für eine Stunde versäumter Arbeitszeit gewährt werden kann.[322]

– *§ 4 Nr. 20 Buchst. a Satz 2 UStG:* Die Steuerbefreiung für *kulturelle Umsätze* wird in Übereinstimmung mit der 6. EG-Umsatzsteuerrichtlinie auch auf natürliche Personen ausgedehnt.[323] Ob die Steuerbefreiung aber auch für einen Solisten gilt, ist noch nicht abschließend geklärt.[324]

Ist bürgerschaftliches Engagement umsatzsteuerpflichtig, so wird von der bürgerschaftlich engagierten Person aber allein wegen ihrer ehrenamtlichen Tätigkeit i.d.R. keine Umsatzsteuer erhoben, da sie damit der Kleinunternehmerregelung unterfällt (§ 19 Abs. 1 UStG).

Beispiele
Umsatzsteuerlich relevant können die sog. Tauschringe der Nachbarschaftshilfe sein. Soweit dabei nicht Leistungen im Rahmen eines bereits bestehenden Unternehmens angeboten werden, kommt ein umsatzsteuerbarer Leistungsaustausch zum einen als Leistungsaustausch zwischen den einzelnen Beteiligten in Betracht, indem der einzelne Beteiligte eine nachbarschaftliche Arbeitsleistung erbringt, um einen Anspruch auf eine entsprechende Leistung zu erhalten. Zum anderen liegt ein Leistungsaustausch zwischen der Gesellschaft/dem Verein und dem einzelnen Leistungsempfänger vor, soweit die Gesellschaft/der Verein dem einzelnen Mitglied eine nachbarschaftliche Dienstleistung zuwendet, um von diesem einen Anspruch auf die Erbringung einer entsprechenden Leistung zu erhalten, oder eine Dienstleistung gegen Einräumung eines Anspruchs auf „Abruf“ entgegennimmt. Beschränkt sich der Verein auf eine bloße Publikations- und Vermittlertätigkeit für seine Mitglieder, ist er nicht Unternehmer.

---

322 S. dazu BMF vom 21.9.2000, in: NWB Fach 7 S. 5257.
323 BFH BStBl. II 2000, S. 302 (303).
324 Verneinend BFH BStBl. II 2002, S. 302 (303); Abschn. 107 Abs. 2 Satz 3 UStR; s. dazu Vorlage zum EuGH durch den BGH BB 2000, S. 1507f.

Etwaige Leistungsbeziehungen bestehen dann ggf. zwischen den Mitgliedern. Gegen die Unternehmereigenschaft des einzelnen aktiven Mitglieds kann aber sprechen, dass seine Arbeitsleistung ein echter Mitgliedsbeitrag und damit eine nichtsteuerbare Leistung ist. Außerdem kann sich die Nachbarschaftshilfe in der nichtsteuerbaren Privatsphäre bzw. gesellschaftlichen Sphäre abspielen. Selbst wenn aber die Mitglieder eines nachbarschaftlichen Tauschrings wegen ihrer Tauschleistungen als Unternehmer anzusehen sind, fallen sie typischerweise unter die Kleinunternehmerregel des § 19 Abs. 1 USG.[325]

Geht man von umsatzsteuerbaren Tauschleistungen der Mitglieder eines Ringtauschs aus, ist nach der umsatzsteuerlichen Bemessungsgrundlage zu fragen. Bei einem Tausch wie auch bei einem tauschähnlichen Umsatz gilt der Wert jedes Umsatzes als Entgelt für den anderen Umsatz (§ 10 Abs. 2 Satz 2 UStG). Im Tauschring besteht jedoch die Besonderheit, dass das Tauschgeschäft nicht zwingend zwischen zwei Vertragspartnern stattfinden muss. Es stehen sich typischerweise zwei miteinander nicht verknüpfte Leistungen gegenüber. Die Bemessungsgrundlage richtet sich insoweit nicht nach den für den Tausch geltenden Grundsätzen, sondern nach § 10 Abs. 1 UStG, wonach der Wert des Umsatzes nach dem Entgelt bemessen wird. Es muss danach auf zu Gunsten des Verrechnungskontos verbuchte Verrechnungseinheiten zurückgegriffen werden. Diese müssen entsprechend in Euro-Beträge umgerechnet werden.

2. Die Besteuerung bürgerschaftlichen Engagements im Vermögensbereich (Behandlung von Zuwendungen)

Bürgerschaftliches Engagement im Vermögensbereich erfolgt durch Zuwendungen für gemeinnützige Zwecke. Diese können ertragsteuerlich abziehbar und von der Erbschaft- und Schenkungsteuer befreit sein.

a) Ertragsteuern

Zuwendungen – Spenden[326] und Mitgliedsbeiträge[327] sind bei der Veranlagung zur Einkommensteuer (§ 10b EStG), Körperschaftsteuer (§ 9 Abs. 1 Nr. 2 KStG) und Gewerbesteuer (§§ 8 Nr. 9, 9 Nr. 5 GewStG) berücksichtigungsfähig.

---

325 S. Teil II:A.I.1.b).
326 S. Teil II:A.II.1.a)(c)(iii).
327 S. Teil II:A.I.1.a).

Bei natürlichen Personen ist ein Abzug von Ausgaben zur Förderung mildtätiger, kirchlicher, religiöser, wissenschaftlicher und als besonders förderungswürdig anerkannter gemeinnütziger Zwecke (§ 48 Abs. 2 EStDV i.V.m. Anl. 1) als Sonderausgaben möglich (§ 10b Abs. 1 EStG).

Körperschaften können den entsprechenden Abzug bereits bei der Ermittlung des Gesamtbetrags der Einkünfte vornehmen (§ 9 Abs. 1 Nr. 2 KStG). Abzugsberechtigt ist auch eine gemeinnützige Körperschaft, die Zuwendungen aus ihrem der Besteuerung unterliegenden Einkommen aus wirtschaftlichen Geschäftsbetrieben an einen anderen steuerbegünstigten Empfänger leistet, selbst wenn dieser Empfänger gleichartige gemeinnützige Zwecke verfolgt.[328] Bei Kapitalgesellschaften (z.B. GmbH, AG) wird jedoch der Spendenabzug versagt, wenn die Zuwendung eine verdeckte Gewinnausschüttung an einen Gesellschafter oder ihm nahestehende Personen darstellt. Verdeckte Gewinnausschüttung ist eine Vermögensminderung oder verhinderte Vermögensmehrung, die durch das Gesellschaftsverhältnis veranlasst ist, sich auf die Höhe des Einkommens auswirkt und in keinem Zusammenhang mit einer offenen Gewinnausschüttung steht.[329] Es muss sich um eine Zuwendung handeln, die im ausschließlichen Interesse eines Gesellschafters oder einer ihm nahestehenden Person gemacht wird, d.h. der Gesellschafter unterlässt eine eigene Spende, weil diese von der Gesellschaft geleistet wird.[330] In diesem Fall kann der begünstigte Gesellschafter die Zuwendung aber unter den Voraussetzungen des § 10b Abs. 1 EStG als Sonderausgabe abziehen.

Nach § 8 Nr. 9 GewStG müssen zur Gleichstellung von Gewerbebetrieben von Körperschaften mit den Betrieben natürlicher Personen die gewinnmindernd abgezogenen Aufwendungen i.S.d. § 9 Abs. 1 Nr. 2 KStG dem Gewinn wieder hinzugerechnet werden. Die Hinzurechnung beeinflusst den Gewerbeertrag aber nicht endgültig, vielmehr werden die Aufwendungen nach § 9 Abs. 1 Nr. 2 KStG im Rahmen des § 9 Nr. 5 GewStG von der Summe des Gewinns und der Hinzurechnungen wieder abgezogen.[331]

---

328 Abschn. 42 Abs. 9 Satz 1 KStR.

329 Abschn. 31 Abs. 3 Satz 1 KStR.

330 BFH BStBl. II 1968, S. 629.

331 Vgl. R 55 GewStR.

Beispiel
Die Spende einer GmbH an den Förderverein einer Privatschule, in dem der Gesellschafter-Geschäftsführer Mitglied ist und dessen Kind die Privatschule besucht, ist eine verdeckte Gewinnausschüttung an den Gesellschafter-Geschäftsführer, denn dadurch hat der Gesellschafter-Geschäftsführers Eigenmittel erspart.[332]

Zu den steuerbegünstigten Zuwendungen gehören vor allem Spenden. Teilweise sind auch Mitgliedsbeiträge steuerlich abzugsfähig, wobei Umlagen und Aufnahmegebühren wie Mitgliedsbeiträge behandelt werden. Unabhängig von der Art der Zuwendung muss es sich um freiwillige, unentgeltliche Ausgaben (Geld- oder Sachzuwendungen) zur Förderung begünstigter Zwecke zu Gunsten einer zuwendungsempfangsberechtigten Körperschaft handeln. Bei der empfangenden Körperschaft wird die Verwendung der steuerbegünstigten Zuwendungen im ideellen Bereich oder einem Zweckbetrieb vorausgesetzt. Sie dürfen keinem steuerpflichtigen wirtschaftlichen Geschäftsbetrieb zufließen. Nicht zu den Zuwendungen zählen Dienstleistungen, auch unter Einsatz privater Fahrzeuge oder Geräte oder die Überlassung von Nutzungsmöglichkeiten. Etwas anderes gilt für sog. Aufwandsspenden.[333]

Bei steuerbegünstigten Körperschaften, die mildtätige, kirchliche, religiöse oder wissenschaftliche Zwecke fördern, sind *sowohl Spenden als auch Mitgliedsbeiträge abziehbar*. Zu den religiösen Zwecken gehört – im Gegensatz zu den kirchlichen Zwecken[334] – die Förderung aller Religionsgemeinschaften des privaten Rechts und der sonstigen religiösen Vereine. Die Beitragszahlungen sind keine Kirchensteuern und können deshalb nur im Rahmen der Höchstbeträge abgezogen werden. Wissenschaftliche Zwecke erfassen die Forschung und Lehre auf dem Gebiet der Geistes- und Naturwissenschaften sowie die angewandte Wissenschaft. Verfolgt eine Körperschaft dagegen die als besonders förderungswürdig anerkannten gemeinnützigen Zwecke sind *Mitgliedsbeiträge nur dann zu berücksichtigen, wenn der Verein gemeinnützige Zwecke i.S.v. Abschn. A der Anl. 1 zu § 48 Abs. 2 EStDV fördert* (§ 48 Abs.

332 FG SchlHol EFG 2000, S. 193f.
333 S. Teil II:A.II.1.a)(c)(iii).
334 S. Teil II:A.I.2.a).

4 Satz 1 Nr. 1 EStDV).[335] Abschn. A nennt Zwecke, die typischerweise aus uneigennützigen Motiven verfolgt werden. Der abziehbare Mitgliedsbeitrag dient hier nicht vorrangig dazu, Leistungen der Körperschaft in Anspruch nehmen zu können. Die Förderung von den in Abschn. B genannten Zwecken ist nur in Form von Spenden, nicht auch von Mitgliedsbeiträgen steuerlich begünstigt. Es sollen solche Beiträge vom Abzug ausgeschlossen werden, aus denen überwiegend Leistungen gegenüber Mitgliedern erbracht werden oder die in erster Linie im Hinblick auf die eigene Freizeitgestaltung geleistet werden.[336] Mitgliedsbeiträge dürfen auch dann nicht abgezogen werden, wenn steuerbegünstigte Zwecke, die sowohl in Abschn. A als auch in Abschn. B der Anl. 1 genannt sind (§ 48 Abs. 4 Satz 2 EStDV), oder wenn neben mildtätigen, kirchlichen, religiösen oder wissenschaftlichen Zwecken auch besonders förderungswürdige Zwecke i.S.d. Abschn. B der Anl. 1 verfolgt werden.

Zu den in Abschn. A der Anl. 1 aufgeführten besonders förderungswürdigen Zwecken gehören:

- Förderung der öffentlichen Gesundheitspflege
- Förderung der Jugend- und der Altenhilfe
- Förderung kultureller Zwecke
- Förderung der Erziehung, Volks- und Berufsbildung einschließlich der Studentenhilfe
- Förderung des Naturschutzes und der Landschaftspflege i.S.d. Bundesnaturschutzgesetzes und der Naturschutzgesetze der Länder, des Umweltschutzes, des Küstenschutzes und des Hochwasserschutzes
- Zwecke der amtlich anerkannten Verbände der freien Wohlfahrtspflege ihrer Unterverbände und ihrer angeschlossenen Einrichtungen und Anstalten
- Förderung der Hilfe für politisch, rassisch oder religiös Verfolgte, für Flüchtlinge, Vertriebene, Aussiedler, Spätaussiedler, Kriegsopfer, Kriegeshinterbliebene, Kriegsbeschädigte und Kriegsgefangene, Zivilbeschädigte und Behinderte sowie Hilfe für Opfer von Straftaten; Förderung des Andenkens an Verfolgte, Kriegs-

335 Zur Abgrenzung der kulturellen Zwecke nach Abschn. A Nr. 3 und Abschn. B Nr. 2 der Anlage 1 zu § 48 Abs. 2 EStDV s. OFD Frankfurt/M. vom 23.7.2001, DB 2001, S. 1856.

336 BR-Drs. 418/99, S. 11.

und Katastrophenopfer einschließlich der Errichtung von Ehrenmalen und Gedenkstätten; Förderung des Suchdienstes für Vermisste
- Förderung der Rettung aus Lebensgefahr
- Förderung des Feuer-, Arbeits-, Katastrophen- und Zivilschutzes sowie der Unfallverhütung
- Förderung internationaler Gesinnung, der Toleranz auf allen Gebieten der Kultur und des Völkerverständigungsgedankens, sofern nicht nach Satzungszweck und tatsächlicher Geschäftsführung mit der Verfassung unvereinbare oder überwiegend touristische Aktivitäten verfolgt werden
- Förderung des Tierschutzes
- Förderung der Entwicklungshilfe
- Förderung von Verbraucherberatung und Verbraucherschutz
- Förderung der Fürsorge für Strafgefangene und ehemalige Strafgefangene
- Förderung der Gleichberechtigung von Männern und Frauen
- Förderung des Schutzes von Ehe und Familie
- Förderung der Kriminalprävention

Zu den in Abschn. B der Anl. 1 aufgeführten besonders förderungswürdigen Zwecken gehören:

- die Förderung des Sports
- die Förderung kultureller Betätigungen, die in erster Linie der Freizeitgestaltung dienen
- die Förderung der Heimatpflege und Heimatkunde
- die Förderung der nach § 52 Abs. 2 Nr. 4 AO gemeinnützigen Zwecke: Tierzucht, Pflanzenzucht, Kleingärtnerei, traditioneller Brauchtum einschließlich Karneval, Fastnacht und Fasching, Soldaten- und Reservistenbetreuung, Amateurfunken, Modellflug und Hundesport

Beispiele

Ein Verein fördert entsprechend seiner Satzung den Naturschutz. Dieser Zweck ist als besonders förderungswürdig i.S.d. Abschn. A der Anl. 1 anerkannt (Anl. 1 Abschn. A Nr. 5 zur EStDV), so dass sowohl Spenden als auch Mitgliedsbeiträge abziehbar sind.

Ein Verein fördert nach seiner Satzung den Sport. Die Förderung des Sports ist ein besonders förderungswürdiger Zweck i.S.d. Abschn. B der Anl. 1 (Anl. 1 Abschn. B Nr. 1 zur EStDV). Damit sind ausschließlich Spenden steuerlich zu berücksichtigen.

Ein gemeinnützige Körperschaft fördert sowohl die Pflanzenzucht als auch die Wissenschaft. Bei der Pflanzenzucht handelt es sich um einen Zweck i.S.d. Abschn. B der Anl. 1 (Anl. 1 Abschn. B Nr. Nr. 4 zur EStDV, § 52 Abs. 2 Nr. 4 EStG). Mitgliedsbeiträge dürfen somit nicht abgezogen werden, obwohl daneben auch wissenschaftliche Zwecke verfolgt werden.

Die *Zuwendungsbestätigung*[337] stellt eine materiell-rechtliche Abzugsvoraussetzung dar,[338] so dass bei Nichtvorlage der Spendenabzug versagt wird. Die Finanzverwaltung erkennt eine Zuwendungsbestätigung nicht an, wenn das in der Spendenbestätigung angegebene Datum des Steuerbescheids länger als fünf Jahre bzw. das Datum der vorläufigen Bescheinigung länger als drei Jahre seit dem Tag der Ausstellung der Spendenbestätigung zurückliegt. Im Hinblick auf die Vertrauensschutzregelung des § 10b Abs. 4 Satz 1 EStG (§ 9 Nr. 3 Satz 7 KStG, § 9 Nr. 5 Satz 5 GewStG) kann die Zuwendungsbestätigung letztmalig noch bei der Veranlagung für das Kalenderjahr, für das sie vorgelegt worden ist, berücksichtigt werden, wobei der Steuerpflichtige gleichzeitig darauf hinzuweisen ist, dass künftig Spendenbestätigungen steuerbegünstigter Körperschaften nur noch dann als ausreichender Spendennachweis anerkannt werden, wenn die zeitlichen Voraussetzungen gegeben sind.[339]

Der Abzug von Ausgaben für steuerbegünstigte Zwecke ist nicht unbegrenzt möglich, sondern nur im Rahmen der *gesetzlichen Höchstbeträge* (§ 10b Abs. 1 Satz 1 und 2 EStG). Er ist auf 5 v.H. des Gesamtbetrags der Einkünfte oder 2 v.T. der Summe der gesamten Umsätze und der im Kalenderjahr abgewendeten Löhne und Gehälter begrenzt. Für wissenschaftliche, mildtätige und als besonders förderungswürdig anerkannte kulturelle Zwecke erhöht sich der Abzugsbetrag um weitere 5 v.H.. Tätigt ein Spender in einem Jahr Zuwendungen zu unterschiedlichen begünstigten Zwekken, so ist zunächst der Abzug der Spenden für wissenschaftliche, mildtätige und besonders förderungswürdige kulturelle Zwecke bis zu einer Höhe von 5 v.H. vorzunehmen. Ein danach verbleibender Restbetrag ist zusammen mit den Spenden für einfach begünstigte Zwecke nochmals bis zur Höhe von 5 v.H. abzuziehen. Die Spendenhöchstbeträge gelten bei der Einkommen-, Körperschaft- und Gewerbesteuer in gleicher Weise. Ihre Bemessungsgrundlage ist

337 S. Teil II:A.I.2.d)(b).
338 BR-Drs. 418/99, S. 13; H 111 EStH – Zuwendungsbestätigung.
339 BMF vom 22.3.1993, BStBl. I 1993, S. 298 (299).

bei der Einkommensteuer der Gesamtbetrag der Einkünfte (§ 10b Abs. 1 EStG), bei der Körperschaftsteuer das Einkommen vor Spendenabzug (§ 9 Abs. 1 Nr. 2 KStG) und bei der Gewerbesteuer der Gewinn aus Gewerbebetrieb vor Spendenabzug (§ 9 Nr. 5 GewStG). Auf Grund der unterschiedlichen Bemessungsgrundlagen kann die Höhe der abziehbaren Zuwendungen differieren.

Beispiel
Ein Steuerpflichtiger (Gesamtbetrag der Einkünfte = 40.000 Euro) spendet in einem Jahr 3.000 Euro an eine mildtätige Einrichtung und 1.500 Euro an die Kirche. Er kann zunächst 2.000 Euro (3.000 Euro, höchstens 5 v.H. von 40.000 Euro) und sodann 2.000 Euro (Restbetrag 1.000 Euro + 1.500 Euro, höchstens 5 v.H. von 40.000 Euro) als Sonderausgaben abziehen (§ 10b Abs. 1 EStG).

Zusätzliche Abzugsmöglichkeiten bestehen mit Wirkung ab Veranlagungszeitraum 2000 für Zuwendungen an Stiftungen in Gestalt des Abzugsbetrags für Zuwendungen an Stiftungen – sog. *Stiftungshöchstbetrag* – i.H.v. 20.450 Euro (§ 10b Abs. 1 Satz 3 EStG, § 9 Abs. 1 Nr. 2 Satz 3 KStG, § 9 Nr. 5 Satz 3 GewStG). Dieser Abzugsbetrag wird unabhängig davon gewährt, ob die Zuwendungen bei der Empfängerstiftung dem Vermögen zugeführt, zeitnah für satzungsmäßige Zwecke verwendet oder an andere steuerbegünstigte Organisationen weitergeleitet werden. Daneben sind für Zuwendungen anlässlich der Neugründung einer Stiftung in den Vermögensstock der Stiftung – sog. *Gründungshöchstbetrag* – bis zu 307.000 Euro (§ 10b Abs. 1a EStG) abziehbar. Zum Vermögensstock gehört Vermögen, das nicht der zeitnahen Mittelverwendung unterliegt und nur mittelbar für steuerbegünstigte Zwekke eingesetzt wird. Der Abzugsbetrag nach § 10b Abs. 1a EStG wird bei Einzelunternehmern und Personengesellschaften auch bei der Gewerbesteuer wirksam (§ 9 Nr. 5 Satz 5 GewStG). Im KStG fehlt eine entsprechende Regelung. Begünstigt sind nur Zuwendungen an gemeinnützige Institutionen, die die Rechtsform einer Stiftung haben – nicht Institutionen anderer Rechtsform (z.B. e.V. oder GmbH), die nur in ihrem Namen das Wort „Stiftung“ tragen –, d.h. Stiftungen des öffentlichen Rechts und des Privatrechts einschließlich von nicht rechtsfähigen Stiftungen.

Beispiel
Ein Steuerpflichtiger (Gesamtbetrag der Einkünfte = 60.000 Euro) wendet einer gemeinnützigen Stiftung 21.000 Euro und einem Sportverein 3.000 Euro zu. Als Sonderausgaben sind zum einen der Stiftungshöchstbetrag

i.H.v. 20.450 Euro (§ 10b Abs. 1 Satz 3 EStG) und zum anderen der Spendenhöchstbetrag i.H.v. 3.000 Euro (Restbetrag 550 Euro + 3.000 Euro, höchstens 5 v.H. von 60.000 Euro) abziehbar (§ 10b Abs. 1 Satz 1 EStG).

Zuwendungen dürfen grundsätzlich nur in dem Veranlagungszeitraum als Sonderausgaben abgezogen werden, in dem sie geleistet worden sind (§ 11 Abs. 2 Satz 1 EStG). Hiervon macht § 10b Abs. 1 Satz 4 EStG eine Ausnahme. Danach können Einzelzuwendungen bis zu 25.565 Euro an Körperschaften, die der Förderung wissenschaftlicher, mildtätiger oder als besonders förderungswürdig anerkannter kultureller Zwecke dienen, über sieben Jahre verteilt im Rahmen der Höchstbeträge abgezogen werden (sog. *Großspendenregelung*).[340] Ein Rücktrag ist in den vorangegangenen Veranlagungszeitraum und ein Vortrag in die fünf folgenden Veranlagungszeiträume möglich. Als Einzelzuwendung ist grundsätzlich jeder einzelne Abfluss einer Zahlung oder eines Wirtschaftsgutes anzusehen. Eine Einzelzuwendung kann aber auch vorliegen, wenn mehrere Zahlungen oder die Abgabe mehrerer Wirtschaftsgüter in einem Veranlagungszeitraum an denselben Spendenempfänger auf einer einheitlichen Spendenentscheidung beruhen.[341] Die Einzelzuwendung muss für sich allein die in § 10b Abs. 1 Satz 2, 3 EStG genannten Höchstbeträge überschreiten. Die anderen vom Steuerpflichtigen getätigten Zuwendungen bleiben bei dieser Beurteilung außer Betracht. § 10b Abs. 1 Satz 4 EStG gilt auch für Zuwendungen an Stiftungen. Indem Einzelzuwendungen über 25.565 Euro stets auch den Höchstbetrag i.S.v. § 10b Abs. 1 Satz 3 EStG (20.450 Euro) übersteigen, kann der besondere Abzugsbetrag für eine Spende mehrfach in Anspruch genommen werden, wenngleich in verschiedenen Veranlagungszeiträumen. Im Einzelnen sind in die Ermittlung der beiden Grenzen des § 10b Abs. 1 Satz 4 EStG (Einzelzuwendungen mindestens 25.565 Euro und Überschreitung der Höchstsätze) nur die Höchstsätze einzubeziehen, die für die jeweilige Spende maßgeblich sind. Im Rahmen von § 9 Abs. 1 Nr. 2 KStG und § 9 Nr. 5 GewStG ist eine Verteilung auf das Zahlungsjahr und die folgenden sechs Jahre möglich, jedoch kein Rücktrag.

340 Dazu nur OFD Karlsruhe vom 30.6.1999, FR 1999, S. 970.
341 FinMin. Bayern vom 22.7.1991, StEK EStG, § 10b Nr. 234.

Beispiel
Ein Steuerpflichtiger (Gesamtbetrag der Einkünfte = 80.000 Euro) tätigt im Jahr 2002 eine Spende i.H.v. 30.000 Euro an eine gemeinnützige Kulturstiftung und eine Spende i.H.v. 500 Euro an einen Feuerwehrverein. Im Jahr 2002 kann er den Stiftungshöchstbetrag i.H.v. 20.450 Euro und den Spendenhöchstbetrag i.H.v. 8.000 Euro (9.550 Euro + 500 Euro; höchstens 10 v.H. von 80.000 Euro) als Sonderausgaben geltend machen. Bei der Spende an die Kulturstiftung handelt es sich um eine Großspende i.S.d. § 10b Abs. 1 Satz 4 EStG, denn der Spendenbetrag übersteigt 25.565 Euro und die Höchstbeträge (20.450 Euro und 8.000 Euro). Damit kann der Steuerpflichtige den nicht berücksichtigten Betrag zurück bzw. vortragen.

b) Erbschaft- und Schenkungsteuer

Unentgeltliche Zuwendungen an steuerbegünstigte Körperschaften werden i.d.R. als *freigebige Zuwendungen* geleistet und sind als solche steuerbar (§§ 1 Abs. 1 Nr. 2, 7 Abs. 1 Nr. 1 ErbStG). Freigebige Zuwendungen sind Schenkungen und schenkungsähnliche Zuwendungen, unabhängig davon, ob es sich um Geld- oder Sachzuwendungen handelt. § 13 ErbStG sieht jedoch diverse Steuerbefreiungen vor:

– *§ 13 Abs. 1 Nr. 16 Buchst. b ErbStG:* Zuwendungen an inländische Körperschaften, die ausschließlich und unmittelbar für gemeinnützige Zwecke verwendet werden, sind steuerfrei. Ob eine begünstigte Körperschaft vorliegt, beurteilt sich nach den §§ 51 ff AO. Dabei sind Entscheidungen über die Körperschaftsteuerbefreiung nach § 5 Abs. 1 Nr. 9 KStG zu übernehmen.[342] § 13 Abs. 1 Nr. 16 Buchst. b ErbStG gilt nicht, wenn die Zuwendung an einen wirtschaftlichen Geschäftsbetrieb einer gemeinnützigen Körperschaft erfolgt. Die Steuerbefreiung wird aber nicht dadurch ausgeschlossen, dass die begünstigte Körperschaft einen Zweckbetrieb unterhält.[343] Die Voraussetzungen für die Anerkennung als gemeinnützige Körperschaft (§§ 51ff. AO) müssen im Zeitpunkt der Entstehung der Steuer, d.h. im Zeitpunkt der Zuwendung (§ 9 Abs. 1 Nr. 2 ErbStG), vorliegen.[344] Anders als in den §§ 10b Abs. 4 EStG, 9 Abs. 3 KStG, 9 Abs. 1 Nr. 5 Satz 9 GewStG[345] gilt im Rahmen der Schenkungsteuer aber kein Gutglaubensschutz hin-

342 R 47 Abs. 1 Satz 3 ErbStR.
343 R 47 Abs. 2 Satz 1 ErbStR
344 AEAO zu § 60 Nr. 6, BStBl. I 1998, S. 630 (668).
345 S. Teil II:A.I.4.

sichtlich der Gemeinnützigkeit der begünstigten Körperschaft. Entfallen innerhalb von 10 Jahren nach der Zuwendung die Voraussetzungen für die Anerkennung als gemeinnützige Körperschaft gem. §§ 51ff. AO und wird das Vermögen nicht begünstigten Zwecken zugeführt, kann die Schenkungsteuer nachgefordert werden (§ 13 Abs. 1 Nr. 16 Buchst. b Satz 2 ErbStG).

– *§ 13 Abs. 1 Nr. 16 Buchst. c ErbStG:* Steuerfrei sind auch Zuwendungen, die gegenüber ausländischen Einrichtungen erfolgen, soweit diese den inländischen steuerbegünstigten Einrichtungen vergleichbar sind und entsprechende Gegenseitigkeitserklärungen vorliegen.[346]

Zuwendungen an steuerbegünstigte Körperschaften können auch in Form von *Zweckzuwendungen* erbracht werden. Zweckzuwendungen sind Zuwendungen an eine bestimmte Person mit der Verpflichtung, das zugewendete Vermögen nicht für eigene, sondern für bestimmte fremde Zwecke zu verwenden (§ 8 ErbStG). Das Zugewendete kommt deshalb einem objektiv bestimmten Zweck, nicht aber einer bestimmten Person zugute.[347] Für Zweckzuwendungen, die kirchlichen, gemeinnützigen oder mildtätigen Zwecken gewidmet sind, gilt die Befreiung nach § 13 Abs. 1 Nr. 17 ErbStG.[348] Die begünstigten Zwecke können auch im Ausland verfolgt werden, solange es sich um begünstigte Zwecke nach deutschem Steuerrecht handelt. Es ist nicht erforderlich, dass ein zugewendeter Gegenstand selbst in seiner körperlichen Substanz oder durch Verwertung den begünstigten Zwecken oder Empfängern zukommen muss. Ausreichend ist, dass die Erträge des Vermögens den begünstigten Zwecken zukommen.[349]

Geldzuwendungen unter Lebenden, die eine Pflegeperson für Leistungen zur Grundpflege oder hauswirtschaftlichen Versorgung erhält, sind bis zur Höhe eines gewährten Pflegegeldes oder einer Pauschalbeihilfe für häusliche Pflege steuerfrei (§ 13 Abs. 1 Nr. 9a ErbStG). Die Pflegeperson darf nicht erwerbsmäßig tätig sein. Für darüber hinaus erbrachte Zuwendungen wird ein Freibetrag von 5.200 Euro gewährt (§ 13 Abs. 1 Nr. 9 ErbStG).

---

346 R 48 Abs. 2 ErbStR und H 48 ErbStH.

347 BFH BStBl. II 1993, S. 161.

348 R 49 Abs. 1 Satz 2, Abs. 2 ErbStR.

349 BFH BStBl. II 2002, S. 303 (305).

Greift keine Steuerbefreiung, erlischt die Erbschaftsteuer für die Vergangenheit, soweit Vermögensgegenstände, die von Todes wegen oder durch Schenkung unter Lebenden erworben worden sind, innerhalb von 24 Monaten nach dem Zeitpunkt der Entstehung der Steuer dem Bund, einem Land, einer inländischen Gemeinde oder einer inländischen gemeinnützigen Stiftung – mit Ausnahme von solchen, die Zwecke i.S.v. § 52 Abs. 2 Nr. 4 AO verfolgen – zugewendet werden (§ 29 Abs. 1 Nr. 4 ErbStG). Nicht begünstigt sind Übertragungen auf steuerbegünstigte Vereine und Kapitalgesellschaften. Die Möglichkeit einer rückwirkenden Erbschaftsteuerbefreiung bei Überführung ererbten Vermögens auf eine Stiftung entfällt, wenn für diese Zuwendung der Spendenabzug (§§ 10b Abs. 1 EStG, 9 Abs. 1 Nr. 2 KStG, 9 Nr. 5 GewStG) in Anspruch genommen wird.

Beispiel
A wurde im Jahr 2000 auf Grund einer testamentarischen Verfügung Erbe eines Vermögens von 50.000 Euro. Im Jahr 2002 wendete er dieses Vermögen einer Kulturstiftung zu. Soweit auf Grund des Erbanfalls im Jahr 2000 Erbschaftsteuer festgesetzt wurde, ist sie im Jahr 2002 zu erstatten (§ 29 Abs. 1 Nr. 4 ErbStG).

3. Die Besteuerung bürgerschaftlichen Engagements von Unternehmen

Unternehmen können bürgerschaftliches Engagement insbesondere durch Sponsoring, durch bezahlte Freistellung von Mitarbeitern für ehrenamtliche Tätigkeit sowie durch Sachzuwendungen zeigen. Daneben ist an die Errichtung unternehmensverbundener Stiftungen sowie die Zuwendung von Sozialleistungen an Arbeitnehmer zu denken.

a) Sponsoring

Sponsoring ist die Gewährung von Geld oder geldwerten Vorteilen durch Unternehmen, mit der regelmäßig auch eigene unternehmensbezogene Ziele der Werbung und Öffentlichkeitsarbeit verfolgt werden. Mit Sponsoringmaßnahmen bezweckt ein Unternehmen i.d.R. die Erhöhung oder Sicherung seines Ansehens oder aber werbewirksame Hinweise auf die Produkte des Unternehmens. Es lassen sich verschiedene Sponsoringarten unterscheiden:

Sportsponsoring, Kultursponsoring, Ökosponsoring und Soziosponsoring. Die ertragsteuerliche Behandlung von Zuwendungen im Rahmen von Sponsoring hat die Verwaltung in einem bundeseinheitlichen Schreiben dargestellt.[350]

Der Sponsor kann die Aufwendungen als *Betriebsausgaben* abziehen, wenn er mit seinen Aufwendungen einen *wirtschaftlichen Vorteil für sein Unternehmen* erstrebt. Der Betriebsausgabenabzug hat im Vergleich zur Spende den Vorteil, dass der Kreis der begünstigten Empfänger nicht beschränkt ist und die Höchstgrenzen des Spendenabzugs nicht gelten. Die Abgrenzung zur Spende ergibt sich aus der Motivation des Zuwendenden.[351] Eine *Spende* liegt vor, wenn die Spendenmotivation[352] deutlich überwiegt, auch wenn für die Zuwendung ein betrieblicher Nebenanlass besteht.[353] Soll es sich um eine Spende handeln, darf die empfangende Körperschaft keine Gegenleistung erbringen. Nicht ausreichend für die Annahme einer Gegenleistung ist es, wenn die Steigerung des Ansehens oder der Bekanntheit des Sponsorenunternehmens lediglich eine Reflexwirkung der Zuwendung ist.

Beispiele
Als Gegenleistung kommen werbewirksame Hinweise auf das Unternehmen oder die Produkte des Sponsors in Betracht, ebenso die Nutzung des Vereinsnamens und/oder des Vereinslogos durch den Sponsor.

Beim sog. Sportsponsoring (z.B. ein Unternehmen, dass Sportkleidung oder Sportgeräte produziert, sponsert Sportveranstaltungen) ist die Gegenleistung angesichts der Nähe zur herkömmlichen Werbung klar bestimmbar.

Unter dem sog. Sozio-Sponsoring wird die Bereitstellung von Geld, Sachmitteln oder Dienstleistungen durch ein Unternehmen für soziale Projekte verstanden. Es wird also nicht konkret für das Sponsorenunternehmen und seine Produkte geworben wird, vielmehr sollen vorrangig psychologische Kommunikationsziele erreicht werden. Damit fehlt es an einer unmittelbaren Verknüpfung von Sponsoringleistung und Gegenleistung. Vielmehr steht gerade das unentgeltliche Engagement des Sponsors für den betreffenden Zweck im Vordergrund. Die Kommunikationsziele werden mittelbar über einen Imagetransfer oder die Steigerung des Bekanntheitsgrades erreicht.

---

350 BMF vom 18.2.1998, BStBl. I 1998, S. 212; dieses Schreiben ersetzt das BMF-Schreiben vom 9.7.1997, BStBl. I S. 726 – sog. Sponsoring-Erlass.

351 Vgl. insbesondere BFH BStBl. II 1991, S. 258 (259); 1990, S. 237 (238).

352 S. Teil II:A.II.1.a)(c)(iii).

353 BFH BStBl. II 1991, S. 258 (259); 1988, S. 220 (221).

Die objektive betriebliche Veranlassung der Sponsoringaufwendungen kann sich auch aus den jeweiligen unternehmerischen Entscheidungsprozess ergeben, so insbesondere wenn mit der Wirtschaftlichkeitsanalyse kalkuliert wird, ob und auf welche Weise die angestrebten Werbe- und Kommunikationsziele mit der Zuwendung erreicht werden können, oder wenn auf eine betriebliche Veranlassung und fehlende altruistische Motivation geschlossen werden kann. Dasselbe gilt, wenn eine regelmäßige, systematische Kontrolle der Werbe- oder Kommunikationsergebnisse durchgeführt wird. Auch die Einbettung der Sponsoringmaßnahmen in die sonstige Kommunikationsstrategie des Sponsorenunternehmens kann Anhaltspunkt für die betriebliche Veranlassung i.S.d. § 4 Abs. 4 EStG sein.

Für die betriebliche Veranlassung ist es grundsätzlich unschädlich, wenn die Sponsoringleistungen mit den geplanten Werbezielen nicht gleichwertig sind. Nur bei einem besonders krassen Missverhältnis zwischen der Sponsoringleistung und dem wirtschaftlichen Wert der Gegenleistung wird der Betriebsausgabenabzug mangels hinreichender betrieblicher Veranlassung nach § 4 Abs. 5 Satz 1 Nr. 7 EStG versagt.[354]

Der Steuerpflichtige trägt die Feststellungslast dafür, dass er die Zahlung aus seiner Sicht überwiegend für eine konkrete betriebliche Gegenleistung erbracht hat, so dass ein Betriebsausgabenabzug ausscheidet, wenn die betriebliche Gegenleistung nicht glaubhaft gemacht werden kann.

Für die *Besteuerung der gesponserten Einrichtung* gelten die allgemeinen Grundsätze. Die steuerliche Behandlung der Leistungen beim Empfänger ist unabhängig davon, wie die entsprechenden Aufwendungen beim leistenden Unternehmer zu beurteilen sind. Ist der Empfänger einer Sponsorenleistung eine gemeinnützige Körperschaft i.S.d. §§ 51ff. AO, 5 Abs. 1 Nr. 9 KStG, so bestimmt sich die steuerliche Einordnung danach, in welche Sphäre[355] die Sponsorenleistung fließt. Stehen den Leistungen des Sponsors keine Gegenleistungen gegenüber, handelt es sich um Einnahmen im ideellen Bereich, die nichtsteuerbar sind. Ebenso fallen Zuwendungen, bei denen die Werbeleistung der steuerbegünstigten Körperschaft nur ein geringer Nebeneffekt ist, in den

354 BMF vom 18.2.1998, BStBl. I 1998, S. 212 Rdnr. 5.
355 S. Teil II:A.I.2.b).

ideellen Bereich. Im Übrigen sind Sponsoringleistungen Einnahmen in einem wirtschaftlichen Geschäftsbetrieb oder steuerfreie Vermögensverwaltung.[356] Ein wirtschaftlicher Geschäftsbetrieb wird dann begründet, wenn die als Gegenleistung vereinbarten Werbemaßnahmen selbst durch die gemeinnützige Körperschaft für den Sponsor durchgeführt werden. Um Vermögensverwaltung handelt es sich, wenn die gemeinnützige Organisation dem Sponsor nur die Nutzung des Namens zu Werbezwecken gestattet und der Sponsor selbst zu Werbezwecken oder zur Imagepflege auf seine Leistungen an die Körperschaft hinweist.[357] Sponsoringeinnahmen können aber niemals einem Zweckbetrieb zugeordnet werden, da es beim Sponsoring um bloße Mittelbeschaffung geht.[358]

Bespiele
Vermögensverwaltung ist die Übertragung von Rechten zur Nutzung von Werbeflächen als Gegenleistung für die Sponsoringmaßnahme. Weist die gesponserte Einrichtung lediglich auf Plakaten, Veranstaltungshinweisen, in Ausstellungskatalogen oder in anderer Weise auf die Unterstützung durch den Sponsor hin, handelt es sich nicht um einen wirtschaftlichen Geschäftsbetrieb.

Umsatzsteuerlich erfolgen Zahlungen von Sponsoren an steuerbegünstigte Einrichtungen regelmäßig im Rahmen eines Leistungsaustauschs und unterliegen dem Regelsteuersatz.[359] Indiz für eine nicht auf einen Leistungsaustausch abzielende allgemeine Förderung der Vereinstätigkeit ist die ertragsteuerliche Behandlung der Zahlung als Spende nach § 10b EStG. Zahlungen eines Sponsors stellen grundsätzlich Entgelt für steuerpflichtige Leistungen der steuerbegünstigten Einrichtungen an den Sponsor dar (§ 1 Abs. 1 Nr. 1 UStG). Dabei kann es sich um konkrete Werbeleistungen oder auch um Duldungsleistungen handeln.

Beispiele

Zu Werbeleistungen zählen Banden- und Trikotwerbung, Anzeigen, Vorhalten von Werbedrucken und Lautsprecherdurchsagen. Duldungsleistun-

---

356 Zur Abgrenzung von Vermögensverwaltung und wirtschaftlichem Geschäftsbetrieb speziell beim Sponsoring etwa OFD Magdeburg vom 21.3.2000, StEK AO 1977 Nr. 132.

357 BMF vom 9.7.1997, BStBl. I 1997, S. 726 Rdnr. 10.

358 Vgl. AEAO zu § 65 Nr. 2 Satz 3, BStBl. I 1998, S. 630 (675) mit Verweis auf BFH BStBl. II 1986, S. 88.

359 Dazu im Einzelnen OFD Karlsruhe vom 15.3.2001, StEK UStG 1980 § 1 Abs. 1 Ziff. 1 Nr. 225.

gen sind die Aufnahme des Emblems oder Logos des Sponsors in Verbandsnachrichten, Rechenschaftsberichte, Veranstaltungshinweise oder Ausstellungskataloge.

Werbeleistungen unterliegen unabhängig von einer ggf. abweichenden ertragsteuerlichen Behandlung dem allgemeinen Steuersatz (16 v.H.), da es sich um Umsätze im Rahmen eines steuerschädlichen wirtschaftlichen Geschäftsbetriebs handelt (§ 12 Abs. 1 und Abs. 2 Nr. 8 Buchst. a UStG). Für Duldungsleistungen, die ohne besondere Hervorhebung des Sponsors oder Nennung von Werbebotschaften vereinbart werden, gilt mangels steuerschädlichen wirtschaftlichen Geschäftsbetriebes der ermäßigte Steuersatz (7 v.H.). Die steuerbegünstigte Körperschaft ist berechtigt, dem Sponsor eine Rechnung mit gesondert ausgewiesener Umsatzsteuer zu erteilen (§ 14 UStG), sofern nicht die Einnahmen ausnahmsweise in den nichtsteuerbaren ideellen Vereinsbereich fallen.

c) Secondments und sonstige Leistungszuwendungen

Eine besonders effektive Form bürgerschaftlichen Engagements sind Secondments. Im Rahmen von Secondments stellen Betriebe ihre Mitarbeiter einer gemeinnützigen Körperschaft für einen begrenzten Zeitraum unentgeltlich oder gegen Aufwendungsersatz zur Verfügung. Der Arbeitgeber bezahlt während der Zeit der Abordnung weiterhin das Gehalt und die Sozialabgaben. Vorbild für solche Secondments sind die in den USA verbreiteten „loaned executives“ oder „days of caring“. Durch Secondments wird das verfolgte Ziel der Imagepflege nachhaltiger erreicht als durch eine nur einmalig öffentlichkeitswirksame Schecküberreichung (Spende/Sponsoring). Der freigestellte Arbeitnehmer ist längerfristig in der geförderten Körperschaft präsent. Die Werbewirkung wird zusätzlich dadurch gesteigert, dass der abgeordnete Mitarbeiter die Werbemaßnahmen, die von der Empfängerkörperschaft als Gegenleistung durchführt werden, überwachen, gestalten und optimieren kann. Darüber hinaus kann der abgeordnete Mitarbeiter Fachwissen und soziale Kompetenz beweisen, Kontakte knüpfen und in anderen Marktbereichen Erfahrungen sammeln. Auch kann das Know-how des abgeordneten Mitarbeiters gesteigert werden, indem er Einblicke in die gesellschaftlichen Bedürfnisse gewinnt, die in neue Produkte einfließen können. Hinzu kommt, dass neue Vertriebssparten für Produkte des Unternehmens erschlossen werden können. Ein Unternehmen, das Mitarbeiter für gemeinnützige Arbeit zur Verfügung stellt, wird u.U. auch als Arbeitgeber attraktiver.

Die *Aufwendungen für Secondments* bestehen in den Lohnkosten für den freigestellten Arbeitnehmer, die bezahlt werden, obwohl der Arbeitnehmer nicht für das Unternehmen, sondern für den Secondment-Empfänger tätig ist. Ein Abzug der Aufwendungen als Betriebsausgaben ist davon abhängig, ob sie durch den Betrieb veranlasst sind (§ 4 Abs. 4 EStG). Die Ausgabe muss objektiv mit dem Betrieb zusammenhängen und subjektiv dazu bestimmt sein, dem Betrieb zu dienen.[360] Die Arbeitsentgelte für Mitarbeiter erfüllen grundsätzlich diese Voraussetzung. Der entsandte Arbeitnehmer steht dem Unternehmer aber tatsächlich nicht im Betrieb zur Verfügung. Der Unternehmer kann also seine Arbeitskraft nicht für den Betrieb verwenden, obwohl dies die eigentliche Gegenleistung für das Arbeitsentgelt ist. Die Aufwendungen für Secondments führen jedoch – parallel dem Sponsoring – zu Betriebsausgaben, wenn der Arbeitgeber mit seinem Engagement wirtschaftliche Vorteile, insbesondere eine Imagesteigerung anstrebt oder für seine Produkte werben will. Die betriebliche Veranlassung kann sich auch daraus ergeben, dass das abordnende Unternehmen Kenntnisse über Investitionsvoraussetzungen erwerben will, sie also bei Wirtschaftlichkeitsanalysen berücksichtigt oder in die sonstige Unternehmensstrategie einbindet. Eine betriebliche Veranlassung kann auch die Vereinbarung einer Gegenleistung begründen, etwa die Nutzung von der Empfängerkörperschaft gehörenden Forschungseinrichtungen.

Fehlt es an der betrieblichen Veranlassung, ist einerseits ein Betriebsausgabenabzug andererseits aber auch ein Spendenabzug ausgeschlossen. Spende i.S.d. § 10b Abs. 1 EStG ist nur eine Ausgabe, d.h. Wertabgabe aus dem geldwerten Vermögen. Die unentgeltliche Überlassung von Mitarbeitern eines Betriebes fällt unter den Begriff der Leistungen und Nutzungen i.S.d. § 10b Abs. 3 Satz 1 EStG. Diese können nicht Gegenstand einer Spende sein.

Umsatzsteuerlich erfolgt die Gestellung bzw. Überlassung von Personal gegen Entgelt grundsätzlich im Rahmen eines umsatzsteuerbaren Leistungsaustausches (§ 1 Abs. 1 Nr. 1 UStG). Dies gilt auch für die Überlassung lediglich gegen Aufwendungsersatz.

---

360 BFH GrS BStBl. II 1984, S. 1639.

Die Besteuerung einer *unentgeltlichen Zuwendung von sonstigen Leistungen* erfolgt gem. § 3 Abs. 9a UStG. Die Verwendung eines dem Unternehmen zugeordneten Gegenstandes, der zum vollen oder teilweisen Vorsteuerabzug berechtigt hat, wird durch einen Unternehmer für Zwecke, die außerhalb des Unternehmens liegen (§ 3 Abs. 9a Satz 1 Nr. 1 UStG), einer – umsatzsteuerbaren – sonstigen Leistung gegen Entgelt gleichgestellt, sofern nicht lediglich Aufmerksamkeiten vorliegen. Gleiches gilt für die unentgeltliche Erbringung einer anderen sonstigen Leistung durch den Unternehmer für Zwecke außerhalb des Unternehmens (§ 3 Abs. 9a Satz 1 Nr. 2 UStG). Zu den unentgeltlichen Leistungen i.S.v. § 3 Abs. 9a UStG gehören alle sonstigen Leistungen, die ein Unternehmer im Rahmen seines Unternehmens für außerhalb des Unternehmens liegende Zwecke ausführt. Erfasst wird alles, was seiner Art nach Gegenstand einer sonstigen Leistung sein kann. Bestimmt dabei die Verwendung eines Gegenstands den Charakter der Leistung, setzt Steuerbarkeit voraus, dass der verwendete Gegenstand zum vollen oder teilweisen Vorsteuerabzug berechtigt hat. Für unentgeltliche sonstige Leistungen, die nicht als Verwendung eines Gegenstandes anzusehen sind, kommt es nicht darauf an, ob für die Leistung Vorleistungen verwendet worden sind, die zum Vorsteuerabzug berechtigt haben. Dies gilt insbesondere für Leistungen, die durch den Unternehmer selbst oder durch Einsatz von Personal des Unternehmers erbracht werden. Erfolgt die unentgeltlich Überlassung von Personal dagegen zu unternehmerischen Zwekken, ist diese sonstige Leistung nicht umsatzsteuerbar.

Beispiele
Nicht der Umsatzsteuer unterliegt die Freistellung von Arbeitnehmern gegen Erstattung der Aufwendungen (insbesondere Lohnkosten und Sozialversicherungsbeiträge) für Luftschutz- und Katastrophenschutzübungen, Sitzungen des Gemeinderates oder seiner Ausschüsse, an das Deutsche Rote Kreuz, das Technische Hilfswerk, den Malteser Hilfsdienst, die Johanniter Unfallhilfe oder den Arbeiter Samariter Bund, an die Feuerwehr für Zwecke der Ausbildung, zu Übungen und zu Einsätzen, für Wehrübungen, als Heimleiter in Jugenderholungsheimen einer Industriegewerkschaft sowie für Kurse der Berufsgenossenschaft zur Unfallverhütung.[361]

361 Abschn. 1 Abs. 6 UStR.

c) Sachzuwendungen

Sachzuwendungen können im betrieblichen Bereich in Form von Sachspenden oder als Sachgeschenke geleistet werden. Während bei Sachspenden die Spendenmotivation im Vordergrund steht, sind Sachgeschenke unentgeltliche Aufwendungen auf Grund betrieblicher Erwägungen.

Sachspenden sind bei Einzelunternehmern und Mitunternehmern (Gesellschafter einer Personengesellschaft) als Sonderausgaben abziehbar (§ 10b Abs. 1 Satz 1, Abs. 3 Satz 1 EStG). Bei Körperschaften wird der Gesamtbetrag der Einkünfte gemindert (§ 9 Abs. 1 Nr. 2 KStG). Wird eine Sachspenden aus Betriebsvermögen geleistet, ist auf Grund des sog. Buchwertprivilegs (§ 6 Abs. 1 Nr. 4 Satz 4 EStG) keine Gewinnrealisierung erforderlich.[362] Es besteht ein Wahlrecht, die Entnahme mit dem Buchwert oder dem Teilwert anzusetzen. Zusätzlich zu dem Entnahmewert i.S.v. § 6 Abs. 1 Nr. 4 EStG ist auch die bei der Entnahme anfallende Umsatzsteuer abziehbar.[363] Das sog. Buchwertprivileg gilt auch für Zuwendungen i.S.v. § 10b Abs. 1 Satz 3 EStG (§ 6 Abs. 1 Nr. 4 Satz 5 EStG).[364] Relevant ist dies jedoch nur in Fällen, in denen der Vermögenswert nicht zur Verwendung für steuerbegünstigte Zwecke i.S.v. § 10b Abs. 1 Satz 1 EStG eingesetzt wird, d.h. die Stiftung keine nach § 10b Abs. 1 Satz 1 EStG begünstigten Zwekke verfolgt.

Sachgeschenke sind grundsätzlich Betriebsausgaben (§ 4 Abs. 4 EStG), die aber dem Abzugsverbot des § 4 Abs. 5 Satz 1 Nr. 1 EStG unterliegen. Danach sind betrieblich veranlasste Geschenke nur bis zu einem Wert von 40 Euro (pro Empfänger in einem Jahr) abziehbar. Dabei handelt es sich um eine Freigrenze, d.h. hat ein Geschenk einen Wert von über 40 Euro, ist der Betriebsausgabenabzug insgesamt ausgeschlossen.

In der *Umsatzsteuer* können Sachzuwendungen in zweifacher Hinsicht relevant werden. Entnimmt ein Unternehmer Gegenstände aus nichtunternehmerischen (privaten) Gründen,[365] ist dieser

362 S. Teil II:A.II.1.a)(c)(iii).

363 R 111 Abs. 1 Satz 5 EStR.

364 Eingeführt mit dem Gesetz zur weiteren steuerlichen Förderung von Stiftungen (BGBl. I 2000, S. 1034ff.).

365 Dazu im Einzelnen Abschn. 24b Abs. 3-6 UStR.

Vorgang steuerbar (§ 3 Abs. 1b Satz 1 Nr. 1 UStG). Der Umsatzsteuer unterliegen aber auch unentgeltliche Zuwendungen von Gegenständen eines Unternehmensvermögens aus unternehmerischen Erwägungen, soweit es sich dabei nicht um ein Geschenk von geringem Wert (dazu sogleich) oder die unentgeltliche Zuwendung von Warenmustern handelt (§ 3 Abs. 1b Satz 1 Nr. 3 UStG).[366] Die Abgrenzung der verschiedenen unentgeltlichen Wertabgaben ist aber nicht von praktischer Relevanz, da für alle Arten die Bemessungsgrundlage nach § 10 Abs. 4 Nr. 1 UStG zu ermitteln ist, d.h. die Umsatzsteuer stets in gleicher Höhe anfällt. Durch die umsatzsteuerliche Erfassung von unentgeltlichen Wertabgaben wird berücksichtigt, dass der Unternehmer als Konsument seinen Konsum über das Unternehmen befriedigen kann. Es wird verhindert, dass durch Zwischenschaltung eines Unternehmens ein umsatzsteuerfreier Endverbrauch möglich ist. Der Unternehmer, der Gegenstände aus seinem Unternehmen privat entnimmt oder unentgeltlich für private Zwecke verwendet, verhält sich wie ein Verbraucher und ist so diesem umsatzsteuerlich gleichzustellen. Die betroffenen Gegenstände sind wegen des dem Unternehmer grundsätzlich zustehenden Vorsteuerabzugs nicht mit Umsatzsteuer belastet. Der Vorsteuerabzug wird durch die Besteuerung quasi rückgängig gemacht.

Beispiele
Nach § 3 Abs. 1b Satz 1 Nr. 3 UStG typischerweise steuerbar sind unentgeltliche Zuwendungen von Gegenständen für eine Tombola oder ein Preisausschreiben für Werbezwecke[367], von Gegenständen im Rahmen des sog. Sponsorings, von Sportveranstaltungen oder Kulturveranstaltungen, von Medikamenten, Verbandsmaterial, Zelten, Decken und ähnlichem, in Katastrophenfällen, von gebrauchten Unternehmensgegenständen wie Computer, Büroausstattung und Werkzeugen an Wohlfahrtsverbände oder andere gemeinnützige Vereine, von im Unternehmensvermögen befindlichen Kunstgegenständen an Museen oder von Gegenständen an Gebietskörperschaften wie etwa Ruhebänken für öffentliche Grünanlagen.[368]

---

366 § 3 Abs. 1b Satz 1 Nr. 3 wurde mit Wirkung vom 1.4.1999 durch das StEntlG 1999/2000/2002 in das UStG eingefügt. Die Regelung basiert auf Art. 5 Abs. 6 der 6. EG-Umsatzsteuerrichtlinie. Zur Umsatzbesteuerung der unentgeltlichen Wertabgaben i.S.d. § 3 Abs. 1b Satz 1 Nr. 3 UStG s. im Einzelnen BMF vom 10.7.2000, BStBl. I 2000, S. 1185.

367 BT-Drs. 14/23, S. 196

368 Vgl. Abschn. 24b Abs. 8 UStR.

Schenkt ein selbständiger Handwerker einem Sportverein ein bisher in seinem Unternehmen genutztes gebrauchtes Fahrzeug, so handelt es sich um eine Entnahme i.S.v. § 3 Abs. 1b Satz 1 Nr. 1 UStG, wenn die Zuwendung des Fahrzeugs aus privaten Motiven erfolgt, etwa der Unternehmer Vorstandsmitglied des Vereins ist oder er selbst bzw. Familienangehörige aktive Vereinsmitglieder sind. Scheiden aber private Motive für die Zuwendung aus, so handelt es sich um eine unentgeltliche Zuwendung i.S.v. § 3 Abs. 1b Satz 1 Nr. 3 UStG.

Nicht der Umsatzsteuer werden *Geschenke* unterworfen, für die gem. § 15 Abs. 1a Nr. 1 UStG i.V.m. § 4 Abs. 5 Satz 1 Nr. 1 EStG kein Vorsteuerabzug vorgenommen werden kann (§ 3 Abs. 1b Satz 2 UStG) sowie Geschenke von geringem Wert (Anschaffungs oder Herstellungskosten im Kalenderjahr pro Empfänger insgesamt nicht mehr als 40 Euro netto ohne Umsatzsteuer) und die Abgabe von Warenmustern für Zwecke des Unternehmens. Die Umsatzbesteuerung setzt voraus, dass der zugewendete Gegenstand oder seine Bestandteile den abgebenden Unternehmer zum vollen oder teilweisen Vorsteuerabzug berechtigt haben (§ 3 Abs. 1b Satz 2 UStG). Hat der unentgeltlich abgegebene Gegenstand nur zum Teil zum Vorsteuerabzug berechtigt (§ 15 Abs. 4 UStG), ist die unentgeltliche Zuwendung gem. § 3 Abs. 1b UStG insgesamt umsatzsteuerbar.[369] Gleiches gilt für die unentgeltliche Zuwendung von sog. gemischt genutzten Fahrzeugen, für die der Vorsteuerabzug aus den Anschaffungskosten gem. § 15 Abs. 1b UStG nur zu 50 v.H. in Anspruch genommen werden konnte. Der in voller Höhe erhobenen Umsatzsteuer steht damit nur ein hälftiger Vorsteuerabzug gegenüber. Der Unternehmer hat deshalb in diesem Fall einen Ausgleichsanspruch gem. § 15a Abs. 4 Satz 2 UStG, wenn das Fahrzeug während des Berichtigungszeitraums von 5 Jahren zugewendet worden ist.[370]

Wird ein ohne Vorsteuerabzug angeschaffter/hergestellter Gegenstand unentgeltlich zugewendet, so ist dieser Vorgang nichtsteuerbar (§ 3 Abs. 1b Satz 2 UStG). Dies bedeutet insbesondere, dass von einem Nichtunternehmer oder Kleinunternehmer erworbene Gegenstände oder aus dem nichtunternehmerischen Bereich in das Unternehmen eingelegte Gegenstände steuerfrei unentgeltlich zugewendet werden können. Auch Unternehmer, die wegen

369 BMF vom 13.5.1994, BStBl. I 1994, S. 298 (299); BMF vom 8.6.1999, BStBl. I 1999, S. 581 (584), Rdnr. 14.

370 Dazu BMF vom 29.5.2000, BStBl. I 2000, S. 819 (821) Rdnr. 7.

der Ausführung umsatzsteuerfreier Umsätze nach § 4 Nr. 1ff. UStG vom Vorsteuerabzug ausgeschlossen sind (§ 15 Abs. 2 Nr. 1 UStG) brauchen unentgeltliche Zuwendungen nicht zu besteuern.

Sachgeschenke mit einem Wert von mehr als 40 Euro berechtigen den Unternehmer seit dem 1.4.1999 nicht mehr zum Vorsteuerabzug (§ 15 Abs. 1a Nr. 1 UStG i.V.m. § 4 Abs. 5 Satz 1 Nr. 1 EStG). Dies gilt jedoch nicht, wenn das zugewendete Wirtschaftsgut beim Empfänger ausschließlich betrieblich genutzt werden kann.[371] Geschenk ist eine Zuwendung, die nach den Vereinbarungen zwischen Schenker und Beschenkten nicht als Entgelt für eine bestimmte Gegenleistung des Empfängers anzusehen ist.[372] Erbringt der Empfänger die Gegenleistung in Form einer Gegenlieferung, so handelt es sich um einen Tausch i.S.v. § 3 Abs. 12 Satz 1 UStG. Ist Gegenleistung eine sonstige Leistung, liegt ein tauschähnlicher Umsatz i.S.v. § 3 Abs. 12 Satz 2 UStG vor. Beide Male gilt nach § 10 Abs. 2 Satz 2 UStG der Wert jedes Umsatzes als Entgelt für den anderen. An der Unentgeltlichkeit fehlt es schon, wenn nur eine Seite von Entgeltlichkeit ausgeht.[373] Unentgeltlichkeit ist im Einzelfall auch dann gegeben, wenn mit der Zuwendung der Zweck verfolgt wird, Geschäftsbeziehungen zu sichern, zu verbessern oder für ein Erzeugnis zu werben. Werden neuwertige Gegenstände des Umlaufvermögens unentgeltlich abgegeben, so ist von einem Sachgeschenk auszugehen, bei dessen Anschaffung oder Herstellung der Vorsteuerabzug nach § 15 Abs. 1a Nr. 1 UStG ausgeschlossen ist und der Unternehmer im Zeitpunkt der Abgabe den bei der Anschaffung oder Herstellung in Anspruch genommenen Vorsteuerabzug berichtigen muss (§ 17 Abs. 2 Nr. 5 UStG). Die Zuwendung ist nicht als unentgeltliche Wertabgabe zu versteuern. Werden jedoch Gegenstände unentgeltlich abgegeben, die im Unternehmen bereits gebraucht und so nicht mehr neuwertig sind, greift § 3 Abs. 1b Satz 1 Nr. 3 UStG ein, wenn die Abgabe aus unternehmerischen Gründen erfolgt.

Über eine unentgeltlich Zuwendung kann von dem abgebenden Unternehmer keine Rechnung mit gesondert ausgewiesener Um-

371 R 21 Abs. 2 Satz 4 EStR.

372 Vgl. R 21 Abs. 4 Satz 2 EStR.

373 Vgl. BFH BStBl. II 1993, S. 806 (808).

satzsteuer erteilt werden.[374] Somit kann der Empfänger keinen Vorsteuerabzug gelten machen.

Eine *Rechnungserteilung* mit gesondertem Umsatzsteuerausweis ist nur bei entgeltlichen Lieferungen von Gegenständen zulässig. Eine entgeltliche Lieferung setzt nicht voraus, dass Leistung und Gegenleistung gleichwertig sind. Der Unternehmer kann statt einer unentgeltlichen Zuwendung einen Gegenstand gegen ein geringes Entgelt abgeben. Dies kann auch darin bestehen, dass vom Empfänger lediglich die Umsatzsteuer zu übernehmen ist, die der abgebende Unternehmer für die Hingabe des Gegenstands abführen muss. Dann wird die für die Lieferung geschuldete Umsatzsteuer nach dem vom Abnehmer tatsächlich entrichteten Entgelt bemessen (§ 10 Abs. 1 UStG). Nur in den Fällen des § 10 Abs. 5 UStG wird die sog. Mindestbemessungsgrundlage, d.h. mindestens der Einkaufspreis, angesetzt. Dies gilt vor allem für Lieferungen an nahestehende Personen, Gesellschafter und Arbeitnehmer. Bei diesen Konstellationen ist jedoch zu bedenken, dass der ertragsteuerliche Spendenabzug nach §§ 10b EStG, 9 Abs. 1 Nr. 2 KStG, 5 Nr. 9 GewStG entfällt, da es dann an der Unentgeltlichkeit der „Spende" fehlt. Auch ist die Empfängerkörperschaft einer Zuwendung i.S.d. §§ 10b EStG, 9 Abs. 1 Nr. 2 KStG, 5 Nr. 9 GewStG nicht zum Vorsteuerabzug berechtigt,[375] denn die Entgegennahme steuerlich abzugsfähiger Spenden ist nur für den Bereich der Verfolgung satzungsmäßiger, gemeinnütziger Zwecke möglich. Ertragsteuerlich abzugsfähige Spenden können deshalb ohnehin nicht in den unternehmerischen Bereich der Empfängerkörperschaft fallen.

Zur Behandlung von Sachzuwendungen vgl. folgende Übersicht:

	Sachzuwendung	
	Sachspende	Sachgeschenk
Ertragsteuer	keine Betriebsausgaben, aber Sonderausgaben (§ 10b EStG) oder Minderung des Gesamtbetrags der Einkünfte (§ 9 Abs. 1 Nr. 2 KStG)	Betriebsausgaben (§ 4 Abs. 4 EStG), aber Abzugsverbot wenn • 40 Euro (§ 4 Abs. 5 Satz 1 Nr. 1 EStG)
Umsatzsteuer	ggf. steuerbar (§ 3 Abs. 1b Satz 1 Nr. 1 UStG)	ggf. steuerbar (§ 3 Abs. 1b Satz 1 Nr. 3 UStG)

374 Abschn. 24a Abs. 3 Satz 4 UStR; BMF vom 10.7.2000, BStBl. I 2000, S. 1185 (1187 Nr. 8).

375 S. Teil II:A.I.1.b).

Zur Umsatzsteuerbarkeit von Sachgeschenken vgl. folgende Übersicht:

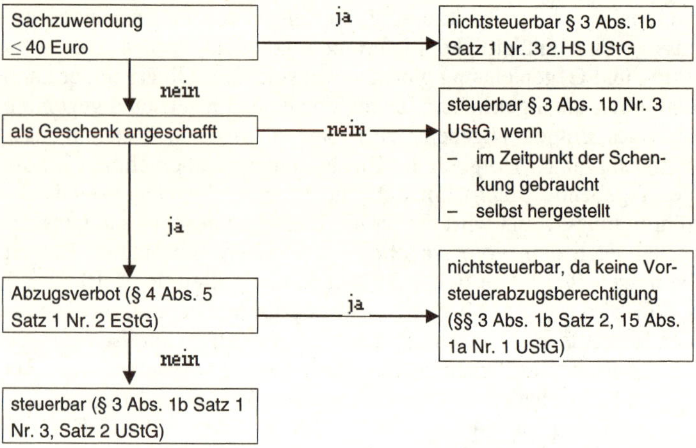

d) Unternehmensverbundene Stiftungen

Unternehmen können sich mittelbar, über eine zu diesem Zweck errichtete steuerbegünstigte (§ 5 Abs. 1 Nr. 9 KStG) Körperschaft bürgerschaftlich engagieren. I.d.R. erfolgt dies durch Errichtung einer *Stiftung* (§§ 80ff. BGB). Die Wahl der Rechtsform der Stiftung ist jedoch nicht zwingend. Möglich ist grundsätzlich jede körperschaftliche Organisationsform. Es gibt öffentliche (Verfolgung eines öffentlichen Zwecks) und private (Begünstigung eines bestimmten Personenkreises) Stiftungen. Hiervon zu unterscheiden ist die Frage, ob es sich um eine öffentlich-rechtliche Stiftung (Begründung durch einen auf Gesetz oder Verordnung beruhenden Verwaltungsakt) oder um eine privatrechtliche Stiftung handelt. Werden der Stiftung Unternehmensanteile übertragen, spricht man von einer Beteiligungsstiftung. Im Rahmen der Unternehmensnachfolge werden fast ausschließlich Stiftungen errichtet. Mit der Stiftungserrichtung ist einerseits den Erhalt des Unternehmens als Ganzes und andererseits die materielle Versorgung der Familie gesichert.

Beispiele
Zu den öffentlichen Stiftungen gehören Stiftungen, die der Förderung der Religion, Kunst, Wissenschaft, Wohltätigkeit oder Bildung dienen. Eine Familienstiftung (nach der Satzung sind der Stifter, seine Angehörigen und deren Abkömmlinge zu mehr als der Hälfte bzw. zu mehr als einem Viertel, wenn ein wesentliches Familieninteresse hinzukommt, bezugsberechtigt) ist dagegen eine private Stiftung.

Zuwendungen an eine Stiftung[376] sind, über die Höchstbeträge der §§ 10b Abs. 1 Sätze 1 und 2 EStG, 9 Abs. 1 Nr. 2 Sätze 1 und 2 KStG, 9 Nr. 5 Sätze 1 und 2 GewStG hinaus, bis zur Höhe von 20.450 Euro abziehbar (§§ 10b Abs. 1 Satz 3 EStG, 9 Abs. 1 Nr. 2 Satz 3 KStG, 9 Nr. 5 Satz 3 GewStG). Zusätzlich sind Zuwendungen bis zur Höhe von 307.000 Euro in den Vermögensstock einer neu gegründeten, steuerbegünstigten Stiftung i.S.d. § 5 Abs. 1 Nr. 9 KStG berücksichtigungsfähig (§ 10b Abs. 1a Satz 1 EStG). Diese Steuervergünstigung gilt jedoch nur, wenn eine natürliche Person oder eine Personengesellschaft die Zuwendung tätigt. In § 9 Abs. 1 Nr. 2 KStG ist keine entsprechende Abzugsmöglichkeit vorgesehen. Auch im Rahmen der Gewerbesteuer können nur Einzelunternehmer und Personengesellschaften Zuwendungen anlässlich der Neugründung einer steuerbegünstigten Stiftung bis zur Höhe von 307.000 Euro von ihrem Gewinn aus Gewerbebetrieb abziehen (§ 9 Nr. 5 Satz 5 GewStG).

Werden der Stiftung Sachmittel aus dem Betriebsvermögen zugewendet, so gilt das Buchwertprivileg des § 6 Abs. 1 Nr. 4 Satz 4 EStG.[377]

Zuwendungen an gemeinnützige Körperschaften, Personenvereinigungen und Vermögensmassen sind weiter von der Erbschaft- und Schenkungsteuer befreit (§ 13 Abs. 1 Nr. 16 Buchst. b ErbStG).

Werden einer gemeinnützigen Stiftung nicht Bar- oder Sachmittel, sondern Unternehmensanteile als Vermögensstock übertragen *(Beteiligungsstiftung),* so sind die Erträge aus dieser Unternehmensbeteiligung der Vermögensverwaltung (§ 14 Satz 3 AO) zuzuordnen, soweit die Beteiligung keinen steuerpflichtigen wirtschaftlichen Geschäftsbetrieb begründet. Von einem steuerpflichtigen wirtschaftlichen Geschäftsbetrieb ist auszugehen, wenn die gemeinnützige Stiftung Einfluss auf die laufende Geschäftsfüh-

376 S. Teil II:A.II.2.a).
377 S. Teil II:A.II.1.a)(c)(iii).

rung des Unternehmens nimmt.[378] Ist die Stiftung an einer Kapitalgesellschaft beteiligt, so wird die Ausschüttung mit einer Körperschaftsteuer von 25 v.H. belastet. Die einbehaltene Kapitalertragsteuer i.H.v. 20 v.H. (§ 43a Abs. 1 Nr. 1 EStG) wird der gemeinnützigen Stiftung auf Antrag gem. § 44c Abs. 1 Nr. 1 EStG erstattet. Im Ergebnis verbleiben einer gemeinnützigen Stiftung, die eine solche Beteiligung im Rahmen ihrer steuerbefreiten vermögensverwaltenden Tätigkeit hält, also 75 v.H. des bei der Kapitalgesellschaft zur Ausschüttung bestimmten Gewinns für ihre satzungsmäßige Tätigkeit.

Beispiele
Im Rahmen einer Unternehmensnachfolge kann eine sog. Doppelstiftung errichtet werden. Dabei stehen eine gemeinnützige Stiftung, die den Großteil der Unternehmensanteile in ihrem Vermögen hält, und eine Familienstiftung mit einer geringen Unternehmensbeteiligung nebeneinander. Die Stimmrechte werden umgekehrt verteilt. Während die gemeinnützige Stiftung nur stimmrechtslose Vorzugsaktien und damit keine oder wenige Stimmrechte hat, verfügt die Familienstiftung über einen Großteil der Stimmrechte. Damit kann die gemeinnützige Stiftung keinen Einfluss auf die laufenden Geschäfte nehmen und so keinen steuerpflichtigen wirtschaftlichen Geschäftsbetrieb begründen. Die Familienstiftung hat nur wenig eigenes Vermögen, so dass die Besteuerung bei der Stiftungserrichtung und die alle dreißig Jahre anfallende Erbschaftsteuer (§ 1 Abs. 1 Nr. 4 ErbStG) nur anhand der geringen kapitalmäßigen Beteiligung der Familienstiftung zu bemessen ist. Die Familie kann weiterhin über die Stimmrechte Einfluss auf die Unternehmensführung nehmen. Sie wird in der Weise unterstützt, dass die Stiftung nach Maßgabe von § 58 Nr. 5 AO einen Teil (maximal ein Drittel)[379] der steuerfrei vereinnahmten Erträge aus der Unternehmensbeteiligung an die Familie des Stifters ausschüttet.

Eine Stiftung kann in ihrem Vermögen auch mehrere Beteiligungen an unterschiedlichen Kapitalgesellschaften halten. Sobald die Stiftung jedoch als Leitungsmacht ausübende Holding (Gesellschaft deren Aufgabe darin besteht, im Rahmen eines Konzerns als Dachgesellschaft die Geschäftsanteile oder Aktien der abhängigen Unternehmen zu verwalten und ggf. einheitlich zu leiten) auftritt, wird ein steuerpflichtiger wirtschaftlicher Geschäftsbetrieb begründet. Sollen einer gemeinnützigen Stiftung unterschiedliche Beteiligungen an Kapitalgesellschaften zugewendet werden, empfiehlt sich die Zwischenschaltung einer Holdingkapitalgesellschaft, an der die Stiftung dann wiederum im Rahmen ihrer vermögensverwaltenden Tätigkeit beteiligt sein kann.

---

378 BFH BStBl. II 1971, S. 753 (754); Abschn. 8 Abs. 5 Satz 4 KStR; AEAO zu § 64 Nr. 3 Satz 3, BStBl. I 1998, S. 630 (671).

379 AEAO zu § 58 Nr. 7, BStBl. I 1998, S. 630 (663).

Eine rechtsfähige Stiftung kann Gesellschafterin einer KG sein, sei es als Komplementärin einer Stiftung & Co. KG oder als Kommanditistin. Die Stiftung & Co. KG ist eine Kommanditgesellschaft i.S.d. §§ 105ff., 161ff. HGB. Sie haftet als rechtsfähiges Sondervermögen ohne Gesellschafter nur mit dem Stiftungsvermögen. Die Besteuerung erfolgt nach § 15 Abs. 1 EStG (Besteuerung der Gewinnanteile aus der Mitunternehmerschaft), wenn die KG gewerblich tätig ist (§ 15 Abs. 2 EStG). Sie gilt nicht als gewerblich geprägt i.S.d. § 15 Abs. 3 Nr. 2 EStG, da die Stiftung keine Kapitalgesellschaft ist. Ist die KG gewerblich tätig, unterhält die Stiftung, soweit sie Komplementär ist, einen steuerpflichtigen wirtschaftlichen Geschäftsbetrieb i.S.d. § 64 Abs. 1 AO. Der wirtschaftliche Geschäftsbetrieb kann den Gemeinnützigkeitsstatus der Stiftung insgesamt gefährden, wenn die KG dauerhaft Verluste erzielt.

Bei gewerblicher Tätigkeit ist die Stiftung & Co. KG auch gewerbesteuerpflichtig (§ 2 Abs. 1 GewStG). Auch die Komplementär-Stiftung ist grundsätzlich mit ihrem wirtschaftlichen Geschäftsbetrieb gem. § 2 Abs. 3 GewStG gewerbesteuerpflichtig. Die Korrekturvorschriften der §§ 9 Nr. 2, 8 Nr. 8 GewStG verhindern jedoch eine Doppelbesteuerung auf Stiftungs- und auf KG-Ebene (sog. Schachtelprivileg). Übt die KG dagegen nur vermögensverwaltende Tätigkeiten (z.B. Vermietung und Verpachtung von Immobilien) aus, so entsteht bei der Komplementär-Stiftung kein steuerpflichtiger wirtschaftlicher Geschäftsbetrieb. Gleiches gilt für den Fall, dass die Stiftung Kommanditistin ist. Mit der Beteiligung an einer gewerblich tätigen Personengesellschaft wird aber ein wirtschaftlicher Geschäftsbetrieb i.S.d. § 64 Abs. 1 AO begründet.[380] Ausnahmsweise kommt eine Zuordnung zur Vermögensverwaltung in Betracht, wenn die Kommanditisten-Stiftung in der Gesellschafterversammlung kein Stimmrecht hat und ihr auch das Widerspruchsrecht gem. § 164 HGB nicht zusteht,[381] oder wenn die gemeinnützige Kommanditisten-Stiftung den Mehrheitsgesellschafter in keinem Fall an seiner Beschlussfassung hindern kann.[382]

e) Zuwendung von Sozialleistungen an Arbeitnehmer

Unternehmen können sich auch gegenüber ihren Mitarbeitern bürgerschaftlich engagieren. Steuerlich relevant ist vor allem die *Zuwendung besonderer Sozialleistungen.* Diese sind zwar zunächst eigennützig motiviert, denn solche Leistungen dienen unmittelbar dem Betrieb, indem weniger Krankheitstage anfallen, eine höhere Motivation der Mitarbeiter oder eine Steigerung der Attraktivität als Arbeitgeber zu verzeichnen sind. Sie bringen aber auch eine erhöhte soziale Verantwortung des Arbeitgebers zum Ausdruck

380 BFH BStBl. II 1989, S. 762 (763).
381 BFH BStBl. II 1989, S. 762 (763).
382 BFH BStBl. II 1989, S. 762 (763).

und können auf diese Weise mittelbar das soziale Klima in der Gesellschaft mitprägen. Diese Wirkung wird auch erzielt, wenn Ehrenämter und soziales Engagement von Arbeitnehmern in der Berufsbiographie und in der Personalakte entsprechend anerkannt und bei Entscheidungen über das berufliche Fortkommen als positiver Faktor berücksichtigt werden.

Wendet ein Arbeitgeber seinen Arbeitnehmern besondere (Sozial-) Leistungen zu, so sind die Aufwendungen hierfür typischerweise Betriebsausgaben (§§ 4 Abs. 4 EStG, 8 Abs. 1 KStG). Denn die Zuwendungen sind durch betriebliche Erwägungen (mit-) veranlasst.

Beispiele
Die Einrichtung eines Betriebskindergartens dient dazu, junge Mütter nicht als Mitarbeiterinnen zu verlieren. Stellt ein Arbeitgeber kostenlose medizinische Vorsorgeuntersuchungen, Grippeimpfungen oder Medikamente zur Verfügung, so zielen diese Leistungen auf die Senkung des Krankenstandes, d.h. im Ergebnis auf eine Produktivitätssteigerung ab. Vorsorgeuntersuchungen für Führungskräfte bezwecken die frühzeitige Erkennung von möglichen Krankheitsausfällen, um betriebliche Störungen möglichst zu vermeiden.[383] Die Zuwendung von zusätzlichen, über die bloße Gehaltszahlung hinausgehenden Leistungen, dient i.d.R. der Motivations- und damit der Leistungssteigerung.

Solange die *betriebliche Veranlassung* eine ggf. daneben bestehende soziale Motivation überlagert, sind die außerbetrieblichen Gründe für die rechtliche Beurteilung der Aufwendungen als Betriebsausgaben unschädlich, selbst wenn keine entsprechende Rechtspflicht des Arbeitgebers besteht. Auch freiwillige, unentgeltliche Zuwendungen können beim Geber betrieblich veranlasst sein. Unerheblich ist, dass das Ziel der Motivationssteigerung oder der Erhöhung der Attraktivität als Arbeitgeber durch die Zuwendung an die Arbeitnehmer nur mittelbar erreicht werden kann.

Das Abzugsverbot des § 4 Abs. 5 Satz 1 Nr. 1 EStG gilt nicht für Zuwendungen des Arbeitgebers an den Arbeitnehmer oder an eine diesem nahestehende Person, denn diese sind durch das Dienstverhältnis veranlasst und deshalb nicht unentgeltlich i.S.v. § 4 Abs. 5 Satz 1 Nr. 1 EStG. Solche Zuwendungen sind Arbeitslohn (§ 19 EStG), soweit es sich nicht um bloße Aufmerksamkeiten handelt.

383 S. BFH BStBl. II 1983, S. 39ff.

Beispiele
Die unentgeltliche medizinische Betreuung durch den Betriebsarzt sowie die kostenlose Verabreichung von Arzneimitteln (wie z.B. die Verabreichung von Jodtabletten an in Kernkraftwerken tätige Arbeitnehmer) und Grippeimpfungen sind einkommensteuerfreie Aufmerksamkeiten,[384] wenn die Leistungen allen Arbeitnehmern zugewendet werden. Der einzelne Arbeitnehmer erwirbt keinen eigenen, bzw. bei der Abgabe von Medikamenten – wegen der ersparten Rezeptgebühr – nur einen geringen, geldwerten Vorteil, denn diese Leistungen werden ansonsten von der Krankenversicherung des Arbeitnehmers getragen. Gleiches gilt für vom Arbeitgeber finanzierte Kuren[385] und Vorsorgeuntersuchungen.[386] Die Zuwendung derartiger medizinischer Leistungen ist nicht Bestandteil des Arbeitslohns, wenn sie im ganz überwiegenden eigenbetrieblichen Interesse des Arbeitgebers zugewendet werden. Für ein solches ganz überwiegendes Interesse des Arbeitgebers an der Durchführung einer Kur oder Vorsorgeuntersuchungen spricht der nahezu ausschließliche Einfluss des Arbeitgebers – oder seines Betriebsarztes – auf die Durchführung der Untersuchungen oder Kuren hinsichtlich Umfang, Dauer, Ort und Inhalt.[387]

Für Zuwendungen des Arbeitgebers, die zu Einkünften aus nichtselbständiger Arbeit führen, sind diverse *Befreiungstatbestände* vorgesehen:

- *§ 3 Nr. 62 Satz 1 EStG:* Neben den gesetzlichen Pflichtbeiträgen des Arbeitgebers zur Sozialversicherung und zur Unfallversicherung sind auch Zuschüsse des Arbeitgebers in derselben Höhe zu gleichgestellten Versicherungen des Arbeitnehmers steuerfrei, wenn der Arbeitnehmer von der gesetzlichen Rentenversicherung befreit ist (§ 3 Nr. 62 Sätze 2–4 EStG). Erbringt der Arbeitgeber über die Höhe der gesetzlichen Pflichtversicherungsbeiträge hinaus Beiträge für die Zukunftssicherung des Arbeitnehmers, so handelt es sich insoweit um steuerpflichtigen Arbeitslohn (§ 2 Abs. 2 Nr. 3 LStDV).
- *§ 3 Nr. 15 EStG:* Zuwendungen des Arbeitgebers anlässlich der Eheschließung oder der Geburt eines Kindes des Arbeitnehmers sind bis zur Höhe von 358 Euro steuerfrei.
- *§ 3 Nr. 32 EStG:* Organisiert der Arbeitgeber eine kostenlose Sammelbeförderung der Arbeitnehmer zur Arbeitsstätte, z.B. mit einem Werksbus, so ist diese Leistung steuerfrei.

384 BFH BStBl. II 1975, S. 340 (342).
385 BFH BStBl. II 1975, S. 340.
386 BFH BStBl. II 1983, S. 39.
387 BFH BStBl. II 1983, S. 39 (41); 1975, S. 340 (342).

- *§ 3 Nr. 34 EStG:* Auch sonstige Fahrtkostenzuschüsse zur Beförderung zur Arbeitsstätte mit öffentlichen Verkehrmitteln sind steuerfrei.
- *§ 3 Nr. 33 EStG:* Zusätzlich zum ohnehin geschuldeten Arbeitslohn erbrachte Leistungen des Arbeitgebers zur Unterbringung und Betreuung von nicht schulpflichtigen Kindern der Arbeitnehmer in Kindergärten oder vergleichbaren Einrichtungen sind steuerfrei. Danach unterliegt die Zurverfügungstellung von Kindergartenplätzen durch den Arbeitgeber nicht der Besteuerung. Zuschüsse des Arbeitgebers für die Unterbringung und Betreuung von Kindern der Arbeitnehmer in betriebsfremden Kindergärten sind ebenfalls steuerfrei. Vergleichbare Einrichtungen sind auch Tagesmütter. Die Einrichtung muss aber gleichzeitig zur Unterbringung und Betreuung von Kindern geeignet sein. Die alleinige Betreuung im Haushalt, z.B. durch Kinderpflegerinnen, Haushaltsgehilfinnen oder Familienangehörige, genügt nicht.

Aus *umsatzsteuerlicher Sicht* ist die bloße Entrichtung des vom Arbeitgeber geschuldeten Arbeitslohns in Form von Bargeld oder durch Überweisung kein umsatzsteuerbarer Vorgang.[388] Erfolgt die Vergütung für geleistete Dienste zusätzlich durch Sachzuwendungen, liegt eine entgeltliche Leistung i.S.d. § 1 Abs. 1 Nr. 1 UStG vor.[389] Vergütung für geleistete Dienste ist alles, was der Arbeitnehmer auf Grund seines Arbeitsvertrags, mündlicher Abreden oder nach den sonstigen Umständen des Arbeitsverhältnisses (z.B. auf Grund einer betrieblichen Übung) neben dem Barlohn zusätzlich in Form von Sachzuwendungen erhält.[390] Bemessungsgrundlage für solche entgeltlichen Sachleistungen ist das Entgelt (§ 10 Abs. 1 UStG), mindestens aber der Einkaufspreis der zugewendeten Sache (§ 10 Abs. 5 Nr. 2, Abs. 4 Nr. 1 UStG). Wendet der Arbeitgeber einem Arbeitnehmer hingegen freiwillig und unentgeltlich, d.h. gerade nicht als Vergütung für seine Dienste, Sach- oder sonstige Leistungen zu, so gilt § 3 Abs. 1b Satz 1 Nr. 2, Abs. 9a Satz 1 Nr. 2 UStG. Unentgeltliche Sachzuwendungen an das Personal für dessen privaten Bedarf werden einer entgeltlichen Sachzuwendung gleichgestellt, wenn es keine bloße Aufmerksamkeit

---

388 Abschn. 1 Abs. 3 Sätze 1–3 UStR.
389 Abschn. 12 Abs. 1 Satz 1 UStR.
390 Abschn. 103 Abs. 7 Satz 2 UStR.

des Arbeitgebers ist, sie für den privaten Bedarf des Arbeitnehmers erfolgen und der betreffende Gegenstand oder seine Bestandteile zum Vorsteuerabzug berechtigt haben (§ 3 Abs. 1b Satz 1 Nr. 2, Satz 2 UStG). Eine Zuwendung erfolgt nicht für den privaten Bedarf des Arbeitnehmers, wenn sie überwiegend durch das betriebliche Interesse des Arbeitgebers veranlasst ist.[391] Dient die Sachzuwendung gleichzeitig dem privaten Bedarf des Arbeitnehmers, entfällt die Umsatzsteuerbarkeit, wenn dieser Umstand durch die angestrebten betrieblichen Zwecke überlagert wird und der Vorteil für den Arbeitnehmer lediglich ein Reflex dieser betrieblichen Zielsetzung ist.[392] Bemessungsgrundlage für umsatzsteuerbare unentgeltliche Sachzuwendungen an Arbeitnehmer sind der Einkaufspreis zuzüglich Nebenkosten oder die Selbstkosten (§ 10 Abs. 4 Satz 1 Nr. 1 UStG).[393]

Beispiele
Gelegenheitsgeschenk (Geschenke, die aus einem besonderen persönlichen, einmaligen oder selten wiederkehrenden Anlass gewährt werden), die nicht nur Aufmerksamkeiten sind, sind umsatzsteuerbar (§ 3 Abs. 1b Satz 1 Nr. 2 UStG).

Die Gestellung von Arbeitskleidung, wie z.B. Schutzhelmen liegt überwiegend im Interesse des Arbeitgebers und wird, auch wenn sie dem Arbeitnehmer geschenkt wird, nicht als unentgeltliche Leistung i.S.d. § 3 Abs. 1b Satz 1 Nr. 2 UStG bewertet.[394]

Genehmigt der Unternehmer seinem Personal die unentgeltliche, private Verwendung von dem Unternehmen zugeordneten Gegenständen, so ist diese Zuwendung umsatzsteuerbar (§ 3 Abs. 9a Satz 1 Nr. 1 UStG). Die unentgeltliche Zuwendung sonstiger Leistungen durch den Arbeitgeber an sein Personal für dessen privaten Bedarf werden entgeltlichen sonstigen Leistungen gleichgestellt, wenn sie nicht mit überwiegend unternehmerischer Zielsetzung erfolgt und keine bloße Aufmerksamkeit darstellt (§ 3 Abs. 9a Satz 1 Nr. 2 UStG).

Beispiele
Zu der steuerbaren Verwendung von unternehmenseigenen Gegenständen zählt die Nutzung von Telekommunikationsanlagen und Dienst- oder Firmenfahrzeugen.

391 Abschn. 12 Abs. 4 Satz 1 UStR.
392 Abschn. 12 Abs. 4 Sätze 1 und 2 UStR.
393 Abschn. 12 Abs. 7 UStR.
394 Abschn. 12 Abs. 4 Satz 3 Nr. 4 UStR.

Eine unentgeltliche Zuwendung sonstiger Leistungen (§ 3 Abs. 9a Satz 1 Nr. 2 UStG) ist die vom Arbeitgeber organisierte Sammelbeförderung der Arbeitnehmer zur Arbeitsstätte, denn unter normalen Umständen ist es Sache des Arbeitnehmers, den Standort seiner Wohnung und das geeignete Verkehrsmittel zu wählen. Die unentgeltliche Beförderung der Arbeitnehmer zu einer ansonsten nicht erreichbaren Betriebsstätte dient dagegen in erster Linie den betrieblichen Zwecken des Arbeitgebers,[395] so dass diese Leistung nichtsteuerbar ist.

Eine Zuwendung sonstiger Leistungen ist auch die unentgeltliche Abgabe von Mahlzeiten an Arbeitnehmer in Betriebskantinen. Es handelt sich insoweit nicht um bloße Aufmerksamkeiten. Die Verköstigung der Arbeitnehmer liegt nicht im überwiegenden Interesse des Arbeitgebers. Obwohl die Abgabe kostenloser Mahlzeiten eine Sachzuwendung ist, wird die Abgabe von Speisen und Getränken zum Verzehr an Ort und Stelle gem. § 3 Abs. 9 Satz 4 UStG den Dienstleistungen zugerechnet, da im Rahmen einer Gesamtbetrachtung der Anteil der Dienstleistungen – von der Zubereitung bis zur Darreichung der Speisen – den Anteil der Sachleistungen überwiegt.[396] Die betriebsärztliche Betreuung und vom Arbeitgeber vorgesehene Vorsorgeuntersuchungen liegen ebenfalls im überwiegenden Interesse des Arbeitgebers.[397] Auch die Unterhaltung eines Betriebskindergartens, der den Kindern der Arbeitnehmer kostenlos oder günstig zur Verfügung steht, gilt als überwiegend durch das betriebliche Interesse des Arbeitgebers veranlasst.[398] Diese Leistungen sind dann nicht gem. § 3 Abs. 9a Satz 1 Nr. 2 UStG umsatzsteuerbar.

Zuwendungen an Arbeitnehmer unterliegen i.d.R. nicht der Schenkungsteuer. Werden sie dem Arbeitsentgelt zugerechnet, d.h. erfolgt die Zuwendung im ganz überwiegenden, eigenbetrieblichen Interesse des Arbeitgebers, fehlt es an der für eine freigiebige Zuwendung erforderlichen Unentgeltlichkeit (§§ 1 Abs. 1 Nr. 2, 7 ErbStG).[399] Hat der Arbeitgeber den Willen zu einer schenkweisen Zuwendung und ist der Arbeitnehmer bereichert ist, werden solche Zuwendungen aber normalerweise vom Freibetrag des § 16 Abs. 1 Nr. 5 ErbStG i.H.v. 5.200 Euro erfasst und sind im Ergebnis steuerfrei. Die Steuerfreiheit von Gelegenheitsgeschenken folgt aus § 13 Abs. 1 Nr. 14 ErbStG.

---

395 FG Köln EFG 1999, S. 252 (253).

396 EuGH, Rs. C-231/94, Slg. 1996, S. I-2395ff. (Einordnung von Restaurationsleistungen als Dienstleistung i.S.d. Art. 6 Abs. 1 der 6. EG-Umsatzsteuerrichtlinie und nicht als Lieferung von Gegenständen i.S.d. Art. 5 Abs. 6 der 6. EG-Umsatzsteuerrichtlinie); BFH, BStBl. II 1998, S. 279 (280); 1989, S. 210 (212); Abschn. 25a Abs. 1 Satz 3 UStR.

397 Abschn. 12 Abs. 4 Satz 3 Nr. 2 UStR.

398 Abschn. 12 Abs. 4 Satz 3 Nr. 7 UStR.

399 R 14 Abs. 1 Satz 3 ErbStR.

B Sozialrecht

I. Sozialgesetzbuch und sonstige Sozialgesetze

Die wichtigsten sozialrechtlichen Vorschriften sind im Sozialgesetzbuch (SGB) zusammengefasst. Das SGB unterteilt sich in einzelne Bücher, die mit römischen Ziffern gekennzeichnet werden, z.B. SGB V – Gesetzliche Krankenversicherung.[400] Bisher sind aber noch nicht alle Sozialleistungsgesetze in das SGB als Bücher aufgenommen worden, wie z.B. das Bundessozialhilfegesetz (BSHG). Diese Gesetze gelten jedoch als besondere Teile des SGB (vgl. § 68 SGB I).

II. Entgeltliche und unentgeltliche Tätigkeiten im Sozialrecht

Ehrenamtliche und bürgerschaftlich engagierte Tätigkeiten sind in der Regel unentgeltlich. Um Schutz aus dem deutschen Sozialleistungssystem zu erlangen, kann es jedoch darauf ankommen, ob dieser Schutz mit einer entgeltlichen Tätigkeit verknüpft ist. Dies

---

400 Das SGB umfasst zur Zeit folgende Bücher:

SGB I	Allgemeiner Teil
SGB III	Arbeitsförderung
SGB IV	Gemeinsame Vorschriften für die Sozialversicherung
SGB V	Gesetzliche Krankenversicherung
SGB VI	Gesetzliche Rentenversicherung
SGB VII	Gesetzliche Unfallversicherung
SGB VIII	Kinder- und Jugendhilfe
SGB IX	Rehabilitation und Teilhabe behinderter Menschen
SGB X	Sozialverwaltungsverfahren und Sozialdatenschutz
SGB XI	Soziale Pflegeversicherung.

ist meistens der Fall, wenn es sich um Leistungen der verschiedenen Zweige der *Sozialversicherung* handelt. Der soziale Schutz wird hier regelmäßig über ein Arbeitsverhältnis, manchmal auch über eine selbstständige Tätigkeit vermittelt. Die Geldleistungen der Sozialversicherungen sind in der Mehrzahl als Entgeltersatzleistungen ausgestaltet und stellen damit auf vorher bezogenes Entgelt aus Arbeit ab, so die langfristigen Entgeltersatzleistungen als „Rente" (z.B. Altersrente, Verletztenrente), die zeitlich begrenzten als „Geld" (z.B. Krankengeld, Verletztengeld, Arbeitslosengeld). Auf der leistungsrechtlichen Seite kann Arbeitsentgelt bei den Hinzuverdienstgrenzen bei bestimmten Rentenleistungen relevant werden.

Auch in der Finanzierungsweise von Sozialleistungen bildet sich die Bezugnahme auf das Arbeitsentgelt ab. Die Finanzierung der Sozialleistungen aus Beiträgen von Arbeitgebern und Arbeitnehmern (und nicht aus Steuern) hat dann das Arbeitsentgelt zur Grundlage, wenn diese Sozialleistungen in der Hauptsache dem Schutz der Arbeitnehmer (und ihrer Familie) zu dienen bestimmt sind. Dieser Schutz der Arbeitnehmer ist trotz aller Erweiterungen nach wie vor die zentrale Aufgabe der *Sozialversicherung*.

Außerhalb der Sozialversicherung geht es nicht um den Schutz von Erwerbstätigen, sondern um den Schutz in bestimmten Bedarfslagen (z.B. Ausbildungsförderung, Wohngeld, Sozialhilfe) oder aufgrund bestimmter Verursachungen (z.B. bei der Kriegsopferentschädigung oder bei der Verbrechensopferentschädigung). Deswegen ist der Bezug auf eine entgeltliche Tätigkeit nicht mehr in der gleichen Weise wie in der Sozialversicherung gegeben. Hier geht es – z.B. bei der Sozialhilfe, der Arbeitslosenhilfe oder den Ausbildungsförderungsleistungen nach dem BAföG – für den Leistungsbezug darum, ob Einkommen vorliegt, das dann bei Überschreitung gewisser Grenzen leistungssausschließend wirken kann.

Sozialrechtlich von Bedeutung kann auch erzieltes *Einkommen aus Erwerbstätigkeit* sein. Dies gilt etwa bei der Anrechnung von Einkommen im Zusammenhang von Hinzuverdienstgrenzen bei bestimmten Rentenleistungen oder bei den bedarfsabhängigen Sozialleistungen etwa der Sozialhilfe. Für ehrenamtlich oder bürgerschaftlich engagiert Tätige kann dies wichtig werden, wenn z.B. Aufwandsentschädigungen für diese Tätigkeit als Einkommen zu bewerten sind.

Nun kann man sich fragen, was die bürgerschaftliche oder ehrenamtliche Tätigkeiten überhaupt mit entgeltlicher Beschäftigung oder mit Einkommen zu tun haben. Es war aber schon im steuerrechtlichen Teil dieses Ratgebers zu sehen, dass hier sehr wohl Berührungspunkte gegeben sein können. Insbesondere handelt es sich um folgende Fragen:

- Zunächst geht es darum, ob man – obwohl bürgerschaftliche oder ehrenamtliche Tätigkeit unentgeltlich ist – trotzdem über eine versicherungspflichtige Beschäftigung Schutz in der Sozialversicherung erlangen kann.
- Dann taucht die Frage auf, ob bestimmte Arten der „Entlohnung" solcher Tätigkeiten, z.B. in Form von „Aufwandsentschädigungen", dazu führen können, dass man sozialversicherungspflichtig wird.
- Schließlich können solche „Aufwandsentschädigungen" immer dort problematisch sein, wo es um die Einhaltung bestimmter Einkommensgrenzen und damit die Anrechnung von Einkommen als Voraussetzung für den Bezug von Sozialleistungen geht.

III. Allgemeine Voraussetzungen der Sozialversicherungspflicht

2. Allgemeines zu den Zugangsvoraussetzungen in den verschiedenen Sozialversicherungszweigen

Der Schutz in den verschiedenen Zweigen der Sozialversicherung wird regelmäßig über ein Arbeitsverhältnis[401] vermittelt. In der Entwicklungsgeschichte der Sozialversicherung haben zahlreiche Erweiterungen des geschützten Personenkreises stattgefunden, wobei diese Entwicklung in den verschiedenen Zweigen der Sozialversicherung unterschiedlich verlaufen ist. In der gesetzlichen Unfallversicherung ist der personelle Schutzbereich am weitesten geöffnet worden und hat in der sog. unechten Unfallversicherung den Bezug zum Schutz von Personen in einem Arbeitsverhältnis völlig verloren. Trotz dieser Entwicklungen kann gesagt werden, dass die

401 Im Sozialversicherungsrecht entspricht das Arbeitsverhältnis grundsätzlich dem Beschäftigungsverhältnis, § 2 Abs. 2 Nr. 1 SGB IV.

unselbständig beschäftigten Personen im Zentrum der Sozialversicherung stehen.

Wenn der Zugang zur Sozialversicherung normalerweise über ein *versicherungspflichtiges Beschäftigungsverhältnis* vermittelt wird, heißt dies gleichzeitig, dass für alle Personen/Gruppen, die nicht diesen Weg des Zugangs zur Sozialversicherung beschreiten können, besondere Zugangsregeln im Sinne von ausdrücklich und besonders geregelten Zugangsberechtigungen geschaffen werden müssen. Dies geschieht in den verschiedenen Zweigen der Sozialversicherung auf unterschiedliche Weise und zwar deshalb, weil diese Zweige unterschiedliche Sicherungsanliegen haben. So wird teilweise, wie in der Kranken-, Pflege-, Unfall- und Rentenversicherung, die Möglichkeit der freiwilligen Versicherung eröffnet, die wiederum mit erheblich einschränkenden Voraussetzungen versehen sein kann, so in der Krankenversicherung und in der Unfallversicherung. Andere Zugangseröffnungen folgen bestimmten gesellschafts- und sozialpolitischen Anliegen und Verpflichtungen. Markante Beispiele für solche Zugangseröffnungen sind der Einbezug von kindererziehenden Personen in die Versicherungspflicht in der Rentenversicherung (§ 3 Satz 1 Nr. 1 SGB VI) und die soziale Sicherung von Pflegepersonen (§ 44 SGB XI). Mit der Künstlersozialversicherung ist für eine gesamte sozioprofessionelle Gruppe ein Zugang zur Sozialversicherung geschaffen worden.

Bei den Tätigkeiten im Rahmen des *freiwilligen sozialen oder ökologischen Jahres* wird ein Beschäftigungsverhältnis angenommen bzw. fingiert (jeweils § 2 Abs. 1 Nr. 1 FSJG[402] und FÖJG[403]). Diese Tätigkeiten sind auch von der Versicherungsfreiheit bei geringfügiger Beschäftigung ausgenommen. Versicherungsschutz für die Teilnehmer am Europäischen Freiwilligendienst besteht gegenwärtig auf gesetzlicher Basis noch nicht. Aus Mitteln des ent-

---

402 Gesetz zur Förderung eines freiwilligen sozialen Jahres in der Fassung der Bekanntmachung der Neufassung des Gesetzes vom 15. Juli 2002 (BGBl. I, S. 2596).

403 Gesetz zur Förderung eines freiwilligen ökologischen Jahres in der Fassung der Bekanntmachung der Neufassung des Gesetzes vom 15. Juli 2002 (BGBl. I, S. 2600).

sprechenden EU-Programms wird jedoch eine Versicherung finanziert.[404]

2. Vorliegen eines Beschäftigungsverhältnisses

Das Vorliegen eines Beschäftigungsverhältnisses ist für ehrenamtlich oder bürgerschaftlich engagiert tätige Personen nicht von vornherein ausgeschlossen. Vielmehr ist stets zu prüfen, ob nicht die Voraussetzungen für ein Beschäftigungsverhältnis erfüllt sind. Ist dies der Fall, dann ist diese Person in den verschiedenen Zweigen der Sozialversicherung versicherungspflichtig. Die Versicherungspflicht richtet sich im Einzelnen wieder nach den Vorschriften der fünf Sozialversicherungszweige. Die einschlägige Vorschrift, nach der geprüft wird, ob eine Beschäftigung vorliegt, die zur Versicherungspflicht führt (§ 7 Abs. 1 SGB IV), ist nur eine Definitionsnorm, die dazu dient, einen einheitlichen Begriff der Beschäftigung für die verschiedenen Sozialversicherungszweige zu gewährleisten. Wenn die Tätigkeit einer Person nicht unter den Beschäftigungsbegriff in § 7 Abs. 1 SGB IV fällt, ist in den einzelnen Sozialversicherungszweigen weiter zu prüfen, ob nicht auf andere Weise Schutz in dem jeweiligen Sozialversicherungszweig besteht.

Für die Beurteilung des Vorliegens eines Beschäftigungsverhältnisses – auch eines geringfügigen Beschäftigungsverhältnisses – nach § 7 Abs. 1 Satz 1 SGB IV ist die *Zahlung eines Arbeitsentgelts* ein wichtiges Indiz. Es müssen jedoch auch die weiteren Merkmale des Beschäftigungsverhältnisses vorliegen. Anhaltspunkte für eine Beschäftigung sind eine Tätigkeit nach Weisungen und eine *Eingliederung in die Arbeitsorganisation des Weisungsgebers* (vgl. § 7 Abs. 1 Satz 2 SGB IV sowie die Kriterien in § 7 Abs. 4 SGB IV). Bei einer Tätigkeit in einem fremden Betrieb ist erforderlich, dass der Beschäftigte in den Betrieb eingegliedert ist und einem Zeit, Dauer und Ort der Ausführung umfassenden Weisungsrecht des Arbeitgebers unterliegt. Eine solche Eingliederung in eine Arbeitsorganisation kann sich bei bürgerschaftlicher oder ehrenamtlicher Tätigkeit durchaus ergeben. Man denke etwa an die Tätigkeit als freiwilliger Helfer in einer Wohlfahrtsorganisation.

---

404 S. Antwort der Bundesregierung, Deutscher Bundestag, Drucksache 14/5893, S. 2.

Wird jemand als *Übungsleiter* bei Sportvereinen tätig, wird in der Regel eine selbstständige Tätigkeit angenommen.[405]

Das Weisungsrecht kann jedoch, vornehmlich bei Diensten höherer Art, eingeschränkt und „zur funktionsgerecht dienenden Teilhabe am Arbeitsprozess" verfeinert sein.[406] Diese Voraussetzungen sind bei Ehrenbeamten erfüllt, wenn sie in diesem Amt über Repräsentationsaufgaben hinaus zu weisungsgebundener Wahrnehmung von Verwaltungsaufgaben verpflichtet sind (§ 37 Sätze 1 und 2, § 115 Abs. 1 BRRG) und dieser Aufgabenbereich das Bild ihrer Tätigkeit prägt.[407] Dies ist in einer Gesamtwürdigung aller Umstände des Einzelfalles unter Berücksichtigung der Ausgestaltung des Ehrenamtes in der Kommunalverfassung des jeweiligen Bundeslandes zu beurteilen.[408]

3. Arbeitsentgelt

Obwohl bürgerschaftlich engagierte Tätigkeit in der Regel unentgeltlich ist, kann dennoch in bestimmten Fällen Entgeltlichkeit gegeben sein. Dies ist in der sozial- und auch in der finanzgerichtlichen Rechtsprechung im Zusammenhang mit der Beurteilung von Aufwandsentschädigungen, mit denen mehr als der bloße tatsächliche Aufwand einer ehrenamtlichen Tätigkeit entgolten wird, deutlich herausgestellt worden.[409]

---

405 Änderung vom 21.11.2001 der Anlage 4 des Rundschreibens der Spitzenverbände der Sozialversicherungsträger zum Gesetz zur Förderung der Selbständigkeit vom 20.12.1999; s. auch den Hinweis im Bericht der Enquete-Kommission „Zukunft des Bürgerschaftlichen Engagements", Deutscher Bundestag, Drucksache 14/8900, S. 383 = Enquete-Kommission „Zukunft des Bürgerschaftlichen Engagements" des Deutschen Bundestags, Bericht Bürgerschaftliches Engagement: auf dem Weg in eine zukunftsfähige Bürgergesellschaft, 2002, S. 788.

406 BSGE 47, 201, 204 = SozR 2200 § 165 Nr 32; BSG SozR 2200 § 1248 Nr. 41.

407 BSG SozR 2200 § 165 Nr. 44.

408 BSGE 50, 231, 232 = SozR 2200 § 1229 Nr. 12; BSG SozR 2200 § 1248 Nr. 41.

409 BSGE 78, 34; BSG SozR 3-4100 § 138 Nr. 11.

a) Begriff

Der Begriff des Arbeitsentgelts ist in § 14 Abs. 1 Satz 1 SGB IV definiert. Danach sind Arbeitsentgelt alle laufenden oder einmaligen Einnahmen aus einer Beschäftigung, gleichgültig, ob ein Rechtsanspruch auf die Einnahmen besteht, unter welcher Bezeichnung oder in welcher Form sie geleistet werden und ob sie unmittelbar aus der Beschäftigung oder im Zusammenhang mit ihr erzielt werden. Als Arbeitsentgelt gilt das Bruttoarbeitsentgelt. Dieses setzt sich zusammen aus dem Nettoarbeitsentgelt, der hierauf entfallenden Lohn- und Kirchensteuer sowie den Arbeitnehmeranteilen zur Sozialversicherung.

Nicht als Arbeitsentgelt gelten steuerfreie Aufwandsentschädigungen[410] und die in § 3 Nr. 26 EStG genannten steuerfreien Einnahmen[411] (§ 14 Abs. 1 Satz 3 SGB IV). Nach § 3 Nr. 26 EStG sind steuerfrei

> „Einnahmen aus nebenberuflichen Tätigkeiten als Übungsleiter, Ausbilder, Erzieher, Betreuer oder vergleichbaren nebenberuflichen Tätigkeiten, aus nebenberuflichen künstlerischen Tätigkeiten oder der nebenberuflichen Pflege aller, kranker oder behinderter Menschen im Dienst oder im Auftrag einer inländischen juristischen Person des öffentlichen Rechts oder einer unter § 5 Abs. 1 Nr. 9 des Körperschaftssteuergesetzes fallenden Einrichtung zur Förderung gemeinnütziger, mildtätiger und kirchlicher Zwecke (§§ 52 bis 54 der Abgabenordnung) bis zur Höhe von insgesamt 1 848 Euro im Jahr.“

b) Behandlung sog. Aufwandsentschädigungen

Die Diskussion um die Frage, ob geldliche Leistungen, die ehrenamtlich oder bürgerschaftlich engagiert tätige Personen für diese Tätigkeit oder im Zusammenhang mit ihr erhalten, zur Sozialversicherungspflicht führen, entzündet sich vor allem an den sog. Aufwandsentschädigungen. Dieser in der Praxis sehr schillernd verwendete Begriff ist Ursache einer Reihe von Missverständnissen. Zunächst ist herauszustellen, dass es nicht auf die Bezeichnung einer geldlichen Leistung als Aufwandsentschädigung, sondern auf Inhalt und Funktion ankommt. Daher seien zunächst einige Funk-

---

410 S. im steuerrechtlichen Teil: A:II.1.a)(b)(ii).

411 Wie vorstehende Anm.

tionen erläutert, die mit dem Begriff der „Aufwandsentschädigungen“ verbunden werden. Solche möglichen *Funktionen* von „Aufwandsentschädigungen“ können z.B. sein:

- Ersatz getätigter Barauslagen, z.B. für Inanspruchnahme von Verkehrsmitteln, Kauf von Büromaterialien;
- Ersatz unbarer Auslagen, z.B. für Verwendung privater Gegenstände zu Zwecken des bürgerschaftlichen Engagements (Privat-PKW, privates Arbeitszimmer);
- Entschädigungen für sog. Repräsentationsaufwand;
- Entschädigung für geleistete Arbeitszeit (Entschädigungen für Arbeitsaufwand), wobei in der Regel diese Entschädigung nicht dem marktüblichen Entgelt für solche Tätigkeiten entspricht, sondern zum Teil erheblich darunter liegt;
- Entschädigung für durch die Tätigkeit entgangenes anderweitiges Einkommen, wenn wegen der bürgerschaftlich engagierten Tätigkeit oder wegen des Ehrenamtes andere auf die Erzielung von Erwerbseinkommen gerichtete Tätigkeiten nicht angetreten oder aufgegeben worden sind.

Die *Formen,* in denen solche „Aufwandsentschädigungen“ gezahlt werden können, sind vielfältig. Sie können als Barerstattung oder als pauschale Abgeltung gestaltet sein. Auch der Bezug von Sachleistungen ist denkbar.

Die Rechtsprechung und ihr folgend die Sozialverwaltung hat bei den sog. Aufwandsentschädigungen stets an der *Funktion* der Aufwandsentschädigung, nicht an ihrer Bezeichnung oder Form angesetzt.

Obwohl *Ehrenbeamte* für ihre Tätigkeit keine Alimentation und Versorgung erhalten (vgl. § 115 Abs. 2 S. 1 BRRG), können Aufwandsentschädigungen für den Teil, der den tatsächlichen Aufwand übersteigt, als Arbeitsentgelt betrachtet werden.[412] Ehrenbeamte erhalten Entgelt, wenn sie über Repräsentationsfunktionen hinaus dem allgemeinen Erwerbsleben zugängliche Verwaltungsaufgaben wahrnehmen und hierfür eine den tatsächlichen Aufwand übersteigende pauschale Aufwandsentschädigung erhalten.[413] Wenn die einem Ehrenbeamten gewährte Unkostenerstattung sich nicht nur auf den Ersatz von Sach- und Baraufwendungen erstreckt,

412 BSG SozR 3-4100 § 138 Nr. 11 = NZS 1999, S. 151ff.

413 BSGE 78, 34 (36) = SozR 3-2940 Nr. 5.

sondern auch den Aufwand an Zeit und Arbeitsleistung sowie einen etwaigen Verdienstausfall erfasst und damit eine den Grad der Mühewaltung und der Inanspruchnahme durch das Amt entsprechende Entschädigung gewährt werden soll und wenn weiter der für das konkret ausgeübte Amt erforderliche Zeitaufwand und die notwendige Arbeitsleistung in die Bemessung einfließt, liegt insoweit Entgelt vor. Die Aufwandsentschädigung ist, soweit sie im Zusammenhang mit einer zwar ehrenamtlichen, aber weisungsabhängigen verwaltenden Tätigkeit gewährt wird, mit ihrem steuerpflichtigen Anteil als Arbeitsentgelt anzusehen.[414] Darauf, ob es sich um ein der Arbeitsleistung adäquates Entgelt handelt, das geeignet ist, den Lebensunterhalt des Ehrenbeamten sicherzustellen, kommt es nicht an. Arbeitsentgelt ist auch eine Vergütung, die aus einer Freizeitbeschäftigung oder einer nebenberuflichen Beschäftigung erzielt wird.[415]

Der *Maßstab*, nach dem zu klären ist, ob die Aufwandsentschädigung entgangenes Einkommen ersetzt, ist ein abstrakter.[416] Danach stellt eine Aufwandsentschädigung nur insoweit kein Entgelt dar, als lediglich der wirkliche Aufwand ersetzt wird. Der darüber hinausgehende Teil sei als Verdienstausfall zu beurteilen, unabhängig davon, ob der ehrenamtlich Tätige vorher eine Beschäftigung ausgeübt und diese aufgegeben hat oder ob dies nicht der Fall ist.[417]

Die *Höhe* des Entgelts ist grundsätzlich kein wesentliches Merkmal für das Vorliegen oder Nichtvorliegen eines Beschäftigungsverhältnisses.[418]

---

414 S. im steuerrechtlichen Teil: A.II.1.a)(b)(ii). Bei der Prüfung, ob Entschädigungen zum Ausgleich von Zeitverlust vorliegen oder ob die gezahlten Beträge den typischen Aufwand übersteigen, geht die Steuerverwaltung im Interesse der Verwaltungsvereinfachung pauschalierend vor. Insoweit wird die Höhe der jeweils steuerfreien Aufwandsentschädigung pauschalierend bestimmt. Die allgemeine Pauschalierung in R 13 Abs. 3 LStR differenziert danach, ob die Anspruchsberechtigten und der Betrag oder auch ein Höchstbetrag der aus einer öffentlichen Kasse gewährten Aufwandsentschädigung durch Gesetz oder Rechtsverordnung bestimmt ist oder nicht.

415 Wie Anm. 413.

416 Zum konkreten Maßstab, wonach es darauf ankommt, ob ein Verdienstausfall tatsächlich vorliegt. s. BSGE 53, 242 (246). Diese Rechtsprechung ist nicht mehr weiter verfolgt worden.

417 BSG SozR 2200 § 1248 Nr. 41.

418 BSG SozR 4100 § 101 Nr. 7; SozR 3-4100 § 101 Nr. 6

Beispiele
Eine behinderte Person bestand im Januar 2002 die Abschlussprüfung als Hauswirtschafterin. Sie war vom 1. 1. bis 31. 8. 2002 bei ihrem Ausbildungsbetrieb (DRK) als Praktikantin tätig. Der Ausbildungsbetrieb gewährte ihr monatlich 70 Euro zuzüglich Mahlzeiten. Sie verrichtete alle Arbeiten einer Küchen- und Haushilfe unter Anleitung, weil ihr eigenverantwortliches Arbeiten nicht möglich war. Ihre wechselnden Arbeitszeiten betrugen 7-8 Stunden täglich, auch bei Einsätzen an Wochenenden. Die Voraussetzungen eines typischen Beschäftigungsverhältnisses sind bei dem hier zu beurteilenden Praktikum erfüllt. Sie war vollschichtig tätig und zeitlich wie eine Schichtarbeiterin in dem Küchenbetrieb des Sozialwerks des DRK eingegliedert, arbeitete selbst an Wochenenden und war bei allen ihren Tätigkeiten weisungsgebunden. Sie war auch deshalb als Arbeitnehmerin tätig, weil ihre Aufgaben ganz überwiegend auf das Erbringen einer wirtschaftlich ins Gewicht fallenden Dienstleistung gerichtet waren. Die vom DRK gewährten monatlichen Geld- und Sachleistungen bezweckten danach, die Arbeitsleistungen der Klägerin zu bezahlen. Gegen diese Beurteilung spricht nicht, dass die Praktikantin mit 70 Euro monatlich und zusätzlich Mahlzeiten als Sachleistungen nur ein relativ geringes Entgelt erhalten hat. Denn die Höhe des Entgelts ist grundsätzlich kein wesentliches Merkmal für das Vorliegen oder Nichtvorliegen eines Beschäftigungsverhältnisses, wie das BSG ebenfalls bereits entschieden hat.[419]

Eine Person pflegte von August 1992 bis Oktober 1994 insgesamt zehn Stunden wöchentlich zwei Pflegebedürftige im Namen einer Diakonie-Station, die ihr zwölf DM je Einsatzstunde zahlte. Von einer unentgeltlichen Pflege, für die nur eine Aufwandsentschädigung geleistet wurde, kann nur gesprochen werden, wenn diese Person von der Station mit der unentgeltlichen Pflege (i.S. von § 662 BGB) beauftragt worden wäre und wenn die tatsächlichen und im einzelnen nachweisbaren erforderlichen Aufwendungen i.S. von § 670 BGB (berechnet auf Einsatzstunden) zwölf DM pro Stunde betragen hätten.[420]

Die Aufwandsentschädigung, die ein *Betreuer* i.S.v. § 1896 BGB erhält, ersetzt nur den tatsächlichen Aufwand und ist daher nicht als Arbeitsentgelt zu betrachten.[421]

c) Behandlung der Arbeitsentgelte von Pflegepersonen

Mit dem Pflege-Versicherungsgesetz (PflegeVG)[422] wurde der Schutz in der Unfall- und Rentenversicherung für nicht erwerbs-

419 Vgl. BSG SozR 3-4100 § 101 Nr. 6.
420 Vgl. BSG SozR 3-2600 § 249b Nr. 1.
421 BSG SozR 3-2200 § 539 Nr. 46. Die Aufwandsentschädigung für solche Betreuer fällt nicht schon unter die steuerfreien Einnahmen nach § 14 Abs. 1 Satz 3 SGB IV, s. oben Teil II:B.III.3.a).

mäßig tätige Pflegepersonen i.S.d. § 19 SGB XI geschaffen (vgl. § 44 SGB XI). Zur Abgrenzung zwischen dem Personenkreis der erwerbsmäßig und der nicht erwerbsmäßig tätigen Pflegepersonen wurde in der Rentenversicherung eine Vorschrift eingefügt, nach der als nicht erwerbsmäßig tätig – und damit nicht als versicherungspflichtig als Arbeitnehmer – Pflegepersonen gelten, die für ihre Tätigkeit von dem Pflegebedürftigen ein Arbeitsentgelt erhalten, das das dem Umfang der Pflegetätigkeit entsprechende Pflegegeld im Sinne des § 37 SGB XI nicht übersteigt (§ 3 Satz 2 SGB VI). Mit dieser Vorschrift ist die Konstellation angesprochen, dass eine pflegebedürftige Person eine Pflegeperson in einem regulären Beschäftigungsverhältnis beschäftigt. Nicht erfasst wird mit dieser Vorschrift die Konstellation, dass ein Pflegegeld nach § 37 SGB XI an eine Pflegeperson außerhalb eines Beschäftigungsverhältnisses nur weitergeleitet wird. Solche Personen sind nach § 3 Satz 1 Nr. 1a SGB VI versicherungspflichtig, obwohl ein Beschäftigungsverhältnis nicht vorliegt. Dem Gesetzgeber war angesichts des verhältnismäßig geringen Arbeitsentgelts, das die in einem Beschäftigungsverhältnis tätigen Pflegepersonen beziehen, daran gelegen, sie ebenfalls in den Genuss der Privilegierung nach § 3 Satz 1 Nr. 1a SGB VI kommen zu lassen.[423] Sind nicht erwerbsmäßig tätige Pflegepersonen neben der Pflege regelmäßig mehr als 30 Stunden wöchentlich beschäftigt oder selbständig tätig, verlieren sie allerdings diese Privilegierung (§ 3 Satz 3 SGB VI). Dabei kann Mehrfachversicherung auch dergestalt gegeben sein, dass ein Beschäftigungsverhältnis aufgrund der pflegerischen Tätigkeit und ein anderes Beschäftigungsverhältnis mit mehr als 30 Stunden wöchentlich vorliegen.[424]

Die Herausnahme des genannten Personenkreises aus der Versicherungspflicht nach dem SGB VI findet keine Entsprechung in den anderen Sozialversicherungszweigen. Dies ist für die Kranken- und Pflegeversicherung sowie für die Arbeitslosenversicherung konsequent, da für diese Versicherungszweige keine privilegierten Zugänge geschaffen worden sind (vgl. § 44 SGB XI). Für die Unfallversicherung hingegen ist ein besonderer Schutztatbestand eingeführt worden (§ 2 Abs. 1 Nr. 17 SGB VII).

---

422 Vom 26. Mai 1994 (BGBl. I S. 1014).
423 BT-Drs. 12/5262, S. 159.
424 Grintsch in: Kreikebohm, SGB VI, 1997, § 3 Rdnr. 40.

Steuerrechtlich erfährt das weitergeleitete Pflegegeld (§ 37 SGB XI) dann eine Sonderbehandlung, wenn Angehörige oder andere Personen Leistungen der Grundpflege und der hauswirtschaftlichen Versorgung erbringen und damit eine sittliche Pflicht i.S.v. § 33 Abs. 2 EStG gegenüber dem Pflegebedürftigen erfüllen (§ 3 Nr. 36 EStG).[425]

4. Zusammenfassung

Die Erwerbstätigkeit in Form unselbstständiger Beschäftigung stellt nach wie vor das wichtigste Kriterium für den Zugang zur Sozialversicherung dar. Personen, die ehrenamtlich oder sonstig bürgerschaftlich engagiert tätig sind und hierfür eine den tatsächlichen Aufwand übersteigende Aufwandsentschädigung erhalten, können sozialversicherungspflichtig sein, sofern insgesamt die Merkmale eines Beschäftigungsverhältnisses vorliegen.

IV. Kranken- und Pflegeversicherung (SGB V – SGB XI)

Im Krankenversicherungsrecht (Sozialgesetzbuch – Fünftes Buch – SGB V) und in der Pflegeversicherung (Sozialgesetzbuch – Elftes Buch – SGB XI) sind keine speziellen Regelungen dahingehend getroffen worden, dass unentgeltlich ehrenamtlich oder bürgerschaftlich engagiert tätige Personen versicherungspflichtig wären (§ 5 SGB V; § 20 SGB XI). Auch die Möglichkeit der freiwilligen Versicherung aufgrund des Engagements ist nicht gegeben (§ 9 SGB V; § 26 SGB XI).

Beschäftigte nach dem Gesetz zur Förderung eines *freiwilligen sozialen oder ökologischen Jahres* sind kranken- und pflegeversichert, wobei die Versicherungspflicht auch beim Vorliegen einer geringfügigen Beschäftigung gegeben ist.[426]

---

425 S. dazu im steuerrechtlichen Teil: A.II.1.a)(1a).

426 §§ 7 S. 1 Nr. 2 und 3, 10 Abs. 2 Nr. 3 SGB V; der Arbeitgeber trägt den Beitrag alleine, § 249 Abs. 2 Nr. 2 SGB V.

V. Unfallversicherung (SGB VII)

1. Zum Verständnis des Schutzes in der gesetzlichen Unfallversicherung

Die in der gesetzlichen Unfallversicherung (SGB VII)[427] versicherten Risiken sind der *Arbeits- und Wegeunfall* (§ 8 SGB VII) und die *Berufskrankheiten* (§ 9 SGB VII). Die Bedeutung des Schutzes in der Unfallversicherung wird häufig unter Verweis auf den Schutz bei Krankheit in der gesetzlichen Krankenversicherung (SGB V) verkannt. Zwar ist richtig, dass der durch einen Unfall verursachte Gesundheitsschaden dann im Rahmen der Krankenversicherung geschützt ist, wenn kein Unfallversicherungsschutz besteht (vgl. § 11 Abs. 4 SGB V). Jedoch ist der Leistungskatalog der Unfallversicherung im Vergleich zu dem der Krankenversicherung erheblich umfangreicher.[428] So werden in der Unfallversicherung anders als in der Krankenversicherung nicht nur die Leistungsgruppen der medizinischen Rehabilitation und der unterhaltssichernden und anderen ergänzenden Leistungen gewährt (vgl. § 11 Abs. 2 SGB V), sondern auch die Leistungsgruppen zur Teilhabe am Arbeitsleben und zur Teilhabe am Leben in der Gemeinschaft (vgl. § 26 Abs. 1 SGB VII). Außerdem kann es zur Zahlung von Renten (Verletztenrente, Hinterbliebenenrente) kommen. Die Leistungen werden ausschließlich durch Unternehmer finanziert, belasten also die Arbeitnehmer oder sonstigen Versicherten als Beitragszahler nicht (§ 150 SGB VII).

Obwohl die gesetzliche Unfallversicherung in ihrer historisch begründeten Funktion vom Schutz der Arbeitnehmer geprägt ist – und von daher gesehen für Personen, die sich ehrenamtlich oder bürgerschaftlich engagiert betätigen, eigentlich irrelevant wäre – ,ist der Schutz in der Unfallversicherung im Laufe der Zeit auf zahlreiche Personen ausgedehnt worden, die nicht in einem Arbeitsverhältnis stehen (s. den Katalog in § 2 Abs. 1 Nrn. 2 bis 17 SGB VII). Einige dieser Ausweitungen betreffen auch verschiedene Felder ehrenamtlicher Tätigkeiten. Allerdings existiert kein allgemeiner Schutztatbestand für ehrenamtlich Tätige.

---

427 Siebtes Buch Sozialgesetzbuch – Gesetzliche Unfallversicherung (SGB VII) vom 7. August 1996 (BGBl. I S. 1254).

428 Vgl. die Leistungskataloge in § 26 SGB VII und in § 11 Abs. 1 bis 3 SGB V.

Die Leistungen der Unfallversicherung werden unabhängig von einem Verschulden der Beteiligten (Schädiger, ehrenamtlich tätige Person, Nutznießer der ehrenamtlichen Tätigkeit) gewährt. Auch ein Mitverschulden des geschädigten Versicherten muss sich dieser nicht zurechnen lassen. Ausschlaggebend für den Schutz ist nur, dass der Unfall infolge einer den Versicherungsschutz begründenden Tätigkeit eingetreten ist (§ 8 Abs. 1 Satz 1 SGB VII). Anders als im zivilrechtlichen Schadensersatzprozess trägt der Geschädigte auch nicht die Beweislast. Nur bei objektiver Unerweislichkeit des Vorliegens eines Arbeitsunfalls fällt dem Versicherten die materielle Beweislast zu.

Die Unfallversicherung leistet kein Schmerzensgeld. Dieses kann nur bei vorsätzlichem Handeln des Unternehmers von diesem beansprucht werden (§ 104 Abs. 1 Satz 1 SGB VII).[429] Schließlich ist die Haftung der Unfallversicherung grundsätzlich auf den Ersatz von Personenschäden beschränkt.[430]

Für den Versicherungsschutz bürgerschaftlich engagierter Personen sind diejenigen Vorschriften interessant, die entweder explizit auf eine ehrenamtliche Tätigkeit Bezug nehmen oder die zumindest in ihrem Anwendungsbereich auch für Tätigkeiten des bürgerschaftlichen Engagements in Frage kommen. Für Tätigkeiten im Zusammenhang des bürgerschaftlichen Engagements kann auch eine Erweiterung des Versicherungsschutzes relevant sein, die Personen betrifft, die wie ein Beschäftigter tätig werden (§ 2 Abs. 2 SGB VII). Mit dieser Vorschrift sollen Personen in den Unfallversicherungsschutz einbezogen werden, die fremdnützig tätig werden, ohne dass ein formelles Beschäftigungsverhältnis vorliegt.

2. Geschützte Personen

a) Ehrenamtlich tätige Personen

Für ehrenamtlich tätige Personen bietet das Unfallversicherungsrecht in einer Reihe von Vorschriften besonderen Schutz. Danach ist der Unfallversicherungsschutz von ehrenamtlich tätigen Personen nicht allgemein, sondern selektiv angelegt, d.h. es werden je-

429 Der Ausschluss des Schmerzensgeldes ist verfassungsgemäß, s. BVerfGE 34, 118.

430 S. die Ausnahmen insbesondere für Lebensretter in § 13 SGB VII.

weils besondere Formen der Ehrenamtlichkeit in den Unfallversicherungsschutz einbezogen.

(a) Ehrenamtliche Tätigkeit in Unternehmen der Sicherung, Überwachung oder Förderung der Landwirtschaft

Die Versicherung nach § 2 Abs. 1 Nr. 5 Buchst. d) SGB VII setzt voraus, dass die Unternehmen privatrechtlich organisiert sind.

Der Begriff der ehrenamtlichen Tätigkeit ist weiter gefasst als der Begriff des Ehrenamtes.[431] Neben der Unentgeltlichkeit der Tätigkeit ist in erster Linie die Freiwilligkeit des Handelns des Versicherten im Rahmen bestehender organisatorischer Strukturen ausschlaggebend.[432]

Die Zuständigkeit der landwirtschaftlichen Berufsgenossenschaften für die ehrenamtlich Tätigen bestimmt sich nach § 123 Abs. 1 Nr. 7 SGB VII. Beitragspflichtig sind die Unternehmer, für deren Unternehmen die Versicherten tätig sind oder zu denen Versicherte in einer besonderen, die Versicherung begründenden Beziehung stehen (§ 150 Abs. 1 SGB VII).

(b) Ehrenamtliche Tätigkeit in den Berufsverbänden der Landwirtschaft

Der Schutz nach § 2 Abs. 1 Nr. 5 Buchst. e) SGB VII wird für Personen eröffnet, die ehrenamtlich in den privatrechtlich organisierten Berufsverbänden tätig sind. Außerdem muss eine landwirtschaftliche Berufsgenossenschaft für das Unternehmen zuständig sein (zur Zuständigkeit der landwirtschaftlichen Berufsgenossenschaft vgl. § 123 Abs. 1 Nr. 6 SGB VII). Die ehrenamtlich tätige Person muss nicht anderweitig in einer landwirtschaftlichen Berufsgenossenschaft versichert sein, so dass z.B. ein ehrenamtlich tätiger Rechtsanwalt bei einer entsprechenden Tätigkeit in einem landwirtschaftlichen Berufsverband geschützt ist.[433]

---

431 Kater/Leube, Gesetzliche Unfallversicherung, § 2 Rz. 251, unter Verweis auf BSG SozR 2200 § 539 Nr. 95.

432 Kater/Leube, Gesetzliche Unfallversicherung, § 2 Rz. 253.

433 Kater/Leube, Gesetzliche Unfallversicherung, § 2 Rz. 151.

(c) Selbständige, unentgeltliche, insbesondere ehrenamtliche Tätigkeit im Gesundheitswesen oder in der Wohlfahrtspflege

Nach § 2 Abs. 1 Nr. 9 SGB VII werden Personen erfasst, die nicht einem Beschäftigungsverhältnis nach § 2 Abs. 1 Nr. 1 SGB VII stehen. Nicht erfasst sind die selbständig tätigen Ärzte, Zahnärzte, Tierärzte, Heilpraktiker und Apotheker (s. die Ausnahmeregelung in § 4 Abs. 3 SGB VII). Ebenfalls nicht erfasst sind Mitglieder von geistlichen Genossenschaften und ähnlicher Gemeinschaften (s. die Ausnahmeregelung in § 4 Abs. 1 Nr. 3 SGB VII).

Der Begriff *Gesundheitswesen* umschreibt im weitesten Sinn alle Tätigkeiten und Einrichtungen, deren Hauptzweck es ist, der menschlichen Gesundheit zu dienen. Versicherungsschutz für eine ehrenamtliche Tätigkeit im Rahmen des Gesundheitswesens erhalten hiernach z.B. die Grünen Damen, die Patienten im Krankenhaus freiwillig nichtmedizinisch betreuen.[434]

Den Begriff der *Wohlfahrtspflege* hat die Rechtsprechung dahingehend präzisiert, dass darunter die planvolle, zum Wohle der Allgemeinheit und nicht des Erwerbs wegen ausgeübte, vorbeugende oder abhelfende unmittelbare Betreuung von gesundheitlich, sittlich oder wirtschaftlich gefährdeten Menschen zu verstehen ist. Maßgeblich für den Versicherungsschutz ist nicht die organisatorische Gestaltung, sondern die Zweckbestimmung einer Einrichtung oder Tätigkeit. Diese muss hauptsächlich Wohlfahrtszwecken dienen. Mit dieser Interpretation des Begriffes der Wohlfahrtspflege wird der Kreis der geschützten Personen im Vergleich zu einer Verknüpfung an dem formalen Kriterium der organisatorischen Gestaltung der Wohlfahrtspflege erheblich erweitert (ständige Rechtsprechung[435]). Die Rechtsprechung hat den Begriff der Wohlfahrtspflege also inhaltlich, nicht organisatorisch verstanden. Es findet weder eine Beschränkung auf die ehrenamtliche Tätigkeit im Rahmen eines (Wohlfahrts-)Verbandes noch anhand steuerrechtlicher Kriterien statt. Der Kern der inhaltlichen Bestimmung liegt in der vorbeugenden oder abhelfenden unmittelbaren Betreuung von gesundheitlich, sittlich oder wirtschaftlich gefährdeten Personen.

---

434 Kater/Leube, Gesetzliche Unfallversicherung, § 2 Rz. 232.
435 BSGE 6, 74, 77.

Beispiele:
Tätigkeit in einer freien Arbeitsgemeinschaft der Altenhilfe: Zu den Aufgaben dieser Arbeitsgemeinschaft gehörte auch die Hilfe beim Besuch von Veranstaltungen oder Einrichtungen, die der Gesundheit, der Unterhaltung oder den kulturellen Bedürfnissen alter Menschen dienten. Das Bundessozialgericht hat sich in dieser Entscheidung auf die Merkmale der Altenhilfe bezogen, wie sie in § 75 BSHG geregelt sind.[436]

Tuberkulose- oder Aidshilfe.[437]

Zur Feststellung von Tätigkeitsbereichen der Wohlfahrtspflege kann insgesamt auf die Aufgaben nach dem Bundessozialhilfegesetz verwiesen werden.[438] Über das Merkmal der *Unmittelbarkeit der Betreuung* soll vermieden werden, dass eine allgemeine Verwaltungstätigkeit in der Wohlfahrtspflege, bei der kein direkter Kontakt zu betreuungsbedürftigen Personen besteht, Versicherungsschutz nach dieser Vorschrift eröffnet.[439] Die Rechtsprechung zum Begriff der Wohlfahrtspflege stellt weniger auf das Gefährdungselement als vielmehr auf das betreuende Element ab und versteht die Vorschrift insgesamt weit.[440]

Da auch die *nicht ehrenamtliche unentgeltliche Tätigkeit* vom Versicherungsschutz erfasst ist, zählt auch z.B. die Tätigkeit einer kostenlosen pflegerischen Betreuung einer Person oder der Transport von alten und behinderten Menschen im Rahmen einer Nachbarschaftsinitiative hierher.[441]

Der Versicherungsschutz nach dieser Vorschrift bezieht sich also nicht nur auf die ehrenamtliche Tätigkeit im engeren Sinne. Vielmehr reicht schon die Unentgeltlichkeit aus. Die Rechtfertigung für diesen weiten Zugang zum Unfallversicherungsschutz kann in der besonderen gesellschaftspolitischen Wertigkeit der Betätigungsfelder gesehen werden.

In dem von der zuständigen Berufsgenossenschaft für Gesundheitsdienst und Wohlfahrtspflege herausgegebenen Merkblatt zur gesetzlichen Unfallversicherung ehrenamtlich und unentgeltlich tätiger Personen wird eine Unterscheidung dergestalt getroffen, dass unter ehrenamtlich Tätigen Personen zu verstehen sind, die in

---

436 BSGE 58, 210.
437 BSGE 15, 116.
438 KassKomm (Ricke), § 2 SGB VII Rdnr. 45.
439 R. Schlegel in: Schulin HS-UV § 17 Rdnr. 10.
440 BSG, Urt. v. 25.10.1989, NJW 1990, S. 1558.
441 Kater/Leube, Gesetzliche Unfallversicherung, § 2 Rz. 238.

dem Unternehmen oder in der Organisation ein nach der Satzung oder nach den Statuten vorgesehenes Ehrenamt ausüben, z.B. als Vorstands-, Ausschuss- oder Beiratsmitglied. Unter unentgeltlich Tätigen werden Personen verstanden, die, ohne ein Ehrenamt wahrzunehmen, in den entsprechenden Institutionen aus immateriellen Gründen mitarbeiten bzw. Verantwortung übernehmen. Zum Kreis der unentgeltlich Tätigen werden etwa gerechnet Helferinnen und Helfer bei Sammlungen, Sonntagshelfer in Altenheimen oder Krankenhäusern oder ähnlichen Einrichtungen, die im Rahmen der Krankenhaus- und Altenheimhilfen tätigen Laienhelfer, Leiterinnen und Leiter von Selbsthilfegruppen.

Festzuhalten ist, dass § 2 Abs. 1 Nr. 9 SGB VII die wichtigste Norm für den Unfallversicherungsschutz von unentgeltlich, insbesondere ehrenamtlich tätigen Personen auf dem Gebiet des Gesundheitswesens und der Wohlfahrtspflege darstellt.

(d) Ehrenamtliche Tätigkeit für Körperschaften, Anstalten oder Stiftungen des öffentlichen Rechts etc. und Teilnahme an Ausbildungsveranstaltungen für diese Tätigkeit

(i) Allgemeines

Personen, die für Körperschaften, Anstalten oder Stiftungen des öffentlichen Rechts oder deren Verbände oder Arbeitsgemeinschaften, für öffentlich-rechtliche Religionsgemeinschaften oder für die in § 2 Abs. 1 Nrn. 2 und 8 SGB VII genannten Einrichtungen ehrenamtlich tätig sind oder an Ausbildungsveranstaltungen für diese Tätigkeit teilnehmen, stehen unter Unfallversicherungsschutz (§ 2 Abs. 1 Nr. 10 1. Halbsatz SGB VII). Damit sind auch die im Bildungswesen ehrenamtlich tätig werdenden Personen erfasst.

Die Tätigkeit muss für eine öffentlich-rechtliche Einrichtung im Rahmen gesetzlich geregelter Vertretungs-, Mitwirkungs- und Beteiligungsrechte erfolgen. Dazu zählen neben den Gebietskörperschaften insbesondere die Universitäten, Sparkassen, Körperschaften, Stiftungen und Anstalten des öffentlichen Rechts (z.B. Sozialversicherungsträger und die berufsständischen Kammern). Die Tätigkeit muss unentgeltlich im Rahmen eines verantwortlich wahrzunehmenden Pflichtenkreises (Ehrenamtes) erfolgen und darf nicht im Rahmen eines Beschäftigungsverhältnisses ausgeübt werden. Freiwillige und unentgeltliche Arbeitsleistungen beispielsweise für den Bund, ein Land oder eine Gemeinde außerhalb eines Ehrenamtes (z.B. im sozialen Bereich) unterliegen nicht dem Versicherungsschutz nach § 2 Abs. 1 Nr. 10 SGB VII, können aber nach anderen Tatbeständen des § 2 SGB VII versichert sein. Weiter darf die Tätigkeit keinen Anspruch auf laufende Entschädigung zur Sicherstellung des Lebensunterhalts begründen.

Ehrenamtliche Tätigkeit im Sinne dieser Vorschrift bedeutet unentgeltliche Tätigkeit, was jedoch die Entgegennahme von Auslagenersatz oder einer Aufwandsentschädigung nicht prinzipiell ausschließt.[442] Der Begriff der Ehrenamtlichkeit wird sehr weit verstanden. Hierunter sollen schon einfachste Hilfstätigkeiten oder auch nur auf wenige Stunden beschränkte Verrichtungen fallen.[443] Inhaltlich besteht keine Begrenzung der ehrenamtlichen Tätigkeit.

Anders als bei § 2 Abs. 1 Nr. 9 SGB VII kommt es bei dieser Norm nicht auf die Betätigung auf einem bestimmten Gebiet, sondern auf die ehrenamtliche Tätigkeit für die öffentliche Hand oder auf die Teilnahme an einer Ausbildungsveranstaltung für diese Tätigkeit an. Eine inhaltliche Zwecksetzung ist nicht gegeben. Daher werden hier nicht nur soziale Tätigkeiten, sondern z.B. auch Tätigkeiten im politischen Bereich erfasst. Wird eine ehrenamtliche Tätigkeit für die öffentliche Hand auf dem Gebiet der Alten- und Behindertenhilfe durchgeführt, so ist Versicherungsschutz nach Nr. 9 gegeben.[444]

Unfallversicherungsschutz nach § 2 Abs. 1 Nr. 10 SGB VII genießen etwa ehrenamtliche Richter (Laienrichter, Schöffen),[445] Kirchenvorsteher, Küster, Organisten, Ministranten,[446] gewählte Elternvertreter (Elternbeiräte) in der Schulmitwirkung[447] und an Kindergärten, Naturschutzbeauftragte, Schülerlotsen, Mitglieder kommunaler Vertretungskörperschaften und ihrer Ausschüsse, Wahlhelfer.

---

442 Kater/Leube, Gesetzliche Unfallversicherung, § 2 Rz. 245.
443 BSG SozR 2200 § 2 Nr. 95; BSG SozSich 1992, S. 572.
444 BSG SozR 2200 § 2 Nr. 111. S. auch die Zuständigkeitsnorm in § 135 Abs. 3 SGB VII.
445 BSGE 44, 12.
446 BSGE 39, 24.
447 BSG SozR 2200 § 657 Nr. 4.

(ii) Tätigkeiten im Umfeld der Kirche

Als Abgrenzungsmerkmal wird die Tätigkeit im organisatorischen Verantwortungsbereich der Kirche bzw. der Kirchengemeinde[448] herangezogen. Außerdem soll es darauf ankommen, ob die Tätigkeit kirchenspezifisch ist. Ministranten, Diakone, Mitglieder des Kirchenvorstandes, von der Kirche beauftragte Betreuer von Behinderten oder von Asylbewerbern sind ehrenamtlich in dieser Tätigkeit für die Kirche tätig, nicht jedoch Frauenhilfegruppen, weil diese nicht im Kernbereich der Kirche arbeiten.[449] Nach widersprüchlichen Entscheidungen in den 70er Jahren[450] hat sich 1994 das Bundessozialgericht klarstellend geäußert, und darauf hingewiesen, dass der Begriff der ehrenamtlichen Tätigkeit einen bestimmten, qualifizierten Aufgaben- und organisatorischen Verantwortungsbereich der öffentlich-rechtlichen Körperschaft voraussetze. Die unentgeltliche Tätigkeit als Chormitglied zähle hierzu. Ein Jahresausflug eines Kirchenchores stehe aber nicht im inneren Zusammenhang mit der kirchlichen Tätigkeit.[451] Diese Rechtsprechung hat das Bundessozialgericht 1998 für einen Ministrantenausflug bestätigt.[452]

(iii) Tätigkeiten im kommunalen Bereich

Problematisch sind hier vor allem die Fälle, in denen eine ehrenamtlich für die Gemeinde tätige Person außerhalb der engeren dienstlichen Funktionen an Veranstaltungen etc. teilnimmt. Das Bundessozialgericht stellt hier darauf ab, ob die Tätigkeit der Gemeinde zu dienen bestimmt war, wobei es nicht auf die objektive Nützlichkeit ankomme, sondern auf die Auffassung des Versicherten, ob von seinem Standpunkt aus gesehen die Tätigkeit geeignet war, den Interessen der Gemeinde zu dienen.[453] Auch Personen, die bei einer von der Gemeinde organisierten Brauchtumsveranstaltung nur einmalig und für wenige Stunden helfen, sind in

---

448 S. hierzu auch das informative Heft der ECCLESIA Versicherungsdienst GmbH (Hrsg.), Handbuch „Ehrenamtliche – Versicherungsschutz in Kirche, Caritas, und Diakonie, Januar 2001.

449 Sozialgericht Gelsenkirchen, Urt. v. 8. Mai 2000, S 10 U 143/99, HVBG-INFO 2000, S. 2804ff.

450 BSGE 34, 163 (kategorisch verneinend); BSGE 40, 139 (bejahend).

451 BSG SozR 3-2200 § 539 Nr. 31 = NZS 1995, S. 225ff.

452 BSG SozR 3-2200 § 539 Nr. 45 = NZS 1999, S. 253ff.

453 BSG SozR 3-2200 § 539 Nr. 38 = NZS 1997, S. 528ff. = NVwZ 1998, S. 111ff.

den Versicherungsschutz einbezogen.[454] Allerdings steht eine Hilfstätigkeit für einen auf diese Weise ehrenamtlich für die Gemeinde Tätigen nicht unter Versicherungsschutz, wenn die Gemeinde hierzu keinen Auftrag erteilt hat.[455] Jenseits der von einer Gemeinde direkt organisierten Veranstaltungen lagen Fälle, in denen Künstler in einem kommunalen Zusammenhang künstlerisch tätig waren. In den vorliegenden Fällen wurde jeweils das Eigeninteresse der Künstler, sich zu präsentieren bzw. gestaltend tätig zu werden, von den Gerichten als wesentlich prägend in den Vordergrund gerückt und Unfallversicherungsschutz verneint.[456]

(iv) Tätigkeiten als Betreuer nach dem Betreuungsrecht

Nach dem Betreuungsrecht[457] gehören die ehrenamtlich für den Staat – hier die Länder – tätig werdenden Betreuer zu dem von § 2 Abs. 1 Nr. 10 SGB VII geschützten Personenkreis. Die Aufgaben des Betreuers sind vom Gesetz umrissen. In einem zur Entscheidung anstehenden Fall war jedoch nicht klar, ob ein Betreuer, der auf einem Spaziergang mit dem Betreuten einen Unfall hatte, unter Versicherungsschutz stand. Hier hat das Bundessozialgericht – gegen die Vorinstanzen – Versicherungsschutz angenommen, wobei gesagt wurde, dass sich der Aufgabenbereich Ehrenamtlicher auch nach deren subjektiven Vorstellungen vom Ausmaß ihres Ehrenamtes bestimme. Entscheidend sei, wie auch sonst im Unfallversicherungsrecht, die sich erkennbar ergebende Handlungstendenz.[458]

(v) Tätigkeiten im Rahmen eines Vereins oder einer Partei (mitgliedschaftliche Verpflichtungen)

Für Tätigkeiten als Vereinsmitglied besteht grundsätzlich kein besonderer Schutz der Unfallversicherung. Nach der Rechtsprechung des BSG ist für die Rechte und Pflichten der öffentlich-rechtlichen Unfallversicherung kein Raum, wenn eine Verrichtung im Rahmen der Mitgliedschaft zu einem privatrechtlichen Verein aufgrund von

454 BSG SozR 3-2200 § 539 Nr. 11.
455 BSG SozR 3-2200 § 539 Nr. 14.
456 BSG, Urt. v. 10. März 1994 – 2 RU 6/93, HVBG-INFO 1994, S. 1121ff.; LSG Nordrhein-Westfalen, Urt. v. 19. August 1997 – L 15 U 1/97 (Besprühen einer Wand eines Jugendheims durch Jugendlichen).
457 Betreuungsgesetz vom 12. September 1990 (BGBl. I S. 2002).
458 BSG SozR 3-2200 § 539 Nr. 46; Vorinstanz LSG Rheinland-Pfalz, NZS 1998, S. 490ff.

Mitgliedschaftspflichten ausgeübt worden ist. Der Schutz der gesetzlichen Unfallversicherung ist damit u.a. bei allen Tätigkeiten für einen – rechtsfähigen oder nicht rechtsfähigen – Verein grundsätzlich nicht gegeben, die der mitgliedschaftsgebundenen Erfüllung der Vereinsaufgaben dienen. Das betrifft zum einen die Repräsentanten des Vereins z.B. bei der Teilnahme an Organsitzungen, Tagungen und ähnlichen Veranstaltungen, bei denen sie sich der Willensbildung und der Zielsetzung des Vereins widmen. Darüber hinaus stellen sich zum anderen die Verrichtungen eines jeden Vereinsmitglieds für den Verein als Ausfluss seiner Mitgliedschaft jenseits des öffentlich-rechtlichen Bereichs der gesetzlichen UV dar, wenn das Mitglied in Erfüllung mitgliedschaftlicher Vereinspflichten gehandelt hat. Entscheidend für die Beurteilung ist die Vereinswirklichkeit, mit der die Satzung, die Organbeschlüsse und die allgemeine Vereinsübung übereinstimmen müssen. Zu den auf allgemeiner Übung beruhenden Mitgliedspflichten zählen geringfügige Tätigkeiten, die ein Verein von jedem seiner Mitglieder erwarten kann und die von den Mitgliedern dieser Erwartung entsprechend auch verrichtet werden. Dabei wird eine allgemeine Vereinsübung, Mitglieder zu Arbeitsleistungen heranzuziehen, nicht dadurch in Frage gestellt, dass nicht alle Vereinsmitglieder, sondern nur ein Teil davon die für bestimmte Tätigkeiten erforderliche persönliche oder fachliche Eignung besitzt. Wesentlich ist allein, ob der Verein erwarten kann, dass bestimmte Aufgaben von geeigneten Mitgliedern wahrgenommen werden und Geeignete regelmäßig der Erwartung des Vereins auch nachkommen. Über die allgemeine Vereinsübung hinaus können die Satzung und auf ihr beruhende Organbeschlüsse weitergehende Mitgliedschaftspflichten – bei Sportvereinen auch im Bereich der Leitung und Überwachung von Übungen – begründen. Dieser Freiraum, den sich die Bürger als Mitglieder eines Vereins schaffen, lässt die gesetzliche UV grundsätzlich unberührt.[459]

Versicherungsschutz kann jedoch aus zwei Gründen bestehen: (1) Wenn das Vereinsmitglied wie ein Beschäftigter tätig wird, ohne dass ein formelles Beschäftigungsverhältnis vorliegen muss (§ 2 Abs. 2 SGB VII); (2) wenn Versicherungsschutz im Rahmen einer ehrenamtlichen Tätigkeit gegeben ist, für die bereits Versicherungsschutz eröffnet ist (z.B. § 2 Abs. 1 Nr. 9 SGB VII). Häu-

---

459 BSG SozR 3-2200 § 539 Nr. 27.

fig wird versucht, den Schutz gemäß § 2 Abs. 1 Nr. 10 SGB VII heranzuziehen, wenn der Verein z.B. kirchennah ist. Hier ist die Abgrenzung in der Regel aus rechtlicher Sicht unproblematisch, weil körperschaftsrechtlich leicht nachzuvollziehen ist, dass ein Verein keine öffentlich-rechtliche Religionsgemeinschaft darstellt. Die analoge Anwendung der Schutznorm wird von der Rechtsprechung abgelehnt.[460] Gleiches gilt für Parteien, bei denen es sich ebenfalls nicht um öffentlich-rechtliche Körperschaften handelt.[461]

(e) *Unentgeltliche, insbesondere ehrenamtliche Tätigkeit in Unternehmen zur Hilfe bei Unglücksfällen und im Zivilschutz und Teilnahme an Ausbildungsveranstaltungen dieser Unternehmen*

Für die in Hilfeleistungsorganisationen (Freiwillige Feuerwehren, Rotes Kreuz, Arbeiter-Samariter-Bund, Malteser-Hilfsdienst, Johanniter-Unfallhilfe, Deutsche Lebensrettungsgesellschaft, die Bergwacht, Sanitäts- und Rettungseinheiten von Automobilclubs und andere) und im Zivilschutz Tätigen besteht Versicherungsschutz bei allen Verrichtungen, die den Aufgaben und Zwecken der Organisation unmittelbar dienen (§ 2 Abs. 1 Nr. 12 SGB VII). Auf die Rechtsform kommt es nicht an. Gewerbliche Rettungsunternehmen sind nicht erfasst.[462]

Die Ausbildung muss eine Sachnähe zur Hilfe bei Unglücksfällen oder zum Zivilschutz aufweisen. Als Teilnahme an Ausbildungsveranstaltungen gilt z.B. auch der Erste-Hilfe-Kurs für Führerscheinbewerber.[463]

Weitere Beispiele:
Zur geschützten Tätigkeit gehören insbesondere: Einsätze (z.B. Brandbekämpfung, technische Hilfeleistung, Krankentransport und Rettungsdienst, Mitwirkung im Katastrophenschutz), soziale und Pflegedienste, Behindertenarbeit sowie Arbeits- und Werkstattdienst; sportliche Betätigung zur körperlichen Ertüchtigung, sofern sie regelmäßig als Dienst angesetzt ist; Veranstaltungen, deren Ziel die Mitgliederwerbung oder die Darstellung der Aufgaben der Hilfeleistungsorganisationen der Öffentlichkeit ist, und Sammelaktionen; Sitzungen der Organe und Gremien der Hilfeleistungsorgani-

---

460 BSG SozR 3-2000 § 539 Nr. 41 = NZS 1998, S. 531ff.; LSG Nordrhein-Westfalen, Urt. v. 21. Oktober 1998 – L 17 U 174/97.
461 LSG Niedersachsen, Urt. v. 17. April 1997 – L 6 U 74/96.
462 So Kater/Leube, Gesetzliche Unfallversicherung, § 2 Rz. 284.
463 BSGE 51, 176.

sation; sonstige Tätigkeiten im Rahmen der Hilfeleistungsorganisation, sofern sie von einem Vorgesetzten angeordnet wurden.

Die versicherte Tätigkeit ist von der Rechtsprechung sehr weit gefasst worden. So ist auch die Teilnahme eines Ortsbrandmeisters an einem Feuerwehrball als in innerem Zusammenhang mit der versicherten Tätigkeit stehend angesehen worden.[464] Zur versicherten Tätigkeit rechnet auch die Öffentlichkeitsarbeit.[465]

Mitglieder der Jugendorganisation der Hilfeleistungsunternehmen sind versichert, wenn mit ihrer Mitgliedschaft die Ausbildung für den späteren Einsatz in einer Helfergruppe verbunden ist. Neben den reinen Ausbildungs- und Übungsmaßnahmen werden auch offiziell durchgeführte jugendpflegerische Tätigkeiten (Spiel und Sport, musisch-kulturelle Bildung, Maßnahmen zur Pflege des Gemeinschaftslebens, Wanderungen) vom Versicherungsschutz erfasst. Der Versicherungsschutz gilt für die in Hilfeleistungsorganisationen oder im Zivilschutz Tätigen auch im Ausland, wenn sie von der Organisation vorübergehend dorthin entsandt werden.

(f) Pflegepersonen

Mit dem PflegeVG ist ab 1. April 1995 der Schutz der Unfallversicherung auf Pflegepersonen i.S.d § 19 SGB XI erweitert worden (§ 44 Abs. 1 Satz 6 SGB XI i.V.m. § 2 Abs. 1 Nr. 17 SGB VII).

Nach der gesetzlichen Definition in § 19 SGB XI sind Pflegepersonen im Sinne des SGB XI Personen, die nicht erwerbsmäßig einen Pflegebedürftigen im Sinne des § 14 SGB XI wenigstens 14 Stunden wöchentlich in seiner häuslichen Umgebung pflegen (§ 19 S. 2 SGB XI).[466]

Als versicherte Tätigkeiten gelten Pflegetätigkeiten im Bereich der Körperpflege und – soweit diese Tätigkeiten überwiegend Pflegebedürftigen zugute kommen – Pflegetätigkeiten in den Bereichen der Ernährung, der Mobilität sowie der hauswirtschaftlichen Versorgung i.S.v. § 14 Abs. 4 SGB XI.

Der Unfallversicherungsschutz bei der Teilnahme an Pflegekursen (§ 45 SGB XI) ist nach § 2 Abs. 1 Nr. 17 SGB VII gegeben,

---

464 BSG SozR 3-2200 § 539 Nr. 5.

465 Beispiele bei Kater/Leube, Gesetzliche Unfallversicherung, § 2 Rz. 290.

466 Allerdings bedeutet dies auch, dass Pflegepersonen, die einen Pflegebedürftigen unterhalb der Pflegestufe I versorgen, ohne Versicherungsschutz bleiben.

wenn die am Pflegekurs teilnehmende Person die Voraussetzungen des § 19 SGB XI erfüllt.[467]

Für die Unfallversicherung der Pflegepersonen waren auch besondere Regelungen bezüglich des Haftungsausschlusses erforderlich. Die Haftungsbeschränkung auf Vorsatz soll auch im Verhältnis zwischen Pflegebedürftigem und Pflegeperson sowie im Verhältnis mehrerer Pflegepersonen desselben Pflegebedürftigen Anwendung finden (§ 106 Abs. 2 SGB VII).

(g) Personen, die im Rahmen des freiwilligen sozialen oder ökologischen Jahres tätig werden

Hier bestimmt sich der Unfallversicherungsschutz danach, wer Arbeitgeber dieser Personen ist. Es handelt sich hier um öffentlich-rechtliche Dienstverhältnisse.[468]

b) „Wie-Beschäftigte"

Anders als bei den vorgenannten Vorschriften, in denen explizit auf eine bestimmte ehrenamtliche Tätigkeit Bezug genommen wird, kann zumindest *auch* ein Schutz für bürgerschaftlich engagierte Personen in Frage kommen, wenn es sich um Personen handelt, die wie ein nach § 2 Abs. 1 Nr. 1 SGB VII Versicherter tätig werden (§ 2 Abs. 2 SGB VII).[469]

Dieser Versicherungsschutz außerhalb eines Beschäftigungsverhältnisses greift nur nachrangig. Voraussetzung für den Versicherungsschutz ist das Vorliegen einer ernsthaft dem Unternehmen dienenden Tätigkeit, die dem wirklichen oder mutmaßlichen Willen des Unternehmers entspricht.[470] Die Rechtsprechung hat in mehreren Fällen ehrenamtliche Tätigkeit dem Versicherungsschutz nach dieser Vorschrift unterstellt, so etwa bei freiwilliger Nachbarschaftshilfe.[471] Reine familiale Mithilfe fällt allerdings nicht unter diese Vorschrift. Die Problematik der Gewährung von Versicherungsschutz nach dieser Vorschrift liegt darin, dass sie für die bür-

---

467 Pöld-Krämer LPK – SGB XI, § 44 Rz.79; Udsching, SGB XI, 2. Aufl., § 44 Rz. 17.

468 Kater/Leube, Gesetzliche Unfallversicherung, § 2 Rz. 17.

469 Vgl. Schmitt, § 2 Rn. 132.

470 BSGE 5, 168.

471 BSG SozSich 1991, S. 29.

gerschaftlich engagiert tätigen Personen, soweit sie nicht schon anderweitig geschützt sind, erhebliche Unsicherheiten in der Anwendung birgt.

Bedeutung erlangt die Vorschrift vor allem bei Tätigkeiten von Vereinsmitgliedern im Rahmen von Vereinen, wenn diese Tätigkeit – nach der Formel der Rechtsprechung – über den „üblichen, typischen Rahmen der Vereins-(Partei-)arbeit hinausgeht, sie also von einem Vereinsmitglied nach der Vereinswirklichkeit im allgemeinen ohne Bezahlung nicht verlangt werden kann".[472] Die Vorschrift ist auch auf Tätigkeiten anwendbar, die dem Aufgabenkreis des Landes oder einer Gemeinde zuzurechnen sind, dem ausdrücklichen oder mutmaßlichen Willen des zuständigen Verwaltungsträgers entsprechen und nach Art und Umfang rechtlich als Arbeit zu qualifizieren sind. Entscheidend ist, dass es sich um eine vom Land oder der Gemeinde eingerichtete und durchgeführte Maßnahme handelt, der öffentliche Rechts- und Verwaltungsträger also in den ihm obliegenden Pflichten auch tatsächlich unterstützt oder entlastet wird (Beispiel: Bachpatenschaften).

3. Leistungsrecht

Die Unfallversicherung verfügt über einen umfangreichen Leistungskatalog, wobei die Heilbehandlung, die Rehabilitation sowie die Zahlung von Verletztengeld und Verletztenrente im Vordergrund stehen (§ 26 SGB VII). Die Unfallversicherung sieht auch Leistungen bei Pflegebedürftigkeit vor (§ 26 Abs. 2 Nr. 5 SGB VII).

Von besonderem Interesse sind die Geldleistungen der Unfallversicherung für ehrenamtlich Tätige deshalb, als Ehrenamtliche in der Regel kein Arbeitsentgelt beziehen, die Unfallversicherung wegen der ihr eigenen Entschädigungsfunktionen aber auch Geldersatz bietet (Verletztengeld und -rente; Hinterbliebenenrenten).

---

472 BSG SozR 2200 § 539 Nrn. 101, 114. Instruktiv für die praktische Anwendung dieser Formel BSG SozR 3-2200 § 539 Nr. 41 = NZS 1998, S. 531ff. = NJW 1999, S. 446ff. Weitere Beispiele aus der jüngeren Rspr.: LSG Niedersachsen, Urt. v. 17. April 1997 – L 6 U 74/96, und Urt. v. 22. Oktober 1998 – L 6 U 472/97; LSG Nordrhein-Westfalen, Urt. v. 21. Oktober 1998 – L 17 U 174/97. S. auch jüngst BSG, Urt. v. 24. Februar 2000 – B 2 U 4/99 R, HVBG-INFO 2000, S. 1253ff. (ablehnend für Reitunfall einer Übungsleiterin eines Reitvereins).

Das Mindestjahresarbeitsverdienst, auf dessen Basis dann die Geldleistungen berechnet werden, beträgt für Personen über 18 Jahren 60% der zur Zeit des Arbeitsunfalls maßgeblichen Bezugsgröße (§ 85 Abs. 1 Nr. 2 SGB VII). Für Personen des freiwilligen sozialen Jahres besteht eine Sonderregelung für die Berechnung des Jahresarbeitsverdienstes (§ 82 Abs. 2 Satz 2 SGB VII).[473]

In Hinblick auf das Leistungsrecht ist für den Personenkreis, der unentgeltlich, insbesondere ehrenamtlich tätig wird, die Möglichkeit gegeben, durch Satzung des Unfallversicherungsträgers Mehrleistungen vorzusehen (§ 94 SGB VII).

Am Beispiel der im Bundesverband der Unfallkassen zusammengeschlossenen Unfallversicherungsträger der öffentlichen Hand kann das Leistungsrecht konkretisiert werden:

Die Geldleistungen werden auf der Grundlage des tatsächlichen Arbeitsentgelts bzw. -einkommens in dem Jahr vor dem Unfall berechnet. Die Berechnungsgrundlagen werden durch den Höchst-Jahresarbeitsverdienst begrenzt, der regelmäßig der allgemeinen Einkommensentwicklung angepasst wird. Der Berechnung einer Rente wird bei fehlendem oder geringerem Einkommen ein Mindest-Jahresarbeitsverdienst zu Grunde gelegt. Darüber hinaus erhalten „ehrenamtlich Tätige“ Mehrleistungen, die gemäß § 94 SGB VII für die nach § 2 Abs. 1 Nr. 9, 10, 12 SGB VII ehrenamtlich Tätigen in den Satzungen nahezu aller Unfallversicherungsträger im Landes- und kommunalen Bereich, der Feuerwehr-Unfallkassen sowie in einer Rechtsverordnung des Bundes vorgesehen sind. Die Mehrleistungsbestimmungen bieten die Möglichkeit, das Engagement im Interesse des Gemeinwohls durch Leistungen über den gesetzlichen Rahmen hinaus zu würdigen. Die Mehrleistungen sind in einer den Bedürfnissen des betroffenen Personenkreises entsprechenden Weise ausgestaltet.

4. Zuständigkeit – Finanzierung

Für ehrenamtlich tätige Personen kennt die Unfallversicherung – anders als für Arbeitnehmer – keine einheitlichen Vorschriften zur Zuständigkeit und zur Finanzierung der Aufwendungen. Für Arbeitnehmer werden Beiträge zur Unfallversicherung von den Unternehmern (= Arbeitgebern) aufgebracht (§ 150 Abs. 1 SGB VII).

---

473 Der Jahresarbeitsverdienst berechnet sich grundsätzlich gemäß § 82 Abs. 1 SGB VII. Beim freiwilligen sozialen oder ökologischen Jahr wird als Arbeitsverdienst das Arbeitsentgelt zugrunde gelegt, das durch eine Tätigkeit erzielt worden wäre, die der letzten Tätigkeit vor der genannten entspricht, falls dies für den Betroffenen günstiger ist, § 82 Abs. 2 S. 2 SGB VII.

Die Arbeitnehmer oder andere versicherte Gruppen werden nicht zu Beiträgen herangezogen. Für bestimmte Personengruppen, zu denen auch einige der ehrenamtlich Tätigen rechnen, sind teilweise die Unfallversicherungsträger der öffentlichen Hand zuständig; die Aufwendungen werden aus öffentlichen Kassen getragen (§ 185 Abs. 2 SGB VII).

Die Finanzierung der Leistungen für Versicherte nach § 2 Abs. 1 Nr. 9 SGB VII vollzieht sich wie folgt: Für Versicherte in den Unternehmen der Freien Wohlfahrtspflege, die als Organmitglieder oder in vergleichbarer Weise ehrenamtlich tätig sind oder unentgeltlich aus ideellen Gründen im Sinne des Wohlfahrtsgedankens wirken, werden keine Beiträge erhoben. Leistungen der Unfallversicherung werden über die Beiträge der Unternehmen, die Mitglieder der in der Bundesarbeitsgemeinschaft der Freien Wohlfahrtspflege vereinigten Spitzenverbände sind, finanziert. Für Versicherte nach § 2 Abs. 1 Nr. 9 SGB VII, die nicht in Verbindung mit einem Unternehmen der Freien Wohlfahrtspflege stehen, also z.B. Personen, die im Rahmen der Selbsthilfe ehrenamtlich tätig werden, wird kein Beitrag erhoben. Leistungen der Unfallversicherung an solche Personen werden von allen anderen beitragspflichtigen Unternehmern finanziert. Damit besteht für solche Personen keine besondere Finanzierungszuordnung. Sachlich zuständig ist die Berufsgenossenschaft für Gesundheitsdienst und Wohlfahrtspflege. Für ehrenamtliche Tätigkeiten, die im Rahmen eines Haushalts vorgenommen werden, sind die kommunalen Unfallversicherungsträger zuständig (§ 129 Abs. 1 Nr. 2 SGB VII).[474]

Die Gemeinden und die Gemeindeunfallversicherungsverbände sind Träger der Unfallversicherung für die in § 2 Abs. 1 Nr. 17 SGB VII genannten versicherten Pflegepersonen (§ 129 Abs. 1 Nr. 7 SGB VII). Die Gemeinden sind zuständig für die Finanzierung (§ 185 Abs. 2 Satz 2 SGB VII). Für die Unfallversicherung von Pflegepersonen dürfen die gemeindlichen Versicherungsträger keine Beiträge erheben (§§ 185 Abs. 2 Satz 1, 129 Abs. 1 Nr. 7 SGB VII).

---

474 Die Berufsgenossenschaft für Gesundheitsdienst und Wohlfahrtspflege hat zur Bestimmung der Zuständigkeiten entsprechende Merkblätter herausgegeben: Merkblatt zur gesetzlichen Unfallversicherung für ehrenamtlich und unentgeltlich tätige Personen; Merkblatt zur gesetzlichen Unfallversicherung für die in der Nachbarschaftshilfe, Alten-, Haus- und Familienpflege tätigen Personen.

VI. Rentenversicherung (SGB VI)

1. Schutzfunktionen

Die gesetzliche Rentenversicherung, geregelt im SGB VI, bietet neben den Geldleistungen der verschiedenen Renten auch wichtige Sachleistungen, so die Leistungen zur Teilhabe (früher Rehabilitationsleistungen genannt), sowie einige Zusatzleistungen, z.B. den Zuschuss zur Kranken- und Pflegeversicherung.

Bei den Geldleistungen handelt es sich um die langfristigen Entgeltersatzleistungen der *Renten*, die als Altersrenten in verschiedenen Arten (§§ 35ff. SGB VI), als Renten wegen verminderter Erwerbsfähigkeit („Invaliditätsrenten“) (§§ 43 und 45 SGB VI) und als Renten wegen Todes („Hinterbliebenenrenten“) gewährt werden (§§ 46ff. SGB VI). Die Rentenversicherung stellt also nicht nur eine Altersversicherung dar. Sie sichert auch das Risiko der Invalidität und das Unterhaltsrisiko der Hinterbliebenen von Versicherten.

Mit den *Leistungen zur Teilhabe* der Rentenversicherung soll – verallgemeinernd gesagt – positiv auf den Zustand einer Beeinträchtigung der Erwerbsfähigkeit des Versicherten hingewirkt werden (vgl. § 9 Abs. 1 SGB VI). Deshalb werden in der Rentenversicherung Leistungen zur medizinischen Rehabilitation und zur Teilhabe am Arbeitsleben sowie ergänzende Leistungen gewährt, nicht aber allgemeine rehabilitative Eingliederungsleistungen für sonstige behinderte oder von Behinderung bedrohte Personen.

Die Rentenleistungen wie die Leistungen zur Teilhabe der Rentenversicherung sind in der Regel abhängig von gewissen Versicherungszeiten. Diese Zeiten können für die Leistungseröffnung und – nur bei den Rentenleistungen – auch für die Leistungshöhe relevant werden.[475] Aus diesem Grund ist in der Rentenversicherung das Zurücklegen bestimmter versicherungsrechtlicher Zeiten so bedeutsam.

In der gesetzlichen Rentenversicherung sind – wie in der Krankenversicherung – Beschäftigte pflichtversichert (§ 1 SGB VI),

---

475 Vgl. etwa für die Rehabilitation die versicherungsrechtlichen Voraussetzungen in § 11 SGB VI, und für die Rentenleistungen die Wartezeit von mindestens fünf Jahren in § 50 SGB VI, weiter für die Rentenleistung selbst die Rentenformel in § 63 SGB VI.

während geringfügig Beschäftigte – wiederum mit der Ausnahme der Beschäftigten nach dem Gesetz zur Förderung eines freiwilligen sozialen oder ökologischen Jahres – versicherungsfrei sind (§ 5 Abs. 2 Satz 1 und Satz 3 SGB VI). Auch Personen, die eine geringfügige nicht erwerbsmäßige Pflegetätigkeit ausüben, sind in dieser Pflegetätigkeit versicherungsfrei (§ 5 Abs. 2 Satz 4 SGB VI).

Zivildienstleistende sind ebenfalls versicherungspflichtig (§ 3 S. 1 Nr. 2 SGB VI). Für sie werden die Beiträge vom Bund getragen (§ 170 Abs. 1 Nr. 1 SGB VI). Die Möglichkeit der Versicherungspflicht auf Antrag besteht für Entwicklungshelfer im Sinne des Entwicklungshelfer-Gesetzes (§ 4 Abs. 1 S. 1 Nr. 1 SGB VI). Bei Personen des *freiwilligen sozialen oder ökologischen Jahres* trägt der Arbeitgeber die Beiträge (§ 168 Abs. 1 Nr. 1 SGB VI).

Anders als in der Krankenversicherung ist der Zugang zur Rentenversicherung über eine *freiwillige Versicherung* verhältnismäßig weit (§ 7 SGB VI). Dort können sich alle nicht versicherungspflichtigen Personen versichern, wofür sie ihre Beiträge selbst zu tragen haben (§ 171 SGB VI). Auch geringfügig Beschäftigte können sich freiwillig versichern (§ 7 Abs. 2 Satz 2 SGB VI). Damit haben bürgerschaftlich engagiert tätige Personen über die freiwillige Versicherung Zugang zur Rentenversicherung. Die Beiträge hierfür sind von ihnen selbst oder – auf Grund vertraglicher Vereinbarung – von Dritten zu tragen. Unter bestimmten Voraussetzungen kann hierfür auch ein Sozialhilfeträger zuständig sein.

2. Rentenrechtliche Anerkennung von Pflegezeiten nach dem SGB XI ab dem 1. April 1995

Die Anerkennung von Pflegezeiten in der Rentenversicherung[476] lehnt sich an das Muster an, das mit der Anerkennung von Kindererziehungszeiten vorliegt. Personen, die als nicht erwerbsmäßig tätige Pflegepersonen i.S.v. § 19 SGB XI gelten, werden als pflichtversicherte Personen betrachtet. Anders als bei den Kindererziehungszeiten werden die Beiträge aber über die Pflegekas-

476 S. auch die sehr detaillierte Darstellung bei Koch, Erich, Rentenversicherung: Versicherungspflichtiger Personenkreis der nicht erwerbsmäßig tätigen Pflegepersonen, WzS (Wege zur Sozialversicherung), 4-5/2002, S. 97ff.

sen an die Rentenversicherung gezahlt (§ 44 Abs. 1 Satz 1 SGB XI), während für die Kindererziehungszeiten Beiträge in pauschaler Form vom Bund gezahlt werden (§ 177 SGB VI). Die Höhe der Beiträge – und damit gemäß dem Grundprinzip des deutschen Rentenversicherungsrechts – auch die Höhe der späteren Rentenleistungen bestimmt sich nach dem Umfang der Pflegetätigkeit und dem Grad der Pflegebedürftigkeit, dies zusammen ausgedrückt in einem Bruchteil des Durchschnittsentgelts der gesetzlichen Rentenversicherung (Bezugsgröße i.S.v. § 18 SGB IV).[477]

a) Versicherungspflicht von Pflegepersonen

Die Regelungen zur Versicherungspflicht von Pflegepersonen knüpfen am Begriff der Pflegeperson nach dem SGB XI an (vgl. § 3 Satz 1 Nr. 1a SGB VI). Die Voraussetzungen für die Versicherungspflicht von Pflegepersonen sind im Einzelnen:

- Pflegebedürftiger im Sinne des § 14 SGB XI, der Anspruch auf Leistungen aus der sozialen oder privaten Pflegeversicherung hat;
- Pflege wenigstens 14 Stunden wöchentlich;
- Pflege in der häuslichen Umgebung des Pflegebedürftigen;
- Nicht erwerbsmäßige Pflege.
- Die Pflegepersonen dürfen daneben regelmäßig nicht mehr als 30 Stunden wöchentlich beschäftigt oder selbstständig tätig sein (§ 3 Satz 3 SGB VI).

Bei der *Berechnung des Umfangs der Pflegetätigkeit* ist es unerheblich, wie hoch der auf die Grundpflege und auf die hauswirtschaftliche Versorgung entfallende Anteil der Tätigkeit ist, wenn nur mindestens 14 Stunden wöchentlich erreicht werden. Gleiches gilt dann für die Berechnung des darüber hinaus gehenden Umfangs der pflegerischen Tätigkeit. Strittig ist allerdings, ob auch pflegerische Tätigkeiten, die über die in § 14 Abs. 4 SGB XI genannten Tätigkeiten im Bereich der Körperpflege, der Ernährung, der Mobilität und der hauswirtschaftlichen Versorgung hinausgehen, mit in den Umfang der Pflegetätigkeit einzubeziehen sind.

---

477 Bezugsgröße ist das Durchschnittsentgelt der gesetzlichen Rentenversicherung im vorvergangenen Jahr (§ 18 Abs. 1 SGB IV – 2002: alte Bundesländer 2.345 Euro monatlich, Beitrittsgebiet: 1.960 Euro monatlich).

Der Sinn und Zweck der Versicherungspflichtigkeit von Pflegepersonen spricht jedoch auch für den Einbezug von Tätigkeiten z.B. auf dem Gebiet der Kommunikation und der Herstellung der Mobilität über das Verlassen und Aufsuchen der Wohnung hinaus.

Die *Pflege in der häuslichen Umgebung* kann auch darin gesehen werden, dass eine pflegebedürftige Person versorgt wird, die einen Teil der Woche stationär, z.B. in einem Internat versorgt wird.

Personen, die die Pflege entgeltlich in einem Beschäftigungsverhältnis ausüben, bedürfen nicht des besonderen Schutzes in der Rentenversicherung, da sie bereits als Beschäftigte versicherungspflichtig sind (§ 1 Satz 1 Nr. 1 SGB VI). Wenn solche Personen aber ein Arbeitsentgelt erhalten, das das dem Umfang der Pflegetätigkeit entsprechende Pflegegeld im Sinne von § 37 SGB XI nicht übersteigt, gelten sie insoweit als *nicht erwerbsmäßig tätig* und sind nicht versicherungspflichtig als Beschäftigte (§ 3 Satz 2 SGB VI). Obwohl Jugendliche im freiwilligen sozialen Jahr bei einer pflegerischen Tätigkeit diese Tätigkeit nicht erwerbsmäßig ausüben, gehen die Rentenversicherungsträger davon aus, dass sie keinen weiteren Schutz in der Rentenversicherung benötigen. Andere freiwillige Helfer, die z.B. im Rahmen von Wohlfahrtsorganisationen unentgeltlich oder im Rahmen der Pflegegeldregelung pflegen, sind ebenfalls nicht erwerbsmäßig tätig.

Eine *geringfügige Pflegetätigkeit* führt nicht zum Versicherungsschutz in der Rentenversicherung (§ 5 Abs. 2 Satz1 Nr. 3 SGB VI). Damit ist eine entsprechende Parallele zur sonstigen Versicherungsfreiheit geringfügiger Beschäftigungen oder Tätigkeiten gezogen. Geringfügigkeit besteht, wenn die Beitragsbemessungsgrundlage für die Pflegetätigkeit 325 Euro nicht übersteigt. Mehrere nicht erwerbsmäßige Pflegetätigkeiten sind zusammenzurechnen (§ 5 Abs. 2 Satz 4 SGB VI). Eine Zusammenrechnung mit einer anderen geringfügigen Beschäftigung oder Tätigkeit wird nicht vorgenommen. Pflegetätigkeiten mit geringerem Umfang als14 Stunden wöchentlich können nicht in Ansatz gebracht werden, da für sie schon keine Versicherungspflicht und keine beitragspflichtigen Einnahmen in Betracht kommen.

b) Beitragsbemessung

Zum Verständnis der Beitragsbemessung ist zu sagen, dass sich die Höhe einer Rente vor allem nach der Höhe der während des Versicherungslebens durch Beiträge versicherten Arbeitsentgelte und Arbeitseinkommen richtet (§ 63 Abs. 1 SGB VI). Deshalb macht die zentrale Norm für die Bestimmung der Rentenhöhe von Pflegepersonen die Regelung über die beitragspflichtigen Einnahmen aus (§ 166 Abs. 2 SGB VI). Danach berechnet sich die Höhe der beitragspflichtigen Einnahmen bei einer nicht erwerbsmäßig tätigen Pflegeperson aus zwei Faktoren: dem Grad der Pflegebedürftigkeit der zu versorgenden Person und einer (Mindest-)Zahl der Pflegestunden. Diese beiden Faktoren werden umgerechnet in einen Bruchteil der sog. Bezugsgröße (§ 18 SGB IV).[478] Da die Bezugsgröße – abgesehen von Rundungen – das durchschnittliche Entgelt der in der Rentenversicherung versicherten Personen im vorvergangenem Kalenderjahr darstellt, führt ein Beitrag, der auf der Basis der Bezugsgröße erhoben wird, in etwa zu einer Rentenleistung, die grundsätzlich ein Durchschnittsverdiener erhält. Im Einzelnen gilt:

Beitragspflichtige Einnahmen sind bei nicht erwerbsmäßig tätigen Pflegepersonen bei Pflege eines

1. Schwerstpflegebedürftigen (§ 15 Abs. 1 Nr. 3 SGB XI)
a) 80 vom Hundert der Bezugsgröße, wenn er mindestens 28 Stunden in der Woche gepflegt wird,
b) 60 vom Hundert der Bezugsgröße, wenn er mindestens 21 Stunden in der Woche gepflegt wird,
c) 40 vom Hundert der Bezugsgröße, wenn er mindestens 14 Stunden in der Woche gepflegt wird,
2. Schwerpflegebedürftigen (§ 15 Abs. 1 Nr. 2 SGB XI)
a) 53,3333 vom Hundert der Bezugsgröße, wenn er mindestens 21 Stunden in der Woche gepflegt wird,
b) 35,5555 vom Hundert der Bezugsgröße, wenn er mindestens 14 Stunden in der Woche gepflegt wird,
3. erheblich Pflegebedürftigen (§ 15 Abs. 1 Nr. 1 SGB XI) 26,6667 vom Hundert der Bezugsgröße.
2. Üben mehrere nicht erwerbsmäßig tätige Pflegepersonen die Pflege gemeinsam aus, sind beitragspflichtige Einnahmen bei jeder Pflegeperson der Teil des Höchstwertes der jeweiligen Pflegestufe, der dem Umfang ihrer Pflegetätigkeit im Verhältnis zum Umfang der Pflegetätigkeit insgesamt entspricht.

---

478 S. Anm. 477.

c) Tragung der Beiträge

Auch hinsichtlich der Beitragstragung sind besondere Regelungen gegeben. Beiträge zur Rentenversicherung werden bei Personen in einem Beschäftigungsverhältnis vom Arbeitgeber und Arbeitnehmer je zur Hälfte getragen (vgl. § 168 Abs. 1 SGB VI). Die Beiträge für nicht erwerbsmäßig tätige Pflegepersonen werden hingegen voll von den Pflegekassen bzw. der privaten Pflegeversicherung oder – bei Beihilfeempfängern des öffentlichen Dienstes – auch anteilig von den Beihilfestellen getragen (§ 170 Abs. 1 Nr. 6 SGB VI), je nachdem, von welchem Träger die pflegebedürftige Person ihre Pflegeleistungen bezieht. Es gilt auch die Regel, dass die Beitragszahlung vermutet wird, wenn die Beschäftigungszeiten den Trägern der Rentenversicherung ordnungsgemäß gemeldet wurden (§ 199 Satz 3 SGB VI).

d) Leistungsrecht

Die Regelungen zum Versicherungsschutz für nicht erwerbsmäßig tätige Pflegepersonen enthalten keine Änderungen beim Leistungsrecht. Dies ist auch nicht erforderlich, da nach der im deutschen Rentenrecht angewendeten Rentenformel die Höhe der Rente im wesentlichen von der Höhe der gezahlten Beiträge abhängt (§ 63 Abs. 1 SGB VI). Wegen der Behandlung als pflichtversicherte Personen stehen die nicht erwerbsmäßig tätigen Pflegepersonen den sonstigen pflichtversicherten Personen völlig gleich, so dass leistungsrechtliche Besonderheiten nicht gegeben sind.

3. Ehrenamtlich tätige Arbeitnehmer

Für ehrenamtlich tätige Arbeitnehmer existieren im Rentenversicherungsrecht in § 163 Abs. 3 und 4 SGB VI zwei Vergünstigungen, mit denen der Tatsache Rechnung getragen wird, dass durch eine ehrenamtliche Tätigkeit keine Schlechterstellung in der Versichertenbiographie als Arbeitnehmer erfolgen soll.[479] Diese Regelungen bedeuten also keine Vergünstigungen für ehrenamtlich Tätige, die sonst nicht pflichtversichert sind.

---

479 Für Hausgewerbetreibende gilt die gleiche Regelung, § 165 Abs. 2 SGB VI.

a) § 163 Abs. 3 SGB VI

Nach § 163 Abs. 3 SGB VI können Arbeitnehmer, die ehrenamtlich tätig sind, den Unterschiedsbetrag zwischen dem tatsächlich erzielten Arbeitsentgelt und dem Arbeitsentgelt, das ohne die ehrenamtliche Tätigkeit erzielt worden wäre, höchstens bis zur Beitragsbemessungsgrenze als Arbeitsentgelt geltend machen. Den Beitrag für diesen Unterschiedsbetrag haben sie selbst zu tragen (§ 168 Abs. 1 Nr. 5 SGB VI). Diese Regelung bewirkt, dass der im Grunde als freiwilliger Beitrag entrichtete Beitrag auf den Unterschiedsbetrag als Pflichtbeitrag wirkt.

Der Kreis der ehrenamtlichen Tätigkeiten, für die diese Regelung gilt, ist in Ansehung des Nutznießers der Tätigkeit eingegrenzt worden (§ 163 Abs. 3 Satz 2 SGB VI). Es sind nur ehrenamtliche Tätigkeiten erfasst für Körperschaften, Anstalten oder Stiftungen des öffentlichen Rechts, deren Verbände einschließlich der Spitzenverbände oder ihrer Arbeitsgemeinschaften, Parteien, Gewerkschaften sowie Körperschaften, Personenvereinigungen und Vermögensmassen, die wegen des ausschließlichen und unmittelbaren Dienstes für gemeinnützige, mildtätige oder kirchliche Zwecke von der Körperschaftsteuer befreit sind.

b) § 163 Abs. 4 SGB VI

Nach § 163 Abs. 4 SGB VI können seit dem Rentenreformgesetz 1992 (RRG 1992) auch Personen, die in ihrem Ehrenamt ein Entgelt beziehen und daher versicherungspflichtig sind, sich für jeden Betrag zwischen dem Arbeitsentgelt und der Beitragsbemessungsgrenze versichern, wobei dieser Unterschiedsbetrag als versichertes Arbeitsentgelt angesehen wird (§ 163 Abs. 4 SGB VI). Voraussetzung ist allerdings, dass diese Personen im vergangenen Kalenderjahr freiwillige Beiträge gezahlt haben. Zweck dieser Regelung ist es, dass freiwillig versicherte Personen durch die Aufnahme eines Ehrenamtes, aus dem Arbeitsentgelt entrichtet wird, das zu geringeren Beiträgen als bisher führt, nicht benachteiligt werden. Da mit dem RRG 1992 die Möglichkeit der Höherversicherung für Pflichtversicherte eingeschränkt worden ist, war eine solche Regelung vorzusehen. Anders als bei der bisher schon bestehenden Möglichkeit der Zahlung eines Beitrages auf den Unterschiedsbetrag nach § 163 Abs. 3 SGB VI gilt die Regelung des § 163 Abs. 4 SGB VI nur für versicherungspflichtige ehrenamtliche Tätigkeiten für Körperschaften des öffentlichen Rechts (§ 163 Abs. 4 Satz 2 SGB VI), worunter etwa ehrenamtliche Beschäftigungen von Bürgermeistern in einigen Bundesländern fallen.

4. Erstattung der Beiträge zur Alterssicherung durch die Sozialhilfe

Das Sozialhilferecht (Bundessozialhilfegesetz – BSHG) sieht die Erstattung von Beiträgen der Pflegeperson für eine angemessene Alterssicherung vor. Es handelt sich hierbei um eine Leistung des Sozialhilfeträgers gegenüber der pflegebedürftigen Person. Diese Leistung ist als Kann-Leistung bei einfacher Pflegebedürftigkeit[480] und als Muss-Leistung bei erheblicher Pflegebedürftigkeit[481] ausgestaltet.

Mit der durch das PflegeVG bewirkten Besserstellung von Pflegepersonen in der Rentenversicherung haben die entsprechenden BSHG-Leistungen nur noch Bedeutung für diejenigen Pflegepersonen, die einen Pflegebedürftigen der sog. Stufe 0 versorgen, also Pflegebedürftige, die keine Leistungen nach dem SGB XI, sondern nach dem BSHG beziehen (vgl. § 68 Abs. 1 Satz 2 BSHG).

5. Leistungsrecht

a) Fehlende Wirkung von Zeiten bürgerschaftlich engagierter Betätigung bei der Gesamtleistungsbewertung

Zeiten bürgerschaftlichen Engagements sind, wenn sie sich nicht – ganz selten und daher zu vernachlässigen – als Beschäftigungs-

480 § 69b Abs. 1 Satz 1 BSHG lautet: „Pflegebedürftigen im Sinne des § 68 Abs. 1 sind die angemessenen Aufwendungen der Pflegeperson zu erstatten; auch können angemessene Beihilfen gewährt und Beiträge der Pflegeperson für eine angemessene Alterssicherung übernommen werden, wenn diese nicht anderweitig sichergestellt ist."

481 § 69b Abs. 2 BSHG lautet „Pflegebedürftigen, die Pflegegeld nach § 69a erhalten, sind zusätzlich zum Pflegegeld die Aufwendungen für die Beiträge einer Pflegeperson oder einer besonderen Pflegekraft für eine angemessene Alterssicherung zu erstatten, wenn diese nicht anderweitig sichergestellt ist."

zeiten in einer versicherungspflichtigen Beschäftigung nach § 1 Satz 1 Nr. 1 SGB VI darstellen, keine rentenrechtlich relevanten Zeiten. Weil Zeiten solchen Engagements regelmäßig weder bei den Versicherungsvoraussetzungen noch der Rentenhöhe berücksichtigt werden, ergibt sich darüber hinaus noch die wenig bekannte und beachtete nachteilige Auswirkung bei der Bewertung von beitragsfreien Zeiten, so insbesondere bei der Bewertung von Ausbildungszeiten (§§ 54 Abs. 4, 58 Abs. 1 Satz 1 Nr. 4, 71 Abs. 1 SGB VI). Solche Ausbildungszeiten werden in ihrer Höhe nach dem Prinzip der Gesamtleistungsbewertung berechnet. Nach diesem Prinzip soll es für die Bewertung dieser Zeiten unter anderem darauf ankommen, wie hoch der Beitrag des Versicherten zur Solidargemeinschaft in der Zeit hätte sein können, in der er hätte arbeiten können. Jeder Ausfall oder jede Minderung an Beiträgen, die durch die Ausübung einer bürgerschaftlich engagierten Tätigkeit bedingt ist, führt damit auch bei – wie im gewählten Beispiel – Ausbildungszeiten zu Minderungen. Für die Zeiten der Kindererziehung sind aus diesem Grund sog. Berücksichtigungszeiten eingeführt worden, die für die Zeit der Erziehung eines Kindes bis zu dessen zehnten Lebensjahr geltend gemacht werden können (§ 57 SGB VI). Diese Berücksichtigungszeiten sind nicht mit den Pflichtversicherungszeiten für Kindererziehung zu verwechseln, die bis zu drei Jahren angesetzt werden (§§ 3 Satz 1 Nr. 1, 56 Abs. 1 SGB VI). Diese Berücksichtigungszeiten dienen dazu, sonst eintretende Nachteile bei der Gesamtleistungsbewertung zu vermeiden.

Ein besonderes Problem der rentenrechtlichen Gleichbehandlung von Personen, die ein freiwilliges soziales oder ökologisches Jahres absolvieren mit der Wirkung der Nichtheranziehung von anerkannten Kriegsdienstverweigerern zum Zivildienst, ist seit dem 1. August 2002 bereinigt worden.[482] Hier geht es um eine ungerechtfertigte Besserstellung des genannten Personenkreises des freiwilligen sozialen oder ökologischen Jahres gegenüber Zivildienstleistenden. Letztere erhalten nach der bisher geltenden Regelung im Rahmen der Gesamtleistungsbewertung niedrigere Entgeltpunkte als der erstgenannte Personenkreis. Dies wird

482 Art. 5 des Gesetzes zur Änderung des Gesetzes zur Förderung eines freiwilligen sozialen Jahres und anderer Gesetze vom 27. Mai 2002 (BGBl. I, S. 1667).

durch die Angleichung der Entgeltpunkte im Rahmen der Gesamtleistungsbewertung bereinigt werden.[483]

b) Einnahmen aus bürgerschaftlich engagierter Tätigkeit

Einnahmen aus bürgerschaftlich engagierter Tätigkeit können bei den Hinzuverdienstregelungen und bei den Anrechnungen für die Hinterbliebenenrenten eine Rolle spielen (vgl. §§ 34 Abs. 2, 96a, 97 SGB VI). Nach der gegenwärtigen Praxis der Rentenversicherungsträger gehören Aufwandsentschädigungen für eine ehrenamtliche Tätigkeit z.B. in einer kommunalen Vertretungskörperschaft nicht zum Arbeitsentgelt i.S. von § 34 Abs. 2 Satz 2 SGB VI, wenn die Entschädigung nur den mit dem Ehrenamt verbundenen Zeit- und Mehraufwand ausgleichen soll. Etwas anderes gilt dann, falls der Berechtigte neben seinem Wahlamt noch eine Beschäftigung ausübt und die Aufwandsentschädigung einen konkreten Verdienstausfall ersetzen soll. Dann ist die Entschädigung als Arbeitsentgelt anzusehen und damit rentenschädlich. Diese Grundsätze gelten auch im Rahmen der Einkommensanrechnung nach § 97 SGB VI (Renten wegen Todes).

c) Hinzuverdienstgrenzen

Eine Rente wegen Erwerbsminderung wird nur geleistet, wenn die Hinzuverdienstgrenze nicht überschritten wird (§ 96a SGB VI). Zum Hinzuverdienst wird nicht als Arbeitsentgelt gerechnet das Entgelt, das eine Pflegeperson von dem Pflegebedürftigen erhält, wenn es das dem Umfang der Pflegetätigkeit entsprechende Pflegegeld im Sinne des § 37 SGB XI nicht übersteigt.

d) Anrechnungen bei den Hinterbliebenenrenten

Bei Hinterbliebenenrenten findet ebenfalls eine Einkommensanrechnung statt (§ 97 SGB VI). Hier sind als Einkommen zu berücksichtigen Erwerbseinkommen und Leistungen, die auf Grund oder in entsprechender Anwendung öffentlich-rechtlicher Vorschriften erbracht werden, um Erwerbseinkommen zu ersetzen (Er-

---

483 S. hierzu die Änderungen in §§ 71, 74 SGB VI.

werbsersatzeinkommen), mit Ausnahme von Zusatzleistungen. Erwerbseinkommen sind Arbeitsentgelt, Arbeitseinkommen und vergleichbares Einkommen. Nicht als Erwerbseinkommen gilt das Arbeitsentgelt, das eine Pflegeperson von dem Pflegebedürftigen erhält, wenn das Entgelt das dem Umfang der Pflegetätigkeit entsprechende Pflegegeld im Sinne des § 37 SGB XI nicht übersteigt (§ 18a Abs. 2 S. 2 SGB IV).

VII. Altersteilzeitgesetz

Neben einer Altersteilzeitarbeit ist eine mehr als geringfügige Beschäftigung oder Tätigkeit nicht möglich, ohne dass bestimmte Leistungen zur Altersteilzeit wegfallen (z.B. der Aufstockungsbetrag der Bundesanstalt für Arbeit an den Arbeitgeber, vgl. § 5 Abs. 3, § 4 Abs. 1 Nr.1 ATG[484]). Erhält ein ehrenamtlicher Ortsbürgermeister eine Aufwandsentschädigung, die die Geringfügigkeitsgrenze nach § 8 SGB IV übersteigt, so gilt dies dennoch nicht als Nebentätigkeit im Sinne von § 5 Abs. 1 Abs. 3 ATG.[485]

VIII. Arbeitsförderung (SGB III)

1. Funktionen

Das Sozialgesetzbuch – Drittes Buch (SGB III)[486] unterscheidet sich bei einigen Leistungen in Funktion und Zielsetzung ganz wesentlich von den anderen Sozialleistungsgesetzen. So wird zwar die der Sozialversicherung im Kern zukommende Funktion des

---

484 Altersteilzeitgesetz vom 23. Juli 1996(BGBl. I, S.1078).

485 So der Erlass der Bundesanstalt für Arbeit vom 20. Februar 2002 an das Landesarbeitsamt Rheinland-Pfalz-Saarland, zit. bei: Bericht der Enquete-Kommission „Zukunft des Bürgerschaftlichen Engagements“, Deutscher Bundestag, Drucksache 14/8900, S. 383 = Enquete-Kommission „Zukunft des Bürgerschaftlichen Engagements“ des Deutschen Bundestags, Bericht Bürgerschaftliches Engagement: auf dem Weg in eine zukunftsfähige Bürgergesellschaft, 2002, S. 787.

486 Vom 24. März 1997 (BGBl. I S. 594). S. jetzt auch die Änderungen durch das Gesetz zur Reform der arbeitsmarktpolitischen Instrumente (Job-AQTIV-Gesetz) vom 10. Dezember 2001 (BGBl. I S. 3443).

Schutzes bei Eintritt eines sozialen Risikos namentlich beim beitragsfinanzierten Arbeitslosengeld wahrgenommen, während die steuerfinanzierte Arbeitslosenhilfe als sozialhilfeähnliche Leistung gelten kann (vgl. § 363 Abs. 1 Satz 1 SGB III). Darüber hinaus hat das SGB III als Arbeitsmarktgesetz noch zahlreiche andere Funktionen, die in § 1 Abs. 1 und 2 SGB III allgemein zusammengefasst sind. Im Folgenden sollen nur das Arbeitslosengeld und die Arbeitslosenhilfe Gegenstand der Betrachtung sein.

In der *Arbeitslosenversicherung* können in Hinblick auf die Ausübung einer bürgerschaftlich engagierten Tätigkeit vor allem folgende Situationen relevant werden:

- Der Einbezug von bürgerschaftlich engagiert Tätigen in den Schutz der Arbeitslosenversicherung und der Arbeitslosenhilfe, insbesondere auch der Schutz für Personen, die für eine gewisse Zeit bürgerschaftlich engagierte Tätigkeiten ausgeübt haben.
- Personen, die Arbeitslosengeld oder Arbeitslosenhilfe beziehen, stehen möglicherweise wegen einer bürgerschaftlich engagierten Tätigkeit der Arbeitsvermittlung nicht zur Verfügung (vgl. § 119 Abs. 1 Nr. 2 SGB III).
- Personen, die Arbeitslosengeld oder Arbeitslosenhilfe beziehen, erhalten aus einer ehrenamtlichen Tätigkeit eine Aufwandsentschädigung, wobei die Frage entsteht, ob und inwieweit diese Aufwandsentschädigung auf das Arbeitslosengeld oder die Arbeitslosenhilfe anzurechnen ist.
- Personen haben nach Beendigung einer bürgerschaftlich engagierten Tätigkeit Schwierigkeiten, in das Erwerbsleben zurückzufinden.

2. Geschützte Personen in der Arbeitslosenversicherung und in der Arbeitslosenhilfe

Wegen seiner besonderen Zielsetzung, Arbeitsuchenden in ein Beschäftigungsverhältnis zu verhelfen, umfasst die Versicherungspflicht nach dem SGB III die traditionell sozialversicherten Personen, also Beschäftigte und Auszubildende (§§ 24, 25 SGB III). Der Kreis der sonstigen Versicherungspflichtigen ist im Verhältnis zu den anderen Versicherungszweigen entsprechend eingeschränkt (§

26 SGB III). In der Arbeitsförderung ist daher die Konzentration des Zugangs zu den Leistungen für die Personen, die in einem Beschäftigungsverhältnis stehen bzw. gestanden sind, im Vergleich zu den anderen Sozialversicherungszweigen am stärksten. Dies gilt auch für die Arbeitslosenhilfe, seitdem die originäre Arbeitslosenhilfe[487] nicht mehr existiert (§ 190 SGB III). Damit ist dieser Sicherungszweig mit einigen Ausnahmen nur auf ein Segment der Erwerbstätigkeit, der Arbeit in einem Beschäftigungsverhältnis, beschränkt.

Der Zugang zur Arbeitslosenversicherung ist einer bestimmten Gruppe von Ehrenamtlichen, die teilweise mehr als nur eine echte Aufwandsentschädigung beziehen, von vornherein verwehrt. So besteht Versicherungsfreiheit auch für eine Beschäftigung als ehrenamtlicher Bürgermeister oder ehrenamtlicher Beigeordneter (§ 27 Abs. 3 Nr. 4 SGB III). Die Rechtfertigung für diese Versicherungsfreiheit beruht auf der besonderen Art der Beschäftigung dieser Personen, die auf einer politischen Wahl beruht.[488] Mit der Einführung der Geringfügigkeitsgrenze für die Versicherungspflicht wären zahlreiche Personen, die in kleineren oder mittleren Gemeinden solche Ehrenämter versehen, versicherungspflichtig geworden (vgl. § 27 Abs. 2 Satz 1 SGB III).

Für Personen, die sich bürgerschaftlich engagieren, besteht also kein besonderer Zugang zur Arbeitslosenversicherung. Erhalten solche Personen Aufwandsentschädigungen, die als versicherungspflichtiges Entgelt anzusehen sind, besteht Versicherungspflicht, allerdings erst, wenn die Geringfügigkeitsgrenze überschritten ist. Dies gilt jedoch nicht für Personen, die nach dem Gesetz zur Förderung eines freiwilligen sozialen Jahres oder nach dem Gesetz zur Förderung eines freiwilligen ökologischen Jahres nur geringfügig beschäftigt sind (§ 27 Abs. 2 Satz 2 Nr. 1 SGB III).

Personen des *freiwilligen sozialen oder ökologischen Jahres* sind Beschäftigte im SGB III. Für sie sind Sonderregelungen vorgesehen für die Tragung und Berechnung der Beiträge (§§ 346 Abs. 2 Satz 1 Nr. 3, 344 Abs. 2 SGB III) und für den für die Bestimmung des Arbeitsentgeltes relevanten Bemessungszeitraum,

---

487 Unter originärer Arbeitslosenhilfe wurde früher die Leistung der Arbeitslosenhilfe verstanden, der ein Beschäftigungsverhältnis nicht vorausging.

488 So Brand in: Niesel, SGB III, § 27 Rdnr. 22 unter Bezugnahme auf die BT-Drs. 13/8994, S. 75.

der wiederum für die Leistungshöhe des Arbeitslosengeldes bedeutsam ist (§§ 130, 131 SGB III). Die Beiträge werden auf Grundlage des erzielten Arbeitsentgelts einschließlich der Sachbezüge, deren Entgeltwert sich aus der jeweiligen Sachbezugsverordnung ergibt, berechnet. Ein Sonderfall der Beitragsberechnung und Leistungsbemessung gilt für Beschäftigte, die ein freiwilliges soziales Jahr im unmittelbaren Anschluss an ein Versicherungsverhältnis leisten. In diesen Fällen ist für die Beitragsberechnung ein Arbeitsentgelt in Höhe der monatlichen Bezugsgröße zu Grund zu legen.[489]

3. Bezug von Arbeitslosengeld oder Arbeitslosenhilfe während der Ausübung einer bürgerschaftlich engagierten Tätigkeit

Bei Personen, die Arbeitslosengeld oder Arbeitslosenhilfe beziehen, kann der Fall eintreten, dass sie wegen der bürgerschaftlich engagierten Tätigkeit der Arbeitsvermittlung nicht zur Verfügung stehen und damit ihren Anspruch auf Arbeitslosengeld oder –hilfe verlieren (§ 119 Abs. 1 Nr. 2 SGB III). Die Rechtsprechung hatte sich in dieser Frage dergestalt geäußert,[490] dass auf die tatsächlichen oder rechtlichen Bindungen abzustellen sei, die die Verfügbarkeit für die Arbeitsvermittlung beeinträchtigen oder ausschließen können.

Im SGB III ist im Rahmen der Vorschriften zur Verfügbarkeit[491] u.a. der Tatbestand der Betreuung und Erziehung eines aufsichtsbedürftigen Kindes oder die Pflege eines pflegebedürftigen Angehörigen als Sondertatbestand aufgenommen worden (§ 119 Abs. 4 Satz 1 Nr. 2 SGB III). Aufgrund dieses Sondertatbestandes können Personen geltend machen, dass sie nur dann für eine mindestens 15stündige wöchentliche Beschäftigung zur Verfügung

489 Bezugsgröße ist das Durchschnittsentgelt der gesetzlichen Rentenversicherung im vorvergangenen Kalenderjahr. Ab 1.1.2002 ist die Bezugsgröße in den alten Bundesländern jährlich 28.140 Euro, in den neuen Bundesländern 23.520 Euro.

490 LSG Rheinland-Pfalz, Urt. v. 25.11.1997 – L 1 Ar 194/96; BSG SozR 3-4100 § 138 Nr. 11.

491 S. die Übersicht zu den Anspruchsvoraussetzungen beim Bezug von Arbeitslosengeld Schulin/Igl, Sozialrecht, 7. Aufl., 2002, S. 356 (Rdnr. 797).

stehen, wenn diese eine bestimmte Dauer, Lage und Verteilung der Arbeitszeit aufweist und dies wegen der Kindesbetreuung oder der Angehörigenpflege erforderlich ist. Voraussetzung ist aber, dass Dauer, Lage und Verteilung der eingeschränkten Arbeitszeit arbeitsmarktüblichen Bedingungen entsprechen. Auch bei vorangegangener Teilzeitarbeit oder Heimarbeit können sich Einschränkungen der Verfügbarkeit ergeben (§ 119 Abs. 4 Satz 1 Nr. 3 und 4 SGB III). Als Sondertatbestand, der die Verfügbarkeit nicht ausschließt, gilt etwa die Leistung von Diensten zur Beseitigung öffentlicher Notstände, sofern die Dienstleistung nicht im Rahmen eines Arbeitsverhältnisses erfolgt (§ 120 Abs. 1 SGB III).

Bis auf die genannten Fälle enthielt das Arbeitsförderungsrecht bis Ende 2001 keine Tatbestände, die sich bei freiwilligem sozialen oder bürgerschaftlichen Engagement auf die Verfügbarkeit und damit auf den Bezug der Geldleistungen bei Arbeitslosigkeit auswirken. Eine besondere Regelung, nach der sich eine ehrenamtliche oder bürgerschaftlich engagierte Tätigkeit *generell* nicht auf die Verfügbarkeit der so tätigen Person auswirkt, war nicht gegeben.

Für den Rechtszustand bis Ende 2001 konnte daher gesagt werden, dass es auf die konkreten Bindungen ankam, denen ein bürgerschaftlich Engagierter bei seiner Tätigkeit in Hinblick auf seine Verfügbarkeit unterliegt. Insofern existierten für diesen Personenkreis keine anderen Voraussetzungen als die, die auch für andere Arbeitslose gelten. Dabei war nicht abzustellen auf Art und Umfang der Tätigkeit (solange diese weniger als 15 Stunden wöchentlich beträgt), sondern auf die Verfügbarkeit, d.h. die jederzeitige Leistungsbereitschaft. Ist Verfügbarkeit in diesem Sinn gegeben, so ist dies unschädlich für den Bezug von Arbeitslosengeld oder Arbeitslosenhilfe. Übt der bürgerschaftlich Engagierte seine Tätigkeit jedoch 15 Stunden und mehr in der Woche aus, so ist er nicht mehr beschäftigungslos. Ein Anspruch auf Entgeltersatzleistungen besteht in diesen Fällen nicht.

Mit dem Job-AQTIV-Gesetz[492] ist diese Situation mit Wirkung ab dem 1. Januar 2002 durch Einführung des § 118a SGB III verändert worden. Diese Vorschrift bestimmt jetzt, dass eine ehrenamtliche Betätigung Arbeitslosigkeit nicht ausschließt, wenn da-

---

492 Gesetz zur Reform der arbeitsmarktpolitischen Instrumente (Job-AQTIV-Gesetz) vom 10. Dezember 2001 (BGBl. I, S. 3443).

durch die berufliche Eingliederung des Arbeitslosen nicht beeinträchtigt wird. Mit dieser Regelung wird also nicht an der Verfügbarkeit des ehrenamtlich Tätigen angesetzt, sondern an der Nichtbeeinträchtigung der beruflichen Eingliederung des Arbeitslosen. Verfügbarkeit muss demgemäß weiterhin gegeben sein.

Im Vergleich zu einer Erweiterung des Ausnahmetatbestands der Kinder- und Pflegebedürftigenbetreuung in § 119 Abs. 4 Satz 1 Nr. 2 SGB III auf bürgerschaftlich engagierte Tätigkeit im Rahmen der Verfügbarkeit hat sich der Gesetzgeber dazu entschlossen, am Grundsatz der Verfügbarkeit festzuhalten. Insofern hat die Neuregelung eher klarstellenden Charakter. Das Ziel der beruflichen Eingliederung darf auch durch eine ehrenamtliche Tätigkeit nicht beeinträchtigt werden.

In einer Verordnung über die ehrenamtliche Betätigung von Arbeitslosen[493] wird festgelegt, was unter einer ehrenamtlichen Betätigung im Sinne des § 118a SGB III zu verstehen ist (§ 1 Abs. 1 der Verordnung). Es ist dies eine Betätigung, die unentgeltlich ausgeübt wird, die dem Gemeinwohl dient und die bei einer Organisation erfolgt, die ohne Gewinnerzielungsabsicht Aufgaben ausführt, welche im öffentlichen Interesse liegen oder gemeinnützige, mildtätige oder kirchliche Zwecke fördern.

Weiter ist in der Verordnung festgelegt, dass der Arbeitslose dem Arbeitsamt die Ausübung einer mindestens 15 Stunden wöchentlich umfassenden ehrenamtlichen Betätigung unverzüglich anzuzeigen hat. Außerdem hat der Arbeitslose sicherzustellen, dass er durch die Ausübung der ehrenamtlichen Betätigung nicht in seinen Eigenbemühungen zur Beendigung der Beschäftigungslosigkeit gehindert ist und in der Lage ist, Vorschlägen des Arbeitsamtes zur beruflichen Eingliederung unverzüglich Folge zu leisten (§ 2 der Verordnung).

---

493 Vom 24. Mai 2002, BGBl. I S. 1783. In Kraft getreten rückwirkend zum 1. Januar 2002, § 3 der Verordnung.

4. Exkurs: Bezug von Leistungen der Sozialhilfe während der Ausübung einer bürgerschaftlich engagierten Tätigkeit

Eine dem § 118a SGB III vergleichbare Regelung ist im Sozialhilferecht (Bundessozialhilfegesetz – BSHG) nicht gegeben. Das Sozialhilferecht enthält im Rahmen der Leistung der Hilfe zur Arbeit (§§ 18ff. BSHG) aber Vorschriften, die an die Verfügbarkeitsregelungen des SGB III angelehnt sind. Danach darf dem Hilfesuchenden (= Leistungsberechtigter im Sozialhilferecht) unter bestimmten Voraussetzungen eine Arbeit oder eine Arbeitsgelegenheit nicht zugemutet werden (§ 18 Abs. 3 BSHG). Die Zumutbarkeit ist vor allem nicht gegeben, wenn durch die Arbeit oder Arbeitsgelegenheit die geordnete Erziehung eines Kindes gefährdet wäre (§ 18 Abs. 3 Satz 2 BSHG). Die Pflichten der Haushaltsführung und der Pflege von Angehörigen sind ebenfalls im Rahmen der Zumutbarkeit zu berücksichtigen (§ 18 Abs. 3 Satz 4 BSHG). Eine ehrenamtliche oder bürgerschaftlich engagierte Tätigkeit ist aber ausdrücklich nicht erwähnt.

5. Anrechnung von Aufwandsentschädigungen aus einer ehrenamtlichen Tätigkeit auf Arbeitslosengeld oder Arbeitslosenhilfe

Beim Arbeitslosengeld wie bei der Arbeitslosenhilfe wird Einkommen bei der Berechnung der Leistungshöhe (§§ 141, 198 Satz 2 Nr. 6 SGB III) wie bei der Feststellung der Bedürftigkeit als Voraussetzung für den Bezug der Arbeitslosenhilfe relevant (§ 193 SGB III).

Die Entscheidungen[494] zu diesen Fragen sind hinsichtlich der sozialversicherungsrechtlichen Bewertung der Aufwandsentschädigungen von Ehrenbeamten ergangen. Ehrenbeamte dürfen keine Dienstbezüge und keine Versorgung erhalten (§ 115 Abs. 2 Beamtenrechtsrahmengesetz – BRRG). Nach landesrechtlichen Vorschriften werden z.B. in den Gemeindeordnungen Aufwandsentschädigungen für Ehrenbeamte vorgesehen. Neben der Frage, ob

---

494 Wie Anm. 490, sowie schon früher BSGE 78, 34. S. jetzt auch BSG SozR 3-4100 § 112 Nr. 31 = SGb. 2000, S. 440ff.

Ehrenbeamte in einem sozialversicherungspflichtigem Beschäftigungsverhältnis stehen,[495] taucht für diese Personengruppe auch die Frage auf, ob und inwieweit Aufwandsentschädigungen als in den verschiedenen Sozialleistungsbereichen zu berücksichtigendes Einkommen zu gelten haben. Die Formel des Bundessozialgerichts lautet hierzu, dass Ehrenbeamte Entgelt erhalten, wenn sie über Repräsentationsfunktionen hinaus dem allgemeinen Erwerbsleben zugängliche Verwaltungsaufgaben wahrnehmen und hierfür eine den tatsächlichen Aufwand übersteigende pauschale Aufwandsentschädigung erhalten.[496] Dient eine Aufwandsentschädigung nur dazu, durch das Ehrenamt bedingte tatsächliche Aufwendungen auszugleichen, stellt sie insoweit kein Entgelt dar. Sie ist jedoch als Arbeitsentgelt anzusehen, soweit sie die Steuerpflicht begründet.[497] Nach dieser Rechtsprechung gelten also die entsprechenden Anteile der Aufwandsentschädigung, die den tatsächlichen Aufwand übersteigen und die Steuerpflicht begründen, als Arbeitsentgelt und können damit als Einkommen im Rahmen solcher Vorschriften in Betracht kommen, die – wie hier das SGB III – entsprechende einkommensbezogene Regelungen enthalten (vgl. § 14 Abs. 1 SGB IV).

Für den Ersatz von Auslagen, die dem ehrenamtlich Tätigen durch Ausübung der ehrenamtlichen Tätigkeit entstehen, bestimmt nun die Verordnung über die ehrenamtliche Betätigung von Arbeitslosen,[498] dass diese die Unentgeltlichkeit der Tätigkeit nicht berühren. Dies gilt auch, wenn der Auslagenersatz in pauschalierter Form erfolgt und die Pauschale 154 Euro im Monat nicht übersteigt. Neben einer nicht steuerpflichtigen Aufwandsentschädigung, die der ehrenamtlich Tätige erhält, ist eine Pauschalierung des Auslagenersatzes nur möglich, soweit die Auslagenpauschale zusammen mit der nicht steuerpflichtigen Aufwandsentschädigung154 Euro im Monat nicht übersteigt (§ 1Abs. 2 2 der Verordnung).

---

495 S. dazu Teil II:B.III.2.

496 BSG 78, 34, 36.

497 BSG SozR 3-4100 § 138 Nr. 11 = NZS 1999, S. 151ff.

498 Wie Anm. 493.

6. Hilfen zur Rückkehr ins Arbeitsleben

Für die Rückkehr ins Arbeitsleben nach Beendigung einer bürgerschaftlich engagierten Tätigkeit sieht das SGB III im Rahmen der Förderung der beruflichen Weiterbildung eine Reihe von Leistungen vor. Diese Leistungen sind an bestimmte Versicherungsvoraussetzungen geknüpft. So muss – neben weiteren Voraussetzungen – innerhalb der letzten drei Jahre vor Beginn der Maßnahme zwölf Monate lang eine die Beitragspflicht begründende Beschäftigung ausgeübt worden sein (Vorbeschäftigungszeit nach § 78 Satz 1 SGB III). Die Dreijahresfrist gilt nicht für Berufsrückkehrer (§ 78 Satz 2 SGB III). Damit wird den Berufsrückkehrern ein Förderungszugang eröffnet, ohne dass die genannten Versicherungsvoraussetzungen innerhalb der Rahmenfrist erfüllt sein müssen. Der Begriff der Berufsrückkehrer ist definiert in § 20 SGB III.[499] Es handelt sich um Frauen und Männer, die ihre Erwerbstätigkeit oder Arbeitslosigkeit oder eine betriebliche Ausbildung wegen der Betreuung und Erziehung von aufsichtsbedürftigen Kindern oder der Betreuung pflegebedürftiger Angehöriger unterbrochen haben und in angemessener Zeit danach in die Erwerbstätigkeit zurückkehren wollen.

Dem in § 20 SGB III genannten Personenkreis der Berufsrückkehrer steht außerdem Unterhaltsgeld im Rahmen der Weiterbildungsförderung zu (§§ 153ff. SGB III)

Für Arbeitnehmer, die die Vorbeschäftigungszeit nicht erfüllen, können die Weiterbildungskosten übernommen werden; die Leistung von Unterhaltsgeld scheidet aus (§ 80 SGB III).

IX. Künstlersozialversicherung und Probleme bei bürgerschaftlich engagierter Tätigkeit

1. Allgemeines

Nach dem Künstlersozialversicherungsgesetz (KSVG)[500] werden selbständige Künstler und Publizisten in der Rentenversicherung

499 Niesel, Klaus, SGB III, 1998, § 78 Rn.11.

500 Gesetz über die Sozialversicherung der selbständigen Künstler und Publizisten vom 27. Juli 1981, BGBl. I S. 705. Das Zweite Gesetz zur Änderung des

der Angestellten, in der gesetzlichen Krankenversicherung und in der sozialen Pflegeversicherung versichert, wenn sie die künstlerische oder publizistische Tätigkeit erwerbsmäßig und nicht nur vorübergehend ausüben und im Zusammenhang mit der künstlerischen oder publizistischen Tätigkeit nicht mehr als einen Arbeitnehmer beschäftigen, es sei denn, die Beschäftigung erfolgt zur Berufsausbildung oder ist geringfügig im Sinne des § 8 SGB IV (§ 1 KSVG). Zur Finanzierung der Versicherung werden die Mittel für die Versicherung zur einen Hälfte durch Beitragsanteile der Versicherten und zur anderen Hälfte durch die Künstlersozialabgabe oder, soweit das beitragspflichtige Arbeitseinkommen der Versicherten nicht auf bestimmten Entgelten beruht, durch einen Zuschuss des Bundes aufgebracht (§ 14 KSVG). Im Vergleich zur Arbeitnehmersozialversicherung tritt die Künstlersozialabgabe an die Stelle des Arbeitgeberbeitrages. Die professionellen Vermarkter sollen mit der Künstlersozialabgabe ähnlich wie Arbeitgeber an der Finanzierung der Sozialversicherungsbeiträge der selbständigen Kulturschaffenden beteiligt werden.[501] Zur Künstlersozialabgabe sind bestimmte Unternehmer im Kunst- und Publizistikbereich verpflichtet (§ 24 KSVG):

(1) Zur Künstlersozialabgabe ist ein Unternehmer verpflichtet, der eines der folgenden Unternehmen betreibt:

1. Buch-, Presse- und sonstige Verlage, Presseagenturen (einschließlich Bilderdienste),
2. Theater (ausgenommen Filmtheater), Orchester, Chöre und vergleichbare Unternehmen; Voraussetzung ist, daß ihr Zweck überwiegend darauf gerichtet ist, künstlerische oder publizistische Werke oder Leistungen öffentlich aufzuführen oder darzubieten; Absatz 2 bleibt unberührt,
3. Theater-, Konzert- und Gastspieldirektionen sowie sonstige Unternehmen, deren wesentlicher Zweck darauf gerichtet ist, für die Aufführung oder Darbietung künstlerischer oder publizistischer Werke oder Leistungen zu sorgen; Absatz 2 bleibt unberührt,
4. Rundfunk, Fernsehen,
5. Herstellung von bespielten Bild- und Tonträgern (ausschließlich alleiniger Vervielfältigung),
6. Galerien, Kunsthandel,
7. Werbung oder Öffentlichkeitsarbeit für Dritte,
8. Varieté- und Zirkusunternehmen, Museen,

Künstlersozialversicherungsgesetzes und anderer Gesetze vom 13. Juni 2001 (BGBl. I, S. 1027) hat Änderungen gebracht, die zum Teil die hier erörterten Problembereiche betreffen.

501 BT-Drs. 9/26, S. 17.

9. Aus- und Fortbildungseinrichtungen für künstlerische oder publizistische Tätigkeiten.

Zur Künstlersozialabgabe sind auch Unternehmer verpflichtet, die für Zwecke ihres eigenen Unternehmens Werbung oder Öffentlichkeitsarbeit betreiben und dabei nicht nur gelegentlich Aufträge an selbständige Künstler oder Publizisten erteilen, wenn

1. diese Werbung nach Art und Umfang der Tätigkeit der in Satz 1 Nr. 7 genannten Unternehmen entspricht und sie nicht nur gelegentlich Aufträge an selbständige Künstler oder Publizisten erteilen oder
2. sie Aufträge an Künstler oder Publizisten erteilen, die durch ein in Satz 1 Nr. 7 genanntes Unternehmen vermittelt worden sind.

(2) Zur Künstlersozialabgabe sind ferner Unternehmer verpflichtet, die nicht nur gelegentlich Aufträge an selbständige Künstler oder Publizisten erteilen, um deren Werke oder Leistungen für Zwecke ihres Unternehmens zu nutzen, wenn im Zusammenhang mit dieser Nutzung Einnahmen erzielt werden sollen. Werden in einem Kalenderjahr nicht mehr als drei Veranstaltungen durchgeführt, in denen künstlerische oder publizistische Werke oder Leistungen aufgeführt oder dargeboten werden, liegt eine nur gelegentliche Erteilung von Aufträgen im Sinne des Satzes 1 vor. Satz 1 gilt nicht für Musikvereine, soweit für sie Chorleiter oder Dirigenten regelmäßig tätig sind.

Bemessungsgrundlage der Künstlersozialabgabe sind die Entgelte für künstlerische oder publizistische Werke oder Leistungen, die ein nach § 24 Abs. 1 oder 2 KSVG zur Abgabe Verpflichteter im Rahmen der dort aufgeführten Tätigkeiten oder ein in § 24 Abs. 3 KSVG genannter Dritter im Laufe eines Kalenderjahres an selbständige Künstler oder Publizisten zahlt, auch wenn diese selbst nach diesem Gesetz nicht versicherungspflichtig sind (§ 25 Abs. 1 Satz 1 KSVG). Die Künstlersozialabgabe wird als Prozentsatz auf die Bemessungsgrundlage erhoben. Dieser Prozentsatz beträgt für das Jahr 2002 3,8 %.[502]

Die Verpflichtung zur Künstlersozialabgabe setzt damit an der Tatsache des Betreibens eines Unternehmens i.S.d. § 24 Abs. 1 KSVG an. Wird kein in § 24 Abs. 1 KSVG aufgeführtes Unternehmen betreiben, kann sich die Abgabepflicht aus § 24 Abs. 2 KSVG ergeben. Entscheidende Merkmale sind hier die nicht nur gelegentlichen Aufträge an selbständige Künstler und Publizisten, die Nutzung ihrer Werke und Leistungen für Zwecke des Unter-

502 Künstlersozialabgabe-Verordnung 2002 vom 28. September 2001 (BGBl. I S. 2586).

nehmens und die Erzielung von Einnahmen im Zusammenhang mit dieser Nutzung.

2. Verpflichtung zur Künstlersozialabgabe und bürgerschaftlich engagierte Tätigkeit

Die Verpflichtung zur Künstlersozialabgabe wird häufig im Bereich der ehrenamtlichen oder bürgerschaftlichen engagierten Tätigkeit von Vereinen als problematisch angesehen.

Vereine, auch gemeinnützige Vereine, die ein Unternehmen nach § 24 Abs. 1 KSVG betreiben, sind ohne Einschränkung zur Künstlersozialabgabe verpflichtet. Sie können auch nach Abs. 2 dieser Vorschrift abgabepflichtig sein. Für die Entstehung der Abgabenpflicht ist somit nicht die Rechtsform oder Eigenschaft des Trägers eines Unternehmens, sondern das Unternehmen, das betrieben wird, ausschlaggebend.

Das Bundessozialgericht hatte schon 1988 Gelegenheit, dieses in mehreren Entscheidungen klarzustellen.

Beispiele aus der Rechtsprechung:
Eingetragener Verein, der ein Symphonie-Orchester betreibt.[503]

Stadt als Inhaberin eines Theaters ohne eigenes Ensemble.[504]

Landkreis als Träger eines Volksbildungswerks, das auch Musikaufführungen veranstaltete[505]

Musikschule in der Rechtsform eines eingetragenen Vereins, die sich die Förderung musikalischer Jugend- und Laienbildung zum Ziel gesetzt hatte.

Eine Gemeinde, die im Rahmen ihrer Volkshochschule eine Musikschule betreibt, ist zur Künstlersozialabgabe verpflichtet.[506]

Auch Kunstvereine können ein Unternehmen betreiben. Kunstvereine sind zwar im Katalog der abgabepflichtigen Unternehmen in § 24 Abs. 1 KSVG nicht aufgeführt. Deshalb können sie als solche nicht zu den abgabepflichtigen Unternehmern gezählt werden. Soweit sie jedoch eines der in dem Katalog genannten Unternehmen betreiben, gehören sie zu den abgabepflichtigen Unternehmern. Daran ändert in solchen Fällen nichts, dass sie sich nicht so wie ein Unternehmen der ausdrücklich als abgabepflichtig genannten Art, sondern als Kunstverein oder als Kunsthalle bezeichnen oder

---

503 BSGE 64, 221 = SozR 5425 § 24 Nr. 2.

504 BSG SozR 5425 § 24 Nr. 3.

505 BSG. Urt. v. 8. Dezember 1988, 12 RK 8/88.

506 BSGE 69, 259 = SozR 3 – 5425 § 24 Nr. 1.

sich als „Kunstvermittlungsinstitute“ einschätzen und ihren Hauptzweck in der Förderung der Kunst als solcher sehen.[507]

Ein rechtsfähiger Künstlerverein ist dem Grunde nach zur Künstlersozialabgabe verpflichtet, wenn er in einer Galerie Werke seiner Mitglieder ausstellt und sie in deren Namen unter Einbehalt eines Unkostenbeitrages in Höhe von 10 % des Erlöses verkauft.[508] Soweit ein solcher Künstlerverein als eingetragener Verein regelmäßig und planmäßig Kunstwerke seiner Mitglieder ausstellt und verkauft, betreibt er eine Galerie oder einen Kunsthandel und ist abgabepflichtiger Unternehmer. Obwohl hier die Vermarktung oder Verwertung von Kunst durch einen Künstlerverein erfolgt, handelt es sich nicht um abgabefreie Selbstvermarktung durch die einzelnen Künstler. Denn Vermarkter oder Verwerter ist nicht der einzelne Künstler selbst, sondern der eingetragene Verein.

Ein klares Beispiel dafür, dass es für die Verpflichtung zur Künstlersozialabgabe nur auf die Tatsache des Vorliegens eines Katalogunternehmens nach § 24 Abs. 1 KSVG ankommt, liefert eine Entscheidung des Bundessozialgerichtes, wonach auch ein *Museum,* das keine Kunstwerke, sondern allein landwirtschaftliche Maschinen und Geräte früherer Zeiten ausstellt, dem Grunde nach künstlersozialabgabepflichtig ist.[509] Hier führt das BSG aus, die Abgabepflicht finde ihre Rechtfertigung darin, dass die von selbständigen Kulturschaffenden erbrachten künstlerischen und publizistischen Leistungen zumeist erst durch das Zusammenwirken mit einem Vermarkter dem Endabnehmer zugänglich werden und der Vermarkter in diesem System eine Funktion einnehme, die innerhalb eines Beschäftigungsverhältnisses derjenigen eines Arbeitgebers entspreche. Als Vermarkter sehe das Gesetz in erster Linie die in § 24 Abs. 1 KSVG aufgeführten Unternehmen an, die typischerweise und entsprechend dem Zweck ihres Unternehmens künstlerische und publizistische Leistungen verwerten.[510]

Konsequent auf der Linie dieser Rechtsprechung sind dann die Entscheidungen, wonach eine *Gemeinde, die im Rahmen ihrer Jugendarbeit* zwei- bis dreimal jährlich Rockkonzerte veranstaltet, als Unternehmen, das eine Konzertdirektion betreibt, nach dem Künstlersozialversicherungsgesetz abgabepflichtig ist.[511] Gegen den Einwand, das Jugendzentrum sei keine kommerzielle, auf Ge-

507 BSGE 64, 221 = SozR 5425 § 24 Nr. 2.
508 BSG SozR 3 -5425 § 24 Nr. 3.
509 BSG SozR 3 – 5425 § 24 Nr. 9.
510 BT-Drs. 11/2964, S 18.
511 BSG SozR 3 – 5425 § 24 Nr. 10.

winnerzielung ausgerichtete Einrichtung und unterliege deshalb nicht der Abgabepflicht, führte das BSG aus, dass der Begriff „Unternehmen" insbesondere im Unfallversicherungsrecht entwikkelt worden sei und dort eine planmäßige, für eine gewisse Dauer bestimmte Vielzahl von Tätigkeiten bezeichne, die auf einen einheitlichen Zweck gerichtet sind und mit einer gewissen Regelmäßigkeit ausgeübt werden. Obwohl dieser Unternehmensbegriff eine auf Erwerb gerichtete Tätigkeit nicht verlange, sei ihm die Risikotragung eigen. Zum KSVG habe das BSG den Unternehmensbegriff in ständiger Rechtsprechung in Anlehnung an die Begründung zum Entwurf des KSVG[512] als eine auf die Erzielung von Einnahmen ausgerichtete, nachhaltige (nicht nur gelegentliche) Tätigkeit definiert.[513] Auf die Erzielung von Einkünften soll es nach Auffassung des BSG jedoch nicht mehr ankommen. Es genüge, dass die Kunstverwertung im Zusammenhang mit der Erfüllung von Aufgaben steht, die aus Haushaltszuweisungen, Beiträgen oder anderen Einnahmen finanziert wird.[514] Das KSVG habe bewusst davon abgesehen, öffentlich-rechtlich organisierte Unternehmen, deren Zweck die Erfüllung öffentlicher Aufgaben und nicht eine Gewinnerzielung ist, von der Abgabepflicht auszunehmen. Damit werde der Grundsatz, dass der professionelle Vermarkter von Kunst, der Kunstwerke im Rahmen einer der in § 24 KSVG genannten Tätigkeiten für seine Zwecke erwirbt, neben dem Preis für das Kunstwerk einen Beitrag zur sozialen Sicherung des Künstlers leisten muss, auch auf eine Kunst-Verwertung zur Erfüllung öffentlicher Aufgaben angewandt. Auch für die bei einer Tätigkeit des § 24 KSVG für die Erfüllung öffentlicher Aufgaben verwertete Kunst ist der volle Gegenwert einschließlich der Abgabe für die soziale Sicherung der Künstler zu entrichten. Auch dem SGB VIII (Kinder- und Jugendhilfe) sei kein Anhalt dafür zu entnehmen, dass die Verwertung von Kunst zur Förderung der Erziehung Jugendlicher es rechtfertige, dem Künstler nur die vereinbarte Gegenleistung ohne die Abgabe für die soziale Sicherung zukommen zu lassen. Die Auslegung des Unternehmensbegriffs des KSVG sei deshalb auch auf die Erfüllung von Aufgaben nach dem SGB VIII anzuwenden.

---

512 BT-Drs. 9/26, S. 16.

513 Vgl BSGE 64, 221, 224 = SozR 5425 § 24 Nr. 2.

514 Unter Verweis auf BSG SozR 3-5425 § 24 Nr. 6 und 8.

Auf der Linie dieser Rechtsprechung liegt eine weitere Entscheidung, nach der ein *Träger der Sozialhilfe* der Abgabepflicht zur Künstlersozialversicherung unterliegen soll, wenn er sich im Rahmen der Schaffung von Arbeitsgelegenheiten (§ 19 Abs. 1 und 2 BSHG) für selbständige Künstler und Publizisten mit geringem Einkommen und der Präsentation ihrer Leistungen und Werke wie eines der in § 24 KSVG genannten Unternehmen betätigt.[515] Die fehlende Gewinnerzielung und die Tatsache, dass die Einrichtung eines Hoheitsträgers ganz überwiegend aus allgemeinen Haushaltsmitteln finanziert wird und nur in einem unbedeutendem Umfang Einnahmen in Form von Eintrittsgeldern und Verkaufserlösen erzielt werden, stehe der Unternehmenseigenschaft nicht entgegen.

In einem Urteil von 1997 hat das BSG festgestellt, dass auch eine als gemeinnütziger eingetragener Verein tätige *Karnevalsgesellschaft* der Künstlersozialabgabepflicht unterliege, wenn sie nicht nur gelegentlich Karnevalssitzungen veranstalte, für die Aufträge an selbständige Künstler (Tänzer, Sänger, Musiker, Büttenredner usw.) erteilt werden.[516] Der Qualifizierung als Unternehmen i.S. von § 24 Abs. 1 Satz 1 KSVG stehe nicht entgegen, dass es sich um einen gemeinnützigen Verein handele. Die Unternehmenseigenschaft i.S. des KSVG setze keine Gewinnerzielungsabsicht des Vermarkters voraus. Gemeinnützige Unternehmen seien auch in anderen Bereichen des Sozialversicherungsrechts, etwa als Arbeitgeber für die von ihnen beschäftigten Arbeitnehmer, beitragspflichtig.

Das BSG äußert sich in dieser Entscheidung auch zu dem bis zum Zweiten Gesetz zur Änderung des Künstlersozialversicherungsgesetzes[517] missverständlich formulierten § 24 Abs. 2 Satz 2 KSVG. Nach dieser Vorschrift lag eine nicht nur gelegentliche Erteilung von Aufträgen nicht bereits dann vor, wenn in einem Kalenderjahr lediglich zwei Veranstaltungen durchgeführt werden, in denen künstlerische oder publizistische Werke aufgeführt oder dargeboten werden. Nach ihrem Wortlaut (doppelte Verneinung) lasse die Vorschrift nicht zwangsläufig den Schluss zu, dass eine mehr als nur gelegentliche Erteilung von Aufträgen an selbständige Künstler immer dann anzunehmen ist, wenn zumindest drei Veranstaltungen durchgeführt werden. Ihrem Wortlaut nach könnte die Neuregelung auch bedeuten, dass bei einer Überschreitung der Grenze von zwei Veranstaltungen anhand weiterer Kriterien zu entscheiden sei, ob es sich noch um eine nur gelegentliche oder

515 BSG SozR 3 – 5425 § 24 Nr. 15.
516 BSGE 80, 141 = SozR 3 – 5425 § 24 Nr. 16.
517 Wie Anm. 500.

eine darüber hinausgehende regelmäßige Auftragserteilung handelt. Ob der Gesetzgeber weitere Abgrenzungskriterien in Erwägung gezogen habe und ggf. welche, lasse sich weder dem Gesetzestext noch der Gesetzesbegründung[518] entnehmen. Als weitere Kriterien, die zur Abgrenzung zusätzlich hinzugezogen werden könnten, kommen, so das BSG, in Betracht: die Anzahl der Zuschauer bzw. Teilnehmer pro Veranstaltung, die Anzahl der mitwirkenden Künstler und die Höhe der Honorarsummen. Diese Kriterien seien jedoch nicht geeignet, die Abgabepflicht im vorhinein hinreichend eindeutig zu bestimmen. Eine entsprechende Auslegung wäre deshalb mit den aus dem Rechtsstaatsgebot erwachsenden Anforderungen an die Vorhersehbarkeit abgabenrechtlicher Tatbestände nicht zu vereinbaren. Sie wäre zudem für die Beteiligten mit einem übermäßigen Verwaltungsaufwand verbunden.

Mit dem *Zweiten Gesetz zur Änderung des Künstlersozialversicherungsgesetzes*[519] ist diese Unklarheit beseitigt worden: Werden in einem Kalenderjahr nicht mehr als drei Veranstaltungen durchgeführt, in denen künstlerische oder publizistische Werke oder Leistungen aufgeführt oder dargeboten werden, liegt eine nur gelegentliche Erteilung von Aufträgen vor. Dies gilt nicht für Musikvereine, soweit für sie Chorleiter oder Dirigenten regelmäßig tätig sind (§ 24 Abs. 2 Sätze 2 und 3 KSVG).

Die Situation bei *Laienchören* war Gegenstand einer Entscheidung aus dem Jahr 1998.[520] Diese eingehende Entscheidung setzt die Kenntnis des Sachverhaltes voraus, der hier wiedergegeben sei:

Der Kläger ist ein 1951 gegründeter eingetragener Gesangverein, dessen Gemeinnützigkeit anerkannt ist. Der Verein unterhält einen aus rund 30 Mitgliedern bestehenden gemischten Laienchor. Der Satzungszweck des Vereins wird verwirklicht durch die „Pflege und Förderung des Liedgutes und des Chorgesangs". Der Chor tritt regelmäßig zweimal im Jahr in vom Kläger organisierten Veranstaltungen öffentlich auf, und zwar bei einem „offenen Singen" (mit Publikumsbeteiligung) und bei einem „Sängerwettstreit" mit befreundeten Chören. Chorfremde Vokal- oder Instrumentalkünstler sind nicht beteiligt. Die Chorleiterin ist Vereinsmitglied. Sie erhält ein monatliches Honorar von 120 DM. Die Mitglieder des Chores wirken an den Veranstaltungen stets unentgeltlich mit. Chorproben finden, mit Ausnahme der Schulferien, einmal wöchentlich statt. In einigen Jahren, aber nicht regelmäßig und zuletzt 1992, veranstaltete der Kläger außerdem einen öffentlichen Sängerball. Hierzu wurden Tanzmusiker engagiert und – geringfügig – bezahlt.

518 BT-Drs. 13/5108, S. 17 zu Art 9c.
519 Wie Anm. 500.
520 BSG SozR 3 – 5425 § 24 Nr. 17.

Nach § 24 Abs. 1 Satz 1 Nr. 2 KSVG seien, so das BSG, auch Unternehmen abgabepflichtig, die einen Chor betreiben, soweit dessen Zweck überwiegend darauf gerichtet ist, künstlerische Werke oder Leistungen öffentlich aufzuführen oder darzubieten. Dies sei dann der Fall, wenn der Schwerpunkt der Interessen nach Vereinbarung (Vereinssatzung) und Praxis auf dem öffentlichen Auftreten des Chores (einschließlich der zugehörigen Probenarbeit) liegt und demgegenüber andere – nicht kommerzielle – Zwecke wie zB die Freizeitgestaltung, die Pflege eines Hobbys, die Freude am gemeinsamen Musizieren, der regelmäßige gesellschaftliche Kontakt in der Gruppe sowie die Aufrechterhaltung und Förderung des Vereinslebens nur untergeordneten Charakter haben. Wenn der Chor nur zweimal jährlich in öffentlichen Veranstaltungen aufträte, seien diese Voraussetzungen nicht erfüllt. Die beschriebenen Zwecke stünden bei den Chormitgliedern im Vordergrund. Auch übten sie den Chorgesang weder haupt- noch nebenberuflich aus, sondern pflegten damit ein Hobby. Derartige Tätigkeiten sollten nach der erklärten Absicht des Gesetzgebers nicht erfasst werden.[521] Damit entfalle eine Abgabepflicht nach § 24 Abs. 1 Satz 1 Nr. 2 KSVG. Die Abgabepflicht folge auch nicht aus § 24 Abs. 1 Satz 1 Nr. 3 KSVG. Danach sind neben Theater-, Konzert- und Gastspieldirektionen nur noch sonstige Unternehmen abgabepflichtig, deren „wesentlicher Zweck" darauf gerichtet ist, für die Aufführung oder Darbietung publizistischer Werke oder Leistungen zu sorgen. Auch die Regelung des § 24 Abs. 2 KSVG scheide aus. Danach sind Unternehmen abgabepflichtig, die nicht nur gelegentlich Aufträge an selbständige Künstler oder Publizisten erteilen, um deren Werke oder Leistungen für Zwecke ihres Unternehmens zu nutzen, wenn im Zusammenhang mit dieser Nutzung Einnahmen erzielt werden sollen, wobei eine nicht nur gelegentliche Erteilung von Aufträgen nicht bereits dann vorliegt, wenn in einem Kalenderjahr lediglich zwei Veranstaltungen durchgeführt werden, in denen künstlerische oder publizistische Werke oder Leistungen aufgeführt oder dargeboten werden. Beide Auffangtatbestände seien schon deshalb nicht anwendbar, weil § 24 Abs. 1 Satz 1 Nr. 2 KSVG als Spezialvorschrift für Chöre vorrangig sei und insoweit abschließenden Charakter habe.

521 Vgl. BT-Drs. 13/5108, S. 17.

X. Erziehungsgeld

1. Mögliche Kollision zwischen bürgerschaftlich engagierter Tätigkeit und Erziehungstätigkeit

Das Bundeserziehungsgeldgesetz (BErzGG)[522] hat die Funktion, die Kindesbetreuung und -erziehung in der ersten Lebensphase zu ermöglichen. Deshalb wird unter den verschiedenen Leistungsvoraussetzungen auch die Bedingung erhoben, dass der Erziehungsgeldberechtigte mit dem Kind, für das ihm die Personensorge zusteht, in einem Haushalt lebt und es selbst betreut und erzieht und dass er weiter keine oder keine volle Erwerbstätigkeit ausübt (§ 1 Abs. 1 Nr. 2, 3, und 4 BErzGG). Zwei Ausnahmen von der eigenen Betreuung und Erziehung bestehen: Wenn aus wichtigem Grund die Betreuung und Erziehung des Kindes nicht sofort aufgenommen werden kann oder unterbrochen werden muss (§ 1 Abs. 4 BErzGG), und in besonderen Härtefällen, insbesondere bei Krankheit, Behinderung oder Tod eines Elternteils oder bei erheblich gefährdeter wirtschaftlicher Existenz kann von dem Erfordernis der eigenen Betreuung und Erziehungen oder des Verbots voller Erwerbstätigkeit abgesehen werden (§ 1 Abs. 5 Satz 1 BErzGG).

Als nicht volle Erwerbstätigkeit wird eine Tätigkeit verstanden, bei der die wöchentliche Arbeitszeit 30 Stunden nicht übersteigt oder wenn eine Beschäftigung zur Berufsausbildung ausgeübt wird (§ 2 Abs. 1 BErzGG).

In diesem Zusammenhang kann die Frage auftauchen, ob eine erziehungsgeldberechtigte Person, die neben einer Erwerbstätigkeit in den genannten Zeitgrenzen eine bürgerschaftlich engagierte Tätigkeit ausübt, dem Erfordernis der eigenen Betreuung und Erziehung noch gerecht werden kann. In der Rechtsprechung und Literatur ist diese Frage noch nicht artikuliert worden. Soll dieses Erfordernis, das bisher die Zwecksetzung des Erziehungsgeldes gebildet hat, noch sinntragend sein, so liegt der Schluss nahe, dass keine weiteren zeitlichen Einschränkungen in Hinblick auf die eigene Betreuung und Erziehung des Kindes mehr möglich sein sol-

522 Bekanntmachung der Neufassung des Bundeserziehungsgeldgesetzes vom 7. Dezember 2001 (BGBl. I, S. 3359).

len. Allerdings ist eine Beschäftigung zur Berufsausbildung ohne Zeitgrenze unschädlich (vgl. § 2 Abs. 1 BErzGG).

2. Einkommensbegriff

Erziehungsgeld wird begrenzt bedarfsabhängig gezahlt. Für die ersten sechs Lebensmonate des Kindes gelten verhältnismäßig hohe Einkommensgrenzen (§ 5 Abs. 2 Satz 1 BErzGG). Danach werden die Einkommensgrenzen auf knapp ein Drittel abgesenkt (§ 5 Abs. 2 Satz 2 BErzGG).

Der in § 6 Abs. 1 BErzGG verwendete Einkommensbegriff richtet sich am Einkommensteuerrecht aus (Verweis auf § 2 Abs. 1 und 2 EStG). Damit gelten auch die entsprechenden Regelungen zu den Aufwandsentschädigungen gemäß § 3 Nr. 12 EStG.[523]

XI. Ausbildungsförderung (BAföG, SGB III, AFBG)

Ausbildungsförderung findet nach den Vorschriften des Bundesausbildungsförderungsgesetzes (BAföG)[524] und nach den Vorschriften des SGB III[525] statt. Die Leistungen des SGB III sind beschränkt auf die berufliche Ausbildung (§§ 59ff. SGB III). Demgegenüber zielen die Leistungen des BAföG vor allem auf Hilfen während der schulischen Ausbildung ab.

1. Bundesausbildungsförderungsgesetz

a) Bestimmung des Einkommens

Der nach dem BAföG zu finanzierende Bedarf erstreckt sich auf den Lebensunterhalt und auf die Ausbildung (§ 11 Abs. 1 BAföG). Auf diesen Bedarf werden Einkommen und Vermögen des Auszubildenden, seines Ehegatten und seiner Eltern angerechnet (§ 11

523 S. hierzu im steuerrechtlichen Teil: B.II.1.a)(b)(ii).
524 Vom 26. August 1971 (BGBl. I, S. 1409), in der Fassung des Art. 1 des Gesetzes zur Reform und Verbesserung der Ausbildungsförderung – Ausbildungsförderungsreformgesetz (AföRG) vom 19. März 2001 (BGBl. I, S. 390).
525 Vom 24. März 1997 (BGBl. I S. 594).

Abs. 2 BAföG). Bei dieser Anrechnung sind drei Fragen zu unterscheiden: Wessen Einkommen und Vermögen wird angerechnet? In welchen Fällen wird angerechnet? In welchem Umfang findet eine Anrechnung statt?[526] Für die folgenden Betrachtungen kommt es jedoch nicht auf diese Fragen an. Vielmehr sind hier nur der Einkommensbegriff und die möglichen Freibeträge zu erörtern.

Für die Bestimmung des Einkommensbegriffes wird im BAföG auf die Einkünfte i.S.v. § 2 Abs. 1 und 2 EStG verwiesen (§ 21 Abs. 1 BAföG). Damit sind für die Beurteilung, ob aus bürgerschaftlich engagierter Tätigkeit erzielte Einkünfte, auch Aufwandsentschädigungen, einzusetzen sind oder nicht, die steuerrechtlichen Vorschriften einschlägig, insbesondere auch § 3 Nr. 12 EStG.[527]

b) Konfligierende Tätigkeiten

§ 2 Abs. 5 Satz 1 und § 3 Abs. 3 Nr. 2 BAföG stellen die Ausbildungsförderung unter die Bedingung, dass die Ausbildung die Arbeitskraft des Auszubildenden im allgemeinen voll in Anspruch nimmt. Aus dieser Vorschrift kann jedoch nicht entnommen werden, dass es dem Leistungsberechtigten untersagt wäre, im Rahmen seiner Ausbildung bürgerschaftlich engagierten Tätigkeiten nachzugehen. Gerade im Hochschulstudium ist es erwünscht – und ist eine der Voraussetzungen der Funktionstüchtigkeit der universitären Selbstverwaltung –,dass Studierende sich in den entsprechenden Gremien und Funktionen engagieren. § 2 Abs. 5 Satz 1 und § 3 Abs. 3 Nr. 2 BAföG können also nicht als hemmend für bürgerschaftlich engagierte Tätigkeit während einer geförderten Ausbildung verstanden werden.

c) Anrechnung von Zeiten bürgerschaftlich engagierter Tätigkeit

Das BAföG enthält eine Reihe von Regelungen, die auf Altersgrenzen, Förderzeiträume und andere zeitorientierte Voraussetzungen abstellen.

---

526 S. Schulin/Igl, Sozialrecht, 7. Aufl., 2002, Rdnr. 928.
527 S. hierzu im steuerrechtlichen Teil: B.II.1.a)(b)(ii).

Ausbildungsförderung wird nicht geleistet, wenn der Auszubildende bei Beginn des Ausbildungsabschnitts, für den er Ausbildungsförderung beantragt hat, das 30. Lebensjahr vollendet hat (§ 10 Abs. 3 BAföG). Ausnahmen hiervon sind aus persönlichen oder familiären Gründen, insbesondere Kindererziehung und aus besonders schwerwiegenden Gründen vorgesehen (vgl. § 10 Abs. 3 Satz 2 Nr. 3 und 4 BAföG). Zurückgelegte Zeiten bürgerschaftlichen Engagements gelten nicht als solche Ausnahmen.

Für bestimmte Ausbildungen sind Begrenzungen in der Förderungsdauer vorgesehen (Förderungshöchstdauer, § 15a BAföG). Neben anderen Ausnahmen ist auch die Gremienmitwirkung als Möglichkeit der Überschreitung der Förderungshöchstdauer gegeben (§ 15 Abs. 3 Nr. 3 BAföG).

An das Unterschreiten der Förderungshöchstdauer ist die Privilegierung des Teilerlasses des Förderdarlehens geknüpft (§ 18b Abs. 3 BAföG). Außerdem ist ein Erlass möglich bei Kinderbetreuung (§ 18b Abs. 5 BAföG).

2. SGB III

Die Ausbildungsförderung nach dem SGB III (§§ 59ff.) wird ebenfalls einkommensabhängig gewährt (§ 59 Nr. 3 SGB III). Die Regelungen zur Einkommensanrechnung verweisen auf die entsprechenden Vorschriften des BAföG (§ 71 Abs. 2 SGB III).

Die Anerkennung bestimmter privilegierender Zeiten ist im Ausbildungsförderungsrecht des SGB III nicht vorgesehen. Für bestimmte Fehlzeiten (z.B. Krankheit, Schwangerschaft) bleibt der Anspruch auf Berufsausbildungsbeihilfe erhalten (§ 73 SGB III).

Aufstiegsfortbildungsförderung

Das Gesetz zur Förderung der beruflichen Aufstiegsfortbildung (AFBG)[528] dient der individuellen Förderung, von Teilnehmerinnen und Teilnehmern an Maßnahmen der beruflichen Aufstiegsfortbildung durch finanzielle Unterstützung der Kosten der Maßnahme und des Lebensunterhalts (§ 1 AFBG). Gefördert wird die Teilnahme an Fortbildungsmaßnahmen, die auf bestimmte Abschlüsse gerichtet sind (§ 2 AFBG). Der Maßnahmebeitrag wird

528 Gesetz zur Förderung der beruflichen Aufstiegsfortbildung (Aufstiegsfortbildungsförderungsgesetz – AFGB) i.d.F. der Bekanntmachung der Neufassung vom 10. Januar 2002 (BGBl. I, S. 402).

als Zuschuss in Höhe von 35% der Maßnahmekosten geleistet (§ 12 AFBG). Der Unterhaltsbeitrag wird bei Maßnahmen in Vollzeitform gewährt. Er bemisst sich nach dem Bedarfssatz für Studierende nach dem BAföG (§ 10 Abs. 2 AFBG). Auf den Unterhaltsbedarf wird Einkommen und Vermögen des Antragstellers und seiner nicht dauernd getrennt lebenden Ehegatten angerechnet (§ 10 Abs. 3 AFBG). Hierfür gelten mit einigen Ausnahmen die Vorschriften des BAföG (§§ 17, 17a AFBG).

Für die Teilnahme an Maßnahmen ist eine Förderungshöchstdauer vorgesehen, die unter bestimmten Voraussetzungen (z.B. Schwangerschaft, Erziehung und Pflege eines Kindes unter zehn Jahren, Betreuung einer pflegebedürftigen Person) oder unter anderen besonderen Umständen des Einzelfalles verlängert werden kann (§ 11 Abs. 1 AFBG).

XII. Wohngeld

1. Funktion

Das Wohngeldrecht zielt auf die Sicherung einer speziellen Bedarfslage ab und steht deshalb, vor allem aber auch wegen der Leistungsabhängigkeit von konkreter Bedürftigkeit, der Sozialhilfe in besonderen Lebenslagen nahe. Das Wohngeld stellt eine Beihilfe für einkommensschwache Mieter dar, unabhängig davon, ob sie in öffentlich geförderten Wohnungen wohnen oder anderen Wohnraum in Anspruch nehmen. § 3 Abs. 2 WoGG nennt den Kreis der antragsberechtigten und damit materiellrechtlich leistungsberechtigten Personen. Die Regelung unterscheidet nach den beiden Funktionen des Wohngeldes: Es wird entweder als Mietzuschuss oder – bei Haus- und Wohneigentum – als Lastenzuschuss (für den Kapitaldienst und die Bewirtschaftung) gewährt (§ 3 Abs. 2 bis 4 WoGG).

2. Anspruchsvoraussetzungen

Der Anspruch auf Wohngeld hängt von der Größe des Haushalts, vom Gesamteinkommen und der Höhe der Miete oder Belastung ab (§ 2 Abs. 1 WoGG). Die Größe des Haushalts bestimmt sich nach der Zahl der Familienmitglieder (§ 4 WoGG). Das Gesamteinkommen setzt sich aus dem Gesamtbetrag der Jahreseinkommen aller zum Haushalt rechnenden Familienmitglieder zusammen (§ 9 WoGG).

3. Ermittlung des Gesamteinkommens

Die Ermittlung des Gesamteinkommens richtet sich nach §§ 9ff. WoGG. Zu berücksichtigen sind zunächst grundsätzlich alle Einnahmen in Geld oder Geldeswert unabhängig davon, woher sie stammen. Dabei nimmt das WoGG auf die Einkünfte i.S.d. des § 2 Abs. 1, 2 und 5a EStG Bezug (§ 10 Abs. 1 WoGG). § 10 Abs. 2 WoGG sieht zusätzlich einen umfangreichen Katalog von bestimmten Einnahmen – insbesondere auch zahlreicher Sozialleistungen – vor, die, da sie nicht zur Deckung des allgemeinen Lebensunterhalts bestimmt sind, nur teilweise bei der Anrechnung außer Betracht bleiben. Von dem so ermittelten Betrag sind Werbungskosten, ein Pauschalbetrag für Vorsorgeaufwendungen sowie weitere Beträge (z.B. für Schwerbehinderte oder bei Erfüllung gesetzlicher Unterhaltspflichten) abzuziehen (§ 10 Abs. 3, §§ 12, 13 WoGG). Ein Anspruch auf Wohngeld scheidet von vornherein aus, wenn das Gesamteinkommen den monatlichen Höchstbetrag übersteigt. Die Beträge sind in den Wohngeldtabellen (Anlagen zum WoGG) aufgeführt (§ 2 WoGG). Als dritter Berechnungsfaktor für das Wohngeld muss die zu berücksichtigende Miete bzw. Belastung ermittelt werden (§ 7 WoGG).

4. Anrechnung von Aufwandsentschädigungen

In der Vergangenheit ist die Anrechnung von Aufwandsentschädigungen im Rahmen der Berechnung des Gesamteinkommens der zum Haushalt gehörenden Familienmitglieder problematisch geworden. In der jetzt nicht mehr gültigen Fassung des Wohngeldgesetzes war eine Bestimmung enthalten, nach der beamtenrechtliche Aufwandsentschädigungen nach § 17 BBesG nach Maßgabe ihrer Steuerfreiheit von der Anrechnung als Einkommen freigestellt waren (vgl. § 14 Abs. 1 Nr. 12 WoGG alte Fassung). Dies hat zu der Frage geführt, ob diese Vorschrift auch für kommunalrechtliche Aufwandsentschädigungen anzuwenden sei. Die Rechtsprechung hat dies abgelehnt.[529] In der jetzt gültigen Fassung des WoGG[530] ist diese Privilegierungsvorschrift nicht mehr enthalten. Aufwandsentschädigungen sind unter den in § 3 Nr. 12 EStG genannten Voraussetzungen steuerfrei.[531] Unter diesen Voraussetzungen werden sie auch im Wohngeldrecht bei der Bestimmung des Jahreseinkommens nach § 10 WoGG nicht angerechnet.

Werden im Zusammenhang bürgerschaftlich engagierter Tätigkeit Einkünfte i.S.d. § 10 WoGG erzielt, so können diese unter den steuerrechtlichen Voraussetzungen steuerbar sein. Unter wohngeldrechtlichen Aspekten ergeben sich keine Besonderheiten.

XIII. Arbeitslosenhilfe

Arbeitslosenhilfe wird nur bei Bedürftigkeit geleistet (§§ 190 Nr. 5, 193 SGB III). Einkommen im Sinne der Vorschriften über die Arbeitslosenhilfe sind alle Einnahmen in Geld oder Geldeswert einschließlich der Leistungen, die von Dritten beansprucht werden können (§ 194 Abs. 2 Satz 1 SGB III). Nicht als Einkommen gelten zweckgebundene Leistungen, insbesondere nichtsteuerpflichtige Aufwandsentschädigungen und Leistungen zur Erziehung, Erwerbsbefähigung und Berufsausbildung (§ 194 Abs. 2 Satz 2 Nr. 3 SGB III). Damit ist im SGB III bei der Arbeitslosenhilfe ein Bezug zu § 3 Nr. 12 EStG hergestellt.[532]

XIV. Sozialhilfe

1. Leistungen

Die Leistungen der Sozialhilfe – Hilfe zum Lebensunterhalt und Hilfe in besonderen Lebenslagen – nach dem Bundessozialhilfege-

---

529 OVG des Saarlouis, Urt. v. 5.3.1993 – 8 R 81/91 – mit überzeugender Begründung, nachfolgend BVerwG, Urt. v. 31.3.1995 – 8 C 31/93, NJW 1996, S. 70, jedoch nicht mehr zum Gegenstand der Aufwandsentschädigung.

530 S. Anm. 524.

531 S. hierzu im steuerrechtlichen Teil: B.II.1.a)(b)(ii).

532 S. hierzu im steuerrechtlichen Teil: B.II.1.a)(b)(ii).

setz (BSHG)[533] sind u.a. nachrangig gegenüber dem Einsatz eigenen Einkommens und Vermögens (§§ 2 Abs. 1, 11 Abs. 1, 28 Abs. 1 BSHG). Der sozialhilferechtliche Einkommensbegriff ist in § 76 Abs. 1 BSHG definiert. Besondere Regelungen befassen sich mit der Berücksichtigung von bestimmten öffentlich-rechtlichen Leistungen als Einkommen (§ 77 BSHG) und mit dem Verhältnis zu den Zuwendungen der freien Wohlfahrtspflege § 78 BSHG). Die vom Einkommen absetzbaren Posten sind in § 76 Abs. 2 und 2a BSHG festgelegt.

2. Einkommensbegriff

Zum Einkommen gehören alle Einkünfte in Geld oder Geldeswert mit Ausnahme der Leistungen nach dem BSHG und bestimmter Leistungen, die der sozialen Entschädigung dienen (§ 76 Abs. 1 BSHG). Präzisierend sagt hierzu § 1 der Verordnung zur Durchführung des § 76 BSHG[534], dass hierzu alle Einnahmen ohne Rücksicht auf ihre Herkunft und Rechtsnatur sowie ohne Rücksicht darauf rechnen, ob sie zu den Einkunftsarten im Sinne des Einkommensteuergesetzes gehören und ob sie der Steuerpflicht unterliegen. Nach dieser Definition wären grundsätzlich auch Aufwandsentschädigungen Einkommen i.S.d. § 76 BSHG. Eine der Vorschrift des § 3 Nr. 12 EStG entsprechende Regelung zur Freihaltung von Aufwandsentschädigungen ist im Sozialhilferecht nicht vorgesehen, so dass auch Aufwandsentschädigungen, die nur den tatsächlichen Aufwand betreffen, als Einkommen gelten.

3. Anrechnung von Aufwandsentschädigungen

Allerdings besteht grundsätzlich die Möglichkeit, diese mit der Erzielung des Einkommens verbundene notwendige Ausgaben abzusetzen (§ 76 Abs. 2 Nr. 4 BSHG). Dies wiederum setzt voraus, dass ein Einkommen aus einer Tätigkeit erzielt wird. Wenn neben der Aufwandsentschädigung für tatsächlich geleisteten Aufwand

533 In der Fassung der Bekanntmachung vom 23. März 1994 (BGBl. I, S. 646, ber. S. 2975).

534 Vom 28. November 1962 (BGBl. I, S. 692) in der Fassung vom 23. November 1976 (BGBl. I, S. 3234).

kein Einkommen erzielt wird, können auch keine Ausgaben abgesetzt werden. Damit ergibt sich die Konsequenz, dass eine sozialhilferechtlich als bedürftig anzusehende Person, die sich bürgerschaftlich engagiert betätigt und hierfür nur eine Entschädigung für den tatsächlich gegebenen Aufwand erhält, diese Aufwandsentschädigung als Einkommen einzusetzen hat. Nur für den Fall, dass eine solche Aufwandsentschädigung aufgrund öffentlichrechtlicher Vorschriften ausdrücklich zum Zweck der Entschädigung des Aufwands geleistet wird, wäre sie nicht als Einkommen zu berücksichtigen (§ 77 Abs. 1 BSHG).[535] Gleiches gilt aber nicht für privatrechtlich gezahlte Aufwandsentschädigungen.

---

535 S. die Beispiele aus der Rspr. zu den Aufwandsentschädigungen bei Schellhorn/Schellhorn, BSHG, 16. Aufl. 2002, § 77 Rz. 12.

C. Arbeitsrecht

I. Arbeit und Ehrenamt

1. Ehrenamt – keine Arbeit?

Ehrenamtliche Tätigkeit bezeichnet die freiwillige unentgeltliche Tätigkeit zum Wohle Anderer und der Allgemeinheit. In Vereinen und Verbänden, als „neues Ehrenamt“ in Selbsthilfegruppen die Förderung eigener Belange mit der Hilfe für Andere verknüpfend, oder projektbezogen in Sport, Kultur, Politik, Religion, Wirtschafts- und Arbeitsleben, Kirche, Bildung und Erziehung, Gesundheitswesen und Pflege, Soziales, Rettungswesen, Katastrophen-, Natur- und Umweltschutz geleistet, ist ehrenamtliche Betätigung regelmäßig mit Anstrengungen verbunden. Die aufgewandte Mühe wird oft als „Arbeit“ wahrgenommen. Warum wird das Ehrenamt dennoch rechtlich nicht als Arbeit angesehen und anerkannt? Das Arbeitsrecht gilt für die ehrenamtliche Tätigkeit grundsätzlich nicht. Denn dieses ist auf den Arbeitsvertrag zugeschnitten. Dieser wird als ein Austauschverhältnis von Arbeit gegen Arbeitsentgelt verstanden. Das Arbeitsrecht umfasst also nicht alle für die Arbeit für andere geltenden Regeln, sondern beschränkt sich auf die wirtschaftlich weitaus wichtigste, durch Arbeitnehmer gegen Entgelt geleistete Arbeit.[536] Ehrenamtliche Tätigkeit ist dagegen eine unentgeltliche Leistung.[537] Die ehrenamtliche Tätigkeit ist anders als die Erwerbsarbeit durch die einseitige Leistung für andere geprägt. Ihr fehlt folglich das für Arbeitsverhältnisse kennzeichnende Moment des Leistungsaustausches. Deshalb gelten grundsätzlich die für Arbeitnehmer geschaffenen Regeln für die ehrenamtliche Betätigung nicht.

536 MünchArbR/Richardi, § 1 Rn. 8ff.

537 Rauschenbach/Müller/Otto, Vom öffentlichen und privaten Nutzen des Ehrenamtes, in: Müller/Rauschenbach (Hrsg.), Das soziale Ehrenamt, S. 225

2. Ehrenämter in Betriebs- und Unternehmensverfassung, Personalvertretung und im Schwerbehindertenrecht

Allerdings kennt das Arbeitsrecht zahlreiche betriebliche Ehrenämter in der Betriebs- und Unternehmensverfassung, der Personalvertretung sowie Behindertenvertretung. Wer als Betriebsrat oder Arbeitnehmervertreter im Aufsichtsrat eines Unternehmens, als Mitglied des Personalrats oder der Behindertenvertretung tätig wird, übt diese Aufgabe ehrenamtlich aus. Diese Arbeitnehmer dürfen in ihrer Stellung als Arbeitnehmervertreter weder benachteiligt noch bevorzugt werden. Sie genießen deshalb Schutz vor Kündigungen, Versetzungen oder Umsetzungen. Des weiteren können sie Arbeitsbefreiung unter Fortzahlung des Arbeitsentgelts verlangen. Sie können darüber hinaus Freistellung von ihrer Arbeit erhalten, falls sie ihre ehrenamtlichen Tätigkeiten außerhalb der üblichen Arbeitszeit verrichten. Die Arbeitsbefreiung ist auch bei Teilnahme an Schulungs- und Bildungsveranstaltungen für das arbeitsrechtliche Ehrenamt geschuldet. In großen Betrieben sind einzelne Betriebsratsmitglieder von ihrer Arbeitnehmertätigkeit ganz freigestellt. Die Zahl der Freistellungen der Arbeitnehmer ist nach Betriebsgröße gestaffelt. Bei Gehaltserhöhungen ist der als Betriebsratsmitglied tätige und freigestellte Arbeitnehmer wie ein in Ausübung einer vergleichbaren Erwerbstätigkeit stehender Arbeitnehmer zu behandeln. Insbesondere stehen ihm die an das Lebensalter oder die Dauer der Betriebszugehörigkeit eines Arbeitnehmers geknüpften Entgelterhöhungen ebenfalls zu. Ein ehrenamtlich tätiger Arbeitnehmer übt daher eine freiwillige, weil auf seiner Zustimmung beruhende Tätigkeit aus. Für deren Wahrnehmung kann er zwar keine Vergütung beanspruchen. Allerdings darf ihm durch die Wahrnehmung seiner Aufgabe auch kein arbeitsvertraglicher Nachteil, namentlich kein Lohnausfall entstehen.

3. Echtes und unechtes Ehrenamt

In der Praxis gibt es häufig als „ehrenamtlich“ bezeichnete Tätigkeiten, für deren Ausübung dennoch ein Entgelt entrichtet wird. Dieses soll nicht nur die unmittelbar durch die Tätigkeit entstehenden Vermögensnachteile des Betreffenden ausgleichen, sondern auch die auf das Ehrenamt verwendete Zeit entgelten. Wer ein echtes Ehrenamt ausübt, opfert deshalb für den Anderen auch seine Zeit. Wer dagegen ein unechtes Ehrenamt ausübt, kann für den Zeitverlust einen Ersatz in Geld verlangen.[538] Dieser Ersatz kann mitunter beträchtliche Summen ausmachen. So hatte etwa das Landessozialgericht Nordrhein-Westfalen[539] zu entscheiden, ob dem Vorsitzenden einer Kassenärztlichen Vereinigung – als der Vertretung aller zur vertragsärztlichen Versorgung zugelassenen Vertrags- oder Kassenärzte – in einem Teil eines Landes, eine jährliche Entschädigung von rund 150.000 € als Ausgleich für den Ausfall seiner Arbeitskraft in seiner Praxis gezahlt werden dürfe (was das Gericht bejahte). Die folgenden Überlegungen gelten für das echte wie das unechte Ehrenamt.

II. Arbeitsfreistellungen für ehrenamtliche Betätigung

1. Ehrenamt im Konflikt mit Arbeit

Übt jemand ein Ehrenamt aus, so gerät er nicht selten mit seinen Pflichten als Arbeitnehmer in Konflikt. Falls die ehrenamtliche Tätigkeit zugleich dem Unternehmenszweck dient, der Arbeitnehmer also insbesondere als Betriebsrat, Arbeitnehmervertreter im Aufsichtsrat, Schwerbehindertenvertreter oder Personalrat ehrenamtlich wirkt, liegt sein Handeln auch im Arbeitgeberinteresse. Deshalb stellen das Arbeitsrecht die Wahrnehmung der ehrenamtlichen Tätigkeit der Erfüllung des Arbeitsvertrages in den Folgen gleich.[540] Die Inhaber der genannten arbeitsrechtlichen Ehrenämter haben daher einen Anspruch auf Vergütung ihrer Arbeitsleistung .

Diese Regel betrifft aber den Sonderfall, dass die ehrenamtliche Tätigkeit eines Arbeitnehmers unmittelbar dem Arbeitgeber unmittelbar zugutekommt. Daraus kann jedoch nicht verallgemeinernd geschlossen werden: die ehrenamtliche Tätigkeit hätte gegenüber einer Arbeitnehmertätigkeit stets den Vorrang! Dann hätte

538 Engel, Ehrenamt und Arbeitsrecht, S. 28ff.
539 Breithaupt, 1999, S. 467.
540 LAG Schleswig-Holstein, LAGE § 20 BetrVG 1972 Nr. 9; LAG Baden-Württemberg LAGE § 37 BetrVG 1972, Nr. 51.

der Arbeitgeber dem Arbeitnehmer die Wahrnehmung des Ehrenamtes wirtschaftlich zu ermöglichen und diesen dabei auch zu sichern. Eine solche Regelung kommt jedoch nicht in Betracht, sofern der Nutznießer einer vom Arbeitnehmer ausgeübten ehrenamtlichen Tätigkeit statt des Arbeitgebers ein Verein, eine Stiftung oder Selbsthilfegruppe oder ein Verband ist. Im Regelfall ehrenamtlicher Betätigung besteht also ein Konflikt zwischen der Arbeitnehmerpflicht einerseits und der Wahrnehmung des Ehrenamtes andererseits. Dafür stellt sich insbesondere die Frage: Was gilt, falls die Wahrnehmung einer ehrenamtlichen Betätigung zu Lasten der Pflichten aus dem Arbeitsverhältnis geht?

2. Die allgemeine Regelung des Konflikts in § 616 BGB

§ 616 BGB begründet das allgemeine Recht eines Arbeitnehmers, eine persönlich geschuldete Arbeitsleistung wegen Unzumutbarkeit nicht zu erbringen. Diese Regel wird bei Ausübung eines Ehrenamtes aber nur selten praktisch werden. Denn ein Arbeitnehmer hat das Ehrenamt als eine freiwillige Tätigkeit grundsätzlich neben seiner Erwerbsarbeit auszuüben. Die allgemeine Regel für die Bewältigung des angedeuteten Konflikts aus § 616 BGB bestimmt, dass ein Arbeitnehmer seinen Anspruch auf eine Arbeitsvergütung nicht verliert, wenn er „für eine verhältnismäßig nicht erhebliche Zeit durch einen in seiner Person liegenden Grund ohne sein Verschulden an der Dienstleistung gehindert wird.“ Eine solche Freistellung kommt insbesondere bei der Arbeitsverhinderung infolge Krankheit, aus familiären Gründen – z.B. Eheschließung, religiösen Feiern der Kinder oder Eltern, Beerdigungen naher Angehöriger oder Pflege erkrankter Familienangehöriger – in Betracht.[541] Ausnahmsweise kommt eine Arbeitsbefreiung aber auch dann in Frage, falls die Erfüllung der Arbeitspflicht mit „anderen, insbesondere ehrenamtlich übernommenen Pflichten“[542] widerstreitet. § 616 BGB anerkennt deshalb grundsätzlich ein Recht auf Freistellung von der Arbeitsausübung unter Fortzahlung des Arbeitsentgelts auch, um dem Arbeitnehmer die Ausübung einer ehrenamtlichen Tätigkeit zu ermöglichen. Die Bestimmung legt die

541 So die Formulierung bei Dörner, in: Erfurter Kommentar, § 616 BGB Rn. 7.

542 Vgl. auch Oetker, in: Staudinger, BGB, § 616 Rn. 67; BAG AP Nrn. 58, 60 und 94 zu § 616 BGB.

Voraussetzungen und näheren Umstände, die an die Wahrnehmung dieses Rechts geknüpft sind, aber nicht im einzelnen dar. Denn dieses Recht ist durch abstrakte Begriffe wie „eine verhältnismäßig nicht erhebliche Zeit", ein "in der Person des Berechtigten liegender Grund" und eine Hinderung an der Ausübung der Dienstleistung ohne dessen „Verschulden" gekennzeichnet. Diese Vorschrift gibt damit zu erkennen, dass eine Arbeitsfreistellung unter Entgeltfortzahlung nur ausnahmsweise eintreten soll: nämlich dann, wenn die Arbeitsunterbrechung kurz, in unvorhersehbaren und in der Person des Arbeitnehmers liegenden Umständen begründet liegt und dieser den Widerstreit nicht vorherschen und vermeiden konnte. Diese Voraussetzungen sind aber jedenfalls dann nicht erfüllt, wenn – wie regelmäßig – eine ehrenamtliche Tätigkeit freiwillig übernommen wurde und auch die Unvereinbarkeit der ehrenamtlichen mit den arbeitsvertraglichen Verpflichtungen vorherzusehen war. Dies dürfte im Regelfall zutreffen. § 616 BGB wird daher nur selten dem Arbeitnehmer einen Anspruch auf bezahlte Arbeitsfreistellung geben. In der großen Mehrzahl geht der Arbeitnehmer leer aus.

3. Konkretisierung der Arbeitsfreistellung wegen eines Ehrenamts in besonderen Fällen

Wegen der Allgemeinheit und dem Ausnahmecharakter des § 616 BGB sind im Verfassungs-, Arbeits- sowie Beamtenrecht weitere Regelungen und nähere Konkretisierungen für Arbeitsfreistellungen getroffen.

a) Arbeitsfreistellungen zur Wahrnehmung öffentlicher Wahlämter

Schon im 19. Jahrhundert mussten Betriebsangehörige für ehrenamtliche Tätigkeiten im Reichs-, Staats- und Kommunaldienst freigestellt werden. In Art. 160 WRV war bestimmt: „Wer in einem Dienst- und Arbeitsverhältnis als Angestellter oder Arbeiter steht, hat das Recht auf die zur Wahrnehmung staatsbürgerlicher Rechte und – soweit dadurch der Betrieb nicht erheblich geschädigt wird –, zur Ausübung ihm übertragener Ehrenämter nötige freie Zeit". Art. 48 GG bestimmt: „(1) Wer sich um einen Sitz im

Bundestag bewirbt, hat Anspruch auf den zur Vorbereitung seiner Wahl erforderlichen Urlaub. (2) Niemand darf daran gehindert werden, das Amt eines Abgeordneten zu übernehmen und auszuüben. Eine Kündigung oder Entlassung aus diesem Grund ist unzulässig“.

Für den Konflikt zwischen den öffentlichen Ehrenämtern einerseits und der arbeitsrechtlichen Pflichterfüllung andererseits räumt daher Art. 160 WRV grundsätzlich dem öffentlichen Ehrenamt den Vorrang ein. Art. 48 GG beschränkt diesen Vorrang auf das Mandat eines Abgeordneten des Deutschen Bundestages und den Versuch der Mandatserlangung in einer vorangehenden Wahl. Entsprechende Regelungen enthalten die Landesverfassungen für Arbeitnehmer, welche sich als Abgeordneter eines Landtages zur Wahl stellen. Wer als Stadtverordneter, Gemeinderatsmitglied oder „ehrenamtlicher“ Stadtrat oder Beigeordneter (als Mitglied der Verwaltung einer Stadt oder Gemeinde) ein Wahlamt ausübt, hat als Arbeitnehmer zwar Anspruch auf die zur Ausübung dieser Ehrenämter erforderliche unbezahlte Freizeit, soweit der Betrieb des Arbeitgebers dadurch nicht erheblich geschädigt wird. Dieses folgt aus Art. 160 WRV, der heute noch als einfaches Gesetz fortgilt. Diese Regeln sind aber auf die öffentlichen Ehrenämter beschränkt, auf andere Ämter also nicht zu übertragen.

b) Jugendarbeit

Weitere Freistellungsansprüche bestehen für Arbeitnehmer über 18 Jahre auf Sonderurlaub bis zu 12 Arbeitstagen für die ehrenamtliche Mitwirkung in der Jugendarbeit, einschließlich internationaler Begegnungen sowie zum Besuch hierauf gerichteter Weiterbildungsveranstaltungen. Diese in den Gesetzen der Länder[543] getrof-

543 Gesetz über die Erteilung von Sonderurlaub an Mitarbeiter in der Jugendpflege und Jugendwohlfahrt vom 13. Juli 1953 (GBl. S. 110); Gesetz zur Freistellung von Arbeitnehmern für Zwecke der Jugendarbeit vom 14. April 1980 (BayRS 2162-3-K); Bayerischer Jugendring (Hrsg.), Ehrenamtliches Engagement junger Menschen, o.J.; Gesetz über Sonderurlaub für ehrenamtlich in der Jugendarbeit tätige Personen vom 25. April 1961 (GBl. S. 84); Gesetz über Sonderurlaub für Jugendgruppenleiter vom 28. Juni 1955 (Sammel b.h. LR 800-C); Gesetz über Sonderurlaub für Mitarbeiterinnen und Mitarbeiter in der Jugendarbeit vom 28. März 1951 (GVBl. S. 15, ber. S. 62) i.d.F. vom 11.2.1994 (GVBl. S. 125); Gesetz über die Arbeitsbefreiung zum Zwecke der

fenen Freistellungsregelungen sind auf die Jugendarbeit bezogen und beschränkt.[544] Hierunter fällt auch der Jugendsport. Die Arbeitsbefreiung ist jedoch nicht mit der Verpflichtung des Arbeitgebers zur Zahlung von Entgelt verbunden. Eine früher in Hessen vorgesehene Pflicht des Arbeitgebers gegenüber dem Arbeitnehmer zur Entgeltfortzahlung wurde durch das Bundesverfassungsgericht[545] als verfassungswidrig erklärt. Zwar sei zur Sicherung der Mitwirkungsbereitschaft der Arbeitnehmer an Jugendarbeit die Anordnung einer Freistellung von der Arbeit sachgerecht und verfassungsrechtlich statthaft. Dagegen dürfe dem Arbeitgeber des in der Jugendarbeit tätigen Arbeitnehmers aber nicht eine Pflicht zur Entgeltfortzahlung nicht auferlegt werden. Denn diese könne je nach Inanspruchnahme durch die Arbeitnehmer die einzelnen Arbeitgeber höchst unterschiedlich belasten. Obwohl die Bereitschaft eines Arbeitnehmers, für Zwecke der Jugendarbeit Sonderurlaub zu nehmen, durch die Entgeltfortzahlung zweifellos erhöht werde, fehlten gewichtige Gründe, den Arbeitgeber dafür einseitig zu belasten. Des weiteren hielt das Bundesverfassungsgericht ein Landesgesetz für nicht statthaft, das eine Umlage von allen Arbeitgebern erhob, aus deren Ertrag den für die Jugendarbeit freigestellten Arbeitnehmern eine Ausgleichszahlung geleistet werde. Denn die allgemeine Jugendarbeit betreffe den Arbeitgeber nicht intensiver als alle übrigen Gruppen der Gesellschaft. Die Entwicklung und Entfaltung junger Menschen zu sichern, liege dagegen im öffentlichen Interesse. Zu dessen Förderung dürften deshalb nicht einseitig die Arbeitgeber herangezogen werden.

Jugendpflege und des Jugendsports vom 29. Juni 1962 (GVBl. S. 74); geändert durch Gesetz vom 25. Mai 1980 (GVBl. S. 147); Gesetz zur Gewährung von Sonderurlaub für ehrenamtliche Mitarbeiter in der Jugendhilfe vom 31. Juli 1974 (GVBl. S. 768); Landesgesetz über die Erteilung von Sonderurlaub an Jugendgruppenleiter in der Jugendpflege vom 12. November 1953 (GVBl. S. 131); Gesetz des Freistaates Sachsen über die Erteilung von Sonderurlaub an Mitarbeiter in der Jugendhilfe (Sonderurlaubsgesetz) vom 27. August 1991 (GVBl. S. 323); Gesetz über Sonderurlaub für ehrenamtliche Mitarbeiter in der außerschulischen Jugendbildung vom 25. Juli 1977 (GVBl. S. 190).

544 Eine Übersicht über die verschiedenen Regelungen findet sich im Bericht der Enquete-Kommission „Zukunft des Bürgerschaftlichen Engagements", Deutscher Bundestag, Drucksache 14/8900, S. 393-395 = Enquete-Kommission „Zukunft des Bürgerschaftlichen Engagements" des Deutschen Bundestags, Bericht Bürgerschaftliches Engagement: auf dem Weg in eine zukunftsfähige Bürgergesellschaft, 2002, S. 800ff.

545 Vgl. BVerfGE 85, 226; 96, 260 und 101, 141.

c) Lohnfortzahlung auf tarifvertraglicher oder gesetzlicher Grundlage bei Ehrenämtern im öffentlichen Interesse

Für einzelne Ehrenämter, die der Sicherung eines im Gemeinwohl liegenden Anliegens dienen, begründen verschiedene Tarifverträge oder Gesetze Ansprüche auf Arbeitsfreistellung und Entgeltfortzahlung gegen den Arbeitgeber. Dieser ist jedoch nur ausnahmsweise zur Zahlung des Arbeitsentgelts verpflichtet, falls nämlich dem ehrenamtlich tätigen Freigestellten nicht aus öffentlichen Kassen eine Entschädigung für seine Lohneinbußen gewährt wird. Dies ist nach den Landesgesetzen etwa im Feuerwehrdienst oder Katastrophenschutz vorgesehen.

Der Konflikt von Arbeitsrecht und Ehrenamt ist ferner in zahlreichen Tarifverträgen eingehender als in § 616 BGB geregelt. So ist nach § 52 Bundesangestelltentarifvertrages (BAT) den Angestellten des öffentlichen Dienstes eine Arbeitsbefreiung nur zu gewähren, wenn persönliche Angelegenheiten mit der Arbeitstätigkeit kollidieren. Dazu zählt auch die ehrenamtliche Betätigung. Es gilt zwar der Grundsatz, dass persönliche Angelegenheiten des Arbeitnehmers außerhalb der Arbeitszeit zu erledigen sind (§ 18 BAT). Deshalb hat der Arbeitnehmer generell keinen Anspruch auf Arbeitsbefreiung für die Ausübung einer ehrenamtlichen Betätigung. Arbeitet er in der Gleitzeit – d.h. einer Zeit, in der ein Arbeitnehmer zwar arbeiten kann und darf, aber nicht arbeiten muss – so hat er keinen Anspruch auf Arbeitsbefreiung zur Wahrnehmung einer ehrenamtlichen Tätigkeit. Vielmehr rechtfertigt die Wahrnehmung ehrenamtlicher Betätigungen während der Dienstzeit die ordentliche oder außerordentliche Kündigung des Arbeitsverhältnisses wegen eines Pflichtenverstoßes.

Einzelne Tarifverträge regeln aber als Ausnahme von dem allgemeinen Grundsatz, dass Ehrenamt und Arbeit gesondert zu erfüllen sind, die Arbeitsfreistellung zur Wahrnehmung staatsbürgerlicher Pflichten genauer. Dazu gehört die Ausübung des Wahl- und Stimmrechts sowie die Beteiligung an Wahlausschüssen bei öffentlichen Wahlen, die Ausübung öffentlicher Ehrenämter wie das eines Schöffen oder Geschworenen, eines Mitglieds eines beruflichen Prüfungsorgans oder der Behindertenvertretung, eines Sozialversicherungsträgers oder gemeindlichen Vertretungsorgans, die auf eine bestimmte Anzahl von Arbeitstagen beschränkte

Wahrnehmung gewerkschaftlicher Aufgaben im Rahmen von Tarifverhandlungen oder die Ausübung genau umrissener Ehrenämter im Zusammenhang mit der Gefahrenabwehr; dazu insbesondere gehören Feuerlöschdienste, Wasser-, Wehr- und Deichdienste, Tätigkeiten bei Bergwacht und in der Seenotrettung. Widmet sich ein Arbeitnehmer während der Erwerbsarbeit und unter Verletzung der arbeitsvertraglichen Pflichten seinem Ehrenamt, so besteht für den Arbeitgeber das Recht zur außerordentlichen oder ordentlichen Kündigung.

Gesetzliche Freistellungen bestehen bei Feuerwehrdiensten[546] und dem Katastrophenschutz.[547] Regelmäßig steht den Arbeitneh-

---

546 Feuerwehrgesetz Baden-Württemberg (in der Fassung vom 10.02.1987, zuletzt geändert am 16.12.1996); Bayerisches Feuerwehrgesetz (BayFwG) (vom 23.12.1981, GVBl. S. 526; zuletzt geändert am 10.07.1998, GVBl. S. 401); Berliner Feuerwehrgesetz (FwG) (vom 03.05.1984); Brandschutzgesetz Brandenburg (BSchG) (in der Fassung vom 09.03.1994 GVBl. I S. 65, geändert am 17.12.1996 GVBl. I S. 358); Hessisches Gesetz über Brandschutz, die Allgemeine Hilfe und den Katastrophenschutz (HBKG) (vom 17.12.1998, GVBl. I S. 530); Nordrhein-Westfälisches Gesetz über den Feuerschutz und die Hilfeleistung (FSHG) (vom 04.02.1998); Brand- und Katastrophenschutzgesetz Rheinland-Pfalz (LBKG) (vom 02.11.1981, geändert am 08.04.1991); Brandschutzgesetz Schleswig-Holstein (BrSchG) (vom 10.02.1996, GVOBl Sch.-H. 1996 S. 200, letzte Änderung am 19.11.2001); Thüringer Gesetz über den Brandschutz, die Allgemeine Hilfe und den Katastrophenschutz (vom 25.03. 1999).

547 Gesetz über den Katastrophenschutz Baden-Württemberg (vom 24.04.1979, in der Fassung vom 03.07.1995); Bayerisches Katastrophenschutzgesetz (vom 24.07.1996); Katastrophenschutzgesetz Berlin (vom 11.02.1999); Katastrophenschutzgesetz Brandenburg (vom 11.10.1996); Katastrophenschutzgesetz Bremen (vom 17.09.1979); Katastrophenschutzgesetz Hamburg (vom 16.01. 1979, in der Fassung vom 09.06.1992); Hessisches Gesetz über den Brandschutz, die Allgemeine Hilfe und den Katastrophenschutz (vom 17.12.1998); Gesetz über den Katastrophenschutz in Mecklenburg-Vorpommern (vom 23.10.1992, geändert durch Gesetz vom 01.07.1993); Niedersächsisches Katastrophenschutzgesetz (vom 08.03.1978, in der Fassung vom 22.03.1990); Nordrhein-Westfälisches Gesetz über den Feuerschutz und die Hilfeleistung (FSHG) (vom 04.02.1998); Brand- und Katastrophenschutzgesetz Rheinland-Pfalz (LBKG) (vom 02.11.1981, geändert am 08.04.1991); Gesetz Nr. 1095 über den Katastrophenschutz im Saarland (vom 31.01.1979); Sächsisches Katastrophenschutzgesetz (vom 22.01.1993, letzte Änderung am 25.07.1994); Katastrophenschutzgesetz des Landes Sachsen-Anhalt (vom 13.07.1994); Gesetz über den Katastrophenschutz in Schleswig-Holstein (vom 04.12.1995); Thüringer Gesetz über den Brandschutz, die Allgemeine Hilfe und den Katastrophenschutz (vom 25.03.1999).

mern Lohn zu; der Arbeitgeber hat aber einen Anspruch auf Aufwendungsersatz gegen die Gemeinde.

d) Beamte

Wer als Beamter bei einer staatlichen Einrichtung mit Dienstherreneigenschaft (Bund, Länder und Gemeinden) tätig ist, hat unter bestimmten Voraussetzungen das Recht, auf Antrag die Freistellung von der Beamtentätigkeit zur Ausübung einer ehrenamtlichen gesellschaftlichen Betätigung gestattet zu erhalten. Die Entscheidung steht im Ermessen des Dienstherrn. Das Recht ist weder auf Beamte in herausgehobener Stellung zu beschränken noch auf die Träger eines personalvertretungsrechtlichen oder gewerkschaftlichen Ehrenamtes. Regelmäßig geht die Tätigkeit als Beamter vor. Insbesondere falls Unvereinbarkeiten zwischen den Dienstaufgaben des Beamten und dem Ehrenamt bestehen, haben die Pflichten aus dem Beamtenverhältnis Vorrang. Eine Freistellung ist deshalb nur möglich, wenn die Wahrnehmung des Ehrenamtes nicht zu einer Beeinträchtigung der dienstlichen Aufgaben führt.

4. Weiterbildung und Ehrenamt

Arbeitnehmer können während ihres Arbeitsverhältnisses vom Arbeitgeber für Weiterbildungsveranstaltungen freigestellt werden. Dies ist für die einzelnen Inhaber arbeitsrechtlicher Ehrenämter – namentlich Betriebsräte, Mitglieder der Jugendvertretung und der Personalvertretung oder für Vertrauensleute der Schwerbehindertenvertretung – jeweils gesondert rechtlich geregelt. Die Einzelheiten des Rechts auf Weiterbildung – „Bildungsurlaub“ – sind in den Gesetzen der einzelnen Länder getroffen. Übereinstimmend sehen diese vor, dass Arbeitnehmer einen Anspruch auf Arbeitsfreistellung unter Fortzahlung des Arbeitsentgeltes zur Teilnahme an Veranstaltungen der beruflichen oder allgemeinen Weiterbildung haben, falls diese von einer anerkannten Einrichtung angeboten wird. Der Bildungsurlaub kann vereinzelt – etwa nach § 1 Abs. 4 des Hessischen Gesetzes über den Anspruch auf Bildungsurlaub – auch für die Schulung zur Wahrnehmung eines Ehrenamtes in Anspruch genommen werden. Als Ehrenämter gelten nach diesem Gesetz allerdings nur solche Tätigkeiten, die in Erfüllung staatsbürgerlicher Pflichten und zur Stärkung des demokratischen Gemeinwesens oder besonderer oder sonstiger Gemeinwohlbelange ausgeübt werden. Dazu rechnen vor allem Aufgaben als Vertreter in dem Gemeinde- und Kreisvertretungen. Das Bundesverfassungsgericht[548] hat es mit dem Grundgesetz als vereinbar angesehen, dass Arbeitnehmer vom Arbeitgeber zum Zweck der Weiterbildung Arbeitsfreistellung und Lohnfortzahlung begehren können. Es sei auch nicht zu fordern, dass die Weiterbildung lediglich beruflichen Zwecken diene. Auch die Förderung von Allgemein- sowie politischer Bildung seien vom Recht auf Weiterbildung eines Arbeitnehmers umfasst. Die Belastung mit den Kosten der Weiterbildung beeinträchtigen den Arbeitgeber nicht unangemessen in seiner Berufsfreiheit. Denn die Weiterbildung kommt nicht nur dem Arbeitnehmer, sondern auch der Innovationsfähigkeit der Wirtschaft – und damit letztlich auch dem Arbeitgeber – zu. Ähnliche Regeln wie für Arbeitnehmer gelten für Beamte in den Diensten von Bund, Ländern und Gemeinden.

III. Gesundheits- und Arbeitsschutz bei ehrenamtlicher Tätigkeit

Falls eine ehrenamtliche Betätigung ausgeübt wird, gelten für diese grundsätzlich nicht die Regeln des Arbeitsrechts – auch dann nicht, wenn diese den Arbeitsplatz ausgestalten – es sei denn, die ehrenamtliche Betätigung diene der Wahrnehmung von Arbeitnehmerbelangen als Betriebsrat, Personalrat, Arbeitnehmervertretung im Aufsichtsrat, Behindertenvertreter und ähnlichem. Wird aber eine ehrenamtliche Tätigkeit außerhalb des Arbeitsverhältnisses ausgeübt, so kann der ehrenamtlich Tätige ebenfalls herausragenden Gesundheitsgefahren ausgesetzt sein. Wer etwa als Jugendleiter auf einem Sportplatz oder in einer Turnhalle tätig ist, kann durch schadhafte Sportgeräte zu Schaden kommen. Wer in der Hospizarbeit auf der Intensivstation von Krankenhäusern arbeitet, kann mit gefährlichen Substanzen in Berührung kommen und so selbst zu Schaden kommen. Wer im Rahmen von Kulturarbeit in Spielstätten auftritt, kann sich bei unsachgemäßer Ausge-

548 BVerfGE 77, 308.

staltung von Spielstätten verletzen und damit eigene Schäden davontragen.

Das Arbeitsrecht war wesentlich zum Schutz des Arbeitnehmers vor Gesundheitsgefahren geschaffen worden. Heute ist daraus ein umfangreiches und nur den Experten verständliches Arbeitsschutzrecht geworden. Viele Arbeitsschutzgesetze sind inzwischen ergangen, um den Arbeitnehmer bei Ausübung seiner Arbeit vor vermeidbaren Gesundheitsgefahren möglichst umfassend zu schützen. Wird dieser Schutz auch den ehrenamtlich Tätigen zuteil? Im Grundsatz: nein – denn sie sind nicht Arbeitnehmer, nehmen also nicht an den zum Schutz der Arbeitnehmer geschaffenen Regeln teil.

Den im Rahmen von Arbeitsstätten ehrenamtlich Tätigen kommt aber nach geltendem Recht der Arbeitsschutz zu – wenn auch nicht gezielt, so doch unbeabsichtigt als Nebenfolge. Wird ehrenamtliche Tätigkeit in einer Arbeitsstätte verrichtet, in der auch Arbeitnehmer tätig sind, kommt dem ehrenamtlich Tätigen der Arbeitsschutz zugunsten der Arbeitnehmer zugute, soweit dieser eine bestimmte Ausgestaltung der Arbeitsstätte fordert, etwa bestimmte Höchstwerte von Lärm- und Staubbelästigung, Strahlung oder Geruchsbelästigung vorsieht. Da diese Schutzanforderungen durch die entsprechende Ausgestaltung der Arbeitsstätte zu realisieren sind, nehmen auch ehrenamtlich Tätige an dem den Arbeitnehmern gewährleisteten Schutz teil. Darüber hinaus erkennt die Rechtsprechung vereinzelt, dass ehrenamtlich Tätige – auch wenn sie nicht als Arbeitnehmer einzustufen sind – den durch das Arbeitsschutzrecht vermittelten Gesundheitsschutz erhalten. In der Rechtsprechung ist vereinzelt anerkannt worden, dass die zugunsten von Arbeitnehmern geltenden Schutzbestimmungen entsprechend für das Ehrenamt gelten, wenn die ehrenamtlich erbrachten Leistungen bei Vereinbarung einer Bezahlung als arbeitsvertragliche Leistung anzusehen wären.[549]

Die Anwendbarkeit dieses Schutzes wird auch nicht dadurch ausgeschlossen, dass es sich um eine kurzzeitige oder vorübergehende Tätigkeit handelt.[550] Deshalb ist das in § 618 BGB enthaltene Gebot, dass Arbeitnehmer vor vermeidbaren Gefahren für deren körperliche und seelische Unversehrtheit zu schützen sind, ent-

549 BAG AP Nr. 4 zu § 618 BGB.
550 OLG Hamburg, VersR 1974, 116.

sprechend auf ehrenamtliche Tätigkeiten zu erstrecken. Denn die Regeln des Arbeitsschutzrechtes wollen die in einer Arbeitsstätte Tätigen vor den mit der Arbeitsausübung verbundenen Gesundheitsgefahren schützen. Diese erwachsen aus der Gefährlichkeit von Arbeitsstätte oder der einzelnen Arbeitstätigkeit. Dieser Schutz kann nicht auf diejenigen beschränkt werden, die als Arbeitnehmer den genannten Gesundheitsgefahren ausgesetzt sind. Er ist vielmehr auch auf diejenigen zu erstrecken, die sich unentgeltlich und vorübergehend wie Arbeitnehmer unter Gefährdung ihrer Gesundheit an einer gefährlichen Arbeitsstätte oder mit gefährlicher Arbeit ehrenamtlich betätigen.

Weit überwiegend wird die damit aufgeworfene Problematik jedoch im Rahmen spezieller Arbeitsschutzgesetze weder gesehen noch erörtert. Die Erstreckung der für den Gesundheitsschutz der Arbeitnehmer geltenden Regeln auf ehrenamtlich Tätige rechtfertigt sich jedoch aus der Gleichheit von Interessenlage und Normzweck. Arbeitnehmer wie ehrenamtliche Tätige wirken für Andere. Sie laufen dabei wie jene Gefahr, Opfer von Gesundheitsschäden zu werden. Um diese Gefahren für Arbeitnehmer zu vermindern, wurde der Arbeitsschutz geschaffen. Weil ehrenamtlich Tätige prinzipiell denselben Gefahren wie Arbeitnehmer ausgesetzt sind, falls sie in Arbeitsstätten tätig sind oder mit gefährlichem Arbeitsgerät umzugehen haben, ist die Erstreckung der Regeln über den Arbeitsschutz für Arbeitnehmer auch auf ehrenamtlich Tätige generell gerechtfertigt – selbst wenn dies die Ausübung ehrenamtlicher Tätigkeit erschwert oder mit Bürokratisierung verbunden ist. Dieser Preis ist nicht zu hoch. Denn die Gesundheit des Einzelnen ist ein hoher Wert, so dass zu deren Schutz auch Unbequemlichkeiten hinzunehmen sind.

D. Zivilrecht (Haftungs-, Vereins- und Stiftungsrecht, Urheberrecht)

I. Rechtsgrundlage ehrenamtlicher Tätigkeit

Ehrenamtliche Tätigkeit entspricht regelmäßig der gesetzlichen Umschreibung des Auftrages (§ 662 BGB): „Durch die Annahme eines Auftrages verpflichtet sich der Beauftragte, ein ihm von dem Auftraggeber übertragenes Geschäft für diesen unentgeltlich zu besorgen." Der Auftrag ist ein Vertrag, der eine Gefälligkeit zu erbringen bedeutet. Durch diesen wird der Beauftragte verpflichtet, einseitig und ohne Gegenleistung für einen Anderen tätig zu werden. Der Auftrag ist somit durch die unentgeltliche Überlassung von Arbeitsleistung an einen anderen (vom Gesetz: „Geschäftsherr" genannt) gekennzeichnet.[551] Die Übernahme eines ehrenamtlichen Engagements hängt von der freiwilligen Entscheidung des Einzelnen ab – niemand kann zu seiner Wahrnehmung gezwungen werden. Allerdings verpflichtet auch das mündlich gegebene Versprechen zur Übernahme einer ehrenamtlichen Tätigkeit. Dies folgt aus dem Vertragsprinzip. Danach verpflichten Versprechen grundsätzlich – ohne Rücksicht auf die bestimmte Form. Folgenlos sind nur die Gefälligkeitsverhältnisse. Gefälligkeiten werden aber regelmäßig nur „unter Freunden" erbracht. Gefälligkeitsverhältnisse bestehen also nur in sozialen Näheverhältnissen unter Bekannten, nicht aber gegenüber Vereinen, Stiftungen und Menschen, die sich auf die Erfüllung gegebener Versprechen verlassen.

Dass die Tätigkeit eines Beauftragten aufgrund eines Auftrages unentgeltlich geleistet wird, bedeutet jedoch nicht, dass der Beauftragte keine finanziellen Zuwendungen aus seiner Tätigkeit erhalten dürfte. Der Grundsatz der Unentgeltlichkeit des Auftrages besagt lediglich, dass die Tätigkeitsausübung als solche nicht wie

551 Wittmann, in: Staudinger, BGB, 1998 (13. Aufl.), vor §§ 662ff. Rn. 5.

in einem Arbeitsverhältnis durch einen tarifüblichen (§ 612 BGB) Stundenlohn vergütet werden darf. Da eine Tätigkeit einen marktüblichen Preis hat, wäre die Tätigkeit auch nach den tarifüblichen Sätzen zu bezahlen. Wer also eine üblicherweise vergütete Tätigkeit als ehrenamtliche Tätigkeit ausübt, erklärt damit, nicht auf die Vergütung seiner Tätigkeit nach Art eines Arbeitslohns nicht zu bestehen. Die ehrenamtliche Tätigkeit dient deshalb auch nicht der Besorgung eines Geschäfts (§ 675 BGB). Die ehrenamtliche Tätigkeit ist vielmehr auf die Vornahme einzelner Handlungen gerichtet und beschränkt. Allerdings kann der Auftrag im einzelnen auch eine fortgesetzte und wiederholte Erledigung einer Tätigkeit vorsehen.

II. Aufwendungsersatz für ehrenamtliche Tätigkeit

Weil die ehrenamtliche Betätigung grundsätzlich aufgrund eines Auftrages geschieht, schuldet der Auftraggeber dem Beauftragten Ersatz aller Aufwendungen (§ 670 BGB). Er hat dafür ferner einen Vorschuss zu zahlen (§ 669 BGB). Wird der ehrenamtlich Tätige als Vorstandsmitglied eines Vereins tätig, hat er Anspruch auf Aufwendungsersatz aufgrund Vereinsrechts (§§ 27 Abs. 3, 670 BGB). Liegt dem bürgerschaftlichen Engagement eine Gesellschaft (§ 705 BGB) zugrunde – was insbesondere bei den neuen Ehrenämtern im Rahmen von Selbsthilfegruppen gleichartig Interessierter vorkommen wird, die einen gemeinsamen Zweck verfolgen und dabei wechselseitig zusammenwirken – so besteht indessen kein Anspruch auf Aufwendungsersatz. Stattdessen steht jedem Gesellschafter aber ein grundsätzlich gleicher Anteil an Gewinn der Gesellschaft zu; entsprechend sind eingetretene Verluste anteilig auszugleichen.

1. Ansprüche aufgrund spezieller gesetzlicher Regelung

Ein Anspruch kann sich aus einer speziellen gesetzlichen Regelung ergeben. So sieht etwas das Feuerwehrrecht konkrete Ansprüche auf Aufwendungs- und Auslagenersatz vor. Soweit diese gesetzlichen Bestimmungen reichen, treten diese an die Stelle der allgemeinen Regeln über den Aufwendungsersatz. Fehlen spezielle Regelungen – wie im Normalfall – so ist auf das BGB zurückzugreifen.

2. Was sind ersatzfähige Aufwendungen?

Als zu ersetzende Aufwendungen sind danach grundsätzlich alle zur Durchführung des Auftrags notwendigen finanziellen Einbußen eines Beauftragten zu verstehen.[552] Wer z.B. Pressereferent im Landesverband einer politischen Partei ist, hat Anspruch auf Erstattung aller Post-, Telefon- und Reisekosten, die mit seiner Tätigkeit als Pressesprecher verbunden sind.[553] Der Umfang des Aufwendungsersatzes ist auf den Ausgleich der durch die Ausführung der ehrenamtlichen Tätigkeit veranlassten Vermögensnachteile beschränkt.[554] Nur die tatsächlich entstandenen Aufwendungen dürfen ersetzt werden.

Es kann auch aufgrund einer besonderen Vereinbarung der dem Beauftragten entstandene Zeitverlust ausgeglichen werden. Auf dieser Möglichkeit beruht die Unterscheidung zwischen dem „unechten" Ehrenamt und dem „echten" Ehrenamt.[555] Beim „echten Ehrenamt" wird der Zeitverlust nicht ausgeglichen; beim unechten Ehrenamt wird der ehrenamtlich Tätige dagegen nicht nur für seine nachweislichen tatsächlichen Ausgaben entlastet, sondern darüber hinaus auch für seinen Zeitverlust entschädigt.

3. Schäden als ersatzpflichtige Aufwendungen?

Zu den ersatzpflichtigen Aufwendungen gehören auch sämtliche Schäden, die ein ehrenamtlich Tätiger in Erfüllung des Auftrages erleidet.[556] Ein Schaden kann sich auch daraus ergeben, dass der Beauftragte in Ausübung seines Auftrages einem anderen gegenüber haftpflichtig wird. Dass Schäden Aufwendungen sind, versteht sich nicht von selbst. Denn herkömmlich werden Aufwen-

---

552 BGHZ 52, 115; 69, 235.

553 OLG Celle, Nds.Rpfl 1993, S. 224.

554 LSG Nordrhein-Westfalen, Breith. 1999, S. 467; OVG Mecklenburg-Vorpommern – 16.4.1993 – 1 M 60/92.

555 Engel, Ehrenamt und Arbeitsverhältnis, S. 38ff.

556 Seiler, in: MünchKomm, BGB, § 670 Rn. 11.

dungen als freiwillige Vermögensopfer, die Schäden dagegen als unfreiwillige Vermögensopfer verstanden. Deshalb läge auf den ersten Blick die gegenteilige Schlussfolgerung näher: den Aufwendungsersatz auf den Ersatz freiwilliger Ausgaben zu beschränken und die unfreiwillig erlittenen Ausgaben aus der Verpflichtung zum Aufwendungsersatz auszuschließen.

Gegen diese Auffassung spricht jedoch, dass der Beauftragte durch den Aufwendungsersatz davon freigestellt werden soll, eigene Vermögensopfer für die Erfüllung seiner unentgeltlichen Tätigkeit zu erbringen. Der Aufwendungsersatzanspruch verwirklicht somit den Gedanken: Wer unentgeltlich für Andere wirkt, soll dafür nicht auch noch die damit verbundenen finanziellen Nachteile tragen müssen! Dieser Gedanke ist aber nicht auf die freiwillig eingegangenen Vermögensopfer zu beschränken, sondern entsprechend auch auf die unfreiwilligen, mit der Auftragserfüllung unvermeidlich erlittenen Vermögensopfer zu erstrecken.[557] Nicht ersatzpflichtig sind dagegen reine Zufallsschäden. Dies sind Schäden, die von keinem der Beteiligten verschuldet und auch nicht aus einer mit der Durchführung des Auftrages verknüpften Gefahr erwachsen sind. Die reinen Zufallsschäden hat der Beauftragte also selbst zu tragen.

4. Verdienst- und Erwerbseinbußen als ersatzpflichtiger Aufwand?

Unklar ist weiter, ob zu den vom Auftraggeber und Nutznießer der ehrenamtlichen Tätigkeit zu tragenden Aufwendungen sämtliche Einbußen zählen, welche ein ehrenamtlich Tätiger als Verdienst- oder Erwerbseinkommensausfall erleidet. Nur ausnahmsweise sehen spezielle Gesetzesbestimmungen ausdrücklich einen Anspruch auf Einkommensersatz und Verdienstausfall für ehrenamtlich Tätige vor.[558] In aller Regel ist dies jedoch unüblich, die Geltendmachung entsprechender Ansprüche gälte als unschicklich – überforderte auch die allermeisten Vereine oder Stiftungen. In jüngster

557 Wittmann, in: Staudinger, BGB, § 670 Rn. 14.

558 Vgl. Verwaltungsvorschrift des Sächsischen Staatsministeriums für Soziales, Gesundheit, Jugend und Familie zur Gewährung von Aufwandsentschädigungen an im sozialen Bereich ehrenamtlich tätige Bürgerinnen und Bürger im Freistaat Sachsen vom 25.06.2001.

Zeit stellen einzelne Länder den Gemeinden und Landkreisen Mittel bereit, damit diese Aufwendungsersatz für ehrenamtlich Tätige bezahlen.

Die Problematik der Abgeltung von Arbeitszeit durch den Aufwendungsersatz stellt sich für das Auftragsrecht sowie das Recht der Geschäftsführung ohne Auftrag generell. Es ist deshalb auch unklar, ob nach § 670 BGB der bloße Zeitaufwand für die Arbeitskraft als eine ersatzpflichtige Aufwendung angesehen werden kann. Die Rechtsprechung bejaht unter Berufung auf § 1835 Abs. 3 BGB, dass – falls jemand im Rahmen seines Berufes oder Gewerbes für einen Anderen tätig wird – auch die für Berufstätige oder Gewerbetreibende übliche Vergütung verlangen kann.[559] Bisweilen wird in der bloßen Überlassung der Arbeitskraft bereits ein eigener Vermögenswert gesehen. Denn für die meisten ist die Arbeitskraft die wesentliche Einkommensquelle.

Diese Grundsätze gelten jedoch nur für eine im Interesse anderer vorgenommenen Tätigkeit ohne jegliche Rechtspflicht (Geschäftsführung ohne Auftrag), nicht jedoch für ein Handeln im Rahmen des Auftrages. Dieser Auslegung stünde vor allem entgegen, dass sich der ehrenamtlich Tätige freiwillig und erkennbar zu grundsätzlich unentgeltlicher Leistung verpflichtet. Diese Verpflichtung umschließt im Regelfall ein Verzicht auf die Honorierung – nicht nur für die Tätigkeit selbst (das ist selbstverständlich), sondern auch für die erhaltenen Einbußen an Arbeitszeit. Das „echte" Ehrenamt ist daher die Regel, das „unechte" Ehrenamt bleibt dagegen die ganz seltene und begründungsbedürftige Ausnahme. Der Zeitverlust bleibt daher grundsätzlich unvergütet; er ist nur ausnahmsweise aufgrund spezifischer gesetzlicher oder einzelvertraglicher Regelung zu erstatten.

III. Haftungsfragen bei ehrenamtlicher Tätigkeit

Wirkt ein ehrenamtlich Tätiger für eine Organisation zugunsten anderer, z.B. für einen Verein eine Jugendgruppe leitet und diese infolge einer Fehldeutung der Witterungslage durch den Leiter im Gebirge in ein Unwetter gerät, weshalb einzelne Jugendliche

559 Vgl. dazu Köhler, JZ 1985, S. 359ff.; BGHZ 65, 384 (390); Esser/Weyers, Schuldrecht Besonderer Teil, § 46 II 4 c; Hagen, JuS 1969, S. 61ff.

schwer verunglücken, so stellen sich schwierige Fragen des Haftungsrechts. Ihre Beantwortung wird dadurch erschwert, dass das Haftungsrecht des BGB für eine Vielzahl von unterschiedlichen Fallgestaltungen und abstrakt formuliert ist und die Rechtsprechung, welche die abstrakten Regeln des BGB für spezielle Problemstellungen ehrenamtlicher Tätigkeit zu interpretieren hat, für die Öffentlichkeit weder hinreichend erreichbar noch überhaupt vorhanden ist.[560] Aus der Sicht des Geschädigten fragt sich, ob die Organisation (1) und oder der ehrenamtlich Tätige für den Schaden einzustehen hat. Ist die Organisation einstandspflichtig, fragt sich, ob diese bei dem ehrenamtlich Tätigen Rückgriff nehmen kann (2). Ist der ehrenamtlich Tätige dem Geschädigten einstandspflichtig, fragt sich weiter, ob die Organisation den ehrenamtlich Tätigen von seiner Haftung freistellen muss oder er kraft Gesetzes freigestellt ist (3). Schließlich fragt sich, ob der ehrenamtlich Tätige für die in Ausübung eines Ehrenamts erlittenen Eigenschäden von der Organisation Ersatz verlangen kann (4).

1. Einstandspflicht der Organisation gegenüber dem Nutznießer

a) Volle Haftung der Organisation für das Fehlverhalten des ehrenamtlich Tätigen bei vertraglicher Haftung

Handelt ein ehrenamtlich Tätiger für eine Organisation im Rahmen eines zwischen dieser und dem Nutznießer bestehenden Schuldverhältnisses, namentlich aufgrund eines Mitgliedschaftsverhältnisses oder aufgrund eines Reise-, Dienst- oder Werkvertrages, so hat die Organisation für das Fehlverhalten des ehrenamtlich Tätigen einzustehen. Die Haftung ist unterschiedlich begründet, wenn der ehrenamtlich Tätige als Helfer – Erfüllungsgehilfe (§ 278 BGB) – der Organisation tätig wird oder als Vorstandsmitglied

---

560 Ein sehr geeigneter Überblick über die verschiedenen Haftungssituationen und die Versicherungsmöglichkeiten ist im Bericht der Enquete-Kommission „Zukunft des Bürgerschaftlichen Engagements", Deutscher Bundestag, Drucksache 14/8900, S. 386–388, enthalten = Enquete-Kommission „Zukunft des Bürgerschaftlichen Engagements" des Deutschen Bundestags, Bericht Bürgerschaftliches Engagement: auf dem Weg in eine zukunftsfähige Bürgergesellschaft, 2002, S. 792–796.

und damit für diese als deren Organ handelt (§ 31 BGB). In beiden Fällen ordnet das Gesetz eine Einstandspflicht der Organisation für das Fehlverhalten seines Erfüllungsgehilfen oder Organs an. In beiden Fällen hat deshalb die Organisation das Verschulden des für sie Handelnden wie ihr eigenes Handeln zu vertreten. Sie hat demgemäss für die Folgen des rechtswidrigen Handelns so einzustehen, als ob sie es selbst begangen hätte. Der Hauptanwendungsfall dieser Haftung ist die Verletzung vertraglicher Schutzpflichten. Sie führen zu einer Haftung wegen Vertragsverletzung (§§ 280 Abs. 1, 3, 281, 282, 283 BGB). Die Ersatzpflicht trifft die Organisation gegenüber dem Nutznießer. Diese muss sich das Fehlverhalten des ehrenamtlich Tätigen wie ihr eigenes Fehlverhalten zurechnen lassen. Die Haftung umfasst den Ausgleich aller Vermögensschäden, die dem Nutznießer an Leib und Leben, aber auch an seinen Sachen und Vermögenswerten entstanden sind. Ein entgangener Gewinn ist zu ersetzen. Ein Schmerzensgeld ist bei Körper- und Gesundheitsschäden ebenfalls zu leisten.

b) Eingeschränkte Haftung des Trägers bei deliktischer Schädigung

Wird der Nutznießer ehrenamtlicher Tätigkeit geschädigt und büßt er Leben, Gesundheit oder Vermögensrechte ein, ohne dass ein Vertragsverhältnis zwischen Nutznießer und Organisation besteht, so beurteilt sich der Schadensausgleich nach dem Deliktsrecht (§§ 823ff. BGB). Die Haftung der Organisation ist aber nur begründet, falls der ehrenamtlich Tätige als Mitglied des Vorstandes in Ausübung seiner Vorstandstätigkeit handelt. Dann tritt die Organisation für die Versäumnisse ihres Vorstandsmitgliedes ein (§ 31 BGB), so als ob sie selbst die Schädigung vorgenommen hätte. Ferner haftet die Organisation beim Einsatz ehrenamtlich Tätiger strikt, falls sie ein Organisationsverschulden trifft. Ein solches liegt vor, wenn der Organisation eine Panne unterlief, sie also den eigenen Geschäftsbetrieb nicht so führte, wie dies allgemein erwartet werden kann.

Schließlich kann die Haftung der Organisation nach § 831 BGB begründet sein, falls ein ehrenamtlich Tätiger einen Nutznießer an Leib, Leben oder Eigentum und sonstigen Vermögensgütern schädigt. Die Organisation wird jedoch von Haftung frei, falls sie nachweislich den für sie handelnden ehrenamtlich Tätigen sorgfältig ausgesucht und überwacht hat. Nur sofern also die Organisation ein Auswahl- oder Überwachungsschulden trifft, hat sie dem Geschädigten gegenüber deliktisch zu haften. Sie haftet dagegen nicht, sondern ist entlastet, wenn sie den ehrenamtlich Tätigen sorgsam ausgewählt und kontrolliert hat. Stattdessen haftet in solchem Fall der ehrenamtlich Tätige dem geschädigten Nutznießer allein.

Das OLG Stuttgart[561] fasste die Voraussetzungen einer Haftung der Organisation bei Einsatz Ehrenamtlicher gegenüber dem Nutznießer der Tätigkeit treffend und komprimiert dahin zusammen: „Wenn ein alpinistischer Verein seinen Mitgliedern (gegen einen geringfügigen Unkostenbeitrag) Bergtouren anbietet, die von ehrenamtlich tätigen Vereinsmitgliedern geführt werden, haftet er für einen Bergunfall, der auf einen Fehler des Bergführers zurückzuführen ist, weder aufgrund eines Dienst- noch Reisevertrages. Allenfalls kommt eine Haftung wegen Verletzung der aus dem Mitgliedschaftsverhältnis erwachsenden Schutz- und Obhutspflichten in Betracht. Der Verein darf deshalb eine ‚geführte Bergwanderung' aus seinem Angebot nicht etwa einem Bergführer überlassen, der fachlich und persönlich dafür nicht geeignet war. Lässt sich ein solches Auswahlverschulden nicht erkennen, ist eine Haftung aus dem Aspekt der Verkehrssicherungspflichtverletzungen in Betracht zu ziehen. Eine Haftung wegen Verletzung einer Verkehrssicherungspflicht setzt voraus, dass eine Verantwortlichkeit des Vereins für atypische Gefahren besteht, welche über die üblichen Gefahren des Bergsteigens hinausgehen. Dabei ist zu beachten, dass jeder Bergsteiger grundsätzlich in Eigenverantwortung ein großes Risiko in Kauf nimmt."

2. Haftung des ehrenamtlich Tätigen gegenüber einem geschädigten Nutznießer und Eigenhaftung von Vorstandsmitgliedern von Vereinen

a) Ausgangspunkt

Neben der Organisation kann der ehrenamtlich Tätige selbst haften. Seine persönliche Einstandspflicht besteht regelmäßig, wenn

---

561 NJW 1996, 1352.

er Leib, Leben, Eigentum oder weitere ausschließlich bestehende Vermögensrechte des Geschädigten rechtswidrig und schuldhaft verletzt und deshalb nach § 823 Abs. 1 BGB unmittelbar gegenüber dem Geschädigten haftet. Die Haftung ist ebenfalls begründet, falls der ehrenamtlich Tätige schuldhaft ein den Schutz des geschädigten Nutznießers bezweckendes Gesetz verletzt und deshalb nach § 823 Abs. 2 deliktisch einstehen muss. Schließlich kommt eine Haftung des ehrenamtlichen Helfers bei vorsätzlicher sittenwidriger Schädigung des Geschädigten in Betracht (§ 826 BGB). Dann schuldet er Ausgleich des Vermögensschadens und bei Verletzung der Gesundheit und der körperlichen Integrität auch ein angemessenes Schmerzensgeld. Diese Haftung tritt grundsätzlich neben die Einstandspflicht der Organisation, für die der Einzelne ehrenamtlich tätig wird. Dessen Haftung wird durch die Einstandspflicht der Organisation weder verdrängt noch berührt.

b) Haftungsrisiken von Vorstandsmitgliedern

Eine Ausnahme gilt lediglich für die Vorstandsmitglieder, die als Organe eines Vereins tätig werden. Für sie tritt an die Stelle der Eigenhaftung die Haftung des Vereins. Obgleich der Vorstand eines Vereins daher grundsätzlich durch die in § 31 BGB niedergelegte Einstandspflicht[562] von eigener Haftung gegenüber Dritten freigestellt ist, sind einzelne Vorstandsmitglieder aufgrund ihres Wirkens einer Haftung gegenüber Dritten oder gegenüber dem Verein ausgesetzt.

(a) Gegenüber Dritten

Eine Haftung gegenüber Dritten kommt namentlich in Betracht, falls ein Vorstandsmitglied eine mit dem Verein nicht rechtlich verbundene Person durch rechtswidrige und schuldhafte Verletzung von Gesundheit, Körper, Leben, Eigentum oder ein sonstiges Recht (§ 823 Abs. 1 BGB), Verletzung eines Schutzgesetzes (§

562 Zu letzterer BGHZ 49, 19; BGH NJW 1980, 115; 1986, 26, 41; danach haftet der Verein nicht nur für seine satzungsmäßigen Organe und gesetzlichen Vertreter, sondern für sämtliche Personen, die eine „bedeutsame, wesensmäßige Funktion der juristischen Person zur selbständigen, eigenverantwortlichen Erfüllung“ (BGHZ 49, 19, 21) wahrnehmen (Repräsentanten).

823 Abs. 2 BGB) oder das Vermögen vorsätzlich und sittenwidrig (§ 826 BGB) schädigt.[563] Diese Haftung tritt neben die des Vereins. Sie besteht auch bei Unterlassung organisatorischer Vorkehrungen zur Abwendung von Schäden.[564] Denkbar ist eine aus Delikt begründete Haftung bei der Verletzung von Verpflichtungen aufgrund des Vereinsrechts. Nach der Rechtsprechung des BGH[565] ist die Haftung unter dem Gesichtspunkt der Beeinträchtigung des Mitgliedschaftsrechts als eines sonstigen Rechtes begründet. Diese im Interesse des Geschädigten erheblich ausgeweitete Haftung der Vorstandsmitglieder erhöht für diese das Haftungsrisiko beträchtlich.

(b) Haftung gegenüber dem Verein

Desweiteren kommt eine Haftung des Vorstandsmitglieds gegenüber dem Verein in Betracht. Das einzelne Vorstandsmitglied ist aufgrund seines Amts zur Geschäftsführung verpflichtet. Das einzelne Vorstandsmitglied muss daher die Vereinsangelegenheiten nach Beschluss der Mitgliederversammlung und Absprache innerhalb des Vorstandes eigenverantwortlich wahrnehmen. Die rechtliche Grundlage für diese Tätigkeit ist ein zwischen dem Verein und dem einzelnen Vorstandsmitglied bestehendes Vertragsverhältnis. Wird dieses – wie regelmäßig – ohne Gegenleistung erbracht, so besteht zwischen dem Vorstandsmitglied und dem Verein ein Auftrag (§§ 27 Abs. 3, 662ff. BGB). Wird – ungewöhnlich, aber denkbar – die Vorstandstätigkeit vergütet, so besteht zwischen dem Verein und dem einzelnen Vorstandsmitglied ein freier Dienstvertrag (§ 611 BGB).[566] Diese Rechtsverhältnisse verpflichten das Vorstandsmitglied zur sorgfältigen Wahrnehmung der Amtsführung: mangelnde Eignung, fehlende Vertrautheit oder geringe Erfahrung entlasten das einzelne Vorstandsmitglied grundsätzlich nicht von Haftung.[567] Das Vorstandsmitglied kann auch nicht die Haftungsprivilegierung nach den für die Arbeitnehmerhaftung

---

563 Sauter/Schreyer, Der eingetragene Verein und seine Organe, 1994 (15. Aufl.), Rn. 292 a.
564 BGHZ 109, 297.
565 BGHZ 110, 323, 334.
566 Reichert/Dannecker, Handbuch des Vereins- und Verbandsrechts, 1999 (15. Aufl.), Rn. 1236ff.
567 Sauter/Schreyer, Rn. 278.

maßgebenden Grundsätze[568] in Anspruch nehmen.[569] Es wird nur vielmehr dann von Haftung frei, wenn es zu seinem Handeln durch Beschlüsse der Mitgliederversammlung verpflichtet worden ist.[570] Die Vereinssatzung kann die Haftung des Vorstandsmitgliedes gegenüber dem Verein auf Vorsatz und grobe Fahrlässigkeit beschränken. Das Vorstandsmitglied selbst läuft daher trotz der für es begründeten Vereinshaftung sowohl gegenüber Dritten als auch gegenüber dem Verein erhebliche Haftungsrisiken.

c) Haftungsrisiken von Nicht-Vorstandsmitgliedern

Für Nichtvorstandsmitglieder besteht bei eigenen Versäumnissen die Haftung grundsätzlich fort. Soweit die Organisation und die ehrenamtlich Tätigen dem verletzten Nutznießer für denselben Schaden einzustehen haben, haften beide dem Geschädigten als Gesamtschuldner (§ 840 BGB). Das heißt, der Geschädigte kann von jedem wahlweise den vollen Ersatz verlangen (§§ 420ff. BGB). Nimmt der Geschädigte einen Schädiger auf den vollen Ersatz in Anspruch, kann dieser von dem ebenfalls ersatzpflichtigen im Innenverhältnis anteilig Ausgleich verlangen. Dabei kommt es auf die nähere Ausgestaltung des Rechtsverhältnisses zwischen den Schädigern an, wie weit eine Ersatzpflicht den einzelnen Schädiger trifft. Bei deliktischer Haftung mehrerer Schädiger hängt der Umfang der Einstandspflicht des einzelnen Schädigers vom Ausmaß seines Verschuldens ab. Sonderregeln gelten für die Lastentragung und Verteilung bei Schädigung durch den Geschäftsherrn und den „Verrichtungsgehilfen".

---

568 Vgl. unten D III 3 b)

569 BGH WM 1975, 476.

570 BGHZ 110, 323, 335 (entsprechende Anwendung der in §§ 93 Abs. 4 Aktiengesetz, 34 Abs. 4 Genossenschaftsgesetz enthaltenen Rechtsgrundsätze).

3. Haftungsfreistellungen im Verhältnis zwischen Organisation und ehrenamtlich Tätigen

a) Fragestellung

Fraglich erscheint, ob die allgemeinen Regeln über die Lastentragung der gesamtschuldnerischen Haftung auch auf das Verhältnis zwischen Organisation und ehrenamtlich Tätigen zu erstrecken sind. Wäre dies der Fall, gälte auch § 840 Abs. 2 BGB. Danach hätte der ehrenamtlich Tätige im Innenverhältnis zur Organisation grundsätzlich den Schaden allein zu übernehmen, falls er als „Verrichtungsgehilfe" der Organisation anzusehen wäre. Dies widerspricht allerdings dem allgemeinen Grundsatz, wonach sich die Aufteilung des Haftungsrisikos nach dem jeweiligen Verschulden richtet (§§ 426 Abs. 2, 254 BGB). Als „Verrichtungsgehilfe" ist anzusehen, wer – wie regelmäßig – den Weisungen der Organisation zu folgen hat und für diese tätig wird. Das würde bedeuten, dass regelmäßig der ehrenamtlich Tätige den Schaden allein zu tragen hätte (§ 840 Abs. 2 BGB).

b) Grundsätze der Arbeitnehmerhaftung

Die in §§ 840 Abs. 2, 426 BGB niedergelegten allgemeinen zivilrechtlichen Regeln werden allerdings schon seit Jahrzehnten von der Rechtsprechung nicht mehr angewendet, soweit es um die Haftung von Arbeitgeber und Arbeitnehmer geht. Um den Arbeitnehmer zu schützen sowie das Betriebsrisiko des Arbeitgebers angemessen aufzuteilen, hat die Rechtsprechung schon vor Jahrzehnten eigene Regeln über die Arbeitnehmerhaftung entwickelt. Danach wird die den Arbeitnehmer nach allgemeinem Recht treffende Haftpflicht wegen Verletzung des Arbeitsvertrages oder einer deliktischen Schädigung des Arbeitgebers gegenüber den allgemeinen Regeln zugunsten des Arbeitnehmers verändert und gemindert. Danach hat der Arbeitnehmer einen vertragswidrig angerichteten Vermögensschaden allein zu tragen, sofern ihm bei der Schädigung Vorsatz zur Last fällt. Vorsatz bedeutet die bewusste und gewollte Schädigung eines anderen. Falls dem Arbeitnehmer dagegen nur Fahrlässigkeit – als der nichtbewussten und nichtgewollten, indes vorhersehbaren und vermeidbaren – Schädigung eines anderen unter Missachtung der verkehrsüblichen Sorgfalt zur Last fällt, ist die Haftung des Arbeitnehmers jedenfalls dann eingeschränkt, falls ihn nicht der Vorwurf der groben Fahrlässigkeit trifft. Grob fahrlässig handelt, wer die verkehrsübliche Sorgfalt in besonders ausgeprägtem Maße missachtet. Trifft den Arbeitnehmer hingegen der Vorwurf leichter Fahrlässigkeit, so entfällt seine Haftung ganz. Ist das Verschulden des Arbeitnehmers schließlich als normale, gewöhnliche oder mittlere Fahrlässigkeit zu bestimmen, so ist der Schaden von Arbeitgeber und Arbeitnehmer jeweils anteilig zu tragen. Dabei beurteilt sich der auf Arbeitgeber und Arbeitnehmer entfallende Teil nach einer Gesamtwürdigung sämtlicher für Schadensanlass und -folgen nach Billigkeit und Zumutbarkeitserwägungen zu berücksichtigenden Tatsachen.

Diese im Verhältnis zwischen Arbeitgeber und Arbeitnehmer geltenden Grundsätze gelten aber nur für das unmittelbare Verhältnis zwischen Arbeitgeber und Arbeitnehmer. Schädigt ein Arbeitnehmer bei seiner betrieblichen Tätigkeit hingegen einen Dritten oder Gegenstände, welche einem Dritten gehören – z.B. die vom Arbeitgeber angemietete und aufgrund eines Leasingvertrages genutzte Maschine oder ein Fahrzeug –,so haftet der Arbeitnehmer dem Dritten für jede Fahrlässigkeit und Vorsatz ohne jegliche Einschränkung.

Allerdings steht dem Arbeitnehmer bei einer derartigen Schädigung Dritter gegenüber dem Arbeitgeber ein Anspruch auf Freistellung von der Haftung zu. Der Arbeitgeber muss dann die Schadensersatzverpflichtung des Arbeitnehmers gegenüber dem Dritten begleichen. Fällt der Arbeitgeber aber wegen eingetretener Insolvenz aus, geht der Anspruch des Arbeitnehmers auf Freistellung ins Leere. Dann ist der Arbeitnehmer dem Dritten für jede Fahrlässigkeit einstandspflichtig. Der gegen den Arbeitgeber gerichtete Freistellungsanspruch besteht zwar, kann jedoch insolvenzbedingt nicht mehr durchgesetzt werden.

c) Übertragbarkeit der Grundsätze der Arbeitnehmerhaftung auf die ehrenamtliche Tätigkeit?

Ob diese Grundsätze auch auf das Verhältnis von Organisation und ehrenamtlich Tätigen zu übertragen sind, erscheint fraglich. Denn grundsätzlich unterliegt ehrenamtliche Tätigkeit nicht dem Arbeitsrecht. Weshalb soll also im Haftungsrecht abweichendes gelten?

Immerhin wurde die Frage in der Rechtsprechung bereits in zwei Entscheidungen eingehend behandelt und schließlich ausdrücklich bejaht. Das AG Bochum[571] hat sich für diese Analogie ausgesprochen, weil die Organisation den für sie uneigennützig tätig werdenden Mitgliedern nicht das allgemeine Haftungsrisiko überantworten dürfe.[572] Auch der BGH[573] folgt dieser Rechtsansicht. Er entschied, dass die von einem „Stammführer" einer Pfadfindergruppe geleistete Jugendarbeit nicht als Arbeits-, sondern als ein Geschäftsbesorgungsverhältnis besonderer Art zu verstehen sei, in welchem grundsätzlich die Regeln des Auftragsrechts gelten. Ein ehrenamtlich tätiger Jugendleiter sei in diesem Verhältnis der Gefahr ausgesetzt, die ihn treffenden Aufsichts- und Überwachungspflichten zu verletzten. Der BGH führt dazu im einzelnen aus: „Die Frage, ob und gegebenenfalls in welchem Umfang ein ... ehrenamtlich tätiges Vereinsmitglied von seinem Verein Freistellung verlangen kann, wenn es sich bei Durchführung einer ihm übertragenen Aufgabe einem anderen Vorstandsmitglied gegenüber schadensersatzpflichtig gemacht hat, ist bislang höchstrichterlich nicht entschieden."[574] „Es kann insoweit auf den im Arbeitsrecht entwickelten Gedanken zurückgegriffen werden, dass der Arbeitgeber den Arbeitnehmer nicht eine Belastung mit solchen Schäden und Schadensersatzansprüchen zumuten darf, die letztlich aus der besonderen Gefahr der übertragenen Arbeit folgen und die als solche auch dann zum typischen vom Unternehmen zu tragenden Betriebsrisiko gehören müssten, wenn sie im Einzelfall von Arbeitnehmern schuldhaft herbeigeführt worden sind. Auch der Verein darf Mitglieder, die er zur Durchführung schadenträchtiger Aufgaben einsetzt ... grundsätzlich nicht mit den Folgen solcher Schäden belasten, die aus der besonderen ihm selbst zuzuschreibenden Gefahr der übertragenen Aufgabe folgen".[575]

Danach kann für die ehrenamtliche Tätigkeit jedenfalls in der Rechtsprechung als gesichert die Erkenntnis gelten, dass die strenge, die vorrangige Einstandspflicht des Handelnden gegenüber der

571 NJW-RR 1989, S. 96.
572 Ähnlich für das echte Ehrenamt: Engel, Ehrenamt und Arbeitsrecht, S. 226.
573 BGHZ 89, 153; ihm folgend OLG Saarbrücken VersR 1995, S. 832.
574 BGHZ 89, 153 (157).
575 BGHZ 89, 153 (156ff.,158).

ersatzweisen Einstandspflicht der Organisation – wie sie namentlich von § 840 Abs. 2 BGB vorgesehen ist – bei ehrenamtlicher Tätigkeit für eine Organisation nicht eintritt. Seit dem genannten BGH-Urteil kann vielmehr als gesicherte, wenn auch noch nicht als gefestigte Rechtsansicht gelten, dass eine Organisation für einen ehrenamtlich Tätigen grundsätzlich nach denselben Prinzipien haftet wie der Arbeitgeber bei Schädigungen Dritter durch den Arbeitnehmer. Die zitierte Rechtsprechung stellt daher im Haftungsrecht den ehrenamtlich Tätigen dem Arbeitnehmer gleich. Der ehrenamtlich Tätige hat folglich im Verhältnis zu der ihn beschäftigenden Organisation einen Anspruch auf Freistellung von Haftung, wenn und soweit er den Dritten leicht fahrlässig verletzt hat. In den Fällen mittlerer oder grober Fahrlässigkeit steht die Einstandspflicht von Organisation und ehrenamtlich Tätigen fest. Der vom ehrenamtlich Tätigen zu tragende Anteil hängt aber von den näheren Umständen ab, namentlich dem Grad des Verschuldens, dem Schadensumfang und der Leistungsfähigkeit des ehrenamtlich Tätigen und der Organisation. Bei Verletzungen eines Dritten außerhalb der ehrenamtlichen Tätigkeit bleibt es freilich bei der Haftung nach den allgemeinen Grundsätzen.

3. Haftungsfreistellung von Organisation und ehrenamtlich Tätigem für Personenschäden des ehrenamtlich Tätigen durch die unechte Unfallversicherung

Organisationen und für diese ehrenamtlich Tätige sind gegenüber anderen ehrenamtlich Tätigen von zivilrechtlicher Haftung nach §§ 104 ff SGB VII freigestellt, soweit die Tätigkeit unter dem Schutz der gesetzlichen Unfallversicherung steht. Die Einstandspflicht öffentlicher Träger der Unfallversicherung besteht für diejenigen, die ein öffentliches Ehrenamt versehen (§ 2 Abs. 1 Nr. 10 SGB VII) z.B. in Gemeinderat, Studentenparlament, bei der Vertreterversammlung der Träger einer Sozialversicherung, bei einem gemeinnützigen Unternehmen (z.B. DLRG, DRK, Bergwacht), als Blut- oder Organspender, Verwaltungshelfer (z.B. bei einer Überschwemmung oder einem Erdrutsch) oder derer, die bei der Festnahme der Straftaten Verdächtiger tätig werden, und einen Personenschaden erleiden (vgl. § 2 Abs. 1 Nr. 13 SGB VII). Der dem

Verletzten aufgrund ehrenamtlicher Tätigkeit zuteil werdende Schutz der gesetzlichen Unfallversicherung bewirkt, dass sein eigener Personenschaden von der Unfallversicherung getragen wird. Der Versicherungsschutz durch die gesetzliche Unfallversicherung tritt an die Stelle der Haftung des Trägers gegenüber dem Geschädigten. Die Kosten für diese Sicherung tragen die in der Bundesarbeitsgemeinschaft der Freien Wohlfahrtspflege zusammengeschlossenen Spitzenverbände. Die Einstandspflicht der Allgemeinheit für bürgerschaftlich Engagierte ähnelt der in der Gewaltopferentschädigung.[576]

Diese Regelung wird von dem Prinzip der „Haftungsablösung durch Versicherungsschutz" geprägt. Die vertragliche oder deliktische Haftung der Organisation gegenüber dem ehrenamtlich Tätigen entfällt danach, weil stattdessen die Unfallversicherung ihre Leistungen erbringt. Die Unfallversicherung – Teil der Bismarckschen Sozialreform – folgt ähnlichen Grundsätzen wie das Arbeitnehmerhaftpflichtrecht.[577] Weil unternehmerisches Handeln privatnützig ist, wird dem Unternehmer die Pflicht zur Zahlung von Beiträgen zur Unfallversicherung auferlegt. Im Gegenzug wird dieser von Haftung freigestellt, wenn der Arbeitnehmer in Ausübung einer betrieblichen Tätigkeit einen Personenschaden erleidet. An die Stelle der privatrechtlichen Haftung des Arbeitgebers tritt die Entschädigung des verletzten Arbeitnehmers durch den Träger der Unfallversicherung. Diese Eigenheit bedeutet auf die soziale Entschädigung übertragen: der einzelne ehrenamtlich Tätige wird bei Unfällen durch die Träger der „unechten Unfallversicherung" – Bund, Länder und Gemeinden – entschädigt. Das Modell der Ablösung privatrechtlicher Haftung durch den Versicherungsschutz liegt auch den Rechtsbeziehungen zwischen einer Organisation und einem ehrenamtlich Tätigen zugrunde, falls dafür der Schutz durch die gesetzliche Unfallversicherung besteht.[578] Die Haftung der Organisation gegenüber dem ehrenamtlich Tätigen wird ebenso durch den Unfallversicherungsschutz verdrängt wie die haftungsrechtliche Verantwortung eines anderen haupt- oder ehrenamtlichen Tätigen gegenüber dem Verletzten.

576 Beide Zweige gehören deshalb systematisch nicht zur Sozialversicherung, sondern zur sozialen Entschädigung; Eichenhofer, Sozialrecht, Rn. 416ff.
577 Vgl. eingehender Kohte, ArbuR 1983, S. 229.
578 Vgl. dazu im Einzelnen Teil II: B.V.1.

Dem Geschädigten ist diese Lösung regelmäßig günstiger als eine privatrechtliche Haftung. Denn die Unfallversicherung ersetzt – anders als bei der Arbeitgeberhaftung – den auf Zufall beruhenden Schaden, gleicht diesen unabhängig vom Mitverschulden des Geschädigten aus und sichert dem Geschädigten in Gestalt einer öffentlich-rechtlichen Körperschaft stets einen zahlungsfähigen Schuldner. Allerdings ist bei der unfallversicherungsrechtlichen Entschädigung ein Ausgleich immaterieller Schäden nicht vorgesehen. Das BVerfG[579] hat diese Regelung jedoch als verfassungsgemäß erachtet. Zwar werde das Unfallopfer hinsichtlich der immateriellen Schäden durch die Unfallversicherung schlechter als nach allgemeinem Deliktsrecht gestellt; dies werde jedoch durch die dargestellte Besserstellung des Unfallopfers im Ausgleich materieller Schäden durch die Unfallversicherung aufgewogen. Der Unfallversicherungsträger kann gegen die den ehrenamtlich Tätigen beschäftigende Organisation nur bei Vorsatz oder grober Fahrlässigkeit Rückgriff nehmen (§§ 110f. SGB VII).

Die Freistellung des Schädigers von privatrechtlicher Haftung gilt schließlich auch im Verhältnis der ehrenamtlich Tätigen untereinander. Denn auch deren Haftung entfällt, soweit dem Opfer die Leistungen der gesetzlichen Unfallversicherung zustehen. Diese Regeln gelten aber nicht für den Ausgleich von Vermögens- und Sachschäden. Denn für diese gewährt die Unfallversicherung grundsätzlich keinen Ausgleich. Im Verhältnis zu den Nutznießern ehrenamtlicher Tätigkeit hat diese Haftungsfreistellung dagegen keine Bedeutung. Die Unfallversicherung schützt also den ehrenamtlich Tätigen zwar vor Personenschäden, jedoch nicht vor den haftungsrechtlichen Folgen von Schäden, die ehrenamtlich Tätige Dritten zufügen. Allerdings kommt der Schutz bei Personenschäden nur einem Teil der ehrenamtlich Tätigen zu[580] – nämlich denjenigen, für die der Schutz durch die gesetzliche Unfallversicherung besteht.

579 BVerfGE 34, 112.

580 Vgl. auch umfassend Deutscher Paritätischer Wohlfahrtsverband, Landesverband Baden-Württemberg (Hrsg.), Versicherungsmerkblatt 2000, S. 10ff.

4. Haftung der Organisation für die vermögensrechtlichen Eigenschäden des ehrenamtlich Tätigen

a) Fragestellung

Die ehrenamtlichen Helfer laufen Gefahr, ihr Eigentum oder Vermögen bei Tätigkeitsausübung einzubüßen. Fährt jemand im eigenen Wagen Kinder oder Jugendliche zu einem auswärtigen Wettkampf eines Sportvereins und verursacht er dabei einen Verkehrsunfall oder begeht er eine Übertretung (z.B. wegen falschen Parkens) oder eine Straftat begeht (z.B. eine Verkehrsgefährdung wegen überhöhter Geschwindigkeit, § 315 c I Nr. 2 d StGB), so erleidet er Sachschäden am eigenen Fahrzeug, Vermögensschäden wegen Verlustes des Schadensfreiheitsrabatts oder der Pflicht zur Zahlung von Bußgeldern oder Geldstrafen. Darin liegt das mit ehrenamtlicher Tätigkeit verbundene Risiko der Eigenschädigung.[581] Es fragt sich, ob die Organisation für die Einbußen des ehrenamtlich Tätigen einzustehen hat. Die nach § 670 BGB begründete Pflicht des Auftraggebers zum Aufwendungsersatz gegenüber dem Beauftragten umfasst auch die Pflicht zum Ersatz von Schäden, welche der Beauftragte in Ausübung seines Auftrages erlitten hat.[582] Da jedoch die Grundsätze über die Privilegierung der Arbeitnehmerhaftung auch auf die ehrenamtliche Tätigkeit zu erstrecken sind,[583] und diese auch für den Anspruch des Arbeitnehmers auf Abgeltung der erlittenen Eigenschäden bedeutsam sind (b), fragt sich, ob auch für den Ersatz der Eigenschäden für den ehrenamtlich Tätigen die Grundsätze des Arbeitsrechts entsprechend anzuwenden sind (c).

---

581 Vgl. Schewe, Die rechtlichen Hindernisse ehrenamtlicher sozialer Tätigkeit und Möglichkeiten zu deren Abbau, in: Bericht eines Arbeitskreises der Gesellschaft für Sozialen Fortschritt, Ehrenamtliche soziale Dienstleistungen, Schriftenreihe des Bundesministeriums für Jugend, Familie, Frauen und Gesundheit, S. 252.

582 Vgl. oben D II 2.

583 Vgl. oben D IV 4 b).

b) Die Haftung des Arbeitgebers für Eigenschäden des Arbeitnehmers

Im Arbeitsrecht hat der Arbeitgeber für die arbeitsbedingten Eigenschäden eines Arbeitnehmers aufzukommen.[584] Nach der Rechtsprechung[585] folgt dieses aus der analogen Anwendung der §§ 670, 675 BGB auf den Arbeitsvertrag. Danach steht der aus der entgeltlichen Geschäftsbesorgung gegen den Auftraggeber zustehende Anspruch auf Aufwendungsersatz unter Einschluss der in Erfüllung des Auftrages erlittenen Schäden auch einem Arbeitnehmer gegen den Arbeitgeber zu. Diese Rechtsprechung überträgt die Grundsätze der privilegierten Arbeitnehmerhaftung auf die Eigenschäden des Arbeitnehmers. Hier wie dort rechtfertigt sich die Einstandspflicht des Arbeitgebers für eigene oder fremde Schäden aus den Grundsätzen über die Verteilung des Betriebsrisikos. Weil der Arbeitnehmer bei und wegen der Erfüllung seiner Tätigkeit das Risiko der Schädigung fremder oder eigener Vermögensgüter läuft, hat der Arbeitgeber jedenfalls eines Teils des Haftungsrisikos zu übernehmen, weil dieses mit der dem Arbeitnehmer übertragenen Tätigkeit untrennbar verbunden ist.[586] Daher gelten für die Abgeltung der dem Arbeitnehmer bei Arbeitsausübung entstandenen Eigenschäden dieselben Grundsätze wie für die Tragung der dem Arbeitgeber entstandenen Schäden. Danach[587] hat der Arbeitgeber dem Arbeitnehmer die arbeitsbedingten Eigenschäden zu ersetzen,[588] falls diese vom Arbeitnehmer ausnahmsweise wegen der ihm für seine Arbeit gewährten Vergütung nicht selbst zu tragen sind. Eine Schädigung bei Ausübung einer betrieblichen Tätigkeit wird danach erlitten, wenn der Arbeitnehmer diese in Erfüllung einer Weisung des Arbeitgebers oder einer sonstigen arbeitsvertraglichen Verpflichtung hinzunehmen hatte. Nicht auszugleichen sind dagegen Schäden, die der Arbeitnehmer unabhängig von seiner Arbeitspflicht erleidet. Der Arbeitgeber hat bei betrieblich veranlasste Eigenschäden des Arbeitnehmers nur für diejenigen Schäden einzustehen, welche dem Arbeitnehmer speziell

584 Preis, in: Dieterich, Erfurter Kommentar, § 611 BGB Rn. 117ff.
585 BAG AP BGB Gefährdungshaftung des Arbeitgebers Nr. 2 (GS).
586 Preis, in: Dieterich, Erfurter Kommentar, § 611 BGB Rn. 1120.
587 Ebd., Rn. 1121.
588 BAG AP BGB § 611 Gefährdungshaftung des Arbeitgebers Nr. 12.

durch seine Tätigkeit entstanden sind. Keiner Einstandspflicht unterliegt der Arbeitgeber hingegen für Schäden, welche dem allgemeinen Lebensrisiko des Arbeitnehmers zuzuordnen sind – etwa die übliche Abnutzung seiner Kleidung[589] oder das Risiko, in den Räumen des Arbeitgebers Opfer eines Diebstahls zu werden.[590] Nur Schäden, in denen sich das durch die Arbeitnehmertätigkeit selbst ausgelöste „tätigkeitsspezifische Risiko"[591] verwirklicht, verpflichten also den Arbeitgeber gegenüber dem Arbeitnehmer zum Ersatz. Beispiele für derartige Eigenschäden sind die Zerstörung einer Brille eines Pflegers durch den Patienten eines psychiatrischen Krankenhauses[592], die Zerstörung der Kleidung des Arbeitnehmers beim Bruch eines zum Verladen bestimmten Ballons mit Ameisensäure[593] oder der aufgrund eines Unfalls eines Arbeitnehmers entstehende Schaden an seinem zur Erfüllung seiner Arbeitstätigkeit einzusetzenden Pkw.[594] Vom Arbeitgeber sind jedoch nicht die Vermögensschäden zu ersetzen, die der Arbeitnehmer als Buß- oder Strafgelder wegen widerrechtlicher und schuldhafter Verletzung von Handlungsgeboten als Sanktion zu tragen hat. Diese Schäden sind nicht in Erfüllung der arbeitsvertraglichen Pflichten eingetreten, fordern diese doch ein mit den Gesetzen in Einklang stehendes Handeln.

Die Haftung des Arbeitgebers für die Eigenschäden des Arbeitnehmers tritt jedoch nur ein, insoweit dem Arbeitnehmer lediglich leichte Fahrlässigkeit anzulasten ist.[595] Ist dem Arbeitnehmer aber Vorsatz oder grobe Fahrlässigkeit entgegenzuhalten, so entfällt die Entschädigungspflicht des Arbeitgebers regelmäßig vollständig. Trifft den Arbeitnehmer der Vorwurf „normaler", „gewöhnlicher" oder „mittlerer" Fahrlässigkeit, so kommt es zwischen Arbeitnehmer und Arbeitgeber zu einer Aufteilung der Lasten aufgrund einer Gesamtabwägung der für die Schadensentstehung maßgebenden Umstände.

---

589 BAG AP BGB § 611 Gefährdungshaftung des Arbeitgebers Nr. 6.
590 Preis, in: Dieterich, Erfurter Kommentar, § 611 BGB Rn. 1125.
591 Ebd., § 611 BGB Rn. 1126.
592 Ebd., § 611 BGB Rn. 1126.
593 BAG AP BGB § 611 Gefährdungshaftung des Arbeitgebers Nr. 2.
594 BAG AP BGB § 611 Gefährdungshaftung des Arbeitgebers Nrn. 11, 14.
595 BAG AP BGB § 611 Gefährdungshaftung des Arbeitgebers Nr. 14.

c) Übernahme der Eigenschäden von ehrenamtlich Tätigen durch den Träger

Weil die Rechtsprechung[596] die Grundsätze der privilegierten Arbeitnehmerhaftung auf ehrenamtlich Tätige erstreckt, liegt die umfassende Gleichstellung nahe. Dann wären die genannten Grundsätze nicht nur für die Haftung des ehrenamtlich Tätigen für die Arbeitgeber oder Dritten entstehenden Schäden zu beschränken, sondern würden auch für die Abgeltung der Eigenschäden des ehrenamtlich Tätigen gelten.[597] Zugunsten einer solchen umfassenden Gleichstellung spricht, dass ein ehrenamtlich Tätiger ganz ebenso wie ein Arbeitnehmer für einen anderen in dessen Interesse tätig wird. Da jede im Interesse anderer stehende Tätigkeit mit Schadensrisiken verbunden ist, der Vorteil von im Interesse anderer erbrachter Tätigkeiten unumgänglich mit Haftungsrisiken verknüpft ist, sind die für die Arbeitnehmertätigkeit entwickelten Grundsätze über die Haftungsprivilegierung der Arbeitnehmer auch auf die ehrenamtliche Tätigkeit zu erstrecken. Folglich sind die bei ehrenamtlicher Tätigkeit erlittenen Eigenschäden grundsätzlich durch die Organisation zu ersetzen. Erfolgte die Schädigung leicht fahrlässig, so trifft die Organisation eine umfassende Ersatzpflicht. Erfolgte die Schädigung dagegen vorsätzlich oder grob fahrlässig, so tritt die Ersatzpflicht nicht ein. Bei Eigenschädigung in Form mittlerer Fahrlässigkeit ist danach der Schaden zwischen Organisation und ehrenamtlich Tätigen anteilig zu tragen. Ein ehrenamtlich Tätiger, der bei einer Fahrt im Interesse eines Sportvereins einen Unfall verursacht oder erleidet, kann falls leichte oder normale Fahrlässigkeit zum Unfall führte, den Eigenschaden vollständig oder zum Teil ersetzt verlangen. Bußgelder

---

596 BGHZ 89, 153; OLG Saarbrücken, VersR 1995, S. 832; vgl. auch Deutscher Paritätischer Wohlfahrtsverband, Landesverband Baden-Württemberg (Hrsg.), Versicherungsmerkblatt 2000, S. 12: „Selbstverständlich gilt auch für die hauptamtliche Tätigkeit, dass im Rahmen der dienstlichen Tätigkeit eine Haftungsprivilegierung greift.“

597 So auch Engel, Ehrenamt und Arbeitsrecht, S. 226; Birk/Münder, Die rechtlichen Rahmenbedingungen sozialer ehrenamtlicher Arbeit unter besonderer Berücksichtigung haftungs-, sozial- und steuerrechtlicher Aspekte, in: Arbeitskreis der Gesellschaft für Sozialen Fortschritt, Ehrenamtliche soziale Dienstleistungen, Schriftenreihe des Bundesministeriums für Jugend, Familie, Frauen und Gesundheit, S. 265 (271f., 274f.).

und Geldstrafen sind dagegen nicht zu ersetzen. Besteht eine Ersatzpflicht, so umschließt diese auch die Freistellung des ehrenamtlich Tätigen von einem Verlust eines Schadensfreiheitsrabattes in der Haftpflichtversicherung des Geschädigten.

5. Versicherungsschutz

Sämtliche der genannten Haftungsrisiken: das Risiko, anderen haftpflichtig zu werden oder Schäden an eigenen Vermögenswerten zu erleiden, können durch Abschluss einer Privatversicherung abgewendet werden. Der Versicherungsschutz wird durch einen Versicherungsvertrag zwischen Versichertem und Versicherung begründet. Bei Eintritt der Haftung von Organisation oder ehrenamtlich Tätigem wird der dem geschädigten Dritten geschuldete Ersatz von der Versicherung getragen. Die Haftpflichtversicherung trägt das Haftungsrisiko des Versicherten gegenüber Dritten. Der Geschädigte erlangt zwar keinen unmittelbaren Anspruch gegen die Versicherung. Eine Ausnahme von der auf die Ausgleichspflicht im Verhältnis Versicherter – Versicherung beschränkten Regelung ist namentlich für den Ausgleich von Schäden im Straßenverkehr durch § 3 PflVG vorgesehen. Danach ist ebenso wie das Obligatorium zum Abschluss einer privaten Haftpflichtversicherung in § 1 PflVG auf die Schädigung im Rahmen des Straßenverkehrs beschränkt. Wohl aber hat der Geschädigte gegenüber dem Versicherten einen Anspruch auf Abtretung seines Anspruchs gegen die Versicherung. Macht er diesen Anspruch geltend, tritt derselbe Effekt wie bei einem Direktanspruch zwischen dem Geschädigten und der Versicherung ein.

Das Haftungsrisiko kann zwar auch für die ehrenamtlich Tätigen von einer Versicherung übernommen werden. Indes hängt der Versicherungsschutz von einem Vertragsschluss sowie einer Prämienzahlung ab. Je größer das Haftungsrisiko ist, desto höher ist auch die Prämie.

Ob der ehrenamtlich Tätige einen Anspruch auf Einbeziehung in eine solche Versicherung hat, ist nach geltendem Recht nicht klar. Aus § 670 BGB folgt, dass dem ehrenamtlich Tätigen ein Anspruch auf Aufwendungsersatz zusteht.[598] Da dieser Anspruch die in Ausübung seiner Tätigkeit erlittenen Schäden umfasst, könnte dem ehrenamtlich Tätigen auch ein Anspruch auf Schutz durch die

598 Vgl. oben E2.1.2.

Haftpflichtversicherung zustehen. § 670 BGB setzt jedoch einen bereits angefallenen Vermögensaufwand voraus, den Aufwendungsersatzanspruch auslöst. Eine abstrakte Gefährdungslage begründet dagegen einen Anspruch auf versicherungsrechtliche Vorkehrungen nicht. § 670 BGB ist so auf den Ersatz getätigter Aufwendungen beschränkt.

Für die dem ehrenamtlich Tätigen in Ausübung seiner Tätigkeit entstehenden Eigenschäden könnte eine private Sachversicherung aufkommen – namentlich die (Sach)Versicherung des ehrenamtlich Tätigen. Allerdings droht bei Inanspruchnahme der Versicherungsleistung die Einbuße des Schadensfreiheitsrabatts. Ferner müsste das durch die Einbeziehung ehrenamtlicher Betätigung in den Versicherungsschutz erhöhte Risiko durch eine höhere Prämie abgegolten werden. Diesen Anteil hätte der ehrenamtlich Tätige selbst zu tragen.

Außerdem wäre es möglich, dass die Organisation, für welche der ehrenamtlich Tätige wirkt, eine (Sach)Versicherung für dessen Eigenschäden abschließt. Dies hätte den Vorteil, dass beim Schadenseintritt die Versicherung der Organisation zu leisten hätte und der ehrenamtlich Tätige erhöhte Prämien zahlen müsste oder nicht einen Schadensfreiheitsrabatt einbüßen würde – also keine eigenen Vermögensschäden aus einer letztlich fremdnützigen Handlung davontrüge. Als Vorsichtsmaßregel lässt sich allenfalls formulieren: Ein ehrenamtlicher Mitarbeiter sollte sich bei Aufnahme der Tätigkeit unbedingt nach den Bedingungen der Haftpflicht sowie nach einem möglichen Versicherungsschutz bei Eintritt der Haftpflicht erkundigen.[599] Die Organisationen sind dem ehrenamtlich Tätigen auch zur Auskunft verpflichtet. Diese Frage schafft zwar Klarheit, sie bewahrt aber den einzelnen nicht vor dem Haftungsrisiko bei ehrenamtlicher Betätigung.

a) Schutz des ehrenamtlich Tätigen durch die eigene Haftpflichtversicherung

Wird ein ehrenamtlich Tätiger einem Nutznießer oder der Organisation haftpflichtig, so wäre er versicherungsrechtlich geschützt, falls er eine eigene Haftpflichtversicherung abgeschlossen hätte, die auch bei Schädigungshandlungen im Zusammenhang mit eh-

599 Stiehr, Versicherungsschutz im sozialen Ehrenamt, S. 28.

renamtlicher Tätigkeit eine Versicherungsleistung vorsehen würde. Eine Sicherung für Haftungsrisiken besteht für den Einsatz von Fahrzeugen im Straßenverkehr (§ 1 PflVG). Kommt es beim Betrieb des Fahrzeuges zur Schädigung Dritter, hat für den Schaden die Versicherung gegenüber dem Geschädigten aufzukommen. Der Geschädigte hat einen gegen die Haftpflichtversicherung des Schädigers zu richtenden Direktanspruch (§ 3 PflVG). Die Versicherung entschädigt den Geschädigten für den von Halter und Fahrer zu ersetzenden Schaden. Ein Rückgriff der Versicherung gegenüber dem Halter oder Fahrer kommt nur bei Vorsatz und grober Fahrlässigkeit in Betracht. Außerdem ist der Rückgriff nach der geschäftsplanmäßigen Erklärung der Haftpflichtversicherer auf einen summenmäßig begrenzten Betrag (§ 7 V 2 AKB) begrenzt.[600]

Eine derartige ergänzbare Pflicht zur Begründung von Versicherungsschutz für das Haftpflichtrisiko ist jedoch auf den Betrieb von Kraftfahrzeugen im Straßenverkehr beschränkt. Der Einzelne kann aber namentlich im Rahmen einer Haftpflichtversicherung für das eigene Haftungsrisiko Versicherungsschutz begründen. Allerdings sind nach den Besonderen Bedingungen und Risikobeschreibungen für Privathaftpflichtversicherungen[601] alle Haftungsrisiken vom Versicherungsschutz ausgeschlossen, die aus der Ausübung eines Ehrenamtes herrühren. Denn in der ehrenamtlichen Tätigkeit liegen besondere Haftungsrisiken, die das übliche Risiko eines Haftpflichtversicherten überschreiten. Eine Ausnahme gilt nur für Personen, die eine eigene Berufshaftpflichtversicherung haben. Werden diese im Rahmen ihrer beruflichen Tätigkeit auch ehrenamtlich tätig, so umschließt der durch die Berufshaftpflichtversicherung gewährte Versicherungsschutz auch die mit ehrenamtlicher Tätigkeit verbundenen Risiken. Der ehrenamtlich Tätige ist also durch die Haftpflichtversicherung nur ausnahmsweise geschützt, dass er über die eigene Berufshaftpflichtversicherung im Rahmen seiner beruflichen Tätigkeit ehrenamtlich tätig wird und dabei einen eigenen Schaden erleidet.

---

600 § 7 V 2 Allgemeine Bedingungen für Kraftfahrzeugversicherung (AKB).

601 Stiehr, Versicherungsschutz im sozialen Ehrenamt, S. 28; http://www.gemeinsam-aktiv.de/service/default.htm.

b) Haftpflichtversicherung des Trägers

Die Träger kirchlicher Wohlfahrtsorganisationen (Caritas, Diakonisches Werk) haben bereits 1909 als eigenständige Einrichtung den ECCLESIA-Versicherungsdienst gegründet.[602] Dieser vermittelt Versicherungen und sichert auf diese Weise die ehren- wie nebenamtlich tätigen Personen bei Schäden, die sie in Ausübung ihrer Verrichtungen herbeiführen wie den Träger und dessen hauptamtliche Mitarbeiter.[603] Diesem Versicherungsschutz entsprechend haben auch die nichtkirchlichen Wohlfahrtsorganisationen vergleichbare Einrichtungen geschaffen (VMD, Union).[604] Die Versicherungsverträge werden je nach Träger auf örtlicher, Kreis-, Landes- oder Bundesebene abgeschlossen.[605] „Vereinshaftpflichtversicherungen“ und „Betriebshaftpflichtversicherungen“[606] – Sammelverträge zugunsten der haupt-, neben- und ehrenamtlichen Mitarbeiter – bestehen auch nebeneinander – namentlich falls auf örtlicher Ebene der Versicherungsschutz im Vergleich zu dem auf einer höheren Ebene bestehenden Schutz wegen unzulänglicher Haftungsregelungen aufgestockt wird.[607]

Nach der von der Enquête-Kommission „Zukunft des Bürgerschaftlichen Engagements“ durchgeführten Erhebung haben etliche Verbände zugunsten ihrer ehrenamtlich Tätigen einen Unfall- und Haftpflichtversicherungsschutz auf Bundes-, Landes-, Kreis-

602 O. Verf., Haftungsrisiken bei ehrenamtlicher Tätigkeit, http://www.gemeinsam-aktiv.de/ service/default.htm; Stiehr, Versicherungsschutz im sozialen Ehrenamt, S. 28ff.

603 ECCLESIA Versicherungsdienst GmbH, Versicherungsschutz in Kirche, Caritas und Diakonie; Müller, Haftungsregelung und Versicherungsschutz bei ehrenamtlichen Mitarbeiterinnen und Mitarbeitern, in: ECCLESIA-Versicherungsdienst 4/95; vgl. auch Stiehr, Versicherungsschutz im sozialen Ehrenamt, S. 28ff.; Evangelische Landeskirche in Baden, Gemeinsam auf sicherem Weg.

604 Deutscher Paritätischer Wohlfahrtsverband, Landesverband Baden-Württemberg (Hrsg.), Versicherungsmerkblatt 2000, S. 13ff.; Hessen – gemeinsam aktiv/eine Initiative der Landesregierung Hessen, Haftungsrisiken bei ehrenamtlicher Tätigkeit, http://www.gemeinsam-aktiv.de/service/haftungsrisiken.htm.

605 Schewe, in: Bericht eines Arbeitskreises der Gesellschaft für Sozialen Fortschritt, Ehrenamtliche soziale Dienstleistungen, Schriftenreihe des Bundesministeriums für Jugend, Familie, Frauen und Gesundheit, S. 240ff.

606 Stiehr, Versicherungsschutz im sozialen Ehrenamt, S. 28.

607 Schewe, in: Bericht eines Arbeitskreises der Gesellschaft für Sozialen Fortschritt, Ehrenamtliche soziale Dienstleistungen, Schriftenreihe des Bundesministeriums für Jugend, Familie, Frauen und Gesundheit, S. 246.

oder Ortsebene begründet.[608] Allerdings zeigte die Anhörung ebenfalls, dass der Versicherungsschutz nicht allgemein verbreitet und durchgesetzt ist. Desweiteren besteht unter den historisch gewachsenen Einrichtungen sozialen Engagements die Gepflogenheit, für ehrenamtlich Tätige einen Versicherungsschutz zu begründen. So sehen die „Leitlinien zu Rahmenbedingungen für das soziale Ehrenamt“[609] vor: „Ehrenamtliche stehen unter dem im jeweiligen Verband üblichen Versicherungsschutz. Bei Fahrten mit ihrem privaten Pkw im Dienstreiseauftrag wird der Abschluss einer Dienstreisekaskoversicherung empfohlen.“ In der von der „Akademie Bruderhilfe Familienfürsorge/Verwaltungs- Berufsgenossenschaft Hamburg“ herausgegebenen Broschüre „Mit Sicherheit freiwillig engagiert – Versicherungsschutz im Ehrenamt“ wird den sich an ehrenamtlicher Betätigung Interessierten empfohlen: „Vor der Aufnahme einer ehrenamtlichen Tätigkeit sollten Sie sich zunächst erkundigen, welchen Versicherungsschutz der zukünftige Träger anbietet.“ So gibt etwa die „Arbeitsstelle für kirchliche Dienste in der Kirchenprovinz Sachsen“ für den in der Evangelischen Kirche ehrenamtlich Tätigen ein Merkblatt, aus dem sich der dem einzelnen ehrenamtlich Tätigen zukommende Versicherungsschutz umfassend ergibt. Allerdings erwies eine empirische Studie in der Kirchenprovinz Sachsen und der Landeskirche Anhalts,[610] dass sich nur eine Minderheit der ehrenamtlich Tätigen angemessen über den in ihrem Betätigungsfeld bestehenden Versicherungsschutz informiert sahen.

Ersatzfähig sind die Schäden, die auf dem fahrlässigen Fehlverhalten eines Organs oder seiner haupt-, neben- oder ehrenamtlichen Mitarbeiter beruhen oder einem Dritten entstanden sind. Nicht versichert sind hingegen die durch vorsätzliches Handeln entstandene Schäden.

---

608 Nach den Protokollen der Verbände-Anhörung vom 11. Februar 2001 sind dies etwa der Bund Heimat und Umwelt, Bund der Vertriebenen, Bundesverband der Freien Berufe, Christlicher Gewerkschaftsbund, Volksbund Deutscher Kriegsgräberfürsorge und die Arbeitsgemeinschaft der Volksmusikverbände, DLRG und UNICEF.

609 Der LIGA der Freien Wohlfahrtspflege im Land Sachsen-Anhalt e.V., 1998.

610 Freiwilligen-Agentur Halle-Saalkreis e.V., Halle 2000, S. 45 (75, 103).

c) Rückgriff der Versicherung auf den ehrenamtlich Tätigen

Besteht für die Eigenschäden des Vereins eine Sachversicherung oder für die Drittschäden eine Haftpflichtversicherung, so ist der Rückgriff des Versicherten auf den ehrenamtlich Tätigen nach einem Urteil des OLG Saarbrücken[611] entsprechend den Grundsätzen für die Haftungsprivilegierung von Arbeitnehmern auch für die ehrenamtliche Tätigkeit beschränkt. Bei Dienstreise-Fahrzeugversicherungen wird regelmäßig eine Schadensselbstbeteiligung des Geschädigten vereinbart.[612]

d) Schutz bei Eigenschäden des ehrenamtlich Tätigen

Erleidet ein ehrenamtlich Tätiger in Ausübung seiner Tätigkeit einen Personenschaden, so wird die Haftung davon bestimmt, ob dafür die gesetzliche Unfallversicherung eintritt oder nicht.[613] Tritt dies ein, wird regelmäßig für die Personenschäden und ausnahmsweise auch für die Sachschäden (§ 13 SGB VII) durch das Sozialrecht gehaftet. Anstelle der Haftung tritt der Versicherungsschutz. Andernfalls kann nur die private Unfallversicherung den Versicherungsschutz begründen. Dieser besteht weltweit und gewährt Schutz für alle Unfälle in Freizeit und Haushalt, auch bei Ausübung einer ehrenamtlichen Tätigkeit. Privater Versicherungsschutz setzt aber den Abschluss eines entsprechenden Versicherungsvertrages sowie die regelmäßige Zahlung von Versicherungsprämien voraus.[614] Für die für die Landeskirchen/Bistümer, vereinzelt auch für die in Caritas/Diakonie ehrenamtlich tätigen Personen werden regelmäßig Unfallsammelversicherungsverträge abgeschlossen, die einen Versicherungsschutz für Personen vorsehen, die bei kirchlichen Veranstaltungen oder auf kirchlichem Grund einen Unfall erleiden.[615]

---

611 VersR 1995, S. 832.

612 Deutscher Paritätischer Wohlfahrtsverband, Landesverband Baden-Württemberg (Hrsg.), Versicherungsmerkblatt 2000, S. 17 (300 DM).

613 Vgl. dazu Teil II:B.V.2.

614 Schulte, SchsZtg 1999, S. 121 (125f.); Evangelische Landeskirche in Baden, Gemeinsam auf sicherem Weg..

615 ECCLESIA Versicherungsdienst GmbH, Versicherungsschutz in Kirche, Caritas und Diakonie, S. 12.

Setzt schließlich ein ehrenamtlich Tätiger sein eigenes Vermögen (z.B. sein Auto) ein und wird dieses in Ausübung seiner Tätigkeit geschädigt, so hat der Geschädigte den daraus entstandenen Nachteil selbst zu tragen. Nur ausnahmsweise, etwa für Mitglieder der freiwilligen Feuerwehr sind nach § 12 Abs. 7 FSHG des Landes Nordrhein-Westfalen, sind Einstandspflichten gegenüber den Nutznießern der Tätigkeit bürgerschaftlich Engagierter statuiert. Danach wird dem Angehörigen der Feuerwehr ein ihm bei Einsatz entstandener Sach- und Vermögensschaden ausgeglichen.[616] Besteht Schutz durch eine Vollkaskoversicherung, so trägt diese zwar den Schaden des Versicherten. Dieser verliert jedoch einen Schadensfreiheitsrabatt.[617] Hilfe kann für den ehrenamtlich Tätigen dagegen eine Dienstreise-Fahrzeugversicherung schaffen, die ein Träger für die in ihrem Interesse tätig werdenden ehrenamtlichen Mitarbeiter abschließt.[618] Tritt dann ein Versicherungsfall ein, so trägt diese Versicherung die Eigenschäden des ehrenamtlich Tätigen so, dass dieser den Schadensfreiheitsrabatt seiner eigenen Haftpflichtversicherung nicht einbüßt.

IV. Das vereins- und stiftungsrechtliche Ehrenamt

1. Fragestellung

Verein und Stiftung sind zentrale Betätigungsfelder ehrenamtlicher Tätigkeit. Das Vorstandsamt in einem nichtwirtschaftlichem Verein („Idealverein") oder einer Stiftung beruht regelmäßig auf ehrenamtlicher Betätigung. Dies folgt aus § 27 Abs. 3 BGB, wonach die Vorstandsmitglieder eines Vereins oder einer Stiftung (§ 86 BGB) zwar zum Aufwendungsersatz, aber nicht zu einer entgeltlichen Honorierung ihrer Tätigkeit berechtigt sind. Vorstandsmitglieder sind die Organe des Vereins. Denn sie handeln für den

---

616 Vgl. o.Verf., Ersatzansprüche bei Unfällen mit Privatwagen von Angehörigen der Freiwilligen Feuerwehr, Der Feuerwehrmann, Heft 6/1999.

617 Schewe, in: Bericht eines Arbeitskreises der Gesellschaft für Sozialen Fortschritt, Ehrenamtliche soziale Dienstleistungen, Schriftenreihe des Bundesministeriums für Jugend, Familie, Frauen und Gesundheit, S. 252f.

618 Stiehr, Versicherungsschutz im sozialen Ehrenamt, S. 37; vgl. dazu auch die Praxis bei den Kirchen: ECCLESIA-Versicherungsdienst GmbH, Versicherungsschutz in Kirchen, Caritas und Diakonie, S. 14.

Verein und berechtigen und verpflichten den Verein und dessen Mitglieder durch ihr Handeln. Diese aus ihrer Organstellung erwachsende Freiheit verpflichtet zur Rechenschaft gegenüber den Mitgliedern des Vereins oder den die Aufsicht über die Stiftung führenden Behörden. Demgemäss laufen ehrenamtlich wirkende Organmitglieder von Verein und Stiftungen regelmäßig Gefahr, den Vereinsmitgliedern oder der Stiftung gegenüber haftpflichtig zu werden.[619] Sie haften etwa auf Sozialversicherungsbeiträge[620] oder die Abführung von Steuern[621] – selbst wenn mit solchen Verpflichtungen erheblich wirtschaftlich-nachteilige Folgen verbunden sind.[622] Außerdem treffen sie Aufzeichnungs- und Rechenschaftspflichten gegenüber den Vereinsmitgliedern oder der Stiftung. Diese Pflicht soll vor allem die Kontrolle der Vorstandsarbeit durch die Vereinsmitglieder oder die Stiftungsaufsicht ermöglichen.

Die Gebote der Transparenz und Wahrung der Mitgliederrechte fordern diese Pflichten. Jede Entlastung des ehrenamtlichen Vereins- oder Stiftungsvorstandes würde daher mit dem Interesse der Mitglieder oder Stiftungsaufsicht an der Sicherung der hinreichenden Transparenz der Amtsführung widerstreiten.

2. Der Vorstand von Verein und Stiftung

Vereine und Stiftungen müssen einen Vorstand haben (§§ 26, 29, 86 BGB). Denn dieser vertritt Verein oder Stiftung im Rechtsverkehr. Der Vorstand eines Vereins oder einer Stiftung haben für diese zu handeln; Verein und Stiftung handeln also durch die Mitglieder ihres Vorstandes. Dementsprechend haften Verein und Stiftung für Schäden, die ein Vorstandsmitglied in Ausführung seiner Aufgabe Dritten zufügt (§ 31 BGB). Die Haftung von Verein oder Stiftung ist auf das diesen gehörende Vermögen beschränkt. Die Vereinsmitglieder und Stifter haften für die Verbindlichkeiten des Vereins oder der Stiftung nicht. Zu den Aufgaben

619 Vgl. oben D III 2 b).

620 BSGE 39, 54.

621 FG Brandenburg, EFG 1999, S. 874.

622 Zweifelnd für das ehrenamtliche Vorstandsmitglied eines Fußballvereins im Hinblick auf die Abführung von Steuerschulden des Vereins: FG Brandenburg, EFG 1998, S. 1106.

des Vorstandes gehört die Führung der laufenden Geschäfte des Vereins oder der Stiftung.[623] Unter den Begriff fallen alle Tätigkeiten, die für die Sicherung des Vereins- oder Stiftungszwecks nötig sind: namentlich die Verfolgung des Vereins- oder Stiftungszwecks, die Ausführung hierzu gefasster Beschlüsse, den Abschluss hierauf gerichteter Verträge, die Finanzierung der Vorhaben sowie die Buchführung. Gegenüber den Mitgliedern eines Vereins hat der Vorstand regelmäßig zu berichten (§§ 32, 36, 37 BGB). Ferner ist – falls wie regelmäßig der Vorstand aus mehreren Personen besteht – die Arbeit des Vorstandes zu organisieren.

3. Bedeutung des Vereins- und Stiftungsrechts

Die Tätigkeiten in einem Verein oder einer Stiftung – namentlich die Tätigkeiten als Vorstandsmitglied – sind charakteristische Erscheinungsweisen ehrenamtlicher Tätigkeit. Sie dienen einem von den Mitgliedern oder Stiftern gesetzten Zweck, der regelmäßig im gemeinschaftlichen und öffentlichen Interesse liegt. Diese Tätigkeit wird nicht entgolten. Lediglich die eigenen Vermögensaufwendungen für die Wahrnehmung von Aufgaben für Verein oder Stiftung sind durch diese den Vorstandsmitgliedern nach § 670 BGB (§§ 27 Abs. 3, 86 BGB) abzugelten. Weit überwiegend werden die Aufgaben in Vereinen und Stiftungen durch umfangreiche unentgeltliche, gemeinwohlorientierte Arbeit wahrgenommen.

623 Vgl. Werner, Verein, S. 185ff.

4. Die Gründung eines Vereins, einer Stiftung oder einer gemeinnützigen GmbH

a) Verein

(a) Organisation des Vereins

Die hergebrachte Erscheinungsform des Ehrenamts ist der Verein. Er ist ein Zusammenschluss mehrerer Personen mit eigener Rechtspersönlichkeit zur Verfolgung eines gemeinsamen Zwecks. Er trägt einen eigenen Namen, hat eigene Vermögenswerte (z.B. ein Vereinsheim) und besteht unabhängig vom Wechsel seiner Mitglieder. Die Vereine werden wegen ihrer von den Vereinsmitgliedern unterschiedenen Rechtspersönlichkeit als „juristische Personen“ bezeichnet. Dies soll bedeuten, dass die Vereine dieselbe Rechtsstellung wie Menschen haben, letztere als „natürliche Personen“ bezeichnet, d.h. wie Menschen Eigentümer, Forderungsinhaber (z.B. Inhaber eines Bankguthabens), aber auch Schuldner sein können. Um also eine klare Trennung zwischen der Rechtssphäre des Vereins und derjenigen seiner Mitglieder zu ziehen, ist die Eintragung des Vereins notwendig. Allerdings besteht in der Rechtspraxis eine starke Tendenz zur Annäherung des nichtrechtsfähigen an den rechtsfähigen Verein.

Ein Verein, der über eine eigene Rechtspersönlichkeit verfügen soll, bedarf der Eintragung in das Vereinsregister. Dieses Register wird vom Amtsgericht geführt. Ein im Vereinsregister eingetragener Verein trägt den Zusatz: „e.V.“ = eingetragener Verein. Möglich ist aber auch die Gründung eines nicht rechtsfähigen Vereins. Dieser Verein bedarf der Eintragung in das Vereinsregister nicht. Nicht rechtsfähige Vereine sind vielmehr formlos wirksam, wenn sie als solche gewollt sind. Sie sind also nicht etwa grundsätzlich verboten. Solange der Verein aber noch nicht rechtsfähig – also in das Vereinsregister noch nicht eingetragen – ist, kommt dem Verein keine eigene Rechtspersönlichkeit zu. Die Rechte des „Vereins“ stehen den Vereinsmitgliedern zu und die Pflichten des „Vereins“ treffen die Mitglieder. Im Gegensatz zum volljährigen Menschen vermag der Verein aber selbst nicht wirksam zu handeln. Wie die nichtvolljährigen Menschen in ihrem Recht Handeln von ihren Eltern als dem gesetzlichen Vertreter im Geschäftsleben vertreten werden, so bedürfen auch die Vereine der Vertreter, die für sie handeln. Die Vertreter nennt man Vorstand. Der Vorstand wird auch als „Organ“ des Vereins bezeichnet. Das Bild symbolisiert, dass der Verein mittels der für ihn tätig werdenden Menschen handelt: Was die einzelnen Körperteile für den Menschen sind, das sind die Vorstandsmitglieder für den Verein, sie ermöglichen dessen Handeln.

(b) Gründung eines Vereins

Wer in einem Verein – einerlei ob rechtsfähig oder nichtrechtsfähig – gründen möchte, hat sich mit mehreren Gleichgesinnten zusammenzufinden, um einen gemeinsamen Zweck zu verfolgen. Ein solcher formfreier Zusammenschluss begründet – wenn das Ziel ernstlich verfolgt wird – eine Gesellschaft des bürgerlichen Rechts (§§ 705ff. BGB). Ist der Zweck der Gesellschaft die Vereinsgründung, dann endet mit der Erreichung des Gesellschaftszwecks die Gesellschaft: Mit der Eintragung des Vereins hat die Gesellschaft ihr Ziel – die Vereinsgründung erreicht. Um einen Verein zu gründen, muss sich eine Mindestzahl von Mitgliedern auf die Vereinsgründung einigen. Diese beträgt bei nichtrechtsfähigen Vereinen zwei, bei rechtsfähigen Vereinen sieben Personen. Die Vereinsgründung ist für jeden erlaubten Zweck möglich. Sie ist wirksam durch Willensübereinstimmung einer hinreichenden Zahl geschäftsfähiger (= volljähriger, nichtgeistesgestörter) Mitglieder. Auch Minderjährige können sich an der Gründung mit Zustimmung ihrer Eltern beteiligen. Regelmäßig wird für die Vereinsgründung eine Versammlung einberufen. Auf dieser geschieht die Gründung durch die Verabschiedung der Satzung. Diese hat den Zweck und den Namen des Vereins sowie dessen Organe – Wahl des Vorstandes, Anzahl der Vorstandsmitglieder – festzulegen. Wird ein rechtsfähiger Verein angestrebt, müssen die für die Anmeldung beim Registergericht nötigen Erklärungen durch öffentliche Urkunden abgegeben werden. Dies bedeutet, dass die Unterschriftsleistung vor dem Notar abzugeben ist. Diesem Erfordernis kann dadurch genügt werden, dass der in die Gründungsversammlung eingeladen wird. Es ist aber auch möglich, dass sich die Gründer in die Kanzlei eines Notars begeben, um dort vor diesem ihre Unterschriften zu leisten.

(c) Förmlichkeiten bei eingetragenem Verein (e.V.)

Bei Errichtung eines rechtsfähigen Vereins sind darüber hinaus weitere Förmlichkeiten zu beachten, die Gründungsprotokoll festzuhalten sind. Es ist daher zu empfehlen, für die Gründungsversammlung einen Versammlungsleiter und einen Schriftführer durch Wahl der Gründerversammlung zu bestellen. Der Versammlungsleiter hat die Voraussetzung der Gründung der Vereinsversammlung vorzutragen und ihr eine Tagungsordnung zur Beschlussfassung zu unterbreiten. Gegenstand der Beschlussfassung der Gründerversammlung sind die Gründungserklärung, die Satzung, Wahl der Organe und Beiträge. In der Gründungserklärung wird der Wille der Gründer zur Vereinsgründung bekundet. Beim rechtsfähigen Verein bedarf die Gründung einer Zustimmung von mindestens sieben Mitgliedern. In dieser Erklärung sind Vereinszweck und -name festzuhalten. Im Beschluss über die Satzung wird von den Gründern die Vertretung des Vereins durch Organe, die Stellung der Vereinsmitglieder und die Rechte und Pflichten von Organ und Vereinsmitglied festgelegt. Mit der Gründungserklärung und der Billigung der Satzung durch die Gründer ist der Verein gegründet.

Um die Handlungsfähigkeit des Vereins bereits vor Eintragung sicherzustellen – diese muss ja von irgendjemandem betrieben werden – hat die Gründungsversammlung einen Vorstand zu wählen, der den Verein führt, d.h. nach außen für ihn auftritt und gegen den Mitgliedern für den Verein handelt. Mit der Wahl des Vorstands übernehmen dessen Mitglieder die Geschäfte. Das Amt des Versammlungsleiters endet. Es kann aber mit Zustimmung der Gründungsversammlung bis zu deren Ende fortgeführt werden.

Die möglichen und üblichen, aber nicht notwendig zu leistenden Mitgliedsbeiträge können in der Satzung festgesetzt werden. Dies hat aber den Nachteil, dass eine Änderung der Beitragshöhe einer aufwendigen Satzungsänderung bedarf. Daher ist es zweckmäßig, von einer Beitragsfestsetzung durch Satzung abzusehen, und in der Satzung lediglich zu bestimmen, mit welcher Mehrheit die Mitgliederversammlung die Höhe des Beitrages und gegebenenfalls dessen Änderung beschließen kann. Ist diese Regelung in der Satzung getroffen, so können ohne Satzungsänderung nachträgliche Änderungen des Beitrages durch bloßen Beschluss herbeigeführt werden.

Der Vorstand hat den Verein zur Eintragung in das Register anzumelden (§ 59 BGB). Zuständig ist das Amtsgericht, in dessen Bezirk der Verein seinen Sitz haben soll. Der Anmeldung sind die beschlossene und von mindestens sieben Gründungsmitgliedern unterzeichnete Satzung in Ur- und Abschrift und das Versammlungsprotokoll beizufügen. Ferner empfiehlt es sich, die Teilnehmerliste der Gründungsversammlung beizufügen. Vor Eintragung sind die für die Anmeldung notwendigen Erklärungen durch den Notar zu beglaubigen, d.h. die Unterschriften der Vereinsgründer sind vor dem Notar abzugeben und dieser hat die Unterschriftsleistung zu bezeugen.

b) Stiftung

Eine Stiftung (§§ 80ff. BGB) stellt ein rechtlich selbständiges Sondervermögen dar, das einen eigenen Zweck verfolgt und über eine eigene Organisation verfügt. Im Unterschied zum Verein hat die Stiftung keine Mitglieder. Die rechtsfähige Stiftung bedarf nicht mehr, wie früher, der staatlichen Genehmigung. Diese Genehmigung ist durch die staatliche Anerkennung ersetzt worden (§ 80 Satz 1 BGB).[624] Um eine Stiftung privaten Rechts zu gründen, bedarf es eines Stiftungsgeschäfts und dessen Anerkennung durch die zuständige Landesbehörde. Das Stiftungsgeschäft bestimmt die Grundordnung der Stiftung in deren Satzung. In der Satzung sind unverzichtbar Zweck, Vermögen, Sitz, Namen und Organe der Stiftung festzulegen. Die von der zuständigen Behörde – Innenministerium, Regierungspräsident oder Bezirksregierung – des Landes, in welchem die Stiftung ihren Sitz hat, auszusprechende Anerkennung ist zu erteilen, falls das Stiftungsgeschäft den gesetzlichen Anforderungen genügt. Darauf besteht jetzt ein Rechtsanspruch (§ 80 Abs. 2 BGB). Stiftungen können für alle gemeinwohlkonformen Zwecke errichtet werden.

c) Gemeinnützige GmbH

Die gemeinnützige GmbH (gGmbH) ist im wesentlichen eine steuerrechtliche Gestaltung (vgl. §§ 51ff. AO). Für ihre Stellung im

---

624 Gesetz zur Modernisierung des Stiftungsrechts vom 15. Juli 2002 (BGBl. I, S. 2634).

Rechtsverkehr gelten die Vorschriften des GmbH-Gesetzes (GmbHG). Die GmbH ist wie der Verein eine juristische Person. Sie wird durch einen Gesellschaftsvertrag gegründet. Dieser bedarf notarieller Beurkundung. Die GmbH ist eine privatrechtliche Körperschaft, also ein Zusammenschluss ihrer Mitglieder. Die GmbH entsteht mit der Eintragung in das Handelsregister. Durch die Eintragung erhält die GmbH eine eigene Rechtspersönlichkeit: Die von ihr erworbenen Rechte stehen damit der GmbH zu und nicht deren Gesellschaftern; die von ihr begründeten Verpflichtungen sind von der GmbH und nicht von deren Gesellschaftern zu erfüllen. Die GmbH wird durch einen Gesellschaftsvertrag begründet. Sie wird vertreten durch einen oder mehrere Geschäftsführer. Die Gesellschafter sind zur Bereitstellung des Stammkapitals von mindestens 25.000 € verpflichtet. Die Gesellschafter werden entsprechend den in der Satzung getroffenen Bestimmungen am Ertrag der GmbH beteiligt.

V. Urheberrecht und Ehrenamt

Das im Urheberrechtsgesetz[625] (UrhG) niedergelegte Urheberrecht regelt die Rechtsstellung der Urheber rechtlich geschützter Werke – namentlich der Objekte der Literatur, Musik oder bildenden Kunst hervorbringenden Schriftsteller, Komponisten, Maler, Bildhauer und anderer Künstler. Für die ehrenamtliche Tätigkeit ist das Urheberrecht in zweifacher Weise wichtig: Einmal fragt sich, welchen urheberrechtlichen Schutz die für einen Träger ehrenamtlich Tätigen erlangen (1); zum anderen fragt sich, ob Organisation und ehrenamtlich Tätige von den zugunsten der Urheber begründeten Pflichten freigestellt werden können (2).

1. Urheberrechtlicher Schutz

Erstellt ein ehrenamtlich Tätiger für eine Organisation ein urheberrechtlich geschütztes Werk – malt ein Bild oder entwirft ein Vereinslogo, komponiert eine Vereinshymne oder erstellt eine Festschrift – so steht dem ehrenamtlich Tätigen das seine Anerkennung

625 Vom 9.9.1965 (BGBl. I, S. 1273).

als Urheber sichernde Urheberpersönlichkeitsrecht zu. Dieses sichert, dass der Ersteller als Urheber des Werkes rechtlich anerkannt wird. Dieses umfasst das Recht zur Veröffentlichung, auf Anerkennung der Urheberschaft und den Schutz vor Entstellungen des Werkes (§§ 12–14 UrhG). Das Verwertungsrecht kann allerdings der Organisation übertragen werden. Soweit das Werk in einem Buch oder Bild vergegenständlicht ist, umfasst das Verwertungsrecht die Befugnisse zur Vervielfältigung, Verbreitung und Ausstellung (§§ 16–18 UrhG); soweit es unkörperlich ist, umschließt es die Befugnisse zu Erstverwertung: Vortrag und Veröffentlichung, Sendung – sowie Zweitverwertung: namentlich das Recht zur Wiedergabe durch Bild- und Tonträger (§§ 19–22 UrhG).

Das Urheberverwertungsrecht ist übertragbar (§ 31 UrhG). Eine Übertragung setzt eine Vereinbarung voraus. Eine solche Übertragung geschieht grundsätzlich nur gegen eine Gegenleistung. Diese wird in einem Verlagsvertrag oder in einem Arbeitsvertrag (§ 43 UrhG) vorgesehen und regelmäßig von den Vertragspartnern verbindlich vereinbart. Im Rahmen ehrenamtlicher Tätigkeit ist eine Übertragung ohne Gegenleistung möglich, wenn erkennbar ein urheberrechtlich geschütztes Werk einer Organisation zu dessen eigener Nutzung bereitgestellt wird. Dies geschieht durch die Übertragung eines einfachen Nutzungsrechtes (§ 31 Abs. 2 UrhG). Eine solche Übertragung geschieht regelmäßig in der Annahme, dass die Organisation das Werk nicht ihrerseits erwerbswirtschaftlich nutzt. Stellt sich entgegen den ursprünglichen Erwartungen nachträglich die kommerzielle Verwertbarkeit des Werkes (die Vereinshymne wird zum Hit) heraus, steht dem ehrenamtlich Tätigen ein Anteil am Erlös zu. Denn die Verwertung ist nicht von der Nutzungsübertragung umfasst, weshalb auch das Recht zur Verwertung nach der Grundregel des § 15 Abs. 2 UrhG dem Urheber gebührt (§ 31 Abs. 2 UrhG).

2. Beeinträchtigung gemeinnütziger und ehrenamtlicher Tätigkeit durch das Urheberrecht?

Fragen des Urheberrechts stellen sich für die ehrenamtliche Tätigkeit aber auch deshalb, weil das Urheberecht gemeinnützige und damit ehrenamtliche Tätigkeit zu erschweren oder unterbinden scheint. Grundsätzlich ist jede Nutzung urheberrechtlich geschützter Werke auch innerhalb ehrenamtlicher Tätigkeit entgeltpflichtig. Das Entgelt kann aufgrund eines Einzelvertrages mit dem Nutzer geschuldet sein. Es kann aber auch durch Verwertungsgesellschaften erworben werden. Die wichtigsten Gesellschaften zur Wahrnehmung von Urheberrechten sind die GEMA für musikalische Urheberrechte und die VG Wort für literarische Urheberrechte. Das Wirken dieser Verwertungsgesellschaften – ihre Rechte und Pflichten – ist im Urheberrechtswahrnehmungsgesetz (WahrnG) geregelt. Danach können mit staatlicher Genehmigung Wahrnehmungsgesellschaften gegründet werden (§ 1 WahrnG). Diese haben innerhalb einer Sparte von Urheberrechten Nutzungsentgelte zu erheben und nach festen Regeln zu verteilen (§§ 6f. WahrnG). Jeder Urheber hat ein Recht auf Abschluss eines auf Wahrnehmung von Urheberrechten zielenden Vertrages (§ 11 WahrnG). Die Tarife für die Urheberrechtswahrnehmung werden durch die einzelnen, unter staatlicher Rechtsaufsicht stehenden Wahrnehmungsgesellschaften festgestellt (§ 13 WahrnG). Dabei sollen diese Verwertungsgesellschaften, „bei der Tarifgestaltung ... auf religiöse, kulturelle und soziale Belange, die zur Zahlung der Vergütung Verpflichteten einschließlich der Belange der Jugendhilfe angemessen Rücksicht nehmen". Daraus folgt, dass gemeinnützig tätige Organisationen grundsätzlich aus der Pflicht zur Zahlung von Nutzungsentgelt für die Inanspruchnahme von urheberrechtlich geschützten Werken nicht ausgenommen sind, sondern lediglich bei der Tarifgestaltung auf deren Zwecksetzung Rücksicht genommen werden soll.[626]

Die sonach grundsätzlich bestehende Pflicht gemeinnütziger Träger zur Zahlung eines Entgelts für die Nutzung urheberrechtlich geschützter Werke hat in der Vergangenheit wiederholt zu kritischen Anfragen von Abgeordneten des Deutschen Bundestages an die Bundesregierung geführt.[627] Die Problematik fordert,

---

626 Reinbothe, in: Schricker, Urheberrecht, § 13 Rn. 10.

627 Vgl. Anfragen Niehues, Edith, BT-Drs. 13/4252, S. 30 (58) (betreffend Pflicht zur Zahlung von Nutzungsentgelt für die GEMA für Veranstaltungen der Kinder- und Jugendarbeit); Büttner, Hartmut, BT-Drs. 13/4730, S. 11 (GEMA-Beiträge der kulturellen Organisationen, namentlich in den neuen Bundesländern); Lutz, Erika, Stenographische Berichte des Deutschen Bundestages (BT-StenBer WP 13037 GEMA-Pflicht für Gesangvereine in ländlichem Raum); Dreßen, Peter, BT-Drs. 14/86, S. 6 (Verwaltungskostenanteil der GEMA an

Grund und Grenzen des Urheberrechts im Lichte konkurrierender Belange gemeinwohlorientierten Handelns im Rahmen bürgerschaftlichen Engagements zu bestimmen.

Das Urheberrecht bezweckt den Schutz des Werkes und dessen Urheber und umfasst das Urheberpersönlichkeits- und das Urheberverwertungsrecht. Das Urheberrecht ist somit als ein umfassendes absolutes gegen jedermann wirkendes Recht ausgestaltet. Dieses sichert dem Urheber nicht nur sämtliche vorhandene und gegenwärtige, sondern auch alle künftig entstehenden Möglichkeiten zur Verwertung eines Werkes – jedenfalls soweit die Verwertungshandlung innerhalb der EU oder des EWR stattfindet (§ 17 Abs. 2 UrhG). Das Urheberrecht besteht aber nicht schrankenlos. Vielmehr ist es vielfältig begrenzt. Derartige Schranken können nur im Rahmen der verfassungs- und internationalrechtlichen Gewährleistungen wirksam gezogen werden. In zwei Entscheidungen[628] befand das BVerfG, dass das Urheberrecht als ein dem Urheber zustehendes umfassendes Nutzungsrecht anzusehen sei, welches unter dem umfassenden Schutz der Eigentumsgarantie (Art. 14 Abs. 1 Satz 1 GG) stehe.[629] Im Rahmen der dem Gesetzgeber danach zukommenden Kompetenz zur Inhalts- und Schrankenbestimmung des Eigentums (Art. 14 Abs. 1 Satz 2 GG) sei es auch statthaft, das im Urheberrecht liegende Ausschließungsrecht Dritter von der Nutzung eines Werkes im Interesse der Allgemeinheit einzuschränken.[630] Allerdings besteht selbst in solchen Beziehungen die grundrechtliche Pflicht zur Entschädigung gezogener Nutzungen. Denn es gebe keinen allgemeinen Rechtsgrundsatz, dass ein Urheber gezwungen sei, „das Ergebnis eigener Leistungen für kulturelle Zwecke der Allgemeinheit unentgeltlich zur Verfügung zu stellen“.[631] Demgemäss sieht Art. 11, 11te revidierte Berner Übereinkunft (RBÜ) – ein alle Vertragsstaaten zur Beachtung des Urheberrechts verpflichtendes Dokument – vor, dass die Vertragsstaaten (zu denen Deutschland gehört) grundsätzlich öffentliche

---

Gesamtvolumen); Ramsauer, Peter, Stenographische Protokolle (StenPBT) 1999, S. 1217 (GEMA-Gebühren für Hochzeitsveranstaltung); Kortmann, Karin, BT-Drs. 14/5638, Nrn. 22–24, S. 14f.

628 BVerfGE 31, 229; 49, 382.

629 BVerfGE 31, 229 (239ff.).

630 BVerfGE 49, 382 (400ff.).

631 BVerfGE 49, 383 (402).

Aufführungen eines dramatischen, dramatisch-musikalischen oder musikalischen Werkes gegen Entgelt zu erlauben haben.[632]

Dieses im deutschen Recht in § 15 Abs. 2 UrhG niedergelegte Recht wird jedoch durch § 52 Abs. 1 UrhG beschränkt. Danach ist zulässig, „die öffentliche Wiedergabe eines erschienenen Werkes, wenn die Wiedergabe keinem Erwerbszweck des Veranstalters dient, die Teilnehmer ohne Entgelt zugelassen werden und im Falle des Vortrages oder der Ausführung des Werkes keiner der ausübenden Künstler eine besondere Vergütung erhält. Für die Wiedergabe ist eine angemessene Vergütung zu zahlen. Die Vergütung entfällt für Veranstaltungen der Jugendhilfe, der Sozialhilfe, Alten- und Wohlfahrtspflege, der Gefangenenbetreuung sowie für Schulveranstaltungen, sofern sie nach ihrer sozialen oder erzieherischen Zweckbestimmung nur einen bestimmten abgegrenzten Kreis von Personen zugänglich sind. Dies gilt nicht, wenn die Veranstaltung dem Erwerbszweck eines Dritten dient; in diesem Fall hat der Dritte die Vergütung zu zahlen".

Diese Regelung begrenzt das dem Urheber zustehende Recht, andere von der Nutzung eines Werkes auszuschließen. Der Nutzer hat aber grundsätzlich eine Vergütung zu zahlen. Darüber hinaus wird über das Ausschließungsrecht auch das Vergütungsrecht für die in § 52 Abs. 1 Satz 3 UrhG genannten Einrichtungen der Jugend- und Sozialhilfe, Alten- und Wohlfahrtspflege, Gefangenenbetreuung und Schulveranstaltungen für geschlossene Veranstaltungen ausgeschlossen. Voraussetzung für die grundsätzlich gebührenfreie Nutzung ist die Durchführung einer Einzelveranstaltung.[633] Ferner darf die Organisation keinen Erwerbszweck verfolgen. Dieses Merkmal wird umfassend verstanden.[634] Auch öffentlich-rechtliche Veranstalter sind demnach möglicherweise erwerbswirtschaftlich tätig, wenn sie urheberrechtlich geschützte Werke zugänglich machen, um ihre wirtschaftlichen Ziele zu erreichen.

Frei von der Vergütungspflicht ist ein Werk allerdings nur, falls es unentgeltlich dargeboten wird und dadurch weder Geld- noch Sachleistungen erzielt werden.[635] Unter diesen Voraussetzungen

---

632 Vgl. dazu näher Melichar, in: Schricker, Urheberrecht, § 52 Rn. 6f.

633 BGHZ 123, 149; 116, 305.

634 BGHZ 87, 126; 58, 262; Melichar, in: Schricker, Urheberrecht, § 52 Rn. 11ff.

635 Nordermann, in Fromm/Nordermann, Urheberrecht, 1998 (9. Aufl.), § 52 UrhG Rn. 5.

hat der Urheber keinen Vergütungsanspruch für die Nutzung seines Werkes. Er kann dessen Nutzung auch nicht verhindern. Dieser Regelung wird entgegengehalten, den Urheber ungebührlich zu benachteiligen. Da er die Nutzung nicht unterbinden kann, fehlt ihm ein Druckmittel, um angemessene Vergütungen auszuhandeln.[636] Der vollständige Ausschluss des Nutzungsrecht wird durch das Gesetz nur in engen Grenzen anerkannt. Dies wäre ein Sonderopfer, dass auf „historisch längst überholten Vorstellungen von der Freiheit öffentlicher Aufführungen beruht".[637]

636 Ebd., § 45 UrhG Rn. 7.
637 Schack, Urheber- und Urhebervertragsrecht, Rn. 512.

E. Personenbeförderungsrecht

I. Gesetzeszweck

Das Personenbeförderungsgesetz (PBefG) vom 21. Juni 1961[638] zählt in den hier interessierenden Teilen systematisch zum Wirtschaftsordnungsrecht. Die Zwecke, die mit ihm verfolgt werden, sind einmal ordnungsrechtlicher Natur und dienen zum Schutz bestimmter Güter, um diese vor Gefahren zu schützen. Auf diese Weise werden ordnungsrechtlich Personen geschützt, die entgeltlich oder geschäftsmäßig mit Kraftfahrzeugen u.a. von einem Unternehmer befördert werden (§ 1 Abs. 1 Satz 1 PBefG). In einer Verordnung sind die besonderen Anforderungen an den Betrieb von Kraftunternehmen im Personenverkehr niedergelegt (vgl. § 57 Abs. 1 Nr. 2 PBefG).[639] Zum anderen werden mit dem Gesetz bestimmte wirtschaftliche Zwecke verfolgt, die vor allem im Verkehrsinteresse liegen (vgl. § 13 Abs. 2 bis 5 PBefG).

Die dem PBefG zugrunde liegenden Zwecke werden in traditioneller ordnungsrechtlicher Manier durch Aufstellen einer Genehmigungspflicht für die entgeltliche oder geschäftsmäßige Beförderung von Personen mit Straßenbahnen, Oberleitungsomnibussen und Kraftfahrzeugen verfolgt (§ 2 PBefG). Genehmigungspflichtig sind u.a. Personenbeförderungen mit Kraftfahrzeugen im Gelegenheitsverkehr (§ 2 Abs. 1 Satz 1 Nr. 4 PBefG). Die Genehmigung wird dem Unternehmer (nicht dem Fahrzeugführer) für einen bestimmten Verkehr, z.B. den Gelegenheitsverkehr, für seine Person (natürliche oder juristische Person) erteilt (§ 3 Abs. 1 PBefG). Der Unternehmer muss den Verkehr im eigenen Namen, unter eigener Verantwortung und für eigene Rechnung betreiben (§ 3 Abs. 1 Satz 1 PBefG). Erfüllt eine Verkehrsart nicht alle Merkmale eines

---

638 In der Fassung der Bekanntmachung vom 8. August 1990 (BGBl. I S. 1690).

639 Verordnung über den Betrieb von Kraftunternehmen im Personenverkehr (BOKraft) vom 21. Juni 1975 (BGBl. I S. 1573).

Genehmigungstatbestandes, kann die Genehmigung nach denjenigen Vorschriften vorgenommen werden, die der Beförderung am meisten entsprechen (§ 2 Abs. 6 PBefG). Für die praktische Erprobung neuer Verkehrsarten oder Verkehrsmittel kann nach einer Experimentierklausel eine höchstens auf ein Jahr begrenzte Genehmigung erteilt werden (§ 2 Abs. 7 PBefG).

Bei den hier interessierenden Kraftfahrzeugen wird unterschieden zwischen Personenkraftwagen, die nach ihrer Bauart und Ausstattung zur Beförderung von nicht mehr als neun Personen (einschließlich Führer) und Kraftomnibussen, die nach ihrer Bauart und Ausstattung zur Beförderung von mehr als neun Personen (einschließlich Führer) geeignet und bestimmt sind (§ 4 Abs. 4 Nr. 1 und 2 PBefG).

Bei den hier interessierenden Verkehrsarten geht es um den Gelegenheitsverkehr. Gelegenheitsverkehr ist derjenige Verkehr, der nicht Linienverkehr ist (§ 46 PBefG). Zulässige Verkehrsformen sind der Verkehr mit Taxen, Ausflugsfahrten und Ferienziel-Reisen, und der Verkehr mit Mietomnibussen und mit Mietwagen (§ 46 Abs. 2 Nr. 1 bis 3 PBefG).

In den vorstehend aufgeführten Vorschriften kommt die systematische Anlage des Gesetzes zum Ausdruck, wonach die gesamte entgeltliche oder geschäftsmäßige Beförderung von Personen mit Kraftfahrzeugen u.a. genehmigungspflichtig ist (Prinzip des geschlossenen Kreises).[640] Das Gesetz enthält jedoch für Befreiungen eine Ermächtigungsgrundlage für den Verordnungsgeber. Diese gilt für im Rahmen des Gesamtverkehrs nicht besonders ins Gewicht fallende Beförderungsfälle (§ 57 Abs. 1 Nr. 8 PBefG). Der Verordnungsgeber hat hiervon mit der Freistellungs-Verordnung[641] Gebrauch gemacht.

Insgesamt kann gesagt werden, dass das Personenbeförderungsgesetz zur Verwirklichung seiner Schutzzwecke hohe Anforderungen an die Normadressaten, nämlich die Unternehmer, aufstellt. Zweck der Genehmigungspflicht nach § 2 Abs. 1 PBefG ist es, den zu befördernden Fahrgast zu schützen. Dieser Zweck erfordert es, auf den gegenüber den Fahrgästen vertraglich zur Beförderung

640 Hierzu BVerfGE 17, 306 (313).

641 Verordnung über die Befreiung bestimmter Beförderungsfälle von den Vorschriften des Personenbeförderungsgesetzes (Freistellungs-Verordnung) vom 30. August 1962 (BGBl. I S. 601).

Verpflichteten abzustellen und nicht auf den faktisch die Beförderung Durchführenden. Der Fahrgast soll darauf vertrauen dürfen, dass derjenige, der eine Beförderungsleistung verspricht, auch die Gewähr für deren ordnungsgemäße Durchführung in der Weise bietet, dass die zuständige Behörde den Betreiber einer persönlichen und fachlichen Zuverlässigkeitsprüfung unterzogen hat und ihn überwacht.[642]

II. Bisherige Hindernisse im Bereich des bürgerschaftlichen Engagements

Insbesondere aus Kreisen der Verbände der Jugendhilfe wurde eine Forderung erhoben, für bestimmte Verkehre mit Jugendgruppen Privilegierungen vorzusehen. Im Einzelnen handelt es sich um folgende Sachverhalte:

- Ein Träger der Jugendarbeit (vgl. § 11 SGB VIII) veranstaltet eine Ausflugsfahrt mit den ihm anvertrauten Jugendlichen und bedient sich dabei eines Busunternehmens;
- Ein Träger der Jugendarbeit veranstaltet selbst Fahrten im Rahmen einer Reise, auch zu bestimmten Zwecken (z.B. Computerkurse), wobei diese Fahrten auch für Dritte geöffnet sind.

Solche Konstellationen sind auch denkbar im Zusammenhang anderer sozialer Aktivitäten, z.B. auf dem Gebiet der Alten- oder Behindertenhilfe.

In rechtlicher Hinsicht sind nach gegenwärtiger Rechtslage die beiden Sachverhaltskonstellationen grundsätzlich wie folgt zu würdigen:[643]

Im ersteren Fall musste sich der Träger der Jugendarbeit eines Unternehmers bedienen, der Verkehr mit Mietomnibussen durchführt. Dies bedeutete eine genehmigungspflichtige Form des Gelegenheitsverkehrs mit Kraftwagen (§§ 2 Abs. 1 Nr. 4, 46 Abs. 2 Nr.

---

642 LG Flensburg, Urt. v. 8. Februar 1995, TranspR 1996, S. 81f., ebenso VG Berlin, Gerichtsbescheid vom 5. Mai 2000, Az.: VG 11 A 387.96, S. 8 des Umdrucks.

643 Zur Vermeidung von Missverständnissen sei darauf hingewiesen, dass es sich hier nur um eine allgemeine Einschätzung handelt. Bei der Würdigung von Einzelfällen kommt es stets auf die konkreten Sachverhaltsmerkmale an.

3, 49 PBefG). Voraussetzung war, dass der Träger der Jugendarbeit als Mieter Zweck, Ziel und Ablauf der Fahrt bestimmt (§ 49 Abs. 1 Satz 1 PBefG). Die Teilnehmer müssen nach dieser Vorschrift ein zusammengehöriger Personenkreis und über Ziel und Ablauf der Fahrt einig sein (§ 49 Abs. 1 Satz 2 PBefG). Der Mieter muss an der Fahrt nicht selbst teilnehmen. Mietomnibusverkehr ist nicht gegeben, wenn Fahrten unter Angabe des Fahrtziels vermittelt werden (§ 49 Abs. 2 Satz 1 PBefG).

Im zweiten Fall bedient sich Träger der Jugendarbeit auch hier eines Busunternehmers, der im Besitz der entsprechenden Genehmigung sein muss. Die Voraussetzungen des § 49 PBefG lagen jedoch nicht vor, da der Träger der Jugendhilfe die Reise vermittelt. Es handelt sich vielmehr entweder um Ausflugsfahrten, oder, wenn Unterkunft mit oder ohne Verpflegung angeboten wird, um Ferienziel-Reisen (§ 48 Abs. 1 und 2 PBefG). Unternehmer war hier der Träger der Jugendarbeit, der für diese Form des Gelegenheitsverkehrs einer Genehmigung bedurfte. Diese wird nur erteilt, wenn der Unternehmer über ausreichende Erfahrungen auf dem Gebiet des Reiseverkehrs verfügt (§ 48 Abs. 2 Satz 5 PBefG).

III. Rechtslage seit Juli 2002

Im Gesetz zur Änderung des Personenbeförderungsgesetzes vom 19. Juli 2002[644] ist eine Privilegierung des Gelegenheitsverkehrs bei Ausflugs- und Ferienzielfahrten vorgesehen. Die entsprechende Vorschrift in § 2 PBefG lautet:

> „(5a) Wer Gelegenheitsverkehre in der Form der Ausflugsfahrt (§ 48 Abs. 1) oder der Ferienziel-Reise (§ 48 Abs. 2) plant, organisiert und anbietet, gegenüber den Teilnehmern jedoch eindeutig zum Ausdruck bringt, dass die Beförderungen nicht von ihm selbst, sondern von einem bestimmten Unternehmer, der Inhaber einer Genehmigung nach diesem Gesetz ist, durchgeführt werden, muss selbst nicht im Besitz einer Genehmigung sein.“

Anlass für diese Gesetzesänderungen waren die insbesondere im Bereich der Jugendhilfe vorgebrachten Probleme. Ausweislich der Gesetzesbegründung wird hier eine Überregulierung im bestehen-

644 BGBl. I, S. 2691, in Kraft seit 26. Juli 2002.

den Recht gesehen, wenn der durchführende Unternehmer des gewerblichen Straßenpersonenverkehrs bereits eine Genehmigung besitzt. Dann soll für den Veranstalter, i.d.R. also einen Träger der Jugendhilfe, nicht auch noch eine Genehmigung erforderlich sein.[645] Dies bedeutet, dass sich anders als nach bisher geltendem Recht der präventive Schutz der Teilnehmer von Ausflugsfahrten und Ferienziel-Reisen nur noch auf die Beförderung erstreckt, nicht mehr jedoch auf den darüber hinausgehenden Teil der Reise, also z.B. auf die Unterkunft, wie dies bei den Ferienziel-Reisen der Fall ist.

In der Begründung wird ausgeführt, dass sich durch diese Regelung keine Konkurrenzprobleme und dass die Marktchancen der vorhandenen Straßenpersonenverkehrsunternehmer nicht oder allenfalls marginal beeinträchtigt werden. Nähere quantitative Angaben werden hierzu allerdings nicht gemacht.[646]

645 Deutscher Bundestag, Drucksache 14/6434, S. 4.

646 Wie vorstehende Anm.

F. Strafrecht

I. Problemstellung

1. Zur gesellschaftlichen Diskussion über die Privilegierung bürgerschaftlich engagierter Tätigkeit im Strafrecht

Ehrenamtliches oder bürgerschaftlich engagiertes Handeln kann sich auch als strafrechtlich relevant erweisen. Diskutiert werden insbesondere solche Fälle, in denen sich eine Person aufgrund ihrer bürgerschaftlich engagierten Tätigkeit in eine Situation begibt, in der die Verwirklichung von Straftatbeständen näher liegt, als wenn die Person diese Tätigkeit nicht ausüben würde. Solche die Gefahr einer Straftatbestandsverwirklichung erhöhenden Situationen sind insbesondere bei der Betreuung Jugendlicher[647] und insgesamt auf dem Gebiet des Sports[648] bekannt geworden. Besonders von Sportfunktionären hört man vereinzelt die Forderung nach einer strafrechtlichen Privilegierung von ehrenamtlichen Jugendtrainern und Betreuern. Immer weniger Menschen fänden sich bereit, freiwillig ein Ehrenamt zu übernehmen, wenn sie sich damit dem Risiko einer strafrechtlichen Verfolgung aussetzten.

2. Strafrechtlich relevante Situationen

Zunächst sind die Delikte auszuscheiden, die nicht in Ausübung des Ehrenamtes, sondern nur bei dessen Gelegenheit begangen werden.[649] Zu nennen sind hier beispielsweise Fälle, in denen Betreuer ihre Schützlinge sexuell nötigen.

---

647 S. hierzu Bringewat, Peter, Tod eines Kindes. Soziale Arbeit und strafrechtliche Risiken, 2. Aufl., 2001, S. 15ff.

648 Vgl. Süddeutsche Zeitung vom 16. Juni 1998, „Letzte Instanz bestätigt Urteil", S. 7, und Rems-Zeitung vom 1. September 1997, in: www.sv-pfahlbronn.de/html/body_haftung.htm.

649 Reinhart, in SpuRt 1997, S 1ff. (2).

Von Relevanz bleiben damit allein die fahrlässige Körperverletzung und die fahrlässige Tötung nach §§ 229 bzw. 222 StGB, sowie die Sachbeschädigung nach § 303 StGB.[650] Dabei geht es um die Haftung des Betreuers, wenn die Betreuten durch seine Fahrlässigkeit zu Schaden kommen oder Dritte schädigen und dies dem Betreuer zugerechnet werden kann.

II. Rechtliche Ebenen der Berücksichtigung bürgerschaftlichen Engagements im Strafrecht

Das Element der Ehrenamtlichkeit bzw. des bürgerschaftlichen Engagements kann bei der Verwirklichung von Straftatbeständen im Zusammenhang einer solchen Tätigkeit auf verschiedenen Ebenen zum Tragen kommen: Bereits im Straftatbestand, dann in der Schuld, im Verfahrensrecht und schließlich in der Strafzumessung. Vorwegzuschicken ist, dass ein Rechtfertigungsgrund, vergleichbar etwa dem Handeln in Notwehr (§ 32 StGB), für solche Straftaten nicht gegeben ist.

1. Berücksichtigung im Tatbestand

a) Konstellation: Bei der Betreuung von Jugendlichen kommt einer der Betreuten zu Schaden

Zunächst ist zu fragen, ob sich bereits im Tatbestand strafrechtliche Privilegierungen ergeben, wenn während der Betreuung einer der betreuten Jugendlichen einen Körperschaden erleidet oder zu Tode kommt. Es geht dabei insbesondere um folgende Fälle:

Beispiel 1: Ein ehrenamtlicher Betreuer führt eine Jugendgruppe auf eine gefährliche Bergtour. Dabei stürzt einer der Jugendlichen ab und kommt ums Leben.

Beispiel 2: Ein ehrenamtlicher Übungsleiter im Sport hetzt eine Jugendgruppe bei starker Hitze zum dritten Mal in den 1000-Meter-Lauf. Ein Jugendlicher erleidet einen dadurch bedingten Herzinfarkt und stirbt.

---

650 Ebenso: Reinhart, in SpuRt 1997, S 1ff. (2).

Beispiel 3: Ein ehrenamtlicher Betreuer geht mit einer Jugendgruppe an einem See baden. Dabei ertrinkt einer der Jugendlichen.

In den *Beispielen 1 und 2* kommt eine Strafbarkeit wegen fahrlässiger Tötung durch aktives Tun gem. § 222 StGB in Betracht. Die strafbaren Handlungen sind darin zu sehen, dass der Betreuer die Jugendlichen im *Beispiel 1* überhaupt auf die gefährliche Bergtour mitnimmt bzw. sie im *Beispiel 2* zum dritten Mal in den 1000-Meter-Lauf schickt.

Demgegenüber geht es im *Beispiel 3* um ein Unterlassen. Vorgeworfen wird dem Betreuer, dass er es unterlassen hat, die Jugendlichen hinreichend zu beaufsichtigen, um einen Tod durch Ertrinken zu verhindern. Für eine Strafbarkeit bedarf es daher der Prüfung der zusätzlichen Voraussetzungen, die an eine Strafbarkeit wegen Unterlassens geknüpft sind (§ 13 StGB). Es kommt hier auf die Garantenstellung des Betreuers als Beschützergarant für das Leben der Jugendlichen an. Garantenpflichten ergeben sich unter anderem aus deren tatsächlicher Übernahme.[651] Eltern, die ihre Kind in einen Sportverein geben, übertragen damit einen Teil der elterlichen Sorge. Damit korrespondiert die Pflicht desjenigen, der die Betreuung übernimmt, Gefahren vom Kind abzuwenden.[652] Die Annahme einer Garantenstellung in diesen Fällen ist nach ganz einheitlicher Ansicht unproblematisch.

Eine strafrechtliche Privilegierung kann sich damit nicht aus einer Beschränkung der Garantenpflicht bei Übernahme einer solchen Betreuung ergeben. Eine derartige Ansicht wird – soweit ersichtlich – weder in der Literatur noch in der Rechtsprechung vertreten.[653]

Anknüpfungspunkt für eine strafrechtliche Privilegierung im Tatbestand kann damit nur der anzulegende objektive Sorgfaltsmaßstab sein. Dabei ist nach den Anforderungen zu fragen, die ein besonnener und gewissenhafter Mensch aus dem Verkehrskreis des Täters in dessen sozialer Rolle bei einer Beachtung der Gefahrenlage ex ante zu erfüllen hat.[654] Im *Beispiel 3* kommt es damit darauf an, welche Maßnahmen ein besonnener ehrenamtlicher Betreuer zum Schutz der Jugendlichen vor dem Ertrinken getroffen

651 Rudolphi, in SK, § 13, Rdn. 58.
652 LG München II, in SpuRt, 1999, S. 161ff. (162).
653 S. auch Bringewat, S. 31ff., 35ff.
654 Cramer, in: Schönke/Schröder, § 15 Rdn. 35.

hätte. An dieser Stelle findet somit die Ehrenamtlichkeit durchaus Berücksichtigung. Dies bedeutet aber nicht, dass stets ein geringerer Sorgfaltsmaßstab anzulegen ist als bei hauptamtlichen Betreuern. Zieht man für das *Beispiel 3* den Vergleich mit einem hauptamtlichen Lehrer, der mit seiner Schulklasse schwimmen geht, so wird man zu dem Ergebnis kommen, dass hier in etwa die gleichen Sorgfaltspflichten gegeben sind. Unterschiede könnten sich aber ergeben, wenn von einem hauptamtlichen Betreuer im Vergleich zu einem ehrenamtlichen Betreuer weitergehende Kenntnisse und Fähigkeiten zu erwarten sind. Dies ist aber jeweils von der konkreten Situation abhängig.

Es bleibt damit festzustellen, dass sich wegen der Ehrenamtlichkeit auf der Ebene der Verwirklichung des Tatbestands einer Strafnorm keine Privilegierungen ergeben. In den wenigen Urteilen, die sich mit der Frage der Strafbarkeit von ehrenamtlich Tätigen beschäftigen, wird auf diese Frage nicht eingegangen. Die Rechtsprechung hatte sich bisher nur in wenigen Fällen mit der strafrechtlichen Verantwortlichkeit von ehrenamtlichen Betreuern zu befassen:

Beispiele:
Ein ehrenamtlicher Fußballtrainer musste sich wegen fahrlässiger Tötung durch Unterlassen verantworten.[655] Er hatte 8 bis 14jährige Jugendliche ohne Aufsicht an einem erkannt standunsicheren Fußballtor spielen lassen. Als einer der Jugendlichen auf das Tor zustürmte, kippte das Tor um und traf den Jugendlichen so unglücklich, dass er infolge seiner Kopfverletzungen verstarb. Obwohl der Anwalt des Angeklagten wegen der Ehrenamtlichkeit der Tätigkeit nachdrücklich einen Freispruch gefordert hatte,[656] sah das Gericht keinen Anlass, diesen Gesichtspunkt überhaupt nur zu erwägen.[657] Es verurteilte den Fußballtrainer wegen fahrlässiger Tötung durch Unterlassen.[658]

In einem anderen Fall hatte ein ehrenamtlicher Trainer einen Kletterkurs für Kinder geleitet. Wegen eines fehlerhaft geknüpften Seilknotens war eine mitkletternde Erwachsene aus 15 m Höhe abgestürzt und schwer verletzt worden. Das Gericht verurteilte den Trainer wegen fahrlässiger Körperverletzung durch Unterlassen. Er habe es pflichtwidrig unterlassen, den Knoten

---

655 LG München II, in SpuRt 1999, S. 161ff.

656 Vgl. Süddeutsche Zeitung vom 16. Juni 1998, „Letzte Instanz bestätigt Urteil", Seite 7.

657 LG München II, in SpuRt 1999, S. 161ff. (161).

658 Allerdings hat es die Ehrenamtlichkeit in der Strafzumessung berücksichtigt. Gegen den Trainer wurde nur eine Geldstrafe in Höhe von 40 Tagessätzen unter Vorbehalt verhängt.

zu kontrollieren.[659] Eine Privilegierung wegen der Ehrenamtlichkeit wurde hier ebenfalls nicht erwogen.

Ein ehrenamtlicher Bürgermeister wurde wegen des fahrlässigen unerlaubten Betreibens einer Abfallbeseitigungsanlage gem. §§ 327 Abs. 2 Nr. 3, Abs. 3 Nr. 2 StGB verurteilt, weil er es fahrlässig nicht verhindert hatte, dass Dritte ohne Genehmigung auf einer ehemaligen Müllkippe der Gemeinde weiterhin Müll abladen.[660] Auch hier wurde auf eine strafrechtliche Privilegierung wegen der Ehrenamtlichkeit nicht eingegangen.

b) Konstellation: Während der Betreuung schädigen die Jugendlichen Dritte

Im Folgenden ist zu fragen, inwieweit sich ein ehrenamtlicher Betreuer strafbar machen kann, wenn die betreuten Jugendlichen Dritte schädigen.

Beispiel 4: Ein ehrenamtlicher Betreuer einer Jugendgruppe lässt Minderjährige auf Stadtgang. Dort beschädigen sie Autos.

Beispiel 5: Beim Stadtgang verprügeln die Jugendlichen Mitglieder einer anderen Jugendgruppe.

In diesen Fällen wird eine strafrechtliche Verantwortlichkeit des Betreuers ausscheiden. In Betracht käme allenfalls eine – nicht strafbare – fahrlässige Sachbeschädigung. Auch eine Teilnahme an der von den Minderjährigen begangenen Sachbeschädigungen scheidet mangels eines Teilnahmevorsatzes aus.

Selbst im *Beispiel 5,* in dem man eine fahrlässiger Körperverletzung durch Unterlassen gem. §§ 229, 13 StGB erwägen könnte, wird eine Strafbarkeit jedenfalls wegen mangelnder Vorhersehbarkeit des Verletzungserfolges ausscheiden.

---

659 LG München II, Urt. v. 25. August 1997 (unveröffentlicht), siehe auch Süddeutsche Zeitung vom 26. August 1997, „Ernstfall beim spielerischen Klettern“, S. 36. Die Revision des Angeklagten führte – aus nicht mit der Ehrenamtlichkeit zusammenhängenden Gründen – zum Freispruch, vgl. BayOLG, in: NStZ 1998, S. 533 L.

660 AG Cochem, in: NStZ 1985, S. 505f. (506).

c) Konstellation: Strafbarkeit von ehrenamtlichen Mitarbeitern in der aufsuchenden Familienbetreuung

In neuerer Zeit hatten das OLG Oldenburg und das OLG Stuttgart darüber zu entscheiden, ob sich hauptamtliche Mitarbeiter kommunaler Jugendämter und Sozialdienste sowie die von ihnen beauftragten Mitarbeiter von Trägern der freien Jugendhilfe wegen fahrlässiger Tötung durch Unterlassen gem. §§ 222, 13 StGB strafbar machen können, wenn die von ihnen mitbetreuten Kinder infolge von Misshandlungen der Eltern zu Tode kommen.[661] Beide Gerichte habe dies bejaht und eine Garantenstellung der Sozialarbeiter als Beschützergarant für das Leben des Kindes kraft tatsächlicher Übernahme (OLG Stuttgart)[662] bzw. kraft Gesetzes (OLG Oldenburg)[663] angenommen. Nicht zu entscheiden war, ob dies auch für die ehrenamtlichen Mitarbeiter der freien Jugendhilfe gilt. Diese Frage ist nach wie vor ungeklärt. Gerade in Bereichen, die eine qualifizierte pädagogische Fachlichkeit voraussetzen, die ehrenamtlich Tätigen möglicherweise nicht zu eigen ist, wird man sich um differenzierte Beurteilung bemühen müssen.

d) Strafbarkeit ehrenamtlicher Gemeinderatsmitglieder wegen Untreue

Schließlich wird in Literatur und Rechtsprechung die Frage diskutiert, ob sich ehrenamtliche Gemeinderatsmitglieder durch ihr Abstimmungsverhalten wegen Untreue gem. § 266 StGB strafbar machen können.

Angestoßen wurde die Diskussion durch ein Urteil des Landgerichts Kempten.[664] Der Gemeinderat der Marktgemeinde Oberstdorf hatte mehrheitlich eine Zuwendung an den ehrenamtlichen Bürgermeister in Höhe von 10.000,- DM beschlossen. In seiner Entscheidung hatte das Landgericht das Vorliegen der Tatbe-

---

661 OLG Oldenburg, NStZ 1997, S. 238; vorgehend LG Osnabrück, NStZ 1996, S. 437 ff; OLG Stuttgart, NJW 1998, S. 3131ff.; und die Anmerkung von Bringewat, NStZ 1997, S. 238ff.

662 OLG Stuttgart, NJW 1998, S. 3131ff. (3132).

663 OLG Oldenburg, NStZ 1997, S. 238.

664 Unveröffentlicht, vgl. aber die Darstellung bei Nettesheim, Können sich Gemeinderäte der Untreue schuldig machen?, BayVbl 1989, S. 161ff.

standsvoraussetzungen des Untreuetatbestandes offen gelassen, und die Gemeinderatsmitglieder wegen Zweifeln am Vorliegen des subjektiven Tatbestandes freigesprochen. In der Diskussion um dieses Urteil kommen verschiedene Autoren zu dem Ergebnis, dass eine strafrechtliche Privilegierung nur wegen der Ehrenamtlichkeit abzulehnen sei.[665]. Auch in diesem Sonderfall führt die Ehrenamtlichkeit im Tatbestand damit zu keiner abweichenden Beurteilung hinsichtlich einer möglichen Privilegierung.

2. Berücksichtigung bei der Schuld

Ehrenamtlichkeit könnte auch bei der Beurteilung der Schuld Berücksichtigung finden.

Die herrschende Ansicht stellt bei der Prüfung der Fahrlässigkeitsschuld darauf ab, ob der Täter, ausgehend von seinen individuellen Fähigkeiten und seinem persönlichen Können, nicht die erforderliche Sorgfalt aufbrachte, um den Erfolg zu verhindern, dessen Eintritt er für möglich erachtet hatte oder hätte vorhersehen müssen (subjektives Unvermögen).[666]

Nach anderer Ansicht soll man eine Straffreistellung geringfügig fahrlässiger Rechtsgutsverletzungen erreichen können, indem man für alle diese Fälle den Entschuldigungsgrund der Unzumutbarkeit unterstellt.[667] Maßgeblich sei, ob es dem Handelnden zumutbar war, das mit der jeweiligen Handlung verbundene Risiko zu erkennen.[668] Es handelt sich dabei um einen Schuldausschließungsgrund, der lediglich bei Fahrlässigkeits- und Unterlassungsdelikten gelten soll und dessen Aufgabe darin bestehe, den Umfang von Sorgfalts- und Handlungspflichten sachgerecht zu begrenzen.[669]

Sowohl die Prüfung des subjektiven Unvermögens als auch der Schuldausschließungsgrund der Unzumutbarkeit können im Einzelfall zum Ausschluss der Fahrlässigkeitsschuld eines ehrenamtli-

665 Nettesheim, BayVbl 1989, S. 161ff.; Weber, Können sich Gemeinderatsmitglieder durch ihre Mitwirkung an Abstimmungen der Untreue (§ 266 StGB) schuldig machen?, BayVbl 1989, S. 166ff.; Kuhn, Indemnität für ehrenamtliche Gemeinderatsmitglieder?, BayVbl 1989, S. 170ff.

666 Webel, Strafbarkeit leicht fahrlässigen Verhaltens?, 1999.S. 219 m.w.N.

667 Roxin, AT, § 24 Rdn. 86.

668 Webel, S. 222.

669 Webel, S. 219.

chen Betreuers führen. Eine generelle Schuldminderung oder Schuldausschluss wegen der Ehrenamtlichkeit lässt sich daraus jedoch nicht herleiten.

3. Berücksichtigung im Verfahrensrecht

In der Praxis findet die Ehrenamtlichkeit im Strafverfahrensrecht wesentlich Berücksichtigung.

So werden ehrenamtliche Betreuer eher selten wegen fahrlässiger Körperverletzung bzw. Tötung angeklagt. Dies liegt zum einen an der Konstruktion des Deliktes der fahrlässigen Körperverletzung gem. § 229 StGB als Antragsdelikt. Nach § 230 Abs. 1 StGB wird die Tat nur auf Antrag verfolgt, es sei denn, die Staatsanwaltschaft bejaht wegen des besonderen öffentlichen Interesses eine Strafverfolgung von Amts wegen. Gerade im Sport sind die Staatsanwaltschaften mit der Bejahung des öffentlichen Interesses jedoch sehr zurückhaltend.[670]

Demgegenüber handelt es sich bei der fahrlässigen Tötung nach § 222 StGB um ein Offizialdelikt, d.h. die Staatsanwaltschaft muss bei Vorliegen eines Anfangsverdachtes ermitteln.[671] Es besteht jedoch die Möglichkeit, das Verfahren nach § 153 bzw. § 153a StPO einzustellen, wenn dem Täter nur eine geringe Schuld anzulasten ist und kein öffentliches Interesse an der Verfolgung besteht bzw. ein bestehendes öffentliches Interesse durch die Erteilung von Auflagen und Weisungen beseitigt werden kann. Auch von dieser Möglichkeit wird in der Praxis häufig Gebrauch gemacht.

4. Berücksichtigung bei der Strafzumessung

Mit der Frage, wie sich die Ehrenamtlichkeit bei der Strafzumessung auswirkt, hat sich – soweit ersichtlich – noch niemand ausdrücklich beschäftigt. Die Beurteilung, ob es sich bei der Strafzumessung strafmildernd auswirkt, wenn sich ein ehrenamtlicher Betreuer bei der Ausübung seines Ehrenamtes strafbar macht, muss daher auf Grundlage der allgemeinen Grundsätze der Strafzumessung vorgenommen werden.

670 Reinhart, SpuRt 1997, S. 1 ff (2).
671 Reinhart, SpuRt, 1997, S. 1ff. (3).

Für die Strafzumessung kommt es auf das Ausmaß des verwirklichten Unrechts an. Dabei unterscheidet man herkömmlich zwischen Erfolgsunrecht und Handlungsunrecht.[672] Ausgangspunkt ist das Erfolgsunrecht, also das Ausmaß des tatbestandlichen Erfolgs. Bei Körperverletzungs- und Tötungsdelikten ist dafür die Art und Schwere der Verletzungen und die Zahl der Opfer maßgeblich. Für das Handlungsunrecht nennt das Gesetz in § 46 Abs. 2 StGB eine Reihe strafzumessungserheblicher Umstände. Insbesondere ist bei den hier interessierenden Fahrlässigkeits- und Unterlassungsdelikten das Maß der begangenen Pflichtwidrigkeit entscheidend.[673] Bei Unterlassungsdelikten kommt es zudem auf das Maß des Verstoßes gegen die Handlungspflicht an. Dabei ist die Vorwerfbarkeit beim pflichtwidrigen Unterlassen meist geringer als bei aktivem Tun.[674]

Maßgeblich wird man die Ehrenamtlichkeit jedoch bei den psychischen Faktoren berücksichtigen können. Beweggründe und Ziele des Täters sind ein wichtiger Strafzumessungsfaktor.[675] Dabei wird man dem ehrenamtlich Tätigen zugute halten können, dass er die Betreuung zum Wohle des Verletzten übernommen hat.

672 Schäfer, Praxis der Strafzumessung, NJW-Schriften, Heft, 51, 1990, Rdn. 232.
673 Schäfer, Rdn. 252.
674 Schäfer, Rdn. 253.
675 Schäfer, Rdn. 244.

G. Staatliche Fördermittel (Zuwendungsrecht)

I. Einführung

Der Staat – hier verstanden als Bund, Länder und Kommunen – fördert das Ehrenamt und das bürgerschaftliche Engagement finanziell in vielfältiger Weise. Diese Förderung kann über eine Körperschaft, meistens einen Verein, aber auch über Einzelpersonen laufen.

Jeder, der mit staatlichen Fördermitteln zu tun hat, hat auch mit sehr viel Bürokratie zu tun. In der Praxis wird man mit zahlreichen Verwaltungsvorschriften konfrontiert, die schon für einen Juristen, noch mehr aber für einen Nichtjuristen unübersichtlich und oft schwer verständlich sind. Deshalb ist es nachvollziehbar, wenn über die rechtlichen Vorschriften, die die Vergabe dieser Fördermittel regeln, gesagt wird, dass sie „dem bürgerschaftlichen Engagement nicht wohlgesonnen“ sind.[676]

Im Folgenden soll ein Überblick über die wichtigsten rechtlichen Fragen und Problemkreise gegeben werden.

II. Überblick über die Rechtsvorschriften

Das Rechtsgebiet, das die Vergabe staatlicher Fördermittel regelt, wird Zuwendungsrecht genannt. Der hier zu behandelnde Ausschnitt des Zuwendungsrechts betrifft den Bereich öffentlicher finanzieller Förderung an Dritte, genauer um Ausgaben und Verpflichtungsermächtigungen für Leistungen an Stellen außerhalb

---

676 So Graf Strachwitz, Rupert, Beobachtungen und Kommentare zum Tagungsverlauf, in: Ermert, Karl (Hrsg.), Ehrenamt in Kultur und Arbeitsgesellschaft, 2000, S. 140ff. (146).

der Verwaltung des Bundes oder des Landes zur Erfüllung bestimmter Zwecke. In diesem Zusammenhang werden die steuerrechtlichen Fragen nicht behandelt.[677]

Das Zuwendungsrecht – im Sinne dieser Definition – ist Bestandteil des öffentlichen Haushaltsrechts. Wichtigste Rechtsquellen des Zuwendungsrechts sind die Gesetze über die Haushaltsordnung des Bundes (BHO)[678] und der Länder (LHO) sowie die kommunalen Haushaltsordnungsvorschriften. Das Haushaltsrecht des Bundes und der Länder wird durch verpflichtende Grundsätze für die Gesetzgebung des Bundes und der Länder koordiniert, die im Haushaltsgrundsätzegesetz (HGrG)[679] niedergelegt sind.[680]

Die Gewährung von Zuwendungen vollzieht sich in Ausführung des Haushaltsplans des Bundes oder eines Landes (§ 44 BHO). Das Zuwendungsrecht wird außer in einigen wenigen gesetzlichen Vorschriften im Haushaltsgrundsätzegesetz und in der BHO allgemein in den Verwaltungsvorschriften nach § 44 Abs. 1 Satz 4 BHO[681] zur institutionellen Förderung und zur Projektförderung geregelt. Diese gesetzlichen und untergesetzlichen Vorschriften kann man als das allgemeine Zuwendungsrecht verstehen. Darüber hinaus existieren meist noch zusätzliche Vorschriften in Form von Verwaltungsvorschriften, die sich auf spezielle Vorhaben und Förderungsweisen beziehen können.[682]

Die Regelungssituation des Zuwendungsrechts unterscheidet sich von derjenigen in anderen Rechtsbereichen vor allem dadurch, dass auf der Ebene des Gesetzes nur sehr wenig und dies dann meist nur als Grundsatz geregelt ist, während sich die Konkretisierung dieser Grundsätze auf der Ebene der Verwaltungsvorschriften vollzieht.

---

677 Zu den steuerrechtlichen Fragen s. Teil II:A.II.2.

678 Bundshaushaltsordnung (BHO) vom 19. August 1969, BGBl. I S. 1284.

679 Gesetz über die Grundsätze des Haushaltsrechts des Bundes und der Länder (Haushaltsgrundsätzegesetz – HGrG) vom 19. August 1969, BGBl. I S. 1273.

680 Im Folgenden wird nur noch auf das Haushaltsrecht des Bundes Bezug genommen.

681 Allgemeine Verwaltungsvorschriften zur Bundeshaushaltsordnung (VV-BHO), RSchr. d. BMF v. 14.3.2001 – II A 3 – H 1005 – 5/01 –,GMBl. Nr. 16/17/18 v. 15. Mai 2001, S. 307ff. Einschlägig ist hier die Anlage zu § 44 BHO.

682 So z.B. die Fördermaßnahmen, die im Kinder- und Jugendplan des Bundes aufgeführt sind, Richtlinien des Bundesministeriums für Familie, Senioren, Frauen und Jugend vom 19. Dezember 2000, GMBl. vom 10. Januar 2001.

III. Arten der Zuwendung

Als Arten der Zuwendung sind die Projektförderung und die institutionelle Förderung zu unterscheiden.[683] Bei der *Projektförderung* handelt es sich um Zuwendungen zur Deckung von Ausgaben für einzelne abgegrenzte Vorhaben des Empfängers, bei der *institutionellen Förderung* um Zuwendungen zur Deckung der gesamten Ausgaben oder eines nicht abgegrenzten Teiles der Ausgaben des Empfängers. Die Förderungen können sich bei beiden Zuwendungsarten über mehrere Jahre erstrecken.

IV. Grundsätze im Zusammenhang der Veranschlagung und Vergabe von Zuwendungen

Bei der Veranschlagung und Vergabe von Zuwendungen sind bestimmte Grundsätze zu beachten, die sich aus den haushaltsrechtlichen Grundsätzen ableiten.

1. Subsidiaritätsgrundsatz

§ 14 HGrG besagt, dass Ausgaben und Verpflichtungsermächtigungen für Leistungen an Stellen außerhalb der Verwaltung des Bundes oder des Landes zur Erfüllung bestimmter Zwecke (Zuwendungen) im Haushaltsplan nur veranschlagt werden dürfen, wenn der Bund oder das Land an der Erfüllung durch solche Stellen ein erhebliches Interesse hat, das ohne die Zuwendungen nicht oder nicht im notwendigen Umfang befriedigt werden kann. Diese Vorschrift ist mit Wirkung für den Bundeshaushalt inhaltsgleich in § 23 BHO eingegangen. § 44 Abs. 1 Satz 1 BHO bestimmt für die Ausführung des Haushaltsplans, dass Zuwendungen nur unter den Voraussetzungen des § 23 BHO gewährt werden dürfen.

Aus diesen gesetzlichen Vorschriften wird der Grundsatz der Subsidiarität abgeleitet. Mit diesem Grundsatz ist der *Grundsatz der Wirtschaftlichkeit und Sparsamkeit* (§ 7 Abs. 1 BHO) und der

683 VV Nr. 2 zu § 23 BHO (wie Anm. 681).

Grundsatz der Notwendigkeit der Ausgaben (§ 6 BHO) eng verknüpft. Hieraus folgt, dass der Zuwendungsempfänger den Zuwendungszweck in erster Linie selbst zu finanzieren hat. Nur wenn der Zuwendungsempfänger nicht über ausreichende Eigenmittel verfügt oder von dritter Seite keine ausreichenden Mittel erhalten kann, kommt ergänzend eine Zuwendung als *Teilfinanzierung*, meist in Form der Fehlbedarfsfinanzierung, in Betracht.[684] Die Teilfinanzierung ist gemäß dem Subsidiaritätsprinzip die Regel, die Vollfinanzierung die Ausnahme.[685]

Bei der *Teilfinanzierung* werden neben der *Fehlbedarfsfinanzierung* auch die *Anteilsfinanzierung* und die *Festbetragsfinanzierung* unterschieden.[686] Bei der *Anteilsfinanzierung* wird die Zuwendung nach einem bestimmten Vomhundertsatz oder nach einem bestimmten Anteil der zuwendungsfähigen Ausgaben bewilligt.[687] Bei der *Fehlbedarfsfinanzierung* wird der Fehlbedarf gedeckt, der insoweit verbleibt, als der Zuwendungsempfänger die zuwendungsfähigen Ausgaben nicht durch eigene oder fremde Mittel zu decken vermag.[688] Bei diesen beiden Finanzierungsarten ist eine Begrenzung auf einen Höchstbetrag vorzunehmen. Bei der *Festbetragsfinanzierung* wird die Zuwendung mit einem festen Betrag an den zuwendungsfähigen Ausgaben bewilligt. Diese Finanzierungsart kommt nicht in Betracht, wenn zum Zeitpunkt der Bewilligung konkrete Anhaltspunkte dafür vorliegen, dass mit nicht bestimmbaren späteren Finanzierungsbeiträgen Dritter oder mit Einsparungen zu rechnen ist.[689]

Die *Projektförderung* kann als Festbetrags- und als Fehlbedarfsfinanzierung gestaltet werden. Rechtlich ist nicht bindend vorgeschrieben, dass die eine oder die andere Finanzierungsform gewählt wird. Die Fehlbedarfsfinanzierung wird meist mit dem Verweis darauf gewählt, dass der Zuwendungsnehmer ein Eigeninteresse an der Förderung habe und dies durch Einsatz von eigenen Mitteln zum Ausdruck gelange. Teilweise soll, wie aus der Praxis berichtet wird, bei Vereinen als Zuwendungsnehmer gefordert

684 VV Nr. 2.2.2 zu § 44 BHO (wie Anm. 681).
685 VV Nr. 2.2 zu § 44 BHO (wie Anm. 681).
686 VV Nr. 2.2.1 und 2.2.3. zu § 44 BHO (wie Anm. 681).
687 VV Nr. 2.2.1 zu § 44 BHO (wie Anm. 681).
688 VV Nr. 2.2.2 zu § 44 BHO (wie Anm. 681).
689 VV Nr. 2.2.3 zu § 44 BHO (wie Anm. 681).

werden, alle Eigenmittel des Vereins einzusetzen.[690] Dies kann praktisch dazu führen, dass die Verwaltung als Zuwendungsgeber Bestimmungsbefugnis über die Verwendung von Vereinsmitteln erlangt.

Anders als für die Wahl zwischen Voll- und Teilfinanzierung, für die nach dem aus § 23 BHO folgenden Subsidiaritätsprinzip die Teilfinanzierung den Vorrang genießt, ist für die Wahl der Finanzierungsarten bei der Teilfinanzierung keine gesetzliche Aussage gegeben.[691] Für die Wahl der Fehlbedarfsfinanzierung wird vorgebracht, dass diese dann die richtige Finanzierungsart sei, wenn der Zuwendungsempfänger nur über geringe Eigenmittel verfüge. Typische Beispiele hierfür sind Zuwendungen an Einrichtungen und Organisationen auf den Gebieten der Jugend- und Sozialpolitik, der Bildung, der Wissenschaft, der Kultur und des Sportes. Hier handelt es sich in der Regel um finanzschwache Zuwendungsempfänger.[692]

2. Verwendungsnachweis

Weiter bestimmt § 44 Abs. 1 Satz 2 BHO, dass die zweckentsprechende Verwendung von Zuwendungen nachzuweisen ist. Durch den Verwendungsnachweis soll die Erreichung des Zuwendungszweckes, die Wirtschaftlichkeit der Mittelverwendung und die Ordnungsmäßigkeit des Verfahrens nachgewiesen werden. Damit ist der Verwendungsnachweis ein Instrument der Erfolgskontrolle. Der Verwendungsnachweis gliedert sich in einen Sachbericht und einen zahlenmäßigen Nachweis. Je nach Zuwendungsart sind die Anforderungen an den zahlenmäßigen Verwendungsnachweis unterschiedlich. Bei der institutionellen Förderung sind die Anforderungen in der Regel höher. So ist dort ein einfacher Verwendungsnachweis ohne Vorlage von Belegen und nur unter Gegenüberstellung von Einnahmen und Ausgaben bei Förderung durch den

---

690 Zimmermann, Olaf, Was hindert und wie fördert man Bürgerschaftliches Engagement in Vereinen und Verbänden des Kulturbereiches, in: Kulturpolitik in der Bürgergesellschaft – Jahrbuch der Kulturpolitik 2000, Bd. 1, S. 157–177 (170).

691 S. hierzu die Äußerungen bei Krämer/Schmidt, D. V. 4.2.

692 Krämer/Schmidt, D V. 4.2.3.

Bund und durch die meisten Länder nicht möglich.[693] Bei der Projektförderung ist ein solcher einfacher Verwendungsnachweis vor allem dann möglich, wenn bestimmte Förderbeträge nicht überschritten werden.[694]

3. Jährlichkeitsprinzip

Neben diesen direkt auf das Zuwendungsrecht bezogenen haushaltsrechtlichen Vorschriften sind weiter die allgemeinen haushaltsrechtlichen Grundsätze zu berücksichtigen, soweit sie bei Zuwendungen relevant werden können. Hier ist vor allem der Grundsatz der Jährlichkeit zu nennen, nach dem der Haushaltsplan nach Jahren getrennt aufzustellen ist (Art. 110 Abs. 2 Satz 1 GG), wobei das Haushaltsjahr das Kalenderjahr ist (§ 4 HGrG/BHO). Mehrjahrespläne sind nur für zwei Jahre möglich (§ 9 HGrG, § 1 BHO).

Der Grundsatz der Jährlichkeit gilt schon bei der Veranschlagung von Zuwendungen im Haushaltsplan. Verpflichtungen zur Leistung von Ausgaben in künftigen Jahren sind nur mit dem Instrument der Verpflichtungsermächtigung möglich (§ 5 HGrG, § 6 BHO). Daraus folgt auch, dass bei einer über mehrere Jahre laufenden Projektförderung eines Zuwendungsempfängers eine Zuwendung über den Zeitraum der Laufzeit eines solchen Projektes nur möglich ist, wenn eine entsprechende Ermächtigung im Haushaltsplan des Zuwendungsgebers vorliegt.[695]

Aus dem Grundsatz der Jährlichkeit wird auch das Erfordernis abgeleitet, jährliche Verwendungsnachweise seitens des Zuwendungsnehmers zu liefern. Dabei ist jedoch wieder zwischen der institutionellen und der Projektförderung zu unterscheiden. Bei ersterer ist der Verwendungsnachweis nach Ablauf des Haushalts- oder Wirtschaftsjahres zu liefern.[696] Bei letzterer kommt es auf den Zeitpunkt der Erfüllung des Zuwendungszweckes an. Allerdings ist jährlich ein Zwischennachweis zu liefern, der wie ein einfacher Verwendungsnachweis zu führen ist.[697]

---

693 Krämer/Schmidt, E. I. 3.3

694 S. die Angaben bei Krämer/Schmidt, E. I. 3.2.

695 Krämer/Schmidt, C. II. 2.2.

696 Anlage 1 zur VV 5.1 zu § 44 BHO (ANBest-I) Nr. 7.1 (wie Anm. 681).

697 Anlage 2 zur VV Nr. 5.1 zu § 44 BHO (ANBest-P) Nr. 6.1 Satz 2 (wie Anm. 681).

4. Besserstellungsverbot

Das Besserstellungsverbot wird aus dem Subsidiaritätsprinzip abgeleitet. Es besagt, dass der Zuwendungsempfänger seine Beschäftigten nicht besser stellen darf als vergleichbare Arbeitnehmer des Zuwendungsgebers. Das Besserstellungsverbot gilt bei der institutionellen Förderung durchgehend, bei der Projektförderung nur, soweit die Gesamtausgaben des Zuwendungsempfängers überwiegend aus Zuwendungen der öffentlichen Hand finanziert werden.[698] Im Haushaltsgesetz 2001 des Bundes[699] ist das Besserstellungsverbot für Zuwendungen des Bundes gesetzlich fixiert worden (§ 8 Abs. 2 Haushaltsgesetz 2001).

5. Verbot der Rücklagenbildung

Dem Zuwendungsempfänger ist es untersagt, Rücklagen zu bilden.[700] Die Länder haben jedoch dieses Verbot zum Teil aufgelokkert.[701]

V. Formen des Verwaltungshandelns bei der Zuwendungsgewährung

Als verwaltungsrechtliche Handlungsformen bei der Vergabe von Zuwendungen kommen der Verwaltungsakt (Zuwendungsbescheid) als begünstigender Verwaltungsakt in Frage, der in der Regel mit zahlreichen Nebenbestimmungen versehen ist. Ebenso wird als Handlungsform – allerdings eher ausnahmsweise – der Zuwendungsvertrag verwendet.[702]

---

698 Krämer/Schmidt, C. III. 3.7.2.

699 Gesetz über die Feststellung des Bundeshaltsplans für das Haushaltsjahr 2001 (Haushaltsgesetz 2001), BGBl. I S. 1920.

700 Nr. 1.8 ANBest-I .

701 Krämer/Schmidt, D XI. 11.

702 Krämer/Schmidt, D. VIII. 2.2

H. Förderung auf dem Gebiet der Sozial- und Jugendhilfe, der Arbeitsförderung und des Gesundheitswesens

I. Allgemeines zur Rechtslage

1. Überblick über die einschlägigen Rechtsnormen und Rechtsgebiete

Bürgerschaftliches Engagement vollzieht sich auch auf Feldern, die herkömmlich von den Verbänden der freien Wohlfahrtspflege besetzt werden. Die Zusammenarbeit der freien Wohlfahrtspflege mit den öffentlichen Trägern entspricht dem Subsidiaritätsprinzip; historisch ist sie aus der Tätigkeit der freien Wohlfahrtspflege begründet. In dieser Zusammenarbeit mit den Verbänden der freien Wohlfahrtspflege dokumentiert sich ein Neben- und Miteinander von staatlicher und privater Betätigung. Dieses Neben- und Miteinander war nicht immer problemlos. Eine Konstante dieser Konstellationen war aber immerhin bis Mitte der 90er Jahre, dass die Verbände der freien Wohlfahrtspflege in manchen sozialen Feldern einen Vorrang gegenüber öffentlicher wohlfahrtlicher Betätigung und weiter gegenüber der auf Gewinnerzielung bedachten Betätigung auf dem Wohlfahrtssektor genossen haben. Seit Mitte der 90er Jahre ist mit dem Gesetz zur Reform der Sozialhilfe und mit der Einführung der Pflegeversicherung dieser Vorrang nur noch gegenüber der öffentlichen Betätigung gegeben (§ 93 Abs. 1 BSHG; § 11 Abs. 2 Satz 3 SGB XI).

Diese Reduzierung des Vorrangs der Verbände der freien Wohlfahrtspflege betrifft den Bereich der wirtschaftlichen Betätigung als Erbringer von sozialen, pflegerischen und sonstigen Leistungen, nicht jedoch die sonstige wohlfahrtliche soziale Tätigkeit. Nur auf dem Gebiet dieser wirtschaftlichen Betätigung sind somit für privatgewerbliche und für freigemeinnützige Leistungserbringer gleiche Marktzutrittsvoraussetzungen geschaffen worden.

Allgemein wird freigemeinnützige wohlfahrtliche Tätigkeit und damit auch die sonstige nicht sozialleistungserbringende Tätigkeit im Verhältnis zu den öffentlichen Sozialleistungsträgern von der

Grundregel des § 17 Abs. 3 Satz 1 SGB I bestimmt, wonach die (öffentlichen) Leistungsträger in der Zusammenarbeit mit gemeinnützigen und freien Einrichtungen und Organisationen darauf hinwirken, dass sich ihre Tätigkeit und die der genannten Einrichtungen und Organisationen zum Wohl der Leistungserbringer wirksam ergänzen. Dabei ist die Selbständigkeit der genannten Einrichtungen und Organisationen in Zielsetzung und Durchführung ihrer Aufgaben zu achten (§ 17 Abs. 3 Satz 2 SGB I). Die besonderen Teile des Sozialgesetzbuchs können im übrigen das Verhältnis der öffentlichen Leistungsträger zu den genannten Einrichtungen und Organisationen bestimmen (§ 17 Abs. 3 Satz 3 SGB I). Schließlich gelten für die Zusammenarbeit die Vorschriften über das Auftragsverhältnis, allerdings mit Einschränkungen (§ 17 Abs. 4 Satz 4 SGB I).

2. Allgemeines Zusammenarbeitsgebot für alle Sozialleistungsbereiche

Damit ist für das im SGB kodifizierte Sozialrecht, auch soweit es noch nicht als besonderes Buch in das SGB integriert ist,[703] mit § 17 Abs. 3 SGB I eine allgemeine Zusammenarbeitsregel in Bezug auf alle Tätigkeiten der Leistungsträger und der gemeinnützigen und freien Einrichtungen und Organisationen gegeben.

3. Inhaltliche Erstreckung des allgemeinen Zusammenarbeitsgebotes

Inhaltlich erstreckt sich das Zusammenarbeitsgebot auf alle Tätigkeiten, nicht nur auf die Erbringung sozialer Leistungen im engeren Sinn. Das Feld dieser Tätigkeiten ist hier sehr weit. Häufig zitiert wird beispielsweise der freiwillige Besuchsdienst in Krankenhäusern. Außerhalb der Erbringung sozialer Leistungen im engeren Sinn wird man vor allem auch an „weiche“ soziale Leistungen denken, insbesondere an Beratungsangebote. Trotzdem ist eine inhaltliche Beschränkung nicht gegeben. Die Vorschrift bezieht sich jedoch nur auf die Zusammenarbeit auf solchen Gebieten, auf denen auch die öffentlichen Sozialleistungsträger kraft Gesetzes tätig

703 S. hierzu § 68 SGB I.

werden. Umgekehrt enthält die Vorschrift keine Ausschlussklausel für eine sonstige Betätigung der gemeinnützigen und freien Einrichtungen und Organisationen.

§ 17 Abs. 3 SGB I kann auch nicht als allgemeine Fördernorm für freie und gemeinnützige Einrichtungen und Organisationen verstanden werden. Die einzelnen Sozialleistungsbereiche können jedoch solche Vorschriften enthalten.

Obwohl die Vorschrift alle Sozialleistungsbereiche umspannt, wirkt die Zusammenarbeit traditionell vor allem auf dem Gebiet der Sozialhilfe und der Jugendhilfe. Für diese Gebiete existieren wiederum besondere Zusammenarbeitsvorschriften in den §§ 73ff. SGB VIII und in § 10 BSHG.

4. Zusammenarbeitsberechtigte gemeinnützige und freie Einrichtungen und Organisationen

Zusammenarbeitsberechtigt sind zunächst die Einrichtungen und Organisationen, die steuerrechtlich als gemeinnützig gelten.[704] Weiter sind die *freien* Einrichtungen und Organisationen genannt. Dieser Begriff ist steuerrechtlich nicht relevant. Im Sozialrecht ist er teilweise in den besonderen Büchern des SGB, so im SGB VIII, vorzufinden, wo von der freien Jugendhilfe gesprochen wird (§§ 73ff. SGB VIII). An anderer Stelle im SGB ist die Rede von freigemeinnützigen Trägern (§ 11 Abs. 2 Satz 3 SGB XI, ebenso im Krankenhausfinanzierungsrecht, § 1 Abs. 2 Satz 2 KHG). Schließlich wird das Attribut „frei" auch im Zusammenhang der freien Wohlfahrtspflege gebraucht (§ 10 BSHG). Frei bedeutet zunächst „nicht öffentlich". Frei im Sinne von freigemeinnützig ist weiter die nicht gewinnerzielende Tätigkeit gemeint. Damit können auch nicht an einen Wohlfahrtsverband gebundene Tätigkeiten des bürgerschaftlichen Engagements unter das Attribut frei im Sinne des § 17 Abs. 3 SGB I fallen.[705]

704 S. dazu Teil II:A.I.2.

705 So auch Schellhorn/Schellhorn, BSHG, Kommentar, 16. Aufl., 2002, § 10 Rz. 13.

II. Bürgerschaftliches Engagement in ausgewählten Sozialleistungsbereichen

Für die Betätigung im Rahmen des bürgerschaftlichen Engagements ist jedoch entscheidend, ob und in welcher Weise die verschiedenen Sozialleistungsbereiche über besondere Regelungen verfügen. Insofern ist die Frage, wie der Begriff „frei“ in § 17 Abs. 3 SGB I zu verstehen ist, nur von theoretischer Bedeutung.

1. Sozialhilfe

Das Zusammenarbeitsgebot im BSHG bezieht sich auf die Kirchen und Religionsgemeinschaften des öffentlichen Rechts sowie auf die Verbände der freien Wohlfahrtspflege (§ 10 Abs. 2 BSHG). Andere Organisationen („freie“ Organisationen), die nicht einem freien Wohlfahrtsverband im Sinne der Spitzenverbände der Freien Wohlfahrtspflege angehören,[706] werden nicht erfasst. Häufig schließen sich solche Organisationen dem Deutschen Paritätischen Wohlfahrtsverband an, um den entsprechenden Status zu erreichen.[707]

Das BSHG enthält neben dem Zusammenarbeitsgebot auch eine Unterstützungsvorschrift: „Die Träger der Sozialhilfe sollen die Verbände der freien Wohlfahrtspflege in ihrer Tätigkeit auf dem Gebiet der Sozialhilfe angemessen unterstützen.“ (§ 10 Abs. 3 Satz 2 BSHG). Diese Unterstützung kann vielfältig sein. Eine Beschränkung auf eine Förderung durch Zuwendungen ist nicht gegeben. Die Vorschrift gibt auch keinen Rechtsanspruch auf Unterstützung. Jedoch besteht im Rahmen der behördlichen Ermessensbetätigung ein Anspruch auf Gleichbehandlung.

Auf dem Gebiet der Erbringung von Leistungen der Sozialhilfe, z.B. der Eingliederungshilfe für Behinderte (§§ 37ff. BSHG), ist der frühere Vorrang der freien Wohlfahrtspflege aufgeben worden zugunsten eines allgemeinen Vorrangs privater Träger gegenüber dem Sozialhilfeträger (§ 93 Abs. 1 BSHG). Dieser allgemeine

---

706 Caritasverband, Diakonisches Werk – Innere Mission und Hilfswerk – der Evangelischen Kirche, Arbeiterwohlfahrt, Deutsches Rotes Kreuz, Deutscher Paritätischer Wohlfahrtsverband, Zentralwohlfahrtsstelle der Juden in Deutschland.

707 So auch Schellhorn/Schellhorn, BSHG, Kommentar, 16. Aufl., 2002, § 10 Rz. 13.

Vorrang drückt sich aus in einem Vorrang der Einrichtungserrichtung (§ 93 Abs. 1 Satz 1 BSHG) und in einem Vorrang des Vereinbarungsabschlusses (§ 93 Abs. 1 Satz 2 BSHG).

2. Jugendhilfe

Für den Bereich der Kinder- und Jugendhilfe ist das Verhältnis der freien und öffentlichen Jugendhilfe allgemein in § 3 SGB VIII geklärt. Die Vorschrift geht von der Trägervielfalt aus und legt sie den weiteren Regelungen zugrunde. Eine besondere Definition des Attributs „frei" ist nicht gegeben. Damit ist auf jeden Fall ein weiterer Kreis von Trägern gemeint als nur der Kreis der Träger der freien Wohlfahrtspflege.

In einer besonderen Zusammenarbeitsvorschrift wird zunächst die partnerschaftliche Zusammenarbeit unter Anerkennung der Selbständigkeit der freien Jugendhilfe postuliert (§ 4 Abs. 1 SGB VIII). Ein Einrichtungserrichtungsvorrang ist in § 4 Abs. 2 SGB VIII festgelegt. Schließlich ist eine Fördernorm gegeben, die sich auch auf die Selbsthilfe bezieht (§ 4 Abs. 3 SGB VIII).

Speziellere Normen betreffen die Jugendarbeit (§§ 11f. SGB VII). Hier werden zunächst mögliche Träger für diese Tätigkeiten bestimmt, zu denen u.a. auch „Gruppen und Initiativen" gehören können (§ 11 Abs. 2 SGB VIII). Für die Tätigkeit der Jugendverbände und Jugendgruppen ist eine Förderverpflichtung vorgesehen (§ 12 Abs. 1 SGB VIII). Freilich stehen diese Vorschriften unter dem für das Kinder- und Jugendhilferecht typischen Landesrechtsvorbehalt (§ 15 SGB VIII).

Die Fördervorschriften werden dann weiter präzisiert in einer Qualifikationsvorschrift für ehrenamtlich in der Jugendhilfe tätige Personen (§ 73 SGB VIII) und in einer besonderen Förderregelung für die freie Jugendhilfe (§ 74f. SGB VIII). Der Förderanspruch ist als Ermessensanspruch ausgestaltet und steht unter dem Haushaltsvorbehalt (§ 74 Abs. 3 SGB VIII).

Für die Förderung werden fünf Voraussetzungen erhoben (Fachlichkeit, wirtschaftliche Mittelverwendung, Verfolgung gemeinnütziger Ziele, angemessene Eigenleistung, Grundgesetzkonformität) (§ 74 Abs. 1 Satz 1 SGB VIII). Bei einer auf Dauer angelegten Förderung ist eine Anerkennung als Träger der freien Jugendhilfe erforderlich (§ 74 Abs. 1 Satz 2 SGB VIII).

Anerkannt werden können freie Jugendhilfeträger als juristische Personen und als Personenvereinigungen, also auch als nichtjuristische Personen. Voraussetzungen sind die Tätigkeit auf dem Gebiet der Jugendhilfe, die Verfolgung gemeinnütziger Ziele, Erwartung eines nicht unwesentlichen Beitrags zur Erfüllung der Aufgaben der Jugendhilfe, Grundgesetzkonformität (§ 75 Abs. 1 SGB VIII). Einen Rechtsanspruch auf Anerkennung als Träger der freien Jugendhilfe hat, wer auf dem Gebiet der Jugendhilfe mindestens drei Jahre tätig gewesen ist (§ 75 Abs. 2 SGB VIII). Kirchen und Religionsgemeinschaften des öffentlichen Rechts sowie die auf Bundesebene zusammengeschlossenen Verbände der freien Wohlfahrtspflege sind qua Gesetz anerkannte Träger der freien Jugendhilfe (§ 75 Abs. 3 SGB VIII).

3. Arbeitsförderungsrecht

Auf dem Gebiet der Arbeitsförderung nach dem SGB III hat sich die in der Sozial- und Jugendhilfe vorgestellte rechtliche Konstellation der Zusammenarbeit öffentlicher Träger mit andern Trägern nicht in vergleichbarer Weise dargeboten und rechtlich niedergeschlagen. Die Zusammenarbeit der Bundesanstalt für Arbeit mit anderen Trägern war und ist eine Zusammenarbeit auf der Ebene der Leistungserbringung, z.B. bei Weiterbildungsmaßnahmen.

Es ist jedoch denkbar, dass im Rahmen der sog. freien Förderung auch bürgerschaftlich Engagierte zum Zuge kommen können. Diese freie Förderung erlaubt es den Arbeitsämtern, bis zu zehn Prozent der Eingliederungsmittel für Ermessensleistungen der aktiven Arbeitsförderung einzusetzen, um die Möglichkeiten der gesetzlich geregelten aktiven Arbeitsförderung zu erweitern. Hierbei sind auch Projektförderungen möglich (§ 10 Abs. 1 SGB III). Aufgrund der allgemeinen Zusammenarbeitsvorschrift in § 17 Abs. 3 SGB I sind auch freie Einrichtungen und Organisationen als Bezieher der Projektförderung denkbar.

Die Vorschrift enthält ansonsten keine weiteren Präzisierungen.

4. Förderung der stationären und ambulanten Hospizarbeit

Die stationäre und teilstationäre Versorgung in Hospizen ist zum 1. Januar 1997 als Krankenkassenleistung eingeführt worden (§ 39a SGB V). Mit dem Pflegeleistungs-Ergänzungsgesetz (PflEG) ist ein Förderanspruch für ambulante Hospizdienste eingeführt worden.[708]. Anders als im Krankenhaus erhalten die Versicherten aber nur einen Zuschuss zu dieser Versorgung (§ 39a Abs. 1 Satz 2 SGB V). Für die ambulante Hospizarbeit war bis zum PflEG keine entsprechende Regelung vorgesehen, obwohl § 39a Satz 1 SGB V a.F. den Vorrang der Versorgung des Versicherten im Haushalt oder der Familie des Versicherten vorsah. Bei der Neuregelung handelt sich nicht um eine Leistung an die Versicherten, sondern um eine Teilförderung der Personalkosten ambulanter Hospizeinrichtungen (§ 39a Abs. 2 Satz 3 SGB V). Ein Leistungsanspruch des Versicherten wird damit nicht bewirkt. Insofern kann dieser Zuschuss als gesetzlich anspruchsverankerte Zuwendung seitens der Krankenkassen an ambulante Hospizeinrichtungen angesehen werden, den alle ambulanten Hospizdienste erhalten, sofern sie bestimmte qualitative Voraussetzungen erfüllen(§ 39a Abs. 2 Satz 2 SGB V). Der Zuschuss zu den notwendigen Personalkosten soll „angemessen“ sein und sich nach dem Verhältnis der Zahl der qualifizierten Ehrenamtlichen zu den Zahl der Sterbebegleitungen bestimmen. Dabei besteht für die Krankenkassen eine Ausgabenhöchstgrenze in Ansehung der Zahl ihrer Versicherten (§ 39a Abs. 2 Sätze 4 und 5SGB V).[709]

5. Förderung der Selbsthilfe im SGB V

Seit Anfang 2000 ist die Förderung von Selbsthilfegruppen, -organisationen und –kontaktstellen als objektivrechtliche Ver-

---

708 Geändert durch Art. 2 des Gesetzes zur Ergänzung der Leistungen bei häuslicher Pflege von Pflegebedürftigen mit erheblichem allgemeinem Betreuungsbedarf (Pflegeleistungs-Ergänzungsgesetz- PflEG) vom 14. Dezember 2001 (BGBl. I S. 3728).

709 Insgesamt 2002 für jeden Versicherten (also nicht nur für Versicherte, die ambulante Hospizleistungen in Anspruch nehmen) 0,15 Euro; jährlicher Anstieg bis 2007 um jeweils 0,05 Euro.

pflichtung der Krankenkassen bestimmt (§ 20 Abs. 4 SGB V). In Frage kommen Maßnahmen der Prävention und der Rehabilitation für bestimmte Krankheiten. Bei der Festlegung der Krankheitsbilder, bei deren Rehabilitation oder Prävention eine Förderung zulässig ist, haben die Spitzenverbände der Krankenkassen, die für diese Festlegung zuständig sind, Vertreter der für die Wahrnehmung der Interessen der Selbsthilfe maßgeblichen Spitzenorganisationen zu beteiligen. Dabei ist eine über die Projektförderung hinausgehende Förderung der gesundheitsbezogenen Arbeit von Selbsthilfegruppen, -organisationen und –kontaktstellen durch Zuschüsse möglich. Das Förderungsvolumen beträgt insgesamt 0,51 Euro pro Versicherten.

Diese Regelung stellt ein gutes Beispiel einer Förderungsvorschrift in einem bestimmten Betätigungsbereich des bürgerschaftlichen Engagements dar. Die Selbsthilfegruppen etc. sind zwar nicht ausdrücklich in die Position von Anspruchsberechtigten gerückt worden. Sie genießen jedoch einen Anspruch auf Gleichbehandlung bei der Förderung und der Vergabe der Mittel.

6. Förderung der Versorgungsstrukturen für Demenzkranke

Mit dem Pflegeleistungs-Ergänzungsgesetz[710] (PflEG) soll neben der leistungsrechtlichen Weiterentwicklung des SGB XI (§§ 45a, 45b SGB XI) auch eine Weiterentwicklung der Versorgungsstrukturen und Versorgungskonzepte insbesondere für demenzkranke Pflegebedürftige bewirkt werden (§ 45c SGB XI). Hier sollen aus Mitteln des Ausgleichsfonds (vgl. § 65 SGB XI) im Wege der Anteilsfinanzierung 10 Mio. Euro je Kalenderjahr für Auf- und Ausbau von niedrigschwelligen Betreuungsangeboten zur Verfügung gestellt werden. Dabei geht das Gesetz davon aus, dass die Länder oder Kommunen ebenfalls einen Zuschuss bereitstellen, wobei sich der Zuschuss aus dem Ausgleichsfonds der Pflegeversicherung an jenem Zuschuss bemisst (§ 45c Abs. 2 SGB XI).

---

710 S. Anm. 708.

III. Zusammenfassender Überblick zum Zugang bürgerschaftlich Engagierter zu Zusammenarbeit und Förderung

Aus den vorstehend geschilderten Regelungen zu Zusammenarbeit und Förderung von freien Einrichtungen, Organisationen oder Trägern ergibt sich in Hinblick auf den Zugang bürgerschaftlich Engagierter zu dieser Zusammenarbeit und Förderung, dass *auf dem Gebiet der Sozialhilfe* eine deutliche rechtliche Privilegierung der Kirchen, Religionsgesellschaften und der Verbände der freien Wohlfahrtspflege bei der Zusammenarbeit besteht, die noch von einer ins Ermessen gestellten Unterstützung für die letzteren Organisationen gekrönt wird. *Auf dem Gebiet der Jugendhilfe* stellt sich die Situation insofern anders dar, als zwar auch hier die genannten Organisationen erheblich in Zusammenarbeit und Förderung privilegiert sind. Jedoch besteht die Möglichkeit für andere Träger der freien Jugendhilfe, in einem Anerkennungsverfahren zum Kreis dieser Privilegierten zu stoßen. *Auf dem Gebiet der Arbeitsförderung* ist im Rahmen der Projektförderung der freien Förderung alles offen oder auch vieles verschlossen – die mangelnde Normpräzisierung erlaubt jedenfalls diesen Schluss. *Auf dem Gebiet des Gesundheits- und Pflegewesens,* markiert durch die Regelungen der gesetzlichen Krankenversicherung im SGB V und – durch das PflEG jetzt auch im SGB XI –,ist durch die Förderverpflichtung der Selbsthilfe im Bereich der Prävention und Rehabilitation, durch die Unterstützung der ambulanten Hospizdienste unddurch die Förderung niedrigschwelliger Betreuungsangebote für Demenzkranke ein direkter Zugang für bürgerschaftliches Engagement zu finanziellen Ressourcen eröffnet worden.

Im Folgenden wird unterschieden zwischen dem *Zugang zur Zusammenarbeit* und dem *Zugang zur Förderung* seitens des bürgerschaftlichen Engagements. Die Möglichkeiten der aktiven Arbeitsförderung nach SGB III sollen wegen ihrer mangelnden Konkretisierung nicht weiter erörtert werden.

Der *Zugang zur Zusammenarbeit* wird im BSHG zumindest über die allgemeine Norm des § 17 Abs. 3 SGB I eröffnet. Im SGB VIII ist er gesetzlich gegeben.

Anderes gilt für den *Zugang zur Unterstützung/Förderung:* Hier hilft für den Bereich des BSHG § 17 Abs. 3 SGB I nicht. Freilich ist es dem Sozialhilfeträger durch § 10 Abs. 3 Satz 2 BSHG nicht versagt, auch bürgerschaftlich engagierte Tätigkeiten auf dem Gebiet der Sozialhilfe zu fördern.

Auf dem *Gebiet der Jugendhilfe* ist der Zugang zur Förderung, anders als im BSGH, sowohl für den nicht anerkannten wie für den anerkannten Träger der Jugendhilfe eröffnet. Unterschiede in dieser Zugangsmöglichkeit sind jedoch dadurch gegeben, dass für eine auf Dauer angelegte Förderung eine besondere Anerkennung erforderlich ist, wenn man nicht bereits zum Kreis der gesetzlich anerkannten Träger gehört (vgl. § 75 Abs. 3 SGB VIII). Auch hier sind wieder Abstufungen in der Anerkennung gegeben: Entweder ist der Träger bereits mindestens drei Jahre auf dem Gebiet der Jugendhilfe tätig – dann besteht ein Anspruch auf Anerkennung, oder der Träger muss einen Kriterienkatalog erfüllen – dann besteht ein Anspruch auf pflichtgemäße Ermessensbetätigung.

Für noch nicht etablierte und noch nicht länger arbeitende bürgerschaftlich engagierte Initiativen etc. auf dem Gebiet der Jugendhilfe bleibt somit das Anerkennungsverfahren, das aber bei Erfüllung der Voraussetzungen nicht automatisch zur Anerkennung führt. Allerdings bleibt der Ermessensspielraum für eine Versagung der Anerkennung trotz Vorliegens der Voraussetzungen sehr gering, so dass in der Regel eine Anerkennung zu erteilen ist.[711]

IV. Andere Formen der Förderung im Sozialbereich durch sog. Leistungsverträge

Im Sozialbereich wird darauf verwiesen, dass zunehmend sog. Leistungsverträge zwischen den Trägern der öffentlichen Verwaltung und Trägern der Wohlfahrtspflege oder der Jugendhilfe verwendet werden.[712] Mit der undifferenzierten Verwendung des Be-

711 Münder u.a., Frankfurter Lehr- und Praxiskommentar zum KJHG/SGB VIII, 1998, § 75 Rz. 7, 18.

712 S. die Hinweise bei Goetz, Michael, Neue Wege in der Finanzierung freier Einrichtungen und Dienste – vom Zuwendungsbescheid zum Zuwendungs- und Leistungsvertrag –,in: RsDE, Heft 44 (2000), S. 12ff. Zu den verschiedenen Finanzierungsweisen auch Brückers, Rainer, Finanzielle Rahmenbedingungen Freier Wohlfahrtspflege, in: Wohlfahrtsverbände in Deutschland:

griffes „Leistungsvertrag“ wird allerdings Verwirrung gestiftet, da dieser Begriff unterschiedliche Verwendungen kennt.[713] In diesem Zusammenhang wird auch auf die mögliche Anwendbarkeit des Vergaberechts hingewiesen.[714]

Als Leistungsvertrag kann z.B. eine Vertragsgestaltung gemeint sein, innerhalb derer ein Vertragspartner einer öffentlichen Stelle bestimmte Leistungen für diese erbringt. Dies können etwa Beratungsleistungen für ein Ministerium sein. Es kann sich auch um die Bereithaltung bestimmter Leistungen im Zusammenhang eines Rahmenvertrages halten. Mit der – inoffiziellen – Bezeichnung als Leistungsvertrag ist damit aber nur der Austausch von Leistung und Gegenleistung zwischen einem privaten Dritten und der Verwaltung gemeint. Anders als ein Vertrag über eine Zuwendung enthält ein Leistungsvertrag also ein solches Gegenseitigkeitsverhältnis. Eine Nähe zum Zuwendungsvertrag kann dann gegeben sein, wenn sich die öffentliche Stelle statt einer reinen Zuwendungsvergabe zur Erfüllung eines bestimmten Zweckes die Erfüllung des Zweckes vertraglich versprechen lässt und ein ausdrückliches Gegenseitigkeitsverhältnis zur Geldleistung der Verwaltung herstellt. In der Struktur stehen solche Leistungsverträge dennoch den Zuwendungsbescheiden und den Zuwendungsverträgen nahe, da die Verwaltung nicht befugt ist, Zuwendungen ohne Zwecksetzung zu vergeben (§§ 44, 23 Abs. 1 BHO). Die Möglichkeiten der rechtlichen Sicherung der Zweckerreichung sind jedoch je nach Wahl der verwaltungsrechtlichen Handlungsform unterschiedlich: Beim Zuwendungsbescheid wird dieses durch Nebenbestimmungen erreicht, beim Zuwendungsvertrag durch das vertragliche Akzeptieren entsprechender Vertragsklauseln. In beiden Fällen sind entsprechende Rückzahlungsverpflichtungen bei Nichterfüllen des Zuwendungszweckes vorgesehen.

Auslauf- oder Zukunftsmodell?, Eine Tagung der Friedrich-Ebert-Stiftung am 25. Oktober in Bonn, 1996, S. 61ff.

713 Mrozynski, Peter, Leistungsverträge zwischen hoheitlicher Steuerung und privatrechtlichem Wettbewerb, in: RsDE Heft 47, 2001, S. 29ff. (30f.). Zu den Förderverträgen s. Kunkel, Peter-Christian, Rechtsfragen der Finanzierung freier Träger, http://www.fh-kehl.de/zheaf/kunkel00_5.pdf.

714 Hierzu ausführlich – und ablehnend – Neumann, Volker/Bieritz-Harder, Renate, Vergabe öffentlicher Aufträge in Sozial- und Jugendhilfe?, in: RsDE Heft 48, S. 1ff.

Sog. Leistungsvereinbarungen sind in bestimmten Sozialbereichen vorgesehen, so in § 93 Abs. 2 Satz 1 Nr. 1 BSHG und in § 78b Abs. 1 Nr. 1 SGB VIII. Diese Verträge haben mit den vorgenannten Leistungsverträgen nichts zu tun.[715] Vielmehr handelt es sich um Verträge im Rahmen des Rechts der Leistungserbringung. Diese Leistungsvereinbarungen sind Bestandteil eines Vereinbarungspaketes, zu dem außerdem noch Vergütungs- und Prüfungsvereinbarungen gehören (§ 93 Abs. 2 Satz 1 BSHG, § 78b Abs. 1 SGB VIII). Diese Vereinbarungen ersetzen die früher üblichen Pflegesatzvereinbarungen. Sie werden wie diese geschlossen, wenn ein Leistungserbringer, etwa ein Träger der freien Wohlfahrt oder ein privater Träger, Leistungen der Sozialhilfe oder der Jugendhilfe erbringt und dafür eine Vergütung oder ein Entgelt erhält. Diese Vereinbarungen sind an eine Reihe gesetzlicher und untergesetzlicher Vorgaben gebunden (vgl. etwa §§ 93a, 93d BSHG). Diese Vereinbarungen haben keinerlei zuwendungsrechtliche Aspekte. Es handelt sich im Kern um Austauschverträge, in denen Leistung (Sozial- oder Jugendhilfeleistung) und Gegenleistung (Vergütung, Entgelt) verknüpft sind.

---

715 So auch Mrozynski, S. 31 (wie Anm. 713).

I. Bürgerschaftliches Engagement in der Kommune

I. Rechtliche Situation

Die Kommune kann als der Ort gelten, an dem sich bürgerschaftliches Engagement vollzieht und am ehesten wirkt. In Widerspruch dazu stehen manchmal die faktische Situation, aber auch die kommunalrechtliche Praxis. Allgemeine Aussagen sind allerdings schwierig: Das Kommunalrecht ist Ländersache; die Praxis des Kommunalrechts mag sich noch einmal von Kommune zu Kommune unterscheiden. Die folgenden Ausführungen stehen daher jeweils unter dem Vorbehalt der besonderen Regelungen des Kommunalrechts in den einzelnen Bundesländern.

Die Gemeinde wird durch die Gemeindevertretung verwaltet. Zum Teil können für Ortsteile Ortsbeiräte gebildet werden, die wiederum mit bestimmten Anhörungs- und Antragsrechten in Bezug auf die Angelegenheiten des Ortsteils ausgestattet sein können. Auch andere Beiräte für gesellschaftlich bedeutsame Gruppen können gebildet werden. Moderne Kommunalverfassungen beschränken sich nicht darauf, den Bürgern nur bei der Wahl der Gemeindeorgane in Mehrjahresabständen die Möglichkeit zu geben, auf die Geschicke der Gemeinde Einfluss zu nehmen, sondern geben Einwohnern und Bürgern von Gemeinden Beteiligungsrechte. Die Spanne der darüber hinausgehenden Rechte ist sehr viel größer: Sie kann von der Information, Beratung und Anhörung bis hin zur nichtorganschaftlichen Beteiligung und Repräsentation über Beiräte reichen. Auch basisdemokratische Rechte in Form des Bürgerentscheids und des Bürgerbegehrens sind zu verzeichnen. Solche Rechte wirken auch in die Richtung auf die Ermöglichung des bürgerschaftlichen Engagements.

Das Kommunalrecht versieht die Personen der Gebietskörperschaft Gemeinde mit einer Reihe von Rechten, z.B. Unterrichtungsrechte, Beiziehung zur Beratung wichtiger Angelegenheiten der Gemeinde im Rahmen einer Einwohnerversammlung; Einwohnerfragestunde; Beschwerderechte. Zum Teil können Bürger das Recht haben, über wichtige Selbstverwaltungsaufgaben selbst zu entscheiden (Bürgerentscheid) Die Bürger können auch in Verpflichtungen eingebunden werden, so mit der Verpflichtung, Ehrenämter und ehrenamtliche Tätigkeiten für die Gemeinde zu übernehmen und auszuüben.

Kommunalverfassungsrechtlich ist zu unterscheiden, ob Bürger bzw. Einwohner demokratische Partizipation im Rahmen der kommunalverfassungsrechtlich vorgesehenen Möglichkeiten ausüben, oder ob sie als bürgerschaftlich Engagierte an der Aufgabenwahrnehmung der Gemeinde teilhaben, auch in Form von Wahrnehmung originärer kommunaler Aufgaben, wie es häufig im Sozialbereich der Fall ist. Schließlich ist davon zu trennen die Ebene der Förderung bürgerschaftlich engagierter Tätigkeiten durch die Kommune mit Hilfe von Zuwendungen.[716]

II. Zur faktischen Situation des bürgerschaftlichen Engagements in der Kommune

Bezüglich der faktischen Situation des bürgerschaftlichen Engagements in der Kommune liegen zahlreiche sozialwissenschaftliche Untersuchungen vor.[717] Dies gilt auch für einzelne Felder des bürgerschaftlichen Engagements.[718] Landesbezogene Programme mit entsprechenden wissenschaftlichen Auswertungen haben geholfen, die weite Fächerung und die breite Palette von Formen des Engagements auf kommunaler Ebene wahrzunehmen und zu ver-

716 Sehr deutlich in Richtung auf diese Unterscheidungen Knemeyer, Franz-Ludwig, Bürgerbeteiligung und Kommunalpolitik. Mitwirkungsrechte von Bürgern auf kommunaler Ebene, 2. erw. Aufl., 1997, S. 159.

717 Z.B. Roth, Roland, Die Kommune als Ort der Bürgerbeteiligung, in: Ansgar Klein/Rainer Schmalz (Hrsg.), Politische Beteiligung und Bürgerengagement in Deutschland: Möglichkeiten und Grenzen, 1997, S. 404ff.

718 Z.B. Hermann, Michael C./Pitschas, Rainer, Jugendliche und Senioren in den Kommunen. Aktivbürgerschaft, Repräsentation, Partizipationsillusion?, Kommunalforschung für die Praxis, Heft 36/37, Stuttgart u.a., 1998.

stehen.[719] Die zum Teil trotz aller Binnenkritik sich im Grundtenor eher euphorisch verstehenden Ausführungen in der wissenschaftlichen Begleitung solcher großen Projekte wird konterkariert durch Stellungnahmen, die als empirischen Befund „Passivität, Parteipolitisierung und Patronage“ als Defizit kommunalen bürgerschaftlichen Engagements ausgeben.[720]

Anhand der bisherigen Untersuchungen im Zusammenhang des bürgerschaftlichen Engagements auf kommunaler Ebene können einige zentrale Kernpunkte herausgestellt werden, die für die Ermöglichung und Förderung des bürgerschaftlichen Engagements in der Kommune besonders bedeutsam sind. Von Interesse sind hier die gesetzlich nicht vorgeschriebenen *Beteiligungsformen* freiwilliger Art, die dialogisch und kooperativ orientiert sind und deren Gegenstand – allgemein gesagt – die Politikformulierung und die Politikbeteiligung ist.[721] In dieser kooperativen Orientierung unterscheiden sich diese neuen Formen der Bürgerbeteiligung von einem Beteiligungsverständnis, das sich nur auf Information, Anhören und Beratung beschränkt.[722]

Die *neuen Beteiligungsformen* können unterschieden werden nach der Rolle der beteiligten engagierten Bürger und Verbände, nämlich nach der Rolle der Mitgestaltung an der Dienstleistungsproduktion und nach der Rolle der Mitentscheidung an Planungs-

---

719 S. etwa die wissenschaftlichen Jahresberichte zum Bürgerschaftlichen Engagement in Baden-Württemberg, zuletzt 4. Wissenschaftlicher Jahresbericht 1999/2000 Abschlussbericht, von Thomas Klie und Paul-Stefan Roß, hrsg. vom Sozialministerium Baden-Württemberg. S. auch die Untersuchungen zum Förderungsprogramm 1998–1999 zur Sozialen Bürgerinitiative in den neuen Bundesländern von David Kramer, Stephan Wagner, Konstanze Billeb, hrsg. von der Robert Bosch Stiftung GmbH, Materialien und Berichte 50, August 2000.

720 So die Kapitelüberschrift bei Graf Vitzthum, Wolfgang/Kämmerer, Jörn Axel, Bürgerbeteiligung vor Ort. Defizite, Formen und Perspektiven bürgerschaftlichen Engagements in den Kommunen, hrsg. von der Robert Bosch Stiftung GmbH, Beiträge zum Ehrenamt, Band 4, 2000, S. 10ff.

721 Bogumil, Jörg, Modernisierung lokaler Politik. Kommunale Entscheidungsprozesse im Spannungsfeld zwischen Parteienwettbewerb, Verhandlungszwängen und Ökonomisierung, 2001, S. 221.

722 Bogumil, Jörg, Neue Formen der Bürgerbeteiligung an kommunalen Entscheidungsprozessen – Kooperative Demokratie auf dem Vormarsch!?, Vortrag auf der Fachkonferenz „Stadt und Bürger“ des Deutschen Städtetages am 1. März 2001 in Kassel, Manuskript, S. 1.

und Entscheidungsprozessen.[723] Es geht also um die Rollen in der Planungsphase (Auftraggeberrolle) und in der Implementierungsphase (Mitgestalterrolle). Für die Auftraggeberrolle stehen z.B. Bürgerforen und Planungszellen und die Kooperation in Form von Jugendgemeinderäten oder Seniorenräten. Auf dem Gebiet der Mitgestalterrolle können die Selbstverwaltung von kommunalen Einrichtungen (z.B. Sporteinrichtungen), die Selbsthilfe und die Selbstorganisation von Vereinen und Initiativen sowie die Förderung des individuellen Engagements genannt werden.[724]

III. Wege zur Verstärkung des bürgerschaftlichen Engagements auf kommunaler Ebene

Die Förderung der Bürgerbeteiligung auf kommunaler Ebene bedarf entsprechender institutioneller und organisatorischer Rahmenbedingungen, die zum Teil in den Gemeindeordnungen schon vorgesehen sind. Dies gilt etwa für die *Ortsbeiräte*, die in zahlreichen Gemeindeordnungen eingerichtet worden sind, und deren Funktion es ist, die Angelegenheiten des Ortsteils zur Geltung zu bringen. Solche Ortsbeiräte können z.B. Informationsmittler zu den bürgerschaftlich engagiert Tätigen sein und Informationen über Vorhaben mit Relevanz für bürgerschaftliches Engagement geben. Auch andere Beiräte können solche Funktionen erfüllen.

Andere organisatorische Rahmenbedingungen sind auf administrativer Ebene bereitzustellen. Dies gilt insbesondere für die Lenkung und Steuerung bei der Koordination des bürgerschaftlichen Engagements.[725] Bürgerschaftlich engagierte Projekte bedürfen

---

723 Dazu und auch für das Folgende: Bogumil (wie Anm. 722), S. 2ff. S. auch die Beschreibungen in KGSt-Bericht 6/1999, Bürgerengagement – Chancen für Kommunen, S. 94ff.

724 Für ein solches Beispiel der Mitverwaltung steht das von Gabriel, Ulrich, Bürgerschaftliche Mitverwaltung kommunaler Einrichtungen – fokussiert auf die Situation in Schleswig-Holstein –,Diss. Kiel 2001, beschriebene Projekt eines Jugendzentrums.

725 S. hierzu Arbeitsgemeinschaft zur Förderung Bürgerschaftlichen Engagements in Baden-Württemberg AG/BE, Wege zur Bürgergesellschaft. Ein Leitfaden zur Förderung Bürgerschaftlichen Engagements in Städten, Gemeinden und Landkreisen in Baden-Württemberg, 2000, S. 24.

aber auch einer professionellen Begleitung durch die Bürokratie durch Personen, die *Lotsenfunktion* ausüben können.[726]

Bürgerschaftlich Engagierte bedürfen weiter bestimmter *Befassungsrechte gegenüber den Kommunalorganen.* Die Palette der vorhandenen Möglichkeiten reicht hier vom Einwohnerantrag über das Bürgerbegehren zum Bürgerentscheid.[727]

Unter den vorhandenen Instrumenten ist die *Hauptsatzung* zu nennen, in der eine Gemeinde im Rahmen der staatlich vorgegebenen Gemeindeordnung weitere organisatorische Regelungen trifft und in der z.B. auch die Tätigkeit bestimmter Ausschüsse unter Beteiligung bürgerschaftlich Engagierter geregelt werden kann.[728] Gegenwärtig scheint diese Möglichkeit der Selbstregelung auf gemeindlicher Ebene – also nicht auf der Ebene des Landesgesetzes – noch nicht flächendeckend genutzt und in der sozialwissenschaftlichen Diskussion unterschätzt zu werden.

Bürgerschaftliches Engagement auf kommunaler Ebene bedarf auch der *finanziellen Förderung durch die Kommune*, auch in der Konkurrenz zu den traditionellen Akteuren. Die Entscheidung einer Kommune, solche Förderung auch zum bürgerschaftlichen Engagement hin zu richten, könnte ebenfalls als Grundsatz in der Hauptsatzung festgelegt werden.[729] Insgesamt bietet sich die Hauptsatzung an, grundsätzliche Aussagen zur Geltung und Wirkung des bürgerschaftlichen Engagements in der Kommune aufzunehmen.

---

726 Ähnlich Arbeitsgemeinschaft zur Förderung Bürgerschaftlichen Engagements in Baden-Württemberg AG/BE, Wege zur Bürgergesellschaft. Ein Leitfaden zur Förderung Bürgerschaftlichen Engagements in Städten, Gemeinden und Landkreisen in Baden-Württemberg, 2000, S. 25.

727 S. hierzu ausführlich Spies, Bürgerversammlung, Bürgerbegehren, Bürgerentscheid. Elemente direkter Demokratie, dargestellt am Beispiel des hessischen Kommunalrechts, 1998.

728 Die Gemeinde Dürmentingen hat ihre Hauptsatzung entsprechend verändert, s. Sozialministerium Baden-Württemberg (Hrsg.), Bürgerschaftliches Engagement in Baden-Württemberg, 3. Wissenschaftlicher Jahresbericht 1998/ 1999, erstellt von Thomas Klie, Paul-Stefan Roß, Ursula Frenz, Marion Mohrlock, Annegret Trübenbach-Klie, Stuttgart 1999, S. 52.

729 Für die Aufnahme der Förderung bürgerschaftlichen Engagements in einen kommunalen „Produktplan“ s. Arbeitsgemeinschaft zur Förderung Bürgerschaftlichen Engagements in Baden-Württemberg AG/BE, Wege zur Bürgergesellschaft. Ein Leitfaden zur Förderung Bürgerschaftlichen Engagements in Städten, Gemeinden und Landkreisen in Baden-Württemberg, 2000, S. 21.

Zum Teil werden Befürchtungen geäußert, dass durch die Eigenverantwortlichkeit bürgerschaftlich Engagierter das Gemeininteresse Einbußen erleidet.[730] In der gegenwärtigen Situation scheint dies aber nicht das zentrale Problem zu sein. Vielmehr ist ein quantitatives und qualitatives Defizit an Nutzung und Ausfüllung vorhandener Institutionen und Rechtsinstitute, insbesondere hinsichtlich der Beiräte und der Hauptsatzung, zu beklagen. Daher sollte gegenwärtig das Augenmerk vor allem auf die Verwendung und Optimierung der vorhandenen Instrumente gerichtet werden.[731]

Als in vielfacher Hinsicht lehrreiches Beispiel für die Realisierungsmöglichkeiten bürgerschaftlichen Engagements auf kommunaler Ebene können die Aktivitäten der Arbeitsgemeinschaft zur Förderung Bürgerschaftlichen Engagements in Baden-Württemberg AG/BE dienen, die mittlerweile in mehreren wissenschaftlichen Jahresberichten[732] und Broschüren[733] niedergelegt sind.

---

730 So etwa Graf Vitzthum, Wolfgang/Kämmerer, Jörn Axel, Bürgerbeteiligung vor Ort (Anm. 720), S. 51.

731 So auch Gabriel (Anm. 724), S. 36, der beklagt, dass Regelungen zur bürgerschaftlichen Mitverwaltung bei öffentlichen Einrichtungen in der kommunalen Praxis bislang eine geringe Bedeutung besitzen.

732 Wie Anm. 719.

733 Wie Anm. 725.

Literaturverzeichnis

Arbeitsgemeinschaft zur Förderung Bürgerschaftlichen Engagements in Baden-Württemberg AG/BE, Wege zur Bürgergesellschaft. Ein Leitfaden zur Förderung Bürgerschaftlichen Engagements in Städten, Gemeinden und Landkreisen in Baden-Württemberg, 2000.

Bayerischer Jugendring (Hg.), Ehrenamtliches Engagement junger Menschen, o.J.

Beck, Ulrich, Modell Bürgerarbeit, in: ders., Schöne neue Arbeitswelt: Vision: Weltbürgergesellschaft, 2. Aufl., 1999, S. 7ff.

Beck, Ulrich, Was ist Globalisierung?, 1997.

Beck, Ulrich, Zivilgesellschaft light, Süddeutsche Zeitung 23./.24. Juni 2001, S. 15.

Beher, Karin/Liebig, Reinhard/Rauschenbach, Thomas, Das Ehrenamt in empirischen Studien: ein sekundäranalytischer Vergleich, 1998.

Birk, Ulrich-Arthur/Münder, Johannes, Die rechtlichen Rahmenbedingungen sozialer ehrenamtlicher Arbeit unter besonderer Berücksichtigung haftungs-, sozial- und steuerrechtlicher Aspekte, in: Ehrenamtliche soziale Dienstleistungen. Bericht eines Arbeitskreises der Gesellschaft für Sozialen Fortschritt, Schriftenreihe des Bundesministeriums für Jugend, Familie, Frauen und Gesundheit, Band 231, 1989, S. 265ff.

Blomeyer, Wolfgang, Genossenschaftliches Ehrenamt und "Vier-Augen-Prinzip", ZfgG, Band 38 (1988), S. 164.

Bogumil, Jörg, Modernisierung lokaler Politik. Kommunale Entscheidungsprozesse im Spannungsfeld zwischen Parteienwettbewerb, Verhandlungszwängen und Ökonomisierung, 2001.

Bogumil, Jörg, Neue Formen der Bürgerbeteiligung an kommunalen Entscheidungsprozessen – Kooperative Demokratie auf dem Vormarsch!?, Vortrag auf der Fachkonferenz „Stadt und Bürger" des Deutschen Städtetages am 1. März 2001 in Kassel, Manuskript.

Bogumil, Jörg/Klie, Thomas, Öffentliche Förderung von Organisationen des dritten Sektors im Sozial -und Kulturbereich, 2001 (KDrs 14/149).

Braun, Sebastian, Bürgerschaftliches Engagement – Konjunktur und Ambivalenz einer gesellschaftspolitischen Debatte, Leviathan 29, 2001, S. 83ff.

Bringewat, Peter, Tod eines Kindes. Soziale Arbeit und strafrechtliche Risiken, 2. Aufl., 2001.

Brückers, Rainer, Finanzielle Rahmenbedingungen Freier Wohlfahrtspflege, in: Wohlfahrtsverbände in Deutschland: Auslauf- oder Zukunftsmodell?, Eine Tagung der Friedrich-Ebert-Stiftung am 25. Oktober in Bonn, 1996, S. 61ff.

Deutscher Bundestag, Bericht der Enquete-Kommission „Zukunft des Bürgerschaftlichen Engagements", Deutscher Bundestag, Drucksache 14/8900.

Deutscher Paritätischer Wohlfahrtsverband, Landesverband Baden-Württemberg (Hg.), Versicherungsmerkblatt, 2000.

Dieterich, Thomas (Hg.), Erfurter Kommentar zum Arbeitsrecht, 2. neubearb. Aufl., 2001.

Dreier, Horst (Hg.), Grundgesetz: Kommentar, 3 Bände, 1996.

ECCLESIA Versicherungsdienst GmbH (Hrsg.), Handbuch „Ehrenamtliche – Versicherungsschutz in Kirche, Caritas, und Diakonie, Januar 2001.

ECCLESIA Versicherungsdienst GmbH, Versicherungsschutz in Kirche, Caritas und Diakonie, 2001.

Eichenhofer, Eberhard, Sozialrecht, 3. Aufl., 2000.

Engel, Christoph, Ehrenamt und Arbeitsrecht, 1994.

Enquete-Kommission „Zukunft des Bürgerschaftlichen Engagements" des Deutschen Bundestags, Bericht Bürgerschaftliches Engagement: auf dem Weg in eine zukunftsfähige Bürgergesellschaft, 2002.

Esser, Josef/Weyers, Hans-Leo, Schuldrecht, Besonderer Teil, 8. Aufl., 1998.

Evangelische Landeskirche in Baden, Gemeinsam auf sicherem Weg. o.J.

Evers, Adalbert, Soziales Engagement, Transit Heft 15/1998, S. 186ff.

Evers, Adalbert, Verschiedene Konzeptualisierungen von Engagement, in Kistler, Ernst/Noll, Heinz-Herbert/Priller, Eckhard (Hg.), Perspektiven gesellschaftlichen Zusammenhalts, 1999, S. 53ff.

Fromm, Friedrich Karl/Nordemann, Wilhelm 1998: Urheberrecht. 9. Aufl., Stuttgart

Gabriel, Ulrich, Bürgerschaftliche Mitverwaltung kommunaler Einrichtungen – fokussiert auf die Situation in Schleswig-Holstein –,Diss. Kiel 2001.

Gitter, Wolfgang, Die Übertragbarkeit arbeitsrechtlicher Haftungsgrundsätze auf ehrenamtlich Tätige, in Hönn, Günther (Hg.), Festschrift für Alfons Kraft zum 70. Geburtstag, 1998, S. 101ff.

Gitter, Wolfgang, Ehrenamt und Arbeitslosigkeit, Gutachten für die Robert-Bosch-Stiftung, 1997, http://www.ehrenamt.de/sec4/item3d.htm .

Goetz, Michael, Neue Wege in der Finanzierung freier Einrichtungen und Dienste – vom Zuwendungsbescheid zum Zuwendungs- und Leistungsvertrag –,in: RsDE, Heft 44 (2000), S. 12ff.

Graf Strachwitz, Rupert, Beobachtungen und Kommentare zum Tagungsverlauf, in: Ermert, Karl (Hrsg.), Ehrenamt in Kultur und Arbeitsgesellschaft, 2000, S. 140ff.

Graf Vitzthum, Wolfgang/Kämmerer, Jörn Axel, Bürgerbeteiligung vor Ort. Defizite, Formen und Perspektiven bürgerschaftlichen Engagements in den Kommunen, hrsg. von der Robert Bosch Stiftung GmbH, Beiträge zum Ehrenamt, Band 4, 2000.

Großfeld, Bernhard, Das Ehrenamt in der Genossenschaft und im genossenschaftlichen Verbund, ZfgG, Band 38 (1988), S. 263ff.

Großfeld, Bernhard, Genossenschaft und Ehrenamt, ZfgG, Band 29 (1979), S. 217ff.

Häbel, Hannelore, Kommunale Förderung von Jugendarbeit nach dem Kinder- und Jugendhilfegesetz, 1997.

Heinze, Rolf G./Olk, Thomas, Bürgerengagement in Deutschland – Zum Stand der wissenschaftlichen und politischen Diskussion, in: dies. (Hg.), Bürgerengagement in Deutschland, Bestandsaufnahme und Perspektiven, 2000, S. 5ff.

Hermann, Michael C./Pitschas, Rainer, Jugendliche und Senioren in den Kommunen. Aktivbürgerschaft, Repräsentation, Partizipationsillusion?, Kommunalforschung für die Praxis, Heft 36/37, Stuttgart u.a., 1998.

Hessen – gemeinsam aktiv/eine Initiative der Landesregierung Hessen, Haftungsrisiken bei ehrenamtlicher Tätigkeit, http://www.gemeinsam-aktiv.de/service/haftungsrisiken.htm.

Honsell, Heinrich, Die mißlungene Urlaubsreise – BGHZ 63, 98, JuS 1976, S. 222ff.

Igl, Gerhard, Rechtsfragen des freiwilligen sozialen Engagements. Rahmenbedingungen und Handlungsbedarf, Band 123 der Schriftenreihe des Bundesministeriums für Familie, Senioren, Frauen und Jugend, 2. Aufl., 1996.

Isensee, Josef, Gemeinwohl und Staatsaufgaben im Verfassungsstaat, in: Isensee, Josef/Kirchhof, Paul, Handbuch des Staatsrechts, Band III, 1988.

Kasseler Kommentar Sozialversicherungsrecht, Gesamtredaktion: Niesel, Klaus, Stand: 1. Nov. 2001.

Kater, Horst/Leube, Konrad, Gesetzliche Unfallversicherung – SGB VII, 1997.

KGSt-Bericht 6/1999, Bürgerengagement – Chance für Kommunen (KGSt = Kommunale Gemeinschaftsstelle für Verwaltungsvereinfachung – Verband für kommunales Management).

Kilian, Michael, Bürgerschaftliche Engagements durch Geldspenden an öffentlich geförderte Institutionen – Sachstand, Hemmnisse im öffentlichen Haushaltsrecht und Anforderungen an die Weiterentwicklung des öffentlichen Haushaltsrechts, KDrs. Nr. 14/176 neu.

Klie, Thomas/Krahmer, Utz (Hrsg.), Soziale Pflegeversicherung, Lehr- und Praxiskommentar (LPK – SGB XI), 1998.

Knemeyer, Franz-Ludwig, Bürgerbeteiligungund Kommunalpolitik. Mitwirkungsrechte von Bürgern auf kommunaler Ebene, 2. erw. Aufl., 1997.

Koch, Erich, Rentenversicherung: Versicherungspflichtiger Personenkreis der nicht erwerbsmäßig tätigen Pflegepersonen, WzS (Wege zur Sozialversicherung), 4-5/2002, S. 97ff.

Köhler, Helmut, Arbeitsleistungen als "Aufwendungen"?, JZ 1985, S. 359ff.

Kohte, Wolfhard, Die Bedeutung der Unfallversicherung für das Recht der Arbeitnehmerhaftung, ArbuR 1983, S. 229ff.

Kramer, David/Wagner, Stephan/Billeb, Konstanze, Untersuchungen zum Förderungsprogramm 1998–1999 zur Sozialen Bürgerinitiative in den neuen Bundesländern, hrsg. von der Robert Bosch Stiftung, Materialien und Berichte 50, August 2000.

Krämer, Erwin/Schmidt, Jürgen, Zuwendungsrecht – Zuwendungspraxis, Kommentar zu den zuwendungsbezogenen haushaltsrechtlichen Vorschriften des Bundes und der Länder mit Verfahrenshinweisen für die Behörden und Zuwendungsempfänger, Loseblatt, 2001.

Kreikebohm, Ralf, Sozialgesetzbuch, Gesetzliche Rentenversicherung, SGB VI, 1997, mit Nachtrag 1998.

Kuhn, Herbert, Indemnität für ehrenamtliche Gemeinderatsmitglieder?, BayVbl 1989, S. 170ff.

Kunkel, Peter-Christian, Rechtsfragen der Finanzierung freier Träger, http://www.fh-kehl.de/zheaf/kunkel00_5.pdf.

LIGA der Freien Wohlfahrtspflege im Land Sachsen-Anhalt e.V., Leitlinien zu Rahmenbedingungen für das soziale Ehrenamt, 1998.

Lutter, Marcus, Ehrenämter im Aktien- und GmbH-Recht, ZIP 1984, S. 645ff.

Mrozynski, Peter, Leistungsverträge zwischen hoheitlicher Steuerung und privatrechtlichem Wettbewerb, in: RsDE Heft 47, 2001, S. 29ff.

Müller, Werner, Haftung und Versicherungsschutz von ehrenamtlichen Mitarbeiterinnen und Mitarbeitern, in ECCLESIA Versicherungsdienst 4/95, S. 10ff.

Münder, Johannes u.a., Frankfurter Lehr- und Praxiskommentar zum KJHG/SGB VIII, 1998.

Nettesheim, Martin, Können sich Gemeinderäte der Untreue schuldig machen?, BayVbl 1989, S. 161ff.

Neumann, Dirk/Biebl, Josef, Arbeitszeitgesetz, 12. Aufl., 1995.

Neumann, Volker/Bieritz-Harder, Renate, Vergabe öffentlicher Aufträge in Sozial- und Jugendhilfe?, in: RsDE Heft 48, S. 1ff.

Niesel, Klaus, SGB III, 1998.

Notz, Gisela, Was ist das neue Ehrenamt?, RdJB 1998, S. 312ff.

o. Verf., Ersatzansprüche bei Unfällen mit Privatwagen von Angehörigen der Freiwilligen Feuerwehr, Der Feuerwehrmann, Heft 6/1999.

o. Verf., Haftungsrisiken bei ehrenamtlicher Tätigkeit, http://www.gemeinsam-aktiv.de/service/default.htm.

O'Sullivan, David, Ambulante Pflege und Betreuung in Familie und neuem Ehrenamt, 2000.

Picot, Sibylle, Freiwilliges Engagement in Deutschland – Freiwilligensurvey 1999 –, Band 3: Frauen und Männer, Jugend, Senioren und Sport, 2000.

Rauschenbach, Thomas/Müller, Siegfried/ Otto, Ulrich, Vom öffentlichen und privaten Nutzen des Ehrenamtes, in: Müller, Siegfried/Rauschenbach, Thomas, Das soziale Ehrenamt, 1988, S. 225ff.

Rebmann, Kurt/Säcker, Franz Jürgen, Münchener Kommentar, BGB, 11 Bände, 3. Aufl., 1997.

Reichert, Bernhard, Handbuch des Vereins- und Verbandsrechts, 7. Aufl., 1999.

Reinhart, Michael, Öffentliches Strafverfolgungsinteresse bei Sportverletzungen und Unfällen, SpuRt (Sport und Recht) 1997, S. 1ff.

Richardi, Reinhard (Hg.), Münchener Handbuch zum Arbeitsrecht, 3 Bände, 2. Aufl., 2000.

Richardi, Reinhard, Abschied von der gefahrgeneigten Arbeit als Voraussetzung für die Beschränkung der Arbeitnehmerhaftung, NZA 1994, S. 241ff.

Riehl-Heyse, Herbert, Der Kitt, den eine Gesellschaft braucht, Süddeutsche Zeitung vom 24./25. Februar 2001, Beil. S. I.

Ritter, Gerhard A./Tenfelde, Klaus, Arbeiter im Deutschen Kaiserreich, 1871-1914, 1992.

Rolfs, Christian, Die Haftung unter Arbeitskollegen und verwandte Tatbestände, 1995.

Rosenbladt, Bernhart von, Ergebnisse der Repräsentativerhebung zu Ehrenamt, Freiwilligenarbeit und bürgerschaftlichem Engagement, Bd. 1: Freiwilliges Engagement in Deutschland. Gesamtbericht, 2000.

Roth, Roland, Die Kommune als Ort der Bürgerbeteiligung, in: Ansgar Klein/Rainer Schmalz (Hrsg.), Politische Beteiligung und Bürgerengagement in Deutschland: Möglichkeiten und Grenzen, 1997, S. 404ff.

Roth, Ronald Bürgerschaftliches Engagement – Formen, Bedingungen, Perspektiven, in Zimmer, Annette/Nährlich, Stefan (Hg.), Engagierte Bürgerschaft. Traditionen und Perspektiven, 2000, S. 25ff.

Roxin, Claus, Strafrecht, Allgemeiner Teil, Band 1, Grundlagen, Der Aufbau der Verbrechenslehre, 3. Aufl., 1997.

Rudolphi, Hans-Joachim/Horn, Eckhard/Samson, Erich/Günther, Hans-Ludwig, Systematischer Kommentar zum Strafgesetzbuch, Band 1: Allgemeiner Teil, §§ 1–37, 34. Lieferung, 10/2000, 2000.

Sadtler, Goetz, Die Bedeutung des Art. 48 GG und des Art. 160 Weimarer Verfassung für das Arbeitsrecht, 1968.

Sauter, Eugen/Schweyer, Gerhard, Der eingetragene Verein, 15. Aufl.,1994.

Schack, Haimo, Urheber- und Urhebervertragsrecht, 1997.

Schäfer, Gerhard, Praxis der Strafzumessung, NJW-Schriften, Heft, 51, 1990.

Schaub, Günter, Arbeitsrechts-Handbuch, 10. Aufl., 2002.

Schellhorn, Walter/Schellhorn, Helmut, BSHG, Kommentar, 16. Aufl., 2002.

Schewe, Dieter, Die rechtlichen Hemmnisse ehrenamtlicher sozialer Tätigkeit und Möglichkeiten zu deren Abbau, in: Ehrenamtliche soziale Dienstleistungen. Bericht eines Arbeitskreises der Gesellschaft für Sozialen Fortschritt, Schriftenreihe des Bundesministeriums für Jugend, Familie, Frauen und Gesundheit, Band 231, 1989, S. 240ff.

Schlachter, Monika, Das Recht der Arbeitnehmerhaftung bei Verzicht auf die „Gefahrgeneigtheit“ der Beschäftigung, in Bauer, Hans Joachim (Hg.), Festschrift zur Wiedererrichtung des Oberlandesgerichts in Jena, 1994, S. 253ff.

Schmitt, Dagmar, Das Modell Bürgerarbeit im Kontext der von der bayerisch-sächsischen Zukunftskommission empfohlenen Maßnahmen (www.freiwilligen-kultur.de/cont002/artikel.htm).

Schönke, Adolf/Schröder, Horst, Strafgesetzbuch, Kommentar, 26. Aufl., 2001.

Schricker, Gerhard, Urheberrecht. 2. Aufl., 1999.

Schulin, Bertram (Hrsg.), Handbuch des Sozialversicherungsrechts, Bd. 2, Unfallversicherungsrecht (HS-UV), 1997.

Schulin, Bertram/Igl, Gerhard, Sozialrecht, 7. neubearb. Aufl., 2002.

Schulte, Günter, Versicherungsschutz gegen Sachschäden, SchsZtg 1999, S. 121ff.

Seifart, Werner/von Campenhausen, Axel Freiherr (Hg.), Handbuch des Stiftungsrechts, 2. Aufl., 1999.

Sozialministerium Baden-Württemberg (Hrsg.), 4. Wissenschaftlicher Jahresbericht 1999/2000 – Abschlussbericht, von Thomas Klie und Paul-Stefan Roß.

Sozialministerium Baden-Württemberg (Hrsg.), Bürgerschaftliches Engagement in Baden-Württemberg, 3. Wissenschaftlicher Jahresbericht 1998/1999, erstellt von Thomas Klie, Paul-Stefan Roß, Ursula Frenz, Marion Mohrlock, Annegret Trübenbach-Klie, Stuttgart 1999

Spies, Uta, Bürgerversammlung, Bürgerbegehren, Bürgerentscheid. Elemente direkter Demokratie, dargestellt am Beispiel des hessischen Kommunalrechts, Stuttgart – München – Hannover – Berlin – Weimar – Dresden 1998.

Ständige Deputation des Deutschen Juristentages (Hrsg.), 59. Deutscher Juristentag, 1992, Sitzungsbericht P mit Referaten von Dirk Neumann, Ursula Köbl und Manfred Weiss.

Staudinger, Kommentar zum Bürgerlichen Gesetzbuch, 13. Aufl., 1996.

Stiehr, Karin, Versicherungsschutz im sozialen Ehrenamt, 1999.

Strümpel, Charlotte, Neue Formen ehrenamtlicher Tätigkeit – internationale Entwicklungen, in: dies., Ehrenamt – zwischen Idealismus und Sozialkompetenz, Internationale Konferenz 27.11.1998 Wien.

Udsching, Peter, SGB XI – Soziale Pflegeversicherung, Kommentar, 2. Aufl., 2000.

Webel, Karsten, Strafbarkeit leicht fahrlässigen Verhaltens?, 1999.

Weber, Ulrich, Können sich Gemeinderatsmitglieder durch ihre Mitwirkung an Abstimmungen der Untreue (§ 266 StGB) schuldig machen? BayVbl 1989, S. 166ff.

Wendele, Ulrich, Soziale Hilfen zu Discountpreisen, in: Müller, Siegfried/Rauschenbach, Thomas (Hrsg.), Das soziale Ehrenamt, 1988, S. 71ff.

Werner, Olaf, Verein, 2000.

Werner, Olaf, Zum Stand des Stiftungswesens in den neuen Ländern unter Berücksichtigung der aktuellen Reformdiskussion, 56. Jahrestagung des Bundesverbandes Deutscher Stiftungen 10.-12. Mai 2000 Weimar, S. 34ff.

Wiedemann, Herbert/Stumpf, Herrmann, Tarifvertragsgesetz, 5. Aufl., 1977.

Wolber, Kurt, Überlegungen zum beruflichen Werdegang freigestellter Ehrenamtsträger in öffentlichen Dienststellen, ZfPR 1995, S. 166ff.

Zimmermann, Olaf, Was hindert und wie fördert man Bürgerschaftliches Engagement in Vereinen und Verbänden des Kulturbereiches, in: Kulturpolitik in der Bürgergesellschaft – Jahrbuch der Kulturpolitik 2000, Bd. 1, S. 157–177.

Weiterführende Literaturhinweise

Kießling, Heinz / Buchna, Johannes, Gemeinnützigkeit im Steuerrecht. Die steuerlichen Begünstigungen für Vereine, Stiftungen und andere Körperschaften – steuerliche Spendenbehandlung, 7. Aufl., 2000.
Märkle, Rudi W., Der Verein im Zivil- und Steuerrecht, 10. Aufl. 2000.
Multrus, Roland, Steuerpraxis im Verein: der Sportverein und das Finanzamt, 4. Aufl., 2001.
Pues, Lothar / Scheerbarth, Walter, Gemeinnützige Stiftungen im Zivil- und Steuerrecht, 2001.
Schleder, Herbert, Steuerrecht der Vereine, 6. Aufl., 2001.
Schauhoff, Stephan (Hrsg.), Handbuch der Gemeinnützigkeit; Verein – Stiftung – GmbH; Recht, Steuern, Personal, 2000.
Troll, Max / Wallenhorst, Rolf / Halaczinsky, Raymond, Die Besteuerung gemeinnütziger Vereine und Stiftungen, 4. Aufl. 2000.
Wachter, Thomas, Stiftungen: Zivil- und Steuerrecht in der Praxis, 2001.

Dokumentation der Arbeiten der Enquete-Kommission des Deutschen Bundestages „Zukunft des Bürgerschaftlichen Engagements“

Deutscher Bundestag, Drucksache 14/8900, Bericht der Enquete-Kommission „Zukunft des Bürgerschaftlichen Engagements“, Bürgerschaftliches Engagement: auf dem Weg in eine zukunftsfähige Bürgergesellschaft.
(Dieser Bericht enthält auf 429 Seiten eine umfangreiche Gesamtschau der Situation und der Zukunft des bürgerschaftlichen Engagements. Er stellt eine Fundgrube für zahlreiche Fragen des bürgerschaftlichen Engagements dar. Er enthält weiter eine Liste der Ansprechpartner für bürgerschaftliches Engagement auf Landesebene und in der Bundesregierung, S.373f.).

Der Bericht ist im Buchhandel erschienen unter:

Enquete-Kommission „Zukunft des Bürgerschaftlichen Engagements“ des Deutschen Bundestags, Bericht Bürgerschaftliches Engagement: auf dem Weg in eine zukunftsfähige Bürgergesellschaft, 2002.

Gerhard Igl unter Mitarbeit von Monika Jachmann und Eberhard Eichenhofer, Rechtliche Rahmenbedingungen bürgerschaftlichen Engagements. Zu-

stand und Entwicklungsmöglichkeiten, hrsg. von der Enquete-Kommission „Zukunft des Bürgerschaftlichen Engagements", Deutscher Bundestag, 2002, Schriftenreihe Band 5.
(Dieses fast 600-seitige Rechtsgutachten für die Enquete-Kommission sollte das Forschungsdefizit auf diesem Gebiet beheben. Aus dem Gutachten sind mehr als hundert Vorschläge für die rechtlichen Handlungsempfehlungen der Enquete-Kommission erarbeitet worden. Der vorliegende Ratgeber beruht in wesentlichen Teilen auf diesem Rechtsgutachten).

Abkürzungsverzeichnis

a.A.	anderer Ansicht
a.a.O.	am angegebenen Ort
a.E.	am Ende
a.F.	alte Fassung
AbgG	Abgeordnetengesetz
abl.	ablehnend
ABl.	Amtsblatt
Abs.	Absatz
Abschn.	Abschnitt
AEAO	Anwendungserlass zur Abgabenordnung
AFBG	Aufstiegsfortbildungsförderungsgesetz
AFG	Arbeitsförderungsgesetz
AFRG	Arbeitsförderungs-Reformgesetz
AG	Amtsgericht
AGB	Allgemeine Geschäftsbedingungen
AKB	Allgemeine Kreditbedingungen
Alt.	Alternative
Anf.	Anfang
Anl.	Anlage
Anm.	Anmerkung
AO	Abgabenordnung
AOK	Allgemeine Ortskrankenkasse
AöR	Archiv des öffentlichen Rechts
AP	Arbeitsrechtliche Praxis
ArbG	Arbeitsgericht
ArbSchG	Arbeitsschutzgesetz
ArbuR	Arbeit und Recht (Zeitschrift)
ArbZG	Arbeitszeitgesetz
ArchKathKR	Archiv für katholisches Kirchenrecht
ArchSozArb	Archiv für Wissenschaft und Praxis der sozialen Arbeit
ArEV	Arbeitsentgeltverordnung
Art.	Artikel
Artt.	Artikeln
ASiG	Arbeitssicherheitsgesetz
AuA	Arbeit und Arbeitsrecht (Zeitschrift)
Aufl.	Auflage

AuR	Arbeit und Recht (Zeitschrift)
AWO	Arbeiterwohlfahrt
BA	Bundesanstalt für Arbeit
BAföG	Bundesausbildungsförderungsgesetz
BAG	Bundesarbeitsgericht
BAnz.	Bundesanzeiger
BArbBl.	Bundesarbeitsblatt (Zeitschrift)
BAT	Bundesangestellten-Tarifvertrag
BaWü	Baden-Württemberg
BayFwG	Bayerisches Feuerwehrgesetz
BayVBl	Bayerische Verwaltungsblätter (Zeitschrift)
BayVGH	Bayerischer Verfassungsgerichtshof
BayVGHE	Entscheidungen des Bayerischen Verfassungsgerichtshofes
BB	Der Betriebsberater (Zeitschrift)
BBesG	Bundesbesoldungsgesetz
BBG	Bundesbeamtengesetz
BBiG	Berufsbildungsgesetz
Bd.	Band
Bd./Bde.	Band/Bände
BeamtenG	Beamtengesetz
BeamtVG	Beamtenversorgungsgesetz
bearb.	bearbeitet
Berl	Berlin
BErzGG	Bundeserziehungsgeldgesetz
Beschl.	Beschluss
BetrAV	Betriebliche Altersversorgung (Zeitschrift)
BetrAVG	Gesetz zur Verbesserung der betrieblichen Altersversorgung
BetrVerf-Reformgesetz	Gesetz zur Reform des Betriebsverfassungsgesetz
BetrVG 1952	Betriebsverfassungsgesetz vom 11.10.1952
BetrVG	Betriebsverfassungsgesetz
BfA	Bundesversicherungsanstalt für Angestellte
BFH	Bundesfinanzhof
BFH/NV	Sammlung amtlich nicht veröffentlichter Entscheidungen des Bundesfinanzhofs
BG	Die Berufsgenossenschaft (Zeitschrift); Berufsgenossenschaft
BGB	Bürgerliches Gesetzbuch
BGBl.	Bundesgesetzblatt
BGH	Bundesgerichtshof
BGH	Bundesgerichtshof
BGHSt	Entscheidungen des Bundesgerichtshofes in Strafsachen
BGHZ	Entscheidungen des Bundesgerichtshofes in Zivilsachen
BKGG	Bundeskindergeldgesetz
BKK	Die Betriebskrankenkasse (Zeitschrift)
BMF	Bundesministerium der Finanzen
BMJFFG	Bundesministerium für Jugend, Familie, Frauen und Gesundheit
BMT	Bundes-Manteltarif
BPersVG	Bundespersonalvertretungsgesetz

BRAGO	Bundesrechtsanwaltsgebührenordnung
Brand	Brandenburg
BR-Drs.	Bundesrats-Drucksachen
Breith.	Breithaupt, Sammlung von Entscheidungen aus dem Sozialrecht, begründet von Hermann Breithaupt
BRRG	Beamtenrechtsrahmengesetz
BSG	Bundessozialgericht
BSGE	Entscheidungen des Bundessozialgerichts
BSHG	Bundessozialhilfegesetz
Bsp.	Beispiel
BStBl.	Bundessteuerblatt
BT-Drs.	Bundestag-Drucksachen
BT-StenBer	Stenographische Berichte des Deutschen Bundestages
Buchst.	Buchstabe
BVerfG	Bundesverfassungsgericht
BVerfGE	Entscheidungen des Bundesverfassungsgerichts
BVerwG	Bundesverwaltungsgericht
1BVerwGE	Entscheidungen des Bundesverwaltungsgerichts
BVG	Bundesversorgungsgesetz
BWGZ	Gemeindetag Baden-Württemberg – Die Gemeinde
bzw.	beziehungsweise
ca.	circa
d.h.	das heißt
DAngVers.	Die Angestelltenversicherung (Zeitschrift)
DB	Der Betrieb – Wochenschrift für Betriebswirtschaft, Steuerrecht, Wirtschaftsrecht, Arbeitsrecht
DB	Der Betrieb (Zeitschrift)
DBA	Abkommen zur Vermeidung der Doppelbesteuerung
ders.	derselbe
DGB	Deutscher Gewerkschaftsbund
dies.	dieselben
Diss.	Dissertation
DJT	Deutscher Juristentag
DLRG	Deutsche Lebensrettungsgesellschaft
DM	Deutsche Mark
DOK	Die Ortskrankenkasse (Zeitschrift)
DÖV	Die öffentliche Verwaltung (Zeitschrift)
DRK	Deutsches Rotes Kreuz
DRV	Deutsche Rentenversicherung (Zeitschrift)
DStJG	Veröffentlichungsbände der Deutschen Steuerjuristischen Gesellschaft e.V.
DStR	Deutsches Steuerrecht
DStRE	DStR-Entscheidungsdienst (Zeitschrift)
DStZ	Deutsche Steuerzeitung
DVBl.	Deutsches Verwaltungsblatt (Zeitschrift)
E	Entscheidung; Entwurf
e.V.	eingetragener Verein
EAS	Europäisches Arbeits- und Sozialrecht (Textsammlung)
ebd.	ebenda

ECLR	European Competition Law Review
EFG	Entscheidungen der Finanzgerichte
EFZG	Entgeltfortzahlungsgesetz
EG	Europäische Gemeinschaft; EG-Vertrag (in der nach dem 1. 5. 1999 geltenden Fassung)
eGmbH	eingetragene Gesellschaft mit beschränkter Haftung
EGV	Vertrag zur Gründung der Europäischen Wirtschaftsgemeinschaft (teilweise auch als EWGV zitiert) (in der vor dem 1. 5. 1999 geltenden Fassung)
einschl.	einschließlich
Einw.	Einwohner
endg.	endgültig
ErbStG	Erbschaftsteuergesetz
ErbStR	Erbschaftsteuer-Richtlinie
Ersk.	Die Ersatzkasse (Zeitschrift)
EStDV	Einkommensteuer-Durchführungsverordnung
EStG	Einkommensteuergesetz
EStH	Einkommensteuer-Hinweise
EStR	Einkommensteuer-Richtlinie
etc.	et cetera
EU	Europäische Union; Vertrag über die Europäische Union (in der nach dem 1. 5. 1999 geltenden Fassung)
EuGH	Europäischer Gerichtshof (= Gerichtshof der Europäischen Gemeinschaften)
EuGHE	Entscheidungen des Europäischen Gerichtshofs (= Slg.)
EuGRZ	Europäische Grundrechte-Zeitschrift
EuR	Europarat
EuroAS	Europäisches Arbeits- und Sozialrecht (Zeitschrift)
EUV	Vertrag über die Europäische Union
EuZW	Europäische Zeitschrift für Wirtschaftsrecht
EWG	Europäische Wirtschaftsgemeinschaft
EWR	Europäischer Wirtschaftsraum
EWS	Zeitschrift für Europäisches Wirtschaftsrecht
EzA	Entscheidungssammlung zum Arbeitsrecht
EzS	Entscheidungssammlung im Sozialversicherungsrecht
f.; ff.	folgende Seite; fortfolgende Seite
FamRZ	Zeitschrift für das gesamte Familienrecht
FAZ	Frankfurter Allgemeine Zeitung
FEVS	Fürsorgerechtliche Entscheidungen der Verwaltungs- und Sozialgerichte (Entscheidungssammlung)
FG	Finanzgericht
FinBeh.	Finanzbehörde
FinMin.	Finanzministerium
Fn.	Fußnote
FR	Finanzrundschau
FRG	Fremdrentengesetz
FS	Festschrift
FSHG	Gesetz über den Feuerschutz und die Hilfeleistung bei Unglücksfällen und öffentlichen Notständen (NRW)

FuR	Familie und Recht (Zeitschrift)
GAL	Gesetz über die Altershilfe für Landwirte
GBl.	Gesetzesblatt
GbR	Gesellschaft bürgerlichen Rechts
gem.	gemäß
GEMA	Gesellschaft für musikalische Aufführungs- und mechanische Vervielfältigungsrechte
GesetzE	Gesetzentwurf
GewArch	Gewerbearchiv: Zeitschrift für Gewerbe- und Wirtschaftsverwaltungsrecht
GewO	Gewerbeordnung
GewStG	Gewerbesteuergesetz
GewStR	Gewerbesteuer-Richtlinie
GG	Grundgesetz für die Bundesrepublik Deutschland
ggf.	gegebenenfalls
GK	Gemeinschaftskommentar
GK-SGB	Gemeinschaftskommentar zum Sozialgesetzbuch
GmbH	Gesellschaft mit beschränkter Haftung
GO	Gemeindeordnung
grds.	grundsätzlich
GrEStG	Grunderwerbsteuergesetz
GRG	Gesundheits-Reformgesetz
GrS	Großer Senat
GrStG	Grundsteuergesetz
GS	Großer Senat
GVBl.	Gesetz- und Verordnungsblatt
GWB	Gesetz gegen Wettbewerbsbeschränkungen
h. Rspr.	herrschende Rechtsprechung
H.	Heft
h.L.	herrschende Lehre
h.M.	herrschende Meinung
H/H/R	Herrmann/Heuer/Raupach, Einkommensteuer- und Körperschaftsteuergesetz, Kommentar
H/H/Sp	Hübschmann/Hepp/Spitaler, Kommentar zur Abgabenordnung und Finanzgerichtsordnung
HAS	Handbuch des Arbeits- und Sozialrechts
HDR	Handbuch der gesetzlichen Rentenversicherung
Hess.	Hessen
HessVGH	Hessischer Verfassungsgerichtshof
HFR	Höchstrichterliche Finanzrechtsprechung, Sammlung amtlich nicht veröffentlichter Entscheidungen des BFH
HGB	Handelsgesetzbuch
Hrsg.	Herausgeber
hrsg.; Hrsg.	herausgegeben; Herausgeber
Hs.; HS	Halbsatz
HS-KV	Handbuch des Sozialversicherungsrechts – Krankenversicherungsrecht
HS-PV	Handbuch des Sozialversicherungsrechts – Pflegeversicherungsrecht

HS-RV	Handbuch des Sozialversicherungsrechts – Rentenversicherungsrecht
HS-UV	Handbuch des Sozialversicherungsrechts – Unfallversicherungsrecht
i.d.F.	in der Fassung
i.d.R.	in der Regel
i.e.S.	im engeren Sinne
i.H.v.	in Höhe von
i.S.	im Sinne
i.S.d.	im Sinne des
i.S.v.	im Sinne von
i.Ü.	im Übrigen
i.V.m.	in Verbindung mit
i.w.S.	im weiteren Sinne
IAO	Internationale Arbeitsorganisation
IfSG	Infektionsschutzgesetz
Inf.	Die Information über Steuer und Wirtschaft, Zeitschrift
info also	Informationen zum Arbeitslosenrecht und Sozialhilferecht (Zeitschrift)
insbes.	insbesondere
IÖD	Öffentliches Dienstrecht (Informationsdienst)
IPR	Internationales Privatrecht
ISR	Internationales Sozialrecht
IStR	Internationales Steuerrecht, Zeitschrift für europäische und internationale Steuer- und Wirtschaftsberatung
JAV	Jahresarbeitsverdienstgrenze
JbFfSt	Jahrbuch der Fachanwälte für Steuerrecht
JbSozR	Jahrbuch des Sozialrechts der Gegenwart
JuS	Juristische Schulung (Zeitschrift)
JWG	Jugendwohlfahrtsgesetz
JZ	Juristenzeitung
Kap.	Kapitel
KassKomm.	Kasseler Kommentar (Sozialversicherungsrecht)
KÄV	Kassenärztliche Vereinigung
KDrs.	Kommissions-Drucksache (Drucksache der Enquête-Kommission)
KG	Kommanditgesellschaft
KJHG	Kinder- und Jugendhilfegesetz
KOM	Kommissionsdokument
KÖSDI	Kölner Steuerdialog
KostO	Kostenordnung
KraftStG	Kraftfahrzeugsteuergesetz
krit.	kritisch
KritV	Kritische Vierteljahresschrift für Gesetzgebung und Rechtswissenschaft
KrV	Die Krankenversicherung (Zeitschrift)
KSchG	Kündigungsschutzgesetz
KSt	Körperschaftsteuer
KStG	Körperschaftsteuergesetz

KStZ	Kommunale Steuer-Zeitschrift: Zeitschrift für das gesamte Gemeindeabgabenwesen
KSVG	Künstlersozialversicherungsgesetz
KURS	Krankenversicherung und Unfallversicherung in Rechtsprechung und Schrifttum
KVRS	Die Krankenversicherung in Rechtsprechung und Schrifttum
KVStG	Kapitalverkehrsteuergesetz
L/B/H	Littmann/Bitz/Hellwig
LAG	Landesarbeitsgericht
LAGE	Entscheidung des Landesarbeitsgericht
Lit.	Literatur
lit.	littera (Buchstabe)
LKV	Landes- und Kommunalverwaltung
LPK	Lehr- und Praxiskommentar
LSG	Landessozialgericht
LStH	Lohnsteuer-Hinweise
LStR	Lohnsteuer-Richtlinie
LVA	Landesversicherungsanstalt
m.w.N.	mit weiteren Nachweisen
m.w.Nachw.	mit weiteren Nachweisen
MDK	Medizinischer Dienst der Krankenversicherung
MedR	Medizinrecht (Zeitschrift)
MitbestG	Mitbestimmungsgesetz
MontanMitbestG	Montan-Mitbestimmungsgesetz
MTB	Manteltarifvertrag für Arbeiter des Bundes
MTL	Manteltarifvertrag für Arbeiter des Landes
MTV	Manteltarifvertrag
MünchArbR	Münchener Handbuch zum Arbeitsrecht
MünchKomm	Münchener Kommentar zum BGB
MV	Mecklenburg-Vorpommern
n.F.	neue Fassung
Nds.	Niedersachsen
Nds.Rpfl	Niedersachsische Rechtspflege (Zeitschrift)
NDV	Nachrichtendienst des Deutschen Vereins für öffentliche und private Fürsorge (Zeitschrift)
NJW	Neue Juristische Wochenschrift (Zeitschrift)
NKES	Nomos Kommentar zum Europäischen Sozialrecht
NordÖR	Zeitschrift für öffentliches Recht in Norddeutschland
Nr.; Nrn.	Nummer; Nummern
NVwZ	Neue Zeitschrift für Verwaltungsrecht
NVwZ-RR	Neue Zeitschrift für Verwaltungsrecht, Rechtsprechungs-Report
NW	Nordrhein-Westfalen
NWB	Neue Wirtschafts-Briefe: Zeitschrift für Steuer- und Wirtschaftsrecht
NZA	Neue Zeitschrift für Arbeits- und Sozialrecht; ab Heft 1/1993 Neue Zeitschrift für Arbeitsrecht
NZS	Neue Zeitschrift für Sozialrecht
o.ä.	oder ähnliches

OEG	Opferentschädigungsgesetz
OFD	Oberfinanzdirektion
OLG	Oberlandesgericht
OVG	Oberverwaltungsgericht
PDS	Partei des Demokratischen Sozialismus
PersR	Der Personalrat (Zeitschrift)
PflegeVG	Pflege-Versicherungsgesetz
PflVG	Pflichtversicherungsgesetz
RBÜ	Revidiertes Berner Übereinkommen
RdA	Recht der Arbeit (Zeitschrift)
RdJB	Recht der Jugend und des Bildungswesens (Zeitschrift)
Rdnr.	Randnummer
RehaAnglG	Gesetz über die Angleichung der Leistungen zur Rehabilitation
RennwLottG	Rennwett- und Lotteriegesetz
RFH	Reichsfinanzhof
RhPf	Rheinland-Pfalz
RiA	Recht im Amt (Zeitschrift)
RIW	Recht der internationalen Wirtschaft, Außenwirtschaftsdienst des Betriebs-Beraters (Zeitschrift)
RL	Richtlinie
Rn.	Randnummer
RR	Rechtsprechungs-Report
RRG	Rentenreformgesetz
RS	Rechtssache
RsDE	Beiträge zum Recht der sozialen Dienste und Einrichtungen (Zeitschrift)
Rspr.	Rechtsprechung
RStBl.	Reichssteuerblatt
rv	Die Rentenversicherung (Zeitschrift)
RV	Rentenversicherung
RVO	Reichsversicherungsordnung
s. o.	siehe oben
s. u.	siehe unten
S.	Seite
s.	siehe
Saarl.	Saarland
SachsAnh	Sachsen-Anhalt
SächsNT-VO	Sächsische Nebentätigkeits-Verordnung
SAE	Sammlung arbeitsrechtlicher Entscheidungen
sc.	scilicet (= nämlich)
SchlH	Schleswig-Holstein
SchsZtg	Schiedsamtszeitung
SchwbG	Gesetz zur Sicherung der Eingliederung Schwerbehinderter in Arbeit, Beruf und Gesellschaft
SDSRV	Schriftenreihe des Deutschen Sozialrechtsverbandes
sec	section
SeuchRNeuG	Seuchenrechtsneuordnungsgesetz
SF	Sozialer Fortschritt (Zeitschrift)

SGB	Sozialgesetzbuch
SGb.	Die Sozialgerichtsbarkeit (Zeitschrift)
SGG	Sozialgerichtsgesetz
S-H	Schleswig-Holstein
Slg.	Sammlung
Slg.	Sammlung der Rechtsprechung des Gerichtshofes der Europäischen Gemeinschaften (s. EuGHE)
sog.	sogenannt
SozR	Sozialrecht, Entscheidungssammlung, herausgegeben von Richtern des Bundessozialgerichts
SozSich.	Soziale Sicherheit (Zeitschrift)
SozVers.	Die Sozialversicherung (Zeitschrift)
SPD	Sozialdemokratische Partei Deutschlands
SprAuG	Sprecherausschußgesetz
SpuRt	Zeitschrift für Sport und Recht
SRH	Sozialrechtshandbuch
st. Rspr.	ständige Rechtsprechung
Stbg	Die Steuerberatung (Zeitschrift)
StbJb	Steuerberater-Jahrbuch
StBP	Die steuerliche Betriebsprüfung: Fachorgan für die Betriebsführungspraxis
StEd	Steuer-Eildienst
StEK	Steuererlasse in Karteiform
StEntlG	Steuerentlastungsgesetz
StGB	Strafgesetzbuch
StnPBT	Stenographische Protokolle des Deutschen Bundestages
str.	streitig, strittig
StuW	Steuer und Wirtschaft: Zeitschrift für die gesamten Steuerwissenschaften
stv.	stellvertretend
StVG	Straßenverkehrsgesetz
StVZO	Straßenverkehrszulassungsordnung
SUrlV	Sonderurlaubsverordnung
SV	Sozialversicherung
Thür	Thüringen
ThürBeamtengesetz	Thüringer Beamtengesetz
ThürNVO	Thüringer Nebentätigkeitsverordnung
TVG	Tarifvertragsgesetz
Tz.	Textziffer
u.ä.	und ähnliche
u.a.	unter anderem
u.U.	unter Umständen
UhVG	Unterhaltsvorschussgesetz
UNICEF	United Nations International Children's Emergency Fund
UR	Umsatzsteuer-Rundschau
UrhG	Urhebergesetz
Urt.	Urteil
USA	United States of America
USK	Urteilssammlung für die gesetzliche Krankenversicherung

USt	Umsatzsteuer
UStDV	Umsatzsteuer-Durchführungsverordnung
UStG	Umsatzsteuergesetz
UStR	Umsatzsteuer-Richtlinie
usw.	und so weiter
UVR	Umsatzsteuer- und Verkehrsteuer-Recht
v. M/K/S	Mangoldt/Klein/Starck
v.	von; vom
v.H.	vom Hundert
VA	Verwaltungsakt
VBlBW	Baden-Württembergische Verwaltungsblätter
VdK	Verband der Kriegs- und Wehrdienstopfer, Behinderten und Sozialrentner Deutschlands
Verf	Verfassung
Verf.	Verfasser; Verfasserin
Verhdl.	Verhandlung
VersR	Versicherungsrecht (Zeitschrift)
VerwArch	Verwaltungsarchiv: Zeitschrift für Verwaltungslehre, Verwaltungsrecht und Verwaltungspolitik
VfGH	Verfassungsgerichtshof
vgl.	vergleiche
VHS	Volkshochschulen
VMD	VMD Gesellschaft für Versicherungs-Vermittlung mbH
VO	Verordnung
Vorbem.	Vorbemerkung
VSSR	Vierteljahresschrift für Sozialrecht
VVDStRL	Veröffentlichungen der Vereinigung der Deutschen Staatsrechtslehrer
VW	Versicherungswirtschaft (Zeitschrift)
VwGO	Verwaltungsgerichtsordnung
VwVfG	Verwaltungsverfahrensgesetz
WahrnG	Wahrnehmungsgesetz
WiB	Wirtschaftsrechtliche Beratung (Zeitschrift)
WiVerw	Wirtschaft und Verwaltung
WoGG	Wohngeldgesetz
WP	Wahlperiode
WPg	Die Wirtschaftsprüfung: der Berater der Wirtschaft; betriebswirtschaftliches Archiv und Fachorgan für das wirtschaftliche Prüfungs- und Treuhandwesen
WRV	Weimarer Reichsverfassung
WzS	Wege zur Sozialversicherung (Zeitschrift)
Z Gerontol Geriat	Zeitschrift für Gerontologie und Geriatrie
z.B.	zum Beispiel
z.T.	zum Teil
z.Z.	zur Zeit
ZblJugR	Zentralblatt für Jugendrecht (auch ZfJ) (Zeitschrift)
ZBR	Zeitschrift für Beamtenrecht
ZDG	Gesetz über den Zivildienst der Kriegsdienstverweigerer (Zivildienstgesetz)

ZEV	Zeitschrift für Erbrecht und Vermögensnachfolge
ZfF	Zeitschrift für das Fürsorgewesen
ZfgG	Zeitschrift für Genossenschaftsrecht
ZfJ	Zentralblatt für Jugendrecht (auch ZblJugR) (Zeitschrift)
ZfPR	Zeitschrift für Personalvertretungsrecht
ZfS	Zentralblatt für Sozialversicherung, Sozialhilfe und Versorgung (Zeitschrift)
ZfSH/SGB	Zeitschrift für Sozialhilfe und Sozialgesetzbuch
ZHR	Zeitschrift für das gesamte Handelsrecht und Wirtschaftsrecht
ZIAS	Zeitschrift für ausländisches und internationales Arbeits- und Sozialrecht
Ziff.	Ziffer
ZIP	Zeitschrift für Wirtschaftsrecht und Insolvenzpraxis
zit.	zitiert
ZKF	Zeitschrift für Kommunalfinanzen
ZögU	Zeitschrift für öffentliche und gemeinwirtschaftliche Unternehmen
ZRP	Zeitschrift für Rechtspolitik
ZSR	Zeitschrift für Sozialreform
ZTR	Zeitschrift für Tarifrecht
zust.	zustimmend
ZVersWiss	Zeitschrift für die gesamte Versicherungswissenschaft

Stichwortverzeichnis

Notizen

Notizen

Notizen

Notizen

Notizen

Notizen

Notizen

Notizen